노스탤지어, 어느 위험한 감정의 연대기

NOSTALGIA

Copyright ⓒ Agnes Arnold-Forster 2024
All rights reserved.
First Published in 2024 by Picador, an imprint of Pan Macmillan,
a division of Macmillan Publishers International Limited.
Korean translation copyright ⓒ 2024 by Across Publishing Group, Inc.
Korean translation rights arranged with Macmillan Publishers International Limited.
through EYA Co., Ltd.

이 책의 한국어판 저작권은 EYA Co., Ltd.를 통해
Macmillan Publishers International Ltd.와 독점계약한
어크로스출판그룹(주)에 있습니다.
저작권법에 의하여 한국 내에서 보호를 받는 저작물이므로 무단전재 및 복제를 금합니다.

인간은 왜 경험하지 못한 과거를 그리워하는가
NOSTALGIA
노스탤지어, 어느 위험한 감정의 연대기

애그니스 아널드포스터 지음 | 손성화 옮김

어크로스

나이에게

추천의 글

노스탤지어는 야누스의 얼굴을 하고 있다. 그것은 병리적인 동시에 특정 상황에서는 치료적 성과를 낳기도 한다. 그것은 특정 집단의 집합 정서인 동시에 누구에게나 찾아볼 수 있는 인간 보편의 감정이다. 그것은 지극히 사적인 감정인 동시에 집합 정체성의 구심점이 되는 집합 감정이다. 또 그것은 과거로 시선을 고착시키는 퇴행의 운동인 동시에 급진적 변화 속에서 중심을 잡고 새로운 미래로 나아가게 하는 동력이다.

  이 책은 노스탤지어의 다층면을 아우르면서, 노스탤지어가 어떻게 모두가 외면하던 부정적인 것에서 모두가 향유하는 대상으로 거듭났는지 그 장대한 역사적 변화를 추적한다. 노스탤지어가 만개하다 못해 산업이 되고 정치가 되어버린 이 시대에 대한 진단을 놓치지도 않는다. 이 책을 읽으면서 노스탤지어에 대해 품어왔던 여러 질문의 실마리를 찾았다. 노스탤지어가 기표라면, 그 기표의 숨은 의미는 '현재에 대한 불만족'일 것이다. 우리 사회에 팽배한 '현재에 대한 불만족'이 노스탤지어라는 프리즘을 투과해 발산하는 다양한 스펙트럼과 그 시사점을 발굴하는 데 부족함이 없는 책이다.

— 노명우(사회학자, 니은서점 마스터북텐더)

노스탤지어는 과거에 대한 그리움이다. 그간 한국 사회에서 과거란 극복의 대상일 뿐, 회고와 그리움의 대상이 될 수 없던 것을 떠올리면 최근의 노스탤지어 열풍은 모순처럼 다가오기도 한다. 그럼에도 불구하고 이는 한국의 독특한 현상도, 문화 콘텐츠 영역에서만 벌어지는 일도 아니다. 도널드 트럼프의 "미국을 다시 위대하게" 또한 1980년대 로널드 레이건의 신보수주의 정치 구호를 21세기로 소환한 것이나 다름없었다.

이 책의 저자는 정치적 좌우 논리를 넘어 이 낯선 감정의 역사를 객관적으로 파헤친다. 한때 노스탤지어는 고향을 떠나 생활하는, 당시로서는 매우 드문 경험을 했던 일부 사람들의 희귀 질환이었다. 하지만 고향이란 개념이 사라지고 유동적인 삶이 당연해진 시대에 그것은 더 이상 질병이 아니다. 노스탤지어는 뿌리 없이 떠돌며 고립된 삶을 살아가는 현대인이라면 누구나 상시적으로 경험하는 친숙한 감정이 되었다.

이 책은 그런 이유에서 오늘날 노스탤지어란 감정이 위험할 수 있다고 말한다. 그것이 특정한 조건에서 특정한 대상과 결합할 경우, 집합적이고 다차원적으로 분출될 가능성이 있기 때문이다. 노스탤지어가 상품화와 집단적 정치 행위를 조장한다는 비판을 받는 이유도 여기에 있다. 그렇다고 해서 노스탤지어가 부정적 감정인 것만은 아니다. 다른 한편으로 노스탤지어는 현대인이 고독과 세대 간 단절을 극복하고 공동체의 일원으로서 소속감을 느끼게 하는 원천이 될 수 있다.

저자는 다각적이고 풍부한 연구를 통해 지난 400여 년 동안 분명히 존재했지만 한 번도 제대로 설명된 적 없는 노스탤지어라는 감정의 지형도를 입체적으로 그려내는 데 성공했다. 노스탤지어가 당신을 부를 때, 뒤돌아보기 전에 먼저 이 책을 읽어보시라.

— 전성원(계간 《황해문화》 편집장)

몰입 그 자체. 인간 감정에 관한 지난 20년간의 연구 성과를 한눈에 보여주는 동시에, 노스탤지어라는 '우리들의 먼 나라'를 향한 둔탁한 통증을 다양한 방식으로 고찰한다. ―〈가디언〉

이토록 복잡미묘한 개념을 전문용어를 남발하지 않고도 명쾌하고 흥미롭게 설명할 수 있다니 놀라울 따름이다. 애그니스 아널드포스터는 학계의 보물 같은 존재다. ―〈타임스〉

아름답지만 단단하고 다방면을 아우르며 유쾌하다.
―〈타임스 리터러리 서플먼트〉

노스탤지어에 관한 예리하지만 사랑스러운 안내서. 역사학, 심리학, 사회학, 신경과학 등 거의 모든 학문 영역을 아우르며 묵직한 가르침을 유쾌하게 전한다. ―〈텔레그래프〉

차례

들어가며 우리가 과거를 그리워하는 이유   13

1부 돌아갈 수 없는 집
이주하는 세계, 죽음을 부르는 향수

1장 우유 짜는 아낙과 용병들   41
2장 제국의 느린 자살   73
3장 향수병   119
4장 태초의 집   161

2부 장밋빛 퇴행
달콤 씁쓸한 감정은 어떻게 돈과 표심을 움직이는가

5장 거대한 물결의 시작   205
6장 감정을 돈으로 바꾸는 법   243
7장 과거로 떠나는 여행   277
8장 트럼프와 브렉시트의 정치학   319

NOSTALGIA

3부 우리들의 행복 은행
노스탤지어, 질병에서 해독제로

9장	노스탤지어에 빠진 뇌	363
10장	인간답고 인간적인 감정에 관하여	395

감사의 말	415
주	417
도판 출처	449
찾아보기	450

일러두기
- 원서에서 저자가 강조한 부분은 굵은 글씨로 표기했다.
- 본문의 주는 모두 옮긴이주로 기호로 표기했다. 저자주는 번호를 붙여 후주로 처리했다.
- 도서명은 국내에 번역된 경우 한국어판 제목을 따랐다.

들어가며

우리가 과거를 그리워하는 이유

나는 노스텔지어nostalgia에 빠져 사는 아이였다. 〈끔찍한 역사 Horrible Histories〉 시리즈에 나오는 이야기와 각종 동화를 이리저리 뒤섞어 낭만적으로 재구성한 17세기, 19세기, 20세기 초로 거슬러 올라가는 상상을 하며 몇 시간이고 보냈다. 이니드 블라이턴Enid Blyton이 쓴 소설의 애독자였던 나는 1990년대 당시에 다니고 있던 런던의 초등학교에서 1950년대에 세워진 콘월의 기숙학교로 전학시켜달라고 부모님을 졸랐다. 아무리 애원해도 소용이 없기에 결국 나는 교복이 없는 공립학교에 다니면서 매일 하루도 빠짐없이 세로 주름이 잡힌 치마에 흰색 블라우스를 입고 갔다. 한 번도 살아본 적 없는 세상으로 어떻게든 돌아가려고 말이다. 그러고 다녔는데도 용케 친구를 사귀기는 했다. 성인이 되고 나서는 과거와의 이런 정서적 유대를 끊고 새로운, 훨씬 냉소적인 관계를 발전시켜나갔다. 나는 역사를 전공했고 석사와 박사 과정도 밟았다. 그렇게 점점 역사에 단호해졌고, 감상벽을 거부하는 강철 같은 학자가 되었다. 사생활에서도 노스탤지어에 심취하는 일은 그만두었다. 그 대신 현재를 즐기면서 미래를 바라보았다. 나는 진보적인 사람으로 자처하기를 좋아하고, 누가 뭐래도 낙관주의자다. 하지만 그런 정치적 성향과 기질적 특성에도 지금 노스탤지어를 옹호하는 책을 쓰고 있다. 적어도 노스탤지어라는 감정과 현상을 존중의 시선으로 다루고 그 감정의 복잡성과 힘, 놀라운 변신 능력을 정당하게 평가하는 책 말이다.

사전에서 노스탤지어를 찾아보면 뜻풀이가 비교적 간단명료하다. 노스탤지어는 "어떤 지나간 시절이나 되찾을 수 없는 상태로의 귀환, 또는 그에 대한 그리움이나 과도하게 감상적인 동경"[1]의 감정이다. 심리학자들도 노스탤지어라는 용어를 크게 다르지 않게 이해한다. 노스탤지어의 복잡성을 인정하면서도 안정적인 과학의 범주에 속하는 것으로 간주한다. 노스탤지어는 "과거 지향적 인식, 그리고 혼합된 정동情動적 특징으로 이루어진 복잡한 감정"[2]이다. 흔히 하는 말로, 과거에 대한 달콤 쌉쌀한 감정이다. 어떤 기억을 떠올리거나 회상하거나 곱씹을 때 촉발되는데, 보통 이때의 기억이란 아무 기억이나 상관없는 것이 아니라 개인적으로 의미 있는 애틋한 기억을 말한다. 이런 기억은 '장밋빛으로 물든' 안경으로 보더라도 슬픔이나 애도의 감정을 자아낼 수 있다. 다시 말해, 한 시절의 잃어버린 순간을 그리워하거나 갈망하거나 애통해하는 것이다. 나아가 그 순간으로 되돌아가기를 소망하기도 한다. 회상의 즐거움은 상실이나 후회, 고통의 감각과 마구 뒤섞인다.

그러니 노스탤지어는 단순히 과거를 기억하는 것을 훨씬 넘어선다. 어찌됐든 기억은 틀리기 십상이고 미덥지도 못하다. 노스탤지어는 정서적 상태다. 말하자면 우리는 스스로 의미를 부여한 시간에 속한 순간들에 노스탤지어를 느낀다. 역사의 어느 시기—개인적으로 경험된 것이든 집단적으로 경험된 것이든—는 다른 시기에 비해 더 중요성을 띤다. 우리는 의도적으로 또는 무의식적으로 우리의 과거를 손보고, 아주 이질적인 시공간의 기억을 통합하여 현재 우리가 보유한 가치나 윤리, 자기감sense of self에 더욱 부합하게끔 정보를 재구성한다. 노스탤지어는 이런 식의 재구성에 속한다. 이미 일어난 일들에 대해 감정을 채우고 금칠을 한 다음 장밋빛 조명을 한껏 비추는 것이다.

포괄적이고 일반적인 정의가 존재하기는 하나, 노스탤지어라는 감정은 다양한 형태를 취하기도 한다. 우선, 직접 겪은 일에 대한 노스탤지어가 있다. 자신의 어린 시절이나 10대 시절, 또는 대학 시절을 그리워할 수 있다. 그리고 나처럼 태어나기 전이나 소환 가능한 시절에 대한 노스탤지어가 있다. 즉, 머나먼 과거로 돌아가고 싶어 하는 강한 욕구다. 누구에게 물어보느냐, 어떤 전문가들과 이야기를 나누느냐에 따라 노스탤지어는 매우 개인적—개별적인 정서적 경험—일 수 있다. 또는, 의례나 공유된 경험에 의해 촉발되어 언론이 활자화하고 정치인늘이 조장하거나 악용하는 식의 집단적 경험일 수도 있다. 이러한 집단적 형태의 노스탤지어는 대체로 추상적인 개념이지만, 진실한 감정인 경우도 그 못지않게 흔하다. 지금과는 딴판인 과거를 향해 미사여구를 열정적으로 쏟아낸 신문 기사를 읽는다고 해보자. 정작 기사 작성자는 그 글을 쓰는 순간 노스탤지어에 빠져 있지 않았을지도 모른다. 그런 감정은 전혀 느끼지 않았더라도, 노스탤지어에 대한 글이 독자에게 미칠 효과는 아마 잘 알고 있었을 것이다.

그런데 한 개인이 경험하는 감정으로서 노스탤지어에 잠시나마 초점을 맞춘다 하더라도, 그 감정은—정말이지 여느 인간의 감정과 마찬가지로—언뜻 보기보다 복잡하다. 오늘날 감정을 연구하는 과학자들은 대부분 머릿속의 특정 위치에 감정들이 확실히 자리한다고 본다. 19세기와 20세기에 진행된 선구적인 연구에 따르면, 감정은 변연계limbic system라는 뇌의 한복판에 자리한 구조물들의 집합과 관련이 있는 것으로 나타났다.[3] 대다수 신경과학자와 심리학자가 보기에 감정은 선천적이고 생래적이며 모든 문화와 공동체에서 두루 인지할 수 있는 것이다. 애니메이션 영화 〈인사이드 아웃Inside Out〉의 내용과 상당히 비슷하게 우리는 모두 우리의 뇌 안에 살고 있는 기쁨, 공포, 분노, 슬픔, 혐오의 지배를 받는다. 이 '기본적인' 정서들은 사람의 얼굴 표정, 그리고 머리카락이 쭈뼛 선다든지 심장이 뛰는 것처럼 자연스러운 생리적 변화를 통해 식별할 수 있다.[4]

지난 50년 동안 이 정서를 옹호하고 대변해온 이는 심리학자 폴 에크만Paul Ekman이다. 에크만의 주장에 따르면, 특정 정서는 시간이나 공간, 문화적 맥락과 무관하게 보편적으로 인식되는 것으로 나타났다. 에크만은 영화〈인사이드 아웃〉에 나오는 것과는 살짝 다른 여섯 가지 기본 감정basic emotion을 처음으로 제시했다. 바로 분노, 혐오, 공포, 기쁨, 슬픔, 놀람이다. 추후에 진행한 연구를 통해 그는 여섯 가지 감정 외에 보편적 정서가 더 존재할 가능성이 있음을 시사했다. 즐거움, 경외, 만족, 욕망, 당혹, 아픔, 안도, 동정, 권태, 혼란, 흥미, 자부심, 수치, 경멸, 승리감을 기본 감정으로 제시한 심리학자들도 있었다. 그런데 기본감정이론basic emotion theory에서 중요한 것은 보편적인 감정의 정확한 수나 종류보다는 감정이 역사와 문화와 종을 아우르는 표준적인 것인지, 선천적이고 진화하는 것인지, 우리 주변에서 벌어지는 일에 대한 신체적 반응인지 여부다.[5] 우리가 감정을 느끼고 소통하는 방식을 이같이 설명하는 뇌 모델—여러 정서가 우리의 신경전달물질에 선천적으로 내재되어 있다는 견해—은 현재 의학계와 과학계, 심리학계에서 널리 공유되고 있다. 하지만 이견이 없지는 않다. 감정이란 무엇인지, 그리고 감정이 의미하는 바가 무엇인지는 시간의 흐름에 따라 극적인 수준으로 달라져왔다. 분석과 연구를 실행하는 주체에 따라서도 천차만별이다.

가령 역사학자 대다수는 기본감정이론을 대놓고 반대한다. 미묘하고 다양한 감정에 상대적으로 환원주의적인 접근법을 취한다는 것이 부분적인 이유다.[6] 리처드 퍼스고드비히어Richard Firth-Godbehere는 최근에 발표한 인간의 정서를 포괄적으로 다룬 역사서에서 에크만의 이론을 신뢰하기 어렵다는 입장을 밝혔다. "그가 제시한 여섯 가지 기본 감정은 …… 몇 안 되는 미국인의 얼굴에서 도출한 것이었다. 그는 이것을 세계 모든 곳에서 볼 수 있는 표정에 적용할 기본 틀로 내세웠다."[7] 퍼스고드비히어가 지적한 대로, 기본감정이론은 엄청나게 다양한 인간의 행동, 표정 및 감정 유형을 알맹이만 뽑아서 짤막하고 제한적인 목록으로 축약해버린다.

회의적인 입장을 취하는 것은 역사학자들만이 아니다. 과학 저술가인 레너드 플로디노프Leonard Mlodinow는 감정의 심리학 및 신경과학에 관한 책 《감정의 뇌과학Emotional: How Feelings Shape Our Thinking》에서 에크만이 제시한 개념의 한계를 논한다. 플로디노프는 감정이 "일련의 원형적 자극에 대한 선천적이고 생래적인 반응"이라는 기존 관념을 반박하면서, "언어가 다르면 인식하는 감정도 달라진다. 언어는 감정의 영역을 다른 방식으로 분할한다"[8]라는 감정 연구자 제임스 A. 러셀James A. Russell의 주장을 인용한다. 이 같은 견해를 전형적으로 보여주는 예가 바로 분노에 관한 다양한 연구다. 1970년에 인류학자 진 L. 브리그스Jean L. Briggs는 이누이트 공동체에 관한 민족지를 펴냈다. 브리그스는 유트쿠Utku족이라는 이누이트 공동체에서는 미국인들이 일반적으로 "분노anger"라고 부르는 것을 배격할 뿐만 아니라, 공동체 내에 그에 상응하는 용어나 개념 자체가 아예 존재하지 않는다는 사실을 발견했다.[9] 보다 최근에 이루어진 연구에서 심리학자 리사 펠드먼 배럿Lisa Feldman Barrett은 분노가 단일한 내적 본능이 아니라 오히려 "다양한 경험과 행위의 군집"이라고 주장했다. 배럿과 러셀 모두 감정을 심리적 **구조**로 보는 이론적 접근법을 취한다.¹⁰ 다시 말해 각양각색의 언어적, 문화적, 사적 경험이 '핵심' 감정을 다양한 형태로 만든다는 것이다. 리사 펠드먼 배럿이 서술하듯, "분노의 종류는 끝이 없다."¹¹ 감정이 어느 정도까지 생물학적인지 또는 문화적인지는 여전히 심리학계에서 크나큰 논쟁거리다(어느 정도는 역사학계에서도 마찬가지다). 하지만 플로디노프의 말처럼 과학은 "인간이든 동물이든 이런저런 감정 상태임을 신뢰할 만한 수준으로 확정할 수 있는 객관적인 준거"를 아직 규명하지 못했다.¹²

그런데 학술적인 논쟁에서 잠시 물러나서 보면, 우리가 감정을 표현하기 위해 사용하는 언어가 그야말로 부정확하고 개인적이라는 사실을 분명히 알 수 있다. 감정은 주관적이다. 우리는 타인이 경험하는 분노가 어떤 느낌인지, 우리가 경험하는 분노와 얼마나 겹치는 부분이 많은지 알지 못한다. 널리 인지 가능한 형태(공포에 질린 비명 또는 펑펑 쏟는 눈물)의 감정 표현과 지극히 내밀한 감정 상태 또한 구별할 수 있다. 우리의 정서 언어는 포괄적이기도 하다. 격노rage, 분노anger, 극대로fury, 노여움ire이 하나같이 뭔가를 표현하기는 하지만, 과연 모두 똑같은 상황을 일컬을까?¹³ 정서에 관한 어휘가 풍부하다는 것은 그만큼 인간의 다양한 감정이 서로 어긋나는 경우가 비일비재하다는 사실을 암시한다.

분노와 마찬가지로 노스탤지어도 관련된 용어가 많다. 기억과도 연관이 있지만 동경, 향수병, 회상, 갈망, 후회와도 관계가 있다. 영어 사용자들은 대부분 노스탤지어nostalgia가 의미하는 바를 직관적으로 알아챌 테지만, 다른 언어권과 다른 문화권에 속한 사람들은 그 감각을 공유하지 못할 수 있다. 다른 언어권에도 노스탤지어와 유사한 어원을 지닌 단어들이 존재한다. 독일어 명사 젠주흐트sehnsucht는 대략 '갈망, 욕망, 동경, 열망'으로 번역된다. 이상적인 대안 세계—일종의 기이하고 퇴행적인 유토피아주의—에 대한 동경과 짝을 이루는, 인생의 불완전하고 미완으로 남은 요소들에 대한 감정이다. C. S. 루이스C. S. Lewis는 이를 두고 "오랜 아픔old ache" 또는 "아득히 먼 우리 나라our own far-off country"에 대한 욕망이라고 했다.[14] 독일어에는 오스탈기Ostalgie라는 단어도 있는데, 공산주의 동독 시절의 생활 양상에 대한 노스탤지어를 특별히 지칭한다(오스탈기에 대한 더 자세한 내용은 8장을 참조). 오스탈기는 독일어 오스트Ost(동쪽)와 노스탈기Nostalgie(노스탤지어)가 합쳐진 혼성어다. 포르투갈어 사우다드saudade도 유사한 뜻을 지닌 단어로, 무척 사랑하는 어떤 대상 또는 사람에 대한 멜랑콜리한 갈망을 뜻하는 정서 상태다. 욕망의 대상이 실재하지 않거나 감정의 정도가 서로 비등하지 않은 경우 특히나 뼈아프게 느껴지는 정서다. 웨일스어 단어 히라이스hiraeth는 뭔가를 향한, 특히 집이나 모국, 구체적으로는 웨일스 지역이나 문화의 맥락에서 특정하게 느끼는 깊은 열망을 의미한다. 감정은 우리가 사용하는 언어와 복잡하게 뒤얽혀 있다. 아무리 미묘한 수준이라고 하더라도 단어가 다르면 의미도 다르다. 이런 단어들을 글자 그대로 번역하기란 거의 불가능한데, 그 의미가 완벽히 상응하는 외국어는 존재하지 않기 때문이다. 그러니 결과적으로 그런 감정들과 일란성쌍둥이처럼 똑같은 감정들을 다른 문화권에서는 찾아볼 수 없다.[15]

영어 단어 **노스탤지어** 또한 지리적으로 명료하고 문화적으로 특정한 뭔가를 담고 있다. 노스탤지어에 관한 전기를 쓰게 된 것은 바로 이 때문이다. 이 책은 최소한 영미권 문화 너머를 보려고 시도하는 전기다. 힘들기는 해도 불가능한 일은 아니다. 사실상 영어가 아닌 언어로 쓰인 텍스트에서 노스탤지어라는 단어를 만나면 보이는 그대로 따라가는 것이 아니라 그 말이 의미하거나 암시하는 바를 살펴보고 상황의 맥락과 특수성에 면밀히 주의를 기울여야 했다. 영국과 미국처럼 공통 언어를 쓰는 두 국가에서조차 노스탤지어는 상당히 다른 상황을 의미하기도 하며 각 나라의 사회, 정치 역학, 문화 규범에 따라 형성된다.

노스탤지어라는 단어는 역사적으로 특정한 뭔가를 담고 있기도 하다. 감정 및 감정 표현을 위해 우리가 사용하는 언어가 장소에 따라 달라질 수 있다면, 시간에 따라서도 바뀔 수 있기 때문이다. 어찌됐든 과거도 결국 타지인 셈이다. 어쩌면 노스탤지어는 감정과 그것을 개념화한 용어들이 그동안 얼마나 쉽게 영향을 받고 달라져왔는지 가장 잘 보여주는 사례인지도 모른다. 물론 다른 감정들도 지금껏 변화해오기는 했다. 영국의 섭정 시대를 배경으로 하는 제인 오스틴Jane Austen의 소설 속 여자 주인공들은 툭하면 "울화가 치밀었다vexed". 그런데 오늘날 우리 중에 똑같은 울화vexation를 느끼는 사람이 얼마나 될까? 신종 감정들도 있다. 소외 공포fear of missing out를 뜻하는 FOMO는 어떤가? 2014년에야 사전에 등재된 이 단어는 어딘가에서 신나고 흥미로운 일이 벌어지고 있을지 모른다는 생각이 들 때 겪는 불안감을 의미한다. 대체로 소셜미디어에서 접하는 게시물 때문에 발생하는 감정이다. 150년 전만 해도 '우울depression'은 정신 질환이 아니라 기분을 지칭하는 말이었다. 5세기 초 수도사이자 신학자였던 존 캐시언John Cassian은 고대 그리스어로 '아케디아acedia'라고 하는 정서에 대한 글을 남겼다. 정신이 이 감정 상태에 "사로잡히면 내가 지금 있는 곳에 싫증이 나고, 내 방에 넌더리가 난다. …… 수도실에 가만히 머물 수 없거나 글을 읽을 의욕이 도통 일지 않는다." 강렬한 "신체적 무기력증"과 "하품이 절로 나오는 허기"를 동시에 느낀다. 캐시언을 비롯한 초기 기독교도들은 아케디아를 "정오의 악마noonday demon"라고 불렀는데, 이는 고립된 수도원 생활이라는 공간적, 사회적 제약으로 인해 발생했다.[16]

다양한 감정과 그러한 감정을 표현하기 위해 사용하는 단어들이 들락날락하는 과정에서 한 가지 문제가 발생한다. 노스텔지어라는 단어가 현대적 의미로 사용되기 전의 (우리가 아는 것과 같은) 노스텔지어를 어떻게 서술해야 할까? 20세기 전까지는 '노스탤지어'가 지금 우리가 알고 있는 역사적 갈망과 같은 종류를 의미하지 않았다. 이는 사람들의 내면생활 역시 달랐음을 시사하는 것일까? 18세기 사람들도 오늘날 우리가 느끼는 것과 조금도 다르지 않은 방식으로 과거를 갈망했을까? 만약 그렇다면, 그러한 감정을 달리 부르는 말이 있었을까? 앞서 살펴봤듯, 역사학자들과 일부 심리학자들은 현대의 정서 언어가 보편적이거나 자연발생적이거나 생래적인 실체를 명명하는 것이 아니라는 사실에 동의한다. 가령 (다양한 감정을 정확히 표현하는 데 많은 시간을 들인) 고대 그리스인과 로마인은 아마도 현대의 '분노anger'를 느끼지 못했을 것이다. 전혀 딴 세상에서 살았기 때문이다. 역사학자 토머스 딕슨Thomas Dixon의 말처럼 그들에게 가장 중요한 "정신적, 도덕적 틀"은 "우리의 틀과 근본적으로 차이가 있었"다.[17] 일례로 아리스토텔레스는 분노를 '오르게orgē'라고 표현했다. 철학자 마사 누스바움Martha Nussbaum에 따르면, 현대의 분노를 구성하는 핵심 요소는 물리적이거나 신체적인 것—높은 심박동수, 체온 상승, 격분한 얼굴 표정—인 데 반해, 오르게는 마음속의 생각이 전부였다.[18] 구체적으로는 모욕을 당한 사람이 품게 되는, 강렬하고도 압도적인 복수에 대한 욕망과 결합된 믿음이다. 분노와 마찬가지로 노스탤지어의 역사도 근본적으로 다채롭고 변화무쌍한 편에 속한다. 딕슨의 말을 달리 표현하자면, 예나 지금이나 노스탤지어라는 단어가 일관되게 지칭하는 것은 세상에 단 하나도 없다.[19] 살펴봐야 할 노스탤지어는 하나가 아니라 여럿이다.

감정에는 역사가 있다. 다만, 감정의 역사에 관한 연구는 상대적으로 최근에 이루어지기 시작했다. 그런데 사람들의 정서적 생활이 어떻게 이루어지는지 그 내적 작동 방식을 완전히 이해하기란 굉장히 어렵다. 특히나 오래전에 죽은 사람들의 감정은 더더욱 그러하다. 개인들이 남긴 글에는 수많은 감정이 담겨 있지만, 우리가 그 감정에 직접적으로 접근하기는 어렵다. 그저 사람들이 자신의 감정적 페르소나를 어떤 식으로 빚어내기로 선택했는지에 대한 통찰을 얻을 수 있을 뿐이다. 사람들이 분노에 찬 편지를 쓰거나, 일기에 자신의 슬픔을 기록할 때 의도적으로 내용을 꾸미거나 미래의 역사학자들을 염두에 두고 글을 쓴다는 게 아니다. 그보다는 우리 모두가, 사회에 내재되어 있고 문화 척도와 표현 양식에 영향을 받는 감정 규범으로부터 자유롭지 않다는 이야기를 하려는 것이다. 그러므로 이 책은 집단적 차원의 심리 전기psychobiography 작업이 아니다. 노스탤지어의 정치적, 사회적, 문화적, 과학적 생애에 관한 이야기다.

✣

모든 감정에 나름의 고유한 역사가 있기는 하지만, 노스탤지어만큼 보편적이면서 정확하게 못 박기가 힘든 감정은 별로 없다. 규정하기 어렵고 모호할 수밖에 없는 이유 하나는 노스탤지어가 좀체 가만히 있지 못하는 것 같다는 데 있다. 다른 감정들과 달리 항상 변화하고 있고, 어쩌면 더 근본적인 변모의 과정을 겪었다고 할 수도 있다. 불과 100년쯤 전만 하더라도 노스텔지어는 단순히 감정이 아니라 질병이었다. 17세기 스위스에서는 하인들을 괴롭혔고, 18세기 영국에서는 뛰어난 지성인 의사들의 관심을 끌었으며, 미국 남북전쟁 기간에는 군인 수천 명의 목숨을 앗아간 병. 지금은 상황이 다르다. 노스텔지어는 더 이상 육체에 영향을 미치지 않는다. 오직 정신에만 영향을 미칠 뿐이다. 노스텔지어는 더 이상 치명적인 질병이 아니다. 제1차 세계대전과 제2차 세계대전의 종식 사이 20년 동안 노스텔지어는 멀리 떨어진 **장소**에 대한 동경으로 생긴 질병에서 지나간 **시대**에 대한 상대적으로 무해한 갈망으로 변화했다. 이제 많은 사람이 보기에 노스텔지어는 과거에 대한 애정 어린 감정―대개는 골동품 수집가나 감상벽이 있는 사람들이 경험하는 해롭지 않은 상태―에 지나지 않는다.

그렇다면 왕년의 노스텔지어는 어떠했을까? 오늘날 우리가 아는 노스텔지어라는 감정과는 어떻게 달랐을까? 언제 그리고 왜 변모했으며, 이러한 전환은 문명사에 대해 우리에게 무슨 이야기를 들려줄까? 어쩌됐든 1974년 런던에 등장한 어느 낙서 문구처럼 "노스텔지어는 예전 같지 않다."[20] 이 책의 중심에 놓인 것이 바로 이런 질문들이다. 이 질문들에 답하려면 드넓은 영역을 연대기순으로 싹 훑어나갈 수밖에 없었다. 또 어느 감성에 관한 전기를 쓰는 데 그치지 않고, 과학 저술과 문화 해설, 정치 분석까지 조금씩 가미한 어느 질병에 관한 전기로 나아갈 수밖에 없었다. 서사의 범위는 17세기 스위스 알프스산맥의 야생화가 지천으로 핀 산비탈에서 시작해, 노예 신세가 된 사람들을 서아프리카에서 카리브해까지 실어 나른 배, 19세기 이집트의 여러 항구와 막사, 양차 대전 사이 맨섬의 요정들과 영혼들, 전시 뉴욕의 유대인 난민들, 스윙잉 식스티즈Swinging Sixties 시기의 레바논 정신분석가들, 1970년대 베를린에서 나타난 나치의 부흥, 그리고 미국의 제45대 대통령 도널드 트럼프Donald Trump의 선거운동까지 폭넓게 아우른다.

 노스탤지어의 사연은 17세기에 시작된다. 1688년 스위스의 의사 요하네스 호퍼Johannes Hofer가 노스탤지어라는 용어를 만들어내면서부터다.[21] 호퍼는 그리스어 노스토스nostos(귀향)와 알고스algos(고통)에서 착안해, 고향으로부터 멀리 떠나온 곳에서 싸우던 유럽의 용병들을 괴롭히는 장애를 노스탤지어라고 최초로 명명했다. 노스탤지어 환자들은 격심한 갈망, 일종의 우울한 기분 상태인 멜랑콜리melancholia를 경험했고, 동떨어져 있는 익숙한 대상 또는 장소로 돌아가기를 간절히 바랐다. 스위스에서 우유를 짤 때 부르는 민요인 〈퀴헤라이엔Kühe-Reyen〉은 특히 강력한 도화선이었다. 군대를 무력화할 정도로 어마어마한 파급력을 지닌 탓에 이 노래를 연주하는 것만으로도 사형에 처해질 수 있었다. 가정부로 일하기 위해 집을 떠난 젊은 여성들, 군대에 징집된 20대 남성들, 양육을 위해 시골로 보내진 아이들 모두 이처럼 극심한 형태의 향수병에 걸리기 쉬웠다. 이 병은 알프스 지역을 한동안 괴롭히다가 유럽 전역으로 퍼져나갔다. 이 정서적 전염병은 멜랑콜리한 사람들이 떨어지는 나뭇잎을 보고 시간의 흐름과 자신의 필멸을 떠올리는 가을이 오면 절정에 달했다.

19세기 유럽에서 노스탤지어는 의료업 종사자들이 가장 많이 연구하는 질환 가운데 하나였다. 이 불가사의한 병은 무기력과 우울, 수면 장애를 유발했다. 환자들은 신체 증상—심계항진(심장 두근거림), 좌상, 치매—도 겪었다. 끝내 사망에 이르는 경우도 있었다. 환자들은 식음을 전폐하고 서서히 굶어 죽어갔다. 1830년대 파리에서는 소중한 집을 떠나야 하는 상황에 절망한 나머지 숨통이 막혀서 세상을 떠난 사람도 있었다. 그는 자신의 집이 철거되기로 예정된 시각으로부터 불과 몇 시간 전에 "깊은 슬픔"과 "극심한 열"로 쓰러지고 말았다.[22] 노스탤지어라는 병은 유럽 전역으로 확산되었고, 노예가 된 아프리카인들을 실은 배를 타고 북아메리카로 건너갔다. 이때만 해도 지금처럼 사소한 자기 탐닉self-indulgence과의 긍정적인 연관성이 아직 생기지 않았다. 오히려 목숨을 빼앗고 장애를 입힐 만한 위력을 지니고 있었기에 엄중히 다뤄졌다.

그럼에도 노스탤지어는 단순히 개인들이 경험하는 차원의 것에 그치지 않았다. 남용에 취약한 사회정치적 상태, 즉 시대의 불안을 반영하는 문제였다. 19세기 프랑스의 의사들은 기이할 만큼 노스탤지어를 우려했다. 그들은 노스탤지어라는 병을 프랑스라는 나라의 과거에 대한 유별난 집착의 산물로 보았다. 급진적 변화를 겪던 중이니 그럴 만도 했다. 유럽의 여느 국가들과 마찬가지로 운하, 전신케이블, 철도 같은 새로운 연락망이 프랑스 전역에 깔리고 있었다. 이제 소작농들은 집으로부터 먼 곳에서 일을 하고, 자신이 태어난 검박한 마을에서 동떨어진 큰 도시로 향했다. 나라 밖에서 벌어지는 전쟁은 국가 정체성이라는 새로운 감각, 땅과 영토에 대한 헌신을 키워내고 있었다. 프랑스인들이 과거와의 연결이 끊어진 채 표류하는 기분으로, 급속히 사라져가는 문화와 공동체를 갈수록 아쉬워하고 그리워한 것은 그리 놀라운 일이 아니다.[23]

노스탤지어와 관련하여 가장 당혹스러운 점 중 하나는 이것이 그저 질병에서 감정으로 탈바꿈했을 뿐만 아니라, 장소와 관련된 것에서 시간과 연결된 것으로 서서히 전환되었다는 사실이다. 1680년대 스위스와 1830년대 프랑스 파리에서 노스탤지어와 향수병homesickness은 동의어나 마찬가지였다. 그런데 19세기 말에 이르러 두 용어가 제각기 다른 길을 가면서 노스탤지어는 새로운 국면을 맞이했다. 의학적 연관성을 털어내면서 결과적으로 훨씬 덜 심각하게 받아들여진 것이다. 이를 통해 우리는 이 시기의 세계사에서 무슨 일이 벌어지고 있었는지 많은 것을 알 수 있다.[24] 노스탤지어와 향수병이 서로 갈라서고, 둘 사이에 공유된 심각성이 탈각한 것은 자본주의와 식민주의, 국제전의 결과물이었다.

1900년대 초기와 말기 수십 년은 집단 이주의 시기였다. 식민지 시대의 군인들은 부귀영화를 좇아서, 머나먼 열대지방에 보금자리를 마련하려고 런던, 파리, 브뤼셀을 떠나 길을 나섰다. 난민들은 전쟁, 대량 학살, 역병을 피해 안식처를 물색했다. 이민자들은 가게를 차리고 친구를 사귀고 가정을 꾸릴 만한 새로운 터전을 찾아 먼 길을 떠났다. 그리고 이러한 이동은 향수병을 불러왔다. 1930년대 말 카테 쿠페르베르크Kathe Kupferberg는 가사 노동 비자로 나치가 점령한 땅에서 영국으로 오게 된 2만 명에 달하는 유대인 여성 중 한 명이었다. 그는 쉬는 날이면 철저히 혼자임을 느끼면서 낯선 길을 따라 한참을 걸었는데 그때의 심정을 일기에 남겼다. "별안간 지독한 향수병이 물밀 듯이 밀려와 내 심장을 옥죄었고 나는 왈칵 눈물을 쏟았다. 사람들이 지나다니는 길바닥에서 울고 있자니 창피했다. 하지만 속마음을 털어놓을 만한 사람이 아무도 없었다."[25] 19세기에는 향수병이 숭고한 질환이었다. 자신의 가족과 깊은 정서적 뿌리에 대한 헌신을 여실히 보여주는 증거였기 때문이다. 일종의 미덕과 세심함의 징표였다. 그런데 20세기에 들어서면서부터 점점 철없고 유아적인 엄살 또는 별것 아닌 일로 치부되었다. 사람들을 고향과 묶어주었던 감정은 갈수록 세계화되는 세상에서 더는 기능하지 않았다. 노동력의 자유로운 이동으로 국경이 느슨해진 세계에서는 말이다.

20세기 초는 노스탤지어가 질병에서 낭대적으로 부해한 정서로 탈바꿈하는 과정을 목도한 시기이기도 했다. 빅토리아 시대 초반에 영어에서 두 가지 신조어가 통용어로 편입되었다. 바로 'emotion(감정)'과 'scientist(과학자)'였다. 또 19세기 말 즈음에는 인간의 감정—노스탤지어를 포함한—이 과학적 연구 대상이 되었다. 1898년 미국의 심리학자 라이너스 워드 클라인Linus Ward Kline은 176명을 대상으로 연구를 진행했다.[26] 그중에는 부모와 함께 새로운 동네로 이사를 간 네 살배기 남자아이도 있었다. 짐을 풀기도 전에 급성 발작처럼 극심한 노스탤지어가 아이를 덮쳤다. "소들을 데리고 집으로 돌아가요." 아이는 애원했다. 앞선 세대의 의학자들과 달리 클라인은 이를 질병이 아니라 변화에 대한 비교적 정상적인 정서적 반응으로 해석했다. 1900년 〈미국사회학회지American Journal of Sociology〉는 최초로 '노스탤지어'를 다음과 같이 현대적인 의미로 사용했다. "신성시되는 시간으로부터 사람을 끌어내는 것은 다름 아닌 이성과 편의다. 그리고 사람을 뒤로 물러나게 하는 것은 다름 아닌 노스탤지어다. 약간의 참신함은 매력적이지만, 새로운 것들의 전면적인 침공은 세상을 삭막하고 을씨년스럽게 만든다."[27] 20세기 말로 갈수록 의사들의 뒤를 이어 심리학자들과 정신분석학자들이 노스탤지어에 관한 과학적 연구에 착수하는 일이 점점 늘어났고, 그 과정에서 노스탤지어는 생명을 위협하는 질병에서 지금 우리에게는 너무나도 익숙한, 훨씬 무해한 감정으로 서서히 변모했다. 1964년 판《옥스퍼드 현대영어소사전Concise Oxford Dictionary of Current English》은 처음으로 노스탤지어를 "과거의 어느 시기에 대한 정서적 동경"으로 정

의했다.²⁸

1970년대 즈음에는 어딜 가나 노스탤지어가 있었다. 육체와 정신에 더는 위협적이지 않은 존재가 되면서 노스탤지어는 유행 같은 것으로 변모했다. 유럽과 북아메리카 전역의 저술가들은 기업가 앨빈 토플러Alvin Toffler가 "노스탤지어의 물결wave of nostalgia"이라고 칭한 현상을 우려했다.²⁹ 이 "물결"은 대서양을 건너갔다. 프랑스, 영국, 독일에는 옛날 영화와 1950년대 음악이 넘쳐흘렀고 언론인들은 그런 사회를 개탄했다. 1970년대, 그리고 1980년대에 들어서까지 서방세계는 줄곧 노스탤지어에 시달렸다. 노스탤지어는 항공업계를 장악했고 사람들의 옷차림과 집의 실내장식을 완전히 바꿔놓았으며 직업적, 정치적 생활양식을 변화시켰다. 또 노스탤지어의 상업적 위력을 간파한 기업들과 문화 생산자들은 사람의 마음을 혹하게 만드는 그 감정의 특성을 써먹기 시작했다. 노스탤지어의 치명성이 사라졌다고 해서 복잡성까지 사라진 것은 아니었다.

노스탤지어는 1970년대 텔레비전 광고에 우후죽순 등장하기 시작했다. 이름만 대면 아는 영국의 제과 브랜드인 호비스Hovis나 캐드버리Cadbury 같은 회사들이 사람들에게 더 단순했던 시절을 떠올리게 하고 눈 깜짝할 새 사라져가는 세계를 환기하게끔 설계된 혁신적인 광고 활동을 펼치면서부터다. 이러한 마케팅 전략은 지금도 인기가 있다. "Keep Calm and Carry On(침착하게 하던 일을 계속하라)"⁺ 포스터에서 복고풍 조리용 저울에 이르기까지 노스탤지어의 판매력은 여전하다. 수공예품 전문 온라인 쇼핑몰 엣시Etsy에 입점한 스토어들은 브라우저상에서 자그마한 장식품, 빈티지 의류, 저렴한 장신구를 통해 장밋빛으로 물든 과거상을 판매한다. 지난 몇 년 사이 가장 인기를 끈 텔레비전 프로그램 중에는 〈고스트버스터즈Ghostbusters〉, 〈마이 리틀 포니My Little Pony〉, 〈더 클래시The Clash〉를 참고하여 만든, 1980년대를 좋아하는 시청자들의 마음을 겨냥한 작품들이 포함되었다. 광고 책임자들은 노스탤지어가 사람들을 기분 좋게 하기 때문에 이러한 효과가 있다고 주장한다. 그들이 보기에 노스탤지어는 우리 삶의 근간이 되는 힘이자 우리의 긴장을 풀어주고 우리의 지갑을 열게 하는 존재다.

노스탤지어는 물건을 사게 하는 힘이 있다. 그뿐만 아니라 당신이 살고 싶어 하는 모습으로 세상을 바꿀 수도 있다. 누군가에게는 노스탤지어가 찰나의 감정 이상이다. 시간을 거슬러 올라가 선조들처럼 직접 살아보기 위해 주변 환경을 새로이 조성하게 만들기도 한다. 빅토리아 시대의 의복, 1940년대의 가전제품, 1970년대의 벽지까지 완벽하게 갖춰서 말이다. 지금이 마치 19세기인 듯 살아가는 것으로 인터넷상에서 화제가 된 부부(7장 참조)를 비롯해 섭정 시대에 유행한 리젠시 드레스를 입고 포즈를 취

✢ 제2차 세계대전 발발 몇 개월 전인 1939년에 대규모 공중폭격이 예고된 가운데 영국 정부가 국민들의 사기 진작을 위해 제작한 선전물의 슬로건.

한 '맘 블로거들', 역사 속 유명한 전투를 재연하는 사람들까지 과거에는 강한 매력이 있다. 사생활과 사회생활을 재구성하고, 전 세계의 크고 작은 도시들의 풍경과 사회 기반 시설을 완전히 바꿔놓을 만큼 마음을 끄는 특성이.[30]

  20세기 말, 노스탤지어는 다시금 심리학자들과 신경과학자들의 몫이 되었다. 이들은 실험실에서 노스탤지어를 연구했고, 만성적으로 노스탤지어에 빠진 사람들을 조사했으며, 자기공명영상MRI 촬영을 통해 이들의 뇌 가운데 어느 부위가 밝게 빛나는지 살펴보았다. 친구들의 사진, 오래된 엽서, 기억을 환기하는 냄새를 활용하여 노스탤지어를 느끼게 한 다음, 이 감정이 실험대상자들의 기분과 행동에 미치는 영향을 연구했다. 이 불가해한 감정을 탐구하는 데 평생을 바친 심리학자들도 있었다. 이 과학자들은 뇌 사진과 설문지를 통해 노스탤지어를 "눈으로 볼" 수 있다고 주장했다(지금도 여전히 그렇게 주장한다). 이렇게 노스탤지어가 수치화되고 범주화되면서 이에 관한 연구에 평생 몰두하는 사람들도 생겼다. 역사학자들과 달리 이제 심리학자들은 대부분 노스탤지어가 언제 어디에 사는지와 상관없이 거의 모든 인간이 느끼는 감정이자, 압도당할 만큼 긍정적인 경험이라고 말한다. 노스탤지어는 다양한 정서적 기능에 기여한다. 사람들의 기분을 북돋고, 삶의 의미와 목적의식을 증진한다. 자존감을 높이고, 미래에 대한 낙관적 태도를 강화한다. 또 우정과 사회적 지지에 대한 인식을 개선하고, 보호와 사랑의 정서를 키우며, 불안을 낮추고 우호적인 행동을 유도하기도 한다.

이러한 과학적 연구 활동 가운데 일부는 노스탤지어를 현실에서 응용할 만한 지점을 발견하기도 했다. 특히 노스탤지어가 기분 좋은 감정이라는 발상은 기업의 입장에서 조직 내 공동체 의식을 구축하는 데 노스탤지어를 활용할 여지가 있음을 시사했다. 최근 수십 년간 기업들은 직원들의 헌신과 소속감을 키우고 충성심을 북돋우며, 일터의 복지 수준을 증진하기 위해 노스탤지어를 효율적으로 활용해왔다. 개중에는 직원들의 스트레스를 달래기 위해 더 나은 수준의 임금을 지급하거나 개선된 노동조건을 제공하거나 자율성을 증진하는 대신, 돈이 별로 들지 않는 정서적 도구로서 노스탤지어를 악용한 경우도 있다. 좋았던 옛 시절을 떠올리게 함으로써 노스탤지어를 조성할 수 있다면, 직원들이 회사에 더 오래 머물고 낮은 임금을 참아내면서도 더 기분 좋게 직장 생활을 할 가능성이 커진다(경영컨설턴트들은 그런 식으로 말한다). 노스탤지어는 병원, 철도, 탄광 같은 곳들의 무해한 부산물이기도 하다. 직원들이 여러 해 동안 거의 평생을 종사하면서 자신이 몸담은 산업이 변화하는 과정을 죽 지켜본 장소들 말이다. 여느 일터와 달리 병원, 철도, 탄광은 전통적으로 지역사회의 중심이었다. 말하자면 크건 작건 한 마을의 주민 과반수를 고용하는 산업이자 조직이었다. 역사적으로 인간은 자신이 일하는 장소에 끈끈하고 긍정적인 감정을 쏟았다. 어찌됐든 노스탤지어는 달콤 씁쓸할 수 있으나, 보통 씁쓸함보다는 달콤함이 더 크다.

그런데 노스탤지어가 그 감정을 경험하는 개인에게는 유쾌할지 몰라도, 정치와 사회에 미치는 영향력의 측면에서 보면 평판이 그리 달콤하지 않다. 그 모든 변화에도 노스탤지어는 여전히 고유한 정서적 응어리를 품고 있다. 게다가 목숨을 앗아가는 능력을 상실하고도 계속해서 다양한 죄악의 원인으로 지탄받고 있다. 일부 좌파 논객들은 최근의 포퓰리즘적 움직임을 두고 흘러가버린 신화적 시대에 대한 노스탤지어를 자극하는 호소라고 비난해왔다. 브렉시트Brexit를 비롯해 도널드 트럼프의 "미국을 다시 위대하게Make America Great Again" 만들겠다는 시도까지, 노스탤지어는 사람들을 설득하고 현혹하고 매혹하여 선거의 표심을 좌우하기에 이른다. 유럽연합EU의 브렉시트 협상 수석대표였던 미셸 바르니에Michel Barnier도 브렉시트를 영국의 "과거에 대한 노스탤지어" 탓으로 돌렸다.[31] 많은 경우 이는 근본적으로 (인간의 특정한 심리적 태도를 의미하는 자연적이고 심리적인) 보수주의 정서, 즉 현대 생활에 엮이는 것이 마뜩잖은 사람들이 지닌 정서다. 모래 속에 머리를 처박는 그 유명한 타조들처럼 말이다. 사회학자 야니스 가브리엘Yiannis Gabriel에 따르면 노스탤지어는 "인민의 최신 아편"이다.[32] 전 세계의 포퓰리즘적 움직임은 노스탤지어를 활용하고 남용한다는 이유로 거듭 비판받는다. 이 움직임들이 미화하는 과거의 이미지들은 지나치게 백인적이고 지나치게 남성적이라고 자주 지탄받는다. 허지만 노스탤시어는 우파의 전제 조건만은 아니다. 좌파 역시 파리코뮌, 소비에트연방, 영국의 국민보건 서비스National Health Service, NHS 같은 것에 정서적으로 몰입하면서 노스탤지어에 젖어 있다는 비난을 받는다. 노스탤지어는 사실상 정치적 엔진이다. 사람들—정치적 스펙트럼의 양측 모두—이 특정 방식으로 투표하고, 특정 서비스를 지지하고, 특정 정책에 항의하도록 동력을 공급한다. 어쩌면 무엇보다 강한 호기심을 자아내는 것은, 노스탤지어의 정치학이 오늘날 특히나 더 강력해 보인다는 사실일지도 모른다.

21세기에 노스탤지어는 포퓰리즘, 그리고 무지성과 연계되는 통에 시달림을 받아왔다. 하지만 얼마간 명예 회복이 필요한지도 모른다. 노스탤지어는 감정의 의미와 경험이 시간의 흐름에 따라 어떻게 변형되는지 보여주는 중대한 사례연구를 제공할 뿐 아니라 경보 시스템의 역할도 한다. 공적, 정치적 논쟁에서 노스탤지어가 목격되는 경우 우리는 주의를 기울여야 한다. 노스탤지어를 제대로 살펴볼 때 우리는 무엇을 발견할 수 있을까? 어떤 경험들이 갈망과 한탄에 쓰이는 것일까? 노스탤지어의 활용과 표현을 통해 어느 때건 사회와 개인들이 가치 있게 여기는 것에 대해 무엇을 알 수 있을까? 우리는 노스탤지어에 빠지는 성향을 지닌 사람들을 아프거나 감상적이거나 어리석다고 보는 데서 벗어날 수 있을까?

노스탤지어는 어디에나 있는 고통의 원천이자 기쁨의 원천으로, 현대 생활과 관련하여 너무나도 많은 것을 설명해준다. 따라서 이 책은 하나의 감정을 렌즈로 삼아 과학과 의학의 과거와 현재, 사회의 변화 속도, 낙담과 전위轉位⁺와 소속감이라는 우리의 집단 감정, 근현대의 노동 및 산업 조건, 공포와 불안의 정치학을 고찰한다. 노스탤지어의 표현은 우리가 과거에 대한 욕망, 현재에 대한 불만, 미래에 대한 비전을 전달하는 한 가지 방식이다. 그리하여 이 책은 어느 위험한 감정의 연대기일 뿐 아니라 지금 우리가 뭘 하고 있는지, 그에 대해 어떤 감정을 느끼는지, 그리고 우리가 사는 세상과 관련하여 무엇을 바꾸는 것이 좋을지에 관한 분석이기도 하다.

⁺ 익숙한 곳에서 낯선 곳으로의 자리바꿈.

1부

돌아갈 수 없는 집

이주하는 세계, 죽음을 부르는 향수

NOSTALGIA

1장

우유 짜는 아낙과 용병들

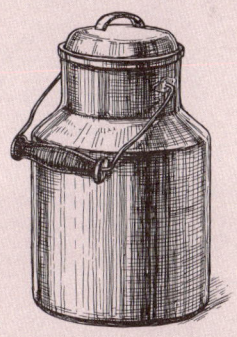

알프스 목동이 즐겨 부르던 노동요 〈퀴헤라이엔〉은
스위스 용병들의 위험한 비망록이었다.
용병들은 그 곡조를 듣기만 해도 고국에 대한 갈망으로
눈물을 쏟았고 심지어 탈영하거나 죽음에 이르렀다.

1788년 구스위스연방을 구성한 13개 자치주canton 가운데 한 곳인 베른 출신의 한 학생이 의학 공부를 하러 괴팅겐으로 향했다.¹ 괴팅겐의 대학에는 1734년 설립 당시부터 이어져온 몇 가지 진기한 전통과 별난 관습이 존재했다. 일례로, 박사 학위를 받은 학생들은 손수레에 실린 채 학교에서 겐젤리젤 분수까지 간 다음 분수대를 타고 올라가 '거위 소녀' 조각상에 입을 맞춰야 했다. 이 분수는 지금도 옛 시청 건물 앞에 있다. 애석하게도 타지로 유학 온 그 스위스 학생은 졸업의 문턱조차 밟아보지 못했다. 대학에 들어가자마자 앓아누운 그는 자신의 대동맥이 터지기 일보 직전이라고 확신했다. 아무도 그를 설득할 수 없었고 그는 절망과 공포에 휩싸인 채 침대에서 무기력한 나날을 보냈다. 결국 그의 부친이 사람을 보내 집으로 돌아오라는 말을 전했다. 그러자 학생은 침대에서 벌떡 일어나더니 기쁨과 설렘으로 신이 나서 온 도시를 누비며 뛰어다녔다. 그는 괴팅겐에 잠시 머무는 동안 사귄

몇 안 되는 친구들에게 작별 인사를 하고는 길을 나섰다. 불과 며칠 전까지만 해도 노스탤지어에 시달리며 멜랑콜리 때문에 시름시름 앓던 사람이었다. 그런 그가 회복하는 데는 별다른 게 필요 없었다. 그저 베른으로 돌아간다는 생각만으로도 청년은 다시금 기운을 차릴 수 있었다.

13개 자치주로 이루어진 구스위스연방(또는 헬베티아공화국)은 신교와 구교 간에 벌어진 30년전쟁이 한창이던 시기부터 1798년 나폴레옹 침공 때까지 존속했다. 간헐적으로 경제적, 종교적 반란이 일어난 경우를 제외하면 이곳은 앙시앵레짐ancien régime에 따라 귀족과 과두 지배 세력이 무소불위의 권위로 통치하는 지역이었다. 1648년 30년전쟁을 종결하기 위해 베스트팔렌조약이 체결되면서 스위스연방은 신성로마제국으로부터 법적으로 독립했다. 그 뒤로 스위스는 무역과 자국의 보호, 문화적 교류의 측면에서 당시 유럽의 강대국으로 성장한 부유한 이웃 나라 프랑스에 의존하면서도 고유한 정체성과 민족성을 유지했다. 스위스는 전원 지역이었다. 주민들은 스위스의 나무와 땅, 산과 강에 기대어 생명 유지에 필요한 자양분을 얻고 자아감을 형성했다. 스위스연방을 찾은 방문객들이 쓴 여행서에는 포도밭과 과수원이 펼쳐진 정다운 계곡, 보기와 달리 험준한 산 밑에 들어앉은 작은 성읍 마을에 대해 구구절절 서술한 장문의 글이 남아 있다. 제네바와 사보이를 에워싼 평원에는 호두나무가 군락을 이루었다. 여행객들이 묘사한 바에 따르면, 현지 주민들은 매년 가을이면 일요일마다 밖으로 나가서 호두나무 사이를 거닐고 호두 열매를 주우면서 풍요의 계절을 만끽했다.

바젤로 이어지는 길옆으로는 뾰족 산들이 아찔하게 솟아 있었다. 연방의 주요 자치주들은 어마어마한 규모의 산들로 빽빽했다. 어떤 산은 높이가 해발 3658미터에 이르렀다. 스위스의 청정하고 절묘한 공기와 대기는 다름 아닌 이 엄청난 고도 덕분이었다. 한 방문객이 술회한 바에 따르면, 스위스 사람들은 제아무리 "대담하고 강인한" 사람일지라도 타지에 머물 때 일종의 불안, 그리고 태어났을 때부터 줄곧 들이마신 신선한 공기를 갈구하는 불편한 감정을 느꼈다.² 스위스의 정제된 공기 질에 대한 명성이 자자해지자 의사들은 20세기까지 줄곧 유럽 전역의 병약자들을 스위스의 산속으로 보내 야생화 들판과 소나무 숲에서 몸을 추스르게 했다. 요즘도 속앓이 하는 부유층은 지병을 고치기 위해 스위스의 고급 온천 휴양 시설에 돈과 시간을 쓰고, 용천수에 몸을 담그며, 알프스의 달콤한 공기를 들이마신다. 스위스는 부유한 사람들을 끌어모으는 매력으로 오랫동안 명성이 높았다. 18세기에는 스위스 전역이 전반적으로 풍요로웠다. 길가에 자리한 여인숙에서도 여행자들에게 질 좋은 포도주와 함께 송어, 잉어, 소고기, 송아지 고기, 가금류, 비둘기, 버터, 치즈, 순무, 사과, 복숭아를 잔칫날처럼 푸짐하게, 그것도 아주 적당한 가격으로 제공했다.³

현재 스위스의 수도인 베른의 경우 소작농들도 비교적 살림살이가 넉넉한 편이었다. 집들은 대부분 흰 돌로 지어졌고, 널찍한 광장을 중심으로 큰길이 쭉쭉 뻗어나갔다. 행인들은 가게나 살림집의 박공지붕 아래에서 얼마든지 비와 바람을 피할 수 있었다. 베른을 방문한 사람들은 널따란 포장길을 따라 거닐기가 얼마나 수월하고 쾌적한지 언급하기도 했다.[4] 이 지역의 전설에 따르면, 베른Bern이라는 도시명은 곰bear에서 비롯되었다. 1191년 이 도시가 세워지던 날, 체링겐 공작은 사냥을 하다가 가장 먼저 마주친 동물의 이름을 따서 도시명을 짓겠다고 맹세했다고 한다. 베른시의 문장에도 곰이 있다. 15세기 이후로는 줄곧, 곰들이 감금된 줄 모르도록 키 큰 나무들이 빽빽하게 우거진 장소 두 곳에 울타리를 치고서 곰들을 키웠다. 유서 깊은 베른의 구시가지는 현재 유네스코 세계유산으로 지정되어 있다. 베른에는 지금도 도시의 상징인 곰들이 있다. 다만 시의 외곽에 자리한, 보다 인도적인 보호구역으로 옮겨 갔다. 꽃이 흐드러지게 핀 알프스의 들판에서부터 곰들이 간간이 출몰하던 잘 먹고 잘 사는 도시들까지, 이 모든 이야기를 종합해볼 때 근세의 스위스는 오랫동안 집을 떠나 객지살이를 한 사람이라면 그리워할 만한 곳이었다.

건강 염려증이 심했던 그 스위스 학생은 의학 학위를 따기 위한 여정을 이제 막 시작한 단계였으니 아마도 자신의 상태를 제대로 파악하지 못했을 것이다. 하지만 의학적 진단으로서 노스탤지어는 18세기 유럽에서 널리 알려져 있었다. 환자들은 몸을 축낼 정도의 강한 갈망, 일종의 멜랑콜리로 고통받았고, 가족의

품 또는 고향으로 돌아가기를 간절히 바랐다. 이 질환은 유럽 전역으로 퍼졌고 급기야 북아프리카, 남아시아, 아메리카 대륙의 초기 식민지로 향하는 배에까지 올라탔다. 그런데 그보다 100년 전 노스탤지어가 처음 탄생한 곳은 구체적으로 스위스, 다시 말해 고통에 시달리던 그 학생이 그토록 그리워한 고향이었다.

이 병을 최초로 규명한 사람은 요하네스 호퍼라는 의사였다. 1669년 4월 28일, 지금은 독일에 속한 도시 뮐하우젠에서 태어난 호퍼는, 100년도 더 지난 뒤 학업을 위해 괴팅겐으로 가면서 향수병에 시달렸던 학생과는 180도 다른 길을 걸었다. 집을 떠나 바젤에 있는 대학에 들어갔고 1688년에 졸업했다. 여름 학기가 끝날 무렵인 6월에 완성한 최종 학위논문의 주제가 바로 노스탤지어, 즉 향수병이었다.[5] 호퍼는 스위스 용병들 사이에서 발생한 장애를 밝혀내는 과정에서 (하루빨리 고국으로 돌아가지 않는 한) "타국에서 최후를 맞는" 고통받는 청년들의 사연에 마음이 움직였다. 그리고 이들이 앓는 불가사의한 질병에 "고향의 병 La Maladie du Pays"✢이라는 이름을 붙이고 연구에 매진했다.[6] 그가 보기에 노스탤지어는 일종의 병적인 애국심 또는 애향심, 강렬하고 위험한 향수병(호퍼의 모국어인 독일어로는 Das Heimweh)이었다. 뿌리 뽑힘과 연관된 병, 전위의 질병, 집으로 돌아가고픈 욕망으로 인한 일종의 슬픔 또는 우울이었다. 작가들과 의사들은 관찰을 통해 가족, 특히

✢ 오늘날 프랑스어로 '향수병'을 뜻한다.

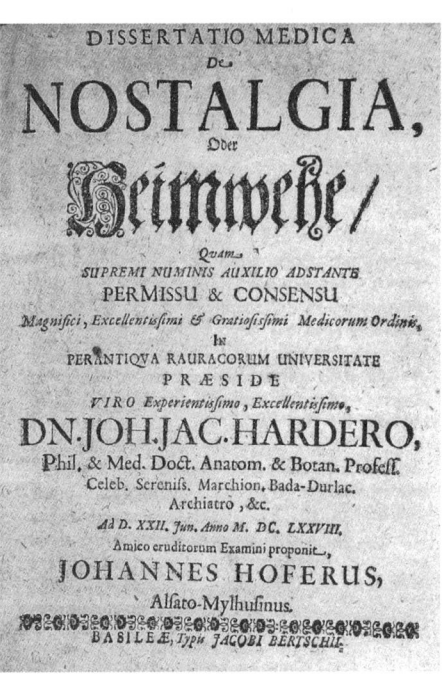

스위스의 의사 요하네스 호퍼는 1688년 자신의 학위논문에서 노스탤지어라는 용어를 처음 사용했다.

부모로부터의 인력이 강력하다는 사실을 알게 되었다. 환자들은 제 몸이 어머니가 있는 부엌과 지리적으로 떨어져 있다는 사실을 애통해했고, "고향 땅의 상쾌한 산들바람이 떠나가버렸다"는 이유로 비탄에 잠겼다.[7]

호퍼는 이 위험한, 심하면 죽음에 이를 수 있는 병이 여태 의료 전문가들의 충분한 관심과 주목을 받지 못하고 있다는 점을 우려했다. 그는 이 질환을 설명하고 상세히 알리며, 병의 원인과 특성, 가능한 치료법을 규명하기 위해 열과 성을 다했다. 호퍼는 노스탤지어를 상상의 병, 정신적 또는 정서적 장애로 규정했다. 노스탤지어 환자들은 마음의 눈으로 모국에 대한 환영을 끊임없이 떠올렸다. 다시 말해, 달콤하지만 고통스러운 기억에 사로잡혔다. 몹시 슬퍼하고 그리워하면서 배회하는 것이나 늘 멜랑콜리에 젖는 것, 또는 타지의 이질적인 습속과 음식에 대한 경멸, 낯선 대화에 대한 불쾌감과 혐오, 고국에 대한 뜨거운 애정을 거듭 표현하는 것이 위급한 노스탤지어의 징후에 속했다. 이 병에 걸리면 나타나는 증상의 범위는 그치지 않는 슬픔, 오로지 조국만을 향한 몰두, '불면 또는 기면' 상태의 수면 장애, '멍한 정신', 잔인한 농담이나 아주 경미한 부당함조차 참지 못하고 발끈하는 것에서부터 탈진, 시력 또는 청력 저하, 발열, 식욕 감퇴에까지 이른다.[8] 특히 마지막 두 가지 증상은 가장 빈번하게 환자를 죽음에 이르게 하는 요인이었다.

호퍼가 밝혀냈듯 노스탤지어 환자들은 주로 생경한 땅이나 지역, 도시로 보내진 청년들과 청소년들이었다. 기질적으로 소심한 사람들이 특히 취약해서 '따스한 조국'에 대한 기억과 이질적인 풍토에 대한 혐오에 사로잡힐 가능성이 더 컸다. 이 예민한 젊은이들은 낯선 방식과 타지의 예의범절이나 음식에 적응하는 법을 몰랐다. 학생들은—연령대와 지적 성향 때문에—더 위험했다. 어찌나 취약한지 심지어 스위스를 벗어나지도 않았는데 노스탤지어에 픽픽 쓰러져나갔다. 호퍼는 바젤에서 학창 시절을 보낸 또 다른 베른 출신 청년의 사례를 서술했다. 그 청년은 대학 시절 내내 슬픔에 몸부림쳤고 펄펄 끓는 듯한 고열에 끊임없이 시달렸다. 그가 머문 하숙집의 주인 가족은 최악의 사태가 벌어질까 봐 노심초사했다. 청년이 죽으리라 예상한 그들은 공동 기도로 그의 영원한 구원을 빌기도 했다. 결국 다른 사람의 손에 이끌려 병원에 온 그를 보고 의사는 노스탤지어라는 진단과 함께 당장 집으로 돌아가라는 처방을 내렸다. 귀향길에 오르자마자 청년은 이미 나은 듯했다. 바젤에서 점점 멀어져 베른으로 향해 갈수록 기운이 살아났고 병증이 수그러들었다. 다 죽어가던 환자는 베른에 거의 도착하자 훨씬 편하게 숨을 쉬고 훨씬 수월하게 대화에 끼어들었으며 "훨씬 평온한 정신 상태"를 보이기 시작했다.[9]

성별에 상관없이 감정 기복이 심하거나 아주 예민한 청년들의 경우 지방 병원이나 이웃 마을에 가는 것조차 노스탤지어를 유발할 수 있었다. 호퍼는 논문에서 한 젊은 시골 여성의 사례를 이야기했다. 1688년 그 여성은 알프스 산비탈 중턱에서 노두 바위를 기어오르다가 미끄러지는 바람에 몇 미터 아래로 굴러떨어졌다. 중상을 입은 그는 병원으로 실려 가 여러 날 동안 의식을 잃은 채 누워 있었다. 의사들이 온갖 치료법을 쓰고 수술을 진행한 덕분에 여성은 점차 회복되었다. 상태가 호전되자 그는 병상에서 일어나 똑바로 앉았다. 그런데 지금 있는 곳이 고향 산골 마을이 아니라는 사실을 깨닫는 순간 향수병이 그를 덮쳤다. 여성은 음식과 약을 뱉어내고 "집에 가고 싶어요, 집에 갈래요"라며 독일어로 울부짖었다. 그는 이 말만 되풀이하면서 무기력하게 몸을 돌리더니 벽을 바라본 채 누구의 말에도 대꾸하지 않았다. 결국 부모가 딸을 데리러 왔다. 그러자 거의 곧바로 여성의 기분과 상태가 나아졌으며, 집으로 돌아간 지 며칠 지나지 않아 그는 의술의 힘을 추가로 빌리지 않고도 예전의 건강을 완전히 되찾았다.[10]

감정은 어떻게 병이 되었는가

이러한 형태의 노스탤지어—사람들의 건강과 생존을 심각하게 위협하는—는 현재 우리와 더불어 살아가는 노스탤지어와 판이하다. 노스탤지어는 이제 육체에 영향을 미치지 않는다. 정신에만 영향을 준다. 노스탤지어를 기억과 관련한 심각한 질병으로 다루거나, 빨리 걷기와 방혈 또는 사혈이라고 부르는 피 뽑기를 통해 노스탤지어 환자를 치료하는 경우는 없다. 게다가 노스탤지어는 더 이상 치명적인 진단이 아니다. 노스탤지어는 그동안 분명히 달라졌다. 노스탤지어를 둘러싼 세상도 달라졌다. 과거 사람들의 내면세계는 지금과 달랐다. 정신과 육체를 뚜렷하게 구분 짓는 것은 비교적 최근에 고안된 사고방식이다. 17세기와 18세기에는 질병과 '정념passion'(지금으로 말하면 감정)의 경계가 흐릿했고 그 사이를 쉽게 넘나들었다. 근세의 의사들은 오늘날에 비해 육체와 정신이 훨씬 자유롭게 교차하는 지점에서 의술을 펼쳤다.

 유구한 의학의 역사에서 의사들은 줄곧 정신과 육체의 관계에 관한 질문을 붙들고 씨름해왔다. 오늘날 우리는 정서적 건강 또는 안녕에 대해 이야기할 수 있고, 의사들은 감정이 우리의 정신 건강에 영향을 미칠 수 있으며, 나아가 정신병을 일으킬 수도 있다는 점을 인정한다. 감정과 신체의 이러한 관계는 오늘날 의학과 문화에서 점점 중요한 부분을 차지하고 있다. 자기계발서나 학술연구에 따르면, 스트레스나 불안 같은 감정은 사망률을 높이고 심부전을 일으키는 요인으로까지 작용한다.[11] 그런데 호퍼가 살던 세계에서는 감정이 건강한 신체 기능에 극심한 위협을 가할 수 있는 것으로 특히나 위험하게 여겨졌다. 분노를 예로 들어보자. 근세의 의서에서는 분노라는 감정이 건강과 질병을 구성하는 핵심 요소로 논의되는데, 분노는 극도로 화가 난 정신 상태에서 뭔가 신체적인 것으로 변형될 수 있었다. (1598년에 세상을 떠난) 스페인의 의사 알바레스 데 미라발Alvarez de Miraval은 신체 건강에 해로운 영향을 미치는 분노를 조심하라고 환자들에게 일렀다.[12] 그는 격렬한 분노가 심계항진(심장 두근거림)을 유발하고 입이나 코에서 피를 토하게 하며 발열과 간질을 일으킬 수 있다고 강조했다. 그와 정반대로 영국의 의학 저술가 윌리엄 코프William Corp는 분노를 질병, 특히 극심한 추위나 우울한 정신 상태로 생긴 병에 대한 잠재적 **치료법**으로 제안했다.[13]

 17세기와 18세기의 의서들은 자만, 격분, 시기, 악의, 비탄, 공포를 억누르라고 독자들에게 강력히 권고했다. 지나치게 감정적인 상태는 몸을 상하게 해서 병이 악화되기에 완벽한 조건을 만들 수 있다는 이유에서였다. 종류를 불문하고 과도한 정념이나 감정은 비축된 체력을 고갈시킨다고 보았다. "격노, 분노, 시기"를 피하는 것이 좋고, 나아가 "흥을 적절히 활용"해야 한다고 재차 당부한 경우도 있었다.[14] 부정적인 감정만이 부작용을 일으키는 것은 아니었다. 사람들의 정서를 자극할 수 있는 모든 것이 잠재적으로 우려할 만한 요인이었다. 강렬한 감정에 취약한 성향을 타고난 이들도 있었다. 4월이나 11월에 태어난 사람들은 불같고 성마르다고 여겨졌다. 다시 말해, 자신만만하고 대담한 편이며 "조롱, 경멸, 언쟁, 놀이, 음주, 매춘, 때로는 도둑질도" 쉽게 한다는 것이다.[15] 고양된 정서 상태는 이런 사람들을 특히나 병에 걸릴 위험에 놓이게 하고 흥분과 방탕으로 이끈다고 보았다. 정념의 죄악은 한 인간을 미쳐버리게 하거나 요절시킬 수 있었다.

감정에 대한 이런 해석은 지금과는 매우 다른 방식으로 육체를 이해한 데서 비롯한다. 근세 의학은 재가공한 고대 그리스와 로마의 이론에 바탕을 두었다. 이 체계에서는 모든 질병을 불균형으로 설명했다. 서로 간에 정상상태가 깨진 신체 물질, 즉 체액 때문에 병이 생긴다는 것이다. 고대의 히포크라테스와 그를 추종한 갈레노스는 아플 때와 건강할 때 모두 인체의 반응을 체계적으로 설명해내기 위해 의술 지식과 고대 과학 및 철학을 결합했다. 이 설명 체계에서 가장 중요한 핵심은 네 가지 '체액', 즉 흑담즙, 황담즙, 점액, 피의 역할이었다(체액을 뜻하는 영어 단어 'humours'는 유체 또는 액체를 뜻하는 라틴어에서 유래했다). 각자의 몸속에 있는 네 가지 체액의 다양한 조합에 의해 그 사람의 '체질'이나 '기질', 신체적 및 정신적 특질과 성향이 결정되었다. 말하자면, "우리의 정신이 우리의 체액에 영향을 받는다는 것은 부정할 수 없는 사실이다."[16] 이상적인 건강 상태에 있는 이상적인 인간은 네 가지 체액이 고르게 분포했다. 그런데 한 가지 체액이 우세할 경우 다혈질sanguine(피를 뜻하는 라틴어에서 유래), 점액질phlegmatic, 담즙질choleric, 우울질melancholic의 인간이 만들어졌다. 체질마다 고유한 특징이 있는데, 각 체질을 뜻하는 단어는 지금은 사라진 많은 뜻을 품고 있었다. 가령 담즙질 인간이라고 하면 쉽게 화를 낼[+] 뿐만 아니라 낯빛이 노랗고 군살 없이 호리호리하며 털이 많고 자존심이 세며 야심차고 당한 만큼 되돌려주며 기민한 사람을 의미했다.

네 가지 체액은 병을 좌지우지하기도 했다. 한 가지 이상의 체액이 과도한 것이 어떤 사람이 보이는 증상의 원인이 될 수 있었다. 예를 들어 암은 흑담즙이 과도하여 몸의 특정 부위에 응고되면서 악성종양으로 커진 것이었다. 체액은 저마다 고유한, 즉 뜨겁고 차갑고 습하고 건조한 특성이나 체질을 동반했다. 체액 또는 체질의 불균형을 확인하고 바로잡는 것이 병의 치료 과정에

[+] 오늘날 choleric은 '화를 잘 내는, 걸핏하면 화를 내는'이라는 뜻으로도 쓰인다.

포함되었다. 찬 기운으로 인한 부상이나 질병은 반드시 한랭 요법으로 치료해야 하고 그 반대도 마찬가지였다. 이러한 관념은 지금도 여전히 통용된다. 사람들은 '성마르다'고 표현되거나, 기온에 따라 혹은 환절기에 '한질寒疾(감기)에 걸릴' 수 있다. 네 가지 체액이 균형을 이루면 건강이 기세를 잡았고, 네 가지 체액의 균형이 깨지면 질병이 몸을 장악했다. 사람들과 의사들은 합심하여 체액을 관리 및 통제 하고, 식단과 운동 조절, 체액의 배출을 통해 평형상태를 회복하고자 했다.

근세의 의사들은 실제로 의료 행위를 하려면 대부분 대학 학위 과정을 밟아야 했다. 학업 기간은 오늘날과 비슷한 수준이었다. 다만 당시 학위 과정에는 폭넓은 교과목이 포함되었고, 실질적으로 의학 지식을 익히는 시간은 극히 일부에 불과했다. 윤리학, 그리스어, 자연철학, 법학도 배웠다. 이처럼 신사의 품격에 걸맞은 광범위한 교육을 실시한 것은 의사를 전인적이고 학구적인 인간, 다름 아닌 상류사회에 부합하는 인간으로 만들기 위함이었다. 어쨌든 의사들이 결국 진료를 보게 될 환자들은 대부분 상류층, 즉 의료 서비스를 받을 수 있을 만큼 경제적으로 여유가 있는 사람들뿐일 테니 말이다. 근세의 의사 수련 교육 가운데 의학과 관련한 부분은 대개 책이나 강의를 중심으로 이루어졌다. 학생들은 히포크라테스와 갈레노스의 고대 체액설에 관한 내용을 읽고 듣는 방식으로 공부했다 19세기까지 의사들은 실무 교육을 거의 받지 못했다(반면, 외과 의사들은 언제나 그렇듯이 대개 도제식으로 배웠다).

 근세 의사들의 교리 중에는 현재와 아주 유사한 것도 있다. 그들에게는 병을 치료하는 것만큼이나 병을 예방하는 것이 중요했다. 휴식과 식단, 환경을 조절함으로써 몸의 균형을 유지하려고 굉장히 애썼다.[17] 그러나 예방에 실패하여 병이 몸을 장악한 경우 자유자재로 꺼내 쓸 수 있는 다양한 범주의 잠재적 치료법으로 채운 무기고도 보유하고 있었다. 의사들은 절제를 권하고, 가벼운 운동을 하라고 조언했으며, 균형 잡힌 식단을 강조하고, 환자들에게 수면을 충분히 취할 것을 강력히 권고했다. 이 시기의 의학은 말로 시작해 말로 끝나는 일이었다. 친구, 친척, 의사, 성직자, 그 밖의 치료사들이 환자가 먹고 자고 배설하는 방식을 두고 이런저런 잔소리를 늘어놓으며 계속 시간만 흘려보내는 식이었다. 오늘날 의사들의 숨가쁜 일정에 비하면 당시의 의사들은 환자들과 보내는 시간이 차고 넘쳤다. 하지만 환자의 건강이 심각하게 악화된 경우에는 자신의 시간을 어떻게 쓸지 현실적으로 생각했다. 의사들은 스스로를 환자, 그리고 환자의 몸과 협력하여 행동하는 존재로 보았다. 질병은—이러한 사고방식에 따르면—대체로 자기 제어가 가능하고 나름의 고유한 내적 논리를 지녔다. 의사가 할 일이라고는 그저 생명 활동을 올바른 방향으로 이끄는 것이 전부였다. 체액의 균형이 틀어지면 인체는 장애 증상을 내보이다가 이윽고 질서를 회복할 터였다. 인간은 스스로 건강을 회복할 수 있는 놀라운 능력을 지녔다. 심지어 임상적

도움 없이도 말이다.

그러니 병을 해소하는 과정에서 의사들의 역할이 주로 인체의 고유한 치유력을 북돋는 것이었음은 그리 놀랄 일이 아니다. 의사는 반드시—거의 모든 경우에—"본래의 성질"이 제 갈 길을 갈 수 있게 해주고, 인체가 홀로 알아서 정상으로 돌아가게끔 놔두어야 한다. 다시 말해, "지혜로운 의사는 …… 본성을 믿고 마음을 내준다."[18] 기껏해야 최소한도로만 개입해야 한다. 그야말로 최고의 의사들은 환자를 유심히 지켜보고, 환자의 긴장과 불안을 진정시키고, 환자가 주저앉으면 기분을 띄워주는 일 이상은 하지 않았다. 병자들에게 강장제나 알약을 권하는 경우도 있었지만, 이때도 오로지 인체의 자연적 치유를 거들기 위한 조치에 불과했다. 감기처럼 경미하고 단기적인 질환이나 통풍처럼 심각하고 만성적인 질병이나 마찬가지였다. 의사들은 인체에 맞서지 않고 협력해야 했으며, 치료 행위는 대체로 보수적으로 이루어졌다.

보건과 감정, 인체에 대한 이러한 관념은 노스탤지어를 대하는 호퍼의 태도와 그가 제안하는 치료법에도 영향을 미쳤다. 호퍼는 노스탤지어라는 심각한 병의 예후를 아주 명확하게 파악하고 있었다. 특히 치료하지 않고 방치할 경우 사망에 이를 수도 있는 병이라는 것을 말이다. 노스탤지어에 시달리는 사람이 질서와 균형을 회복하도록 그는 식이 조절과 더운물 목욕, 환경 변화라는 두루뭉술한 조합을 처방했다. 아주 드문 경우에만 피를 뽑는 사혈이나 설사가 나게 하는 하제처럼 보다 극단적인 치료법을 제안했다. 환자가 수은이나 비소를 섭취하게 한다거나, 정맥에 거머리를 붙여서 피를 빨아 먹게 하는 식이었다. 보조적이고 전인적 치료를 중시하는 근세의 관념을 근거로 삼아, 호퍼 또한 노스탤지어의 발병 초기에는 실외 운동이나 유쾌한 대화 같은 오락 요법을 처방에 포함시켰다.[19] 이 방법들이 먹히지 않아서 병세가 더 진전된다면, 노스탤지어를 해소할 수 있는 방법은 환자가 고향으로 돌아가는 것밖에 없었다. 귀향이 여의치 않은 상황이라면—가령 환자가 군대에 징집되거나 가정부로 고용된 상태라면—앞날이 어두웠다. 이런 경우에는 설령 죽지는 않더라도 불치의 병이 되었다. 너무 멀리 떠나 와 있어서 환자가 고향으로 돌아갈 엄두를 못 내는 일도 있었다. 이런 상황은 특히나 매우 심각했다. 하지만 대개는 아주 약간의 희망만 있어도 훨씬 호전되었다. 의사들과 친구들이 환자를 집에 데려다주겠다고 약속하면, 무사히 귀향길에 오를 만큼 병세가 회복될 가능성이 높아지는 것이다. 이때 환자는 아무리 쇠약한 상태여도, 다른 사람의 손에 이끌려서라도 지체 없이 떠나야 했다. "장거리용 사륜마차건 가마건 다른 어떤 수단을 동원해서라도"[20] 말이다. 실제로 귀향길에 오르는 일 자체로 원기가 회복될 수 있다는 것이 사실로 판명되기도 했다.

스위스 용병들의 위험한 비망록

호퍼가 노스텔지어라는 병명을 짓고 진단한 최초의 인물이었을지언정, 최후의 인물은 아니었음이 분명하다. 즉, 호퍼 이후에도 노스텔지어라는 진단은 사라지지 않았다. 노스텔지어라는 병은 유럽 전역으로 퍼져나가 의사들의 마음을 사로잡았고, 유럽 대륙의 청년들을 무력하게 만들었다. 먼 거리를 옮겨 다니면서 노스텔지어는 새로운 의미와 정체성, 치료법, 정서적 응어리를 획득했다. 민족성 또는 국민성이라는 관념과 보다 긴밀히 결부되었고, 여행을 다니고 해외로 이주하는 근세 유럽인들의 새로운 경향성과 뒤섞였다. 16세기, 17세기, 18세기에 살았던 사람들은 비유동적이고, 평생은 아니더라도 인생의 상당 기간 동안 보통은 각자가 속한 크고 작은 도시와 마을과 촌락을 떠나지 않았으리라고 생각할지 모른다. 수세기 뒤에나 등장할 증기기관이나 전기의 도움 없이 하는 여행은 느리고 고되며 위험하고 비용이 많이 들었다. 가난한 사람들의 세계는 대체로 협소한 상태에 머물렀다. 하지만 근세의 세계는 충분한 실질소득을 보유한 사람이라면 누구에게나 활짝 열려 있었다. 그들보다 앞서 부와 명예, 호기심을 좇아 길을 나섰던 여행자들이 수많은 교차로를 닦아놓았던 것이다.

1600년대 초 영국 제임스 1세의 궁정에서 페르시아 샤Shah의 궁정까지 여행한 영국의 모험가이자 외교관 로버트 셜리 경Sir

Robert Shirley과 체르케스인 아내 테레시아Teresia 같은 사람들은 흔치 않지만 그렇다고 아주 없지도 않았다. 근세의 세계에는 토머스 코리어트Thomas Coryate처럼 독특한 여행자들이 살았다. 17세기에 코리어트는 3200킬로미터가 넘는 거리를 걸어서 유럽을 횡단했다. 45개 도시를 방문한 뒤 인도 무굴왕조의 궁정에서 여정을 마무리했다.[21] 셜리 경이나 코리어트 같은 사람들은 이례적인 수준으로 여행 경험이 풍부했지만, 이들이 모험을 즐기는 동안 다른 사람들이나 동물들, 상품들도 점점 더 먼 곳으로, 점점 더 자주 여행을 하고 있었다. 상인들은 사막을 가로질러 향신료와 비단을 실어 날랐고, 귀족들은 여러 유적지에서 대도시까지 한가로이 여행을 다녔으며, 각국의 왕과 왕비들은 머나먼 곳에 있는 땅을 식민지로 삼았다.

1710년 토마스 츠빙거Thomas Zwinger라는 잘 알려지지 않은 스위스의 의사가 호퍼의 논문을 새로운 의학 개론서의 일환으로 복각했다. 원전과 큰 차이는 없었다. 다만, 츠빙거는 누구라도 듣기만 하면 걷잡을 수 없는 향수병에 걸리게 되는 감미로운 스위스 노래에 관한 이야기를 추가했다. 악보까지 수록해서 독자들이 향수병을 유발하는 그 곡을 직접 연주해볼 수 있도록 해놓았다. 알프스의 목동이 가축을 몰거나 우유를 짤 때 뿔피리로 연주하던 노래 〈퀴헤라이엔〉은 향수병의 강력한 촉매로 여겨졌다. 군대를 쇠약하게 만드는 파괴력이 엄청나다 보니 용병들 사이에서 그 노래를 연주할 경우 사형에 처해질 수 있었다. "스위스 연대의 신병들이 소싸움 노래, 알프스의 촌부들은 다 아는 그 곡조를 피리로 불거나 노래하자마자 고참병들이 고국에 대한 뜨거운 갈망에 사로잡힌 사례가 적지 않기에 …… 탈영 방지 차원에서 이 곡을 부르거나 연주하는 것이 금지되었다. 이탈리아 피에몬테의 용병 부대에서 이런 종류의 모든 위법행위는 갠틀로프gantlope라는 형벌에 처해졌다."[22]

'gantlope'는 영어 단어 'gauntlet'의 옛말이기도 하다. 오늘날 '집중 공격을 받다'라는 의미로 쓰이는 'running the gauntlet'은 본래 꼬챙이 또는 매듭을 지은 끈을 들고 두 줄로 늘어선 사람들 사이를 죄인이 웃통을 벗은 채 달려가게 한 뒤 양쪽에서 매질을 하는 군대식 형벌을 뜻했다.[23] 장자크 루소Jean-Jacques Rousseau도 《음악 사전Dictionary of Music》(1778년경)이라는 저서에 〈퀴헤라이엔〉을 수록하면서, 듣는 이로 하여금 "왈칵 눈물을 쏟거나 탈영하거나 죽게 하는" 이 곡조의 능력에 관한 평을 남겼다.[24] 이 노래는 단순히 한 곡의 음악이 아니라 위험한 비망록이었다.

노스탤지어는 스위스 특유의 질병처럼 보였다. 그도 그럴 것이, 스위스 의사들이 가장 먼저 밝혀내기도 했거니와 타지인들도 유난히 이 산악 국가에서 이 병이 만연한 것을 두고 이런저런 논평을 내놓았다. 독일의 한 의사는 그 유명한 알프스의 공기까지 트집을 잡았다. 그에 따르면, 스위스 사람들은 고향의 공기에 너무 익숙해진 나머지 딴 데서는 세내로 숨을 쉴 수 없는 지경에 이르렀다. 스위스인의 폐가 어떤 면에서 열등하다고 은근슬쩍 시사하는 말들에 화가 난 또 다른 스위스 의사 요한 야코프 쇼이흐처Johann Jakob Scheuchzer는 1705년, 그리고 1719년에 재차 발표한 짤막한 소론에서 이런 식의 비난에 이의를 제기하고 나섰다. 나라 사랑이 충만한 쇼이흐처는 노스탤지어가 발생하는 것은 스위스인이 노스탤지어에 취약한 신체적 결함을 지녔기 때문이 아니라 갑작스러운 고도 변화에 따른 결과라고 강하게 주장했다. 그는 스위스의 공기가 **지나치게** 깨끗한 것이 오히려 문제라고 말했다. 질적으로 우수한 산악기후에 익숙해진 사람들이 저지대로 내려갈 경우, 기압 상승으로 인해 어쩔 수 없이 혈액이 뇌와 심장으로 과도하게 몰리면서 체액의 순환이 느려질 수밖에 없었다.[25] 예민한 젊은이들에게는 이러한 변화가 심각한 노스탤지어를 유발하기도 했다. 정념이 신체적 질병을 불러올 수 있는 것과 마찬가지로, 몸의 변화가 만성적이거나 치명적인 정서 장애를 촉발할 수 있었다.

또 다른 베른 출신의 의사 알브레히트 폰 할러Albrecht von Haller 또한 노스탤지어를 급격한 고도 변화에 따른 안타까운 부작용으로 보았다. 그는 논리적이기는 하되 특이한 치료법을 제안했는데, 노스탤지어에 시달리는 환자들을 알프스산 고도만큼 높은 탑 안에서 요양시키는 것이었다. 할러는 노스탤지어의 유별난 스위스적 특성에 대해서도 의견을 개진했고, 그 과정에서 노스탤지어를 문학과 신화의 세계로 끌고 들어갔다. 그가 네덜란드에서 의학 공부를 마친 뒤 스위스로 돌아와서 쓴 시 〈알프스산Die Alpen〉

은 구스위스연방을 새로운 유토피아로 그려낸다. 눈부시게 아름답고 든든한 산맥에 둘러싸인 채 갈수록 혼란스러워지는 근대의 압박으로부터 완전히 차단되어 보호받는, 정직하고 단순하며 도덕적인 농부들이 살아가는 지상낙원으로 말이다.[26] 할러는 노스텔지어와 관련하여 대단히 영속적인 것으로 판명된 몇 가지 사실도 알아냈다. 오늘날의 관점과 상당히 유사하게 그는 노스텔지어를 그릇된 애국심으로 보았다. 노스텔지어는 고국에 대한 뜨거운 애정, 예전의 생활방식을 뒤로하고 떠나야 하는 데서 발생하는 고통에 의해 촉발되었다. 18세기 스위스에는 국민들을 약간 감상에 젖게 하는 뭔가가 분명 존재했다. 노스텔지어는 급변하는 세상과 지나치게 빠른 변화 속도에 대한 곤혹스러운 반응이기도 했다. 때로는 지나칠 정도로 애지중지하던 알프스 산비탈의 고립 영토를 떠나 갈수록 분주해지던 18세기 유럽이라는 세상과 조우했을 때, 스위스인들은 집 바깥에서 정신없이 돌아가는 근대성을 발견하고 아연실색한 나머지 뒤로 물러나 도망치고 싶었을 것이다.

처음에는 다들 노스텔지어가 스위스 사람에게만 영향을 미친다고 생각했다. 하지만 오래지 않아 해외에서 복무 중인 스코틀랜드와 프랑스의 군인들, 외국의 대학에 입학한 영국인 학생들에게도 이 진단이 내려졌다. 노스텔지어와 고도의 연관성이 점점 커진 탓에, 국적을 불문하고 고지대 산악 지방의 주민들은 모두 잠재적 환자 취급을 받았다. 하지만 노스텔지어가 산간 지방에 사는 사람들에게만 국한된 것은 아니었다.

  노스탤지어가 영어로 된 용어 및 진단명으로 처음 등장한 것은 1729년이었다. 영국의 역사학자이자 의사인 조너선 할Jonathan Harle은 성경에 등장하는 의학에 관하여 쓴 소론에서 노스탤지어를 병적으로 "집에 있고 싶다는 갈망"으로 정의하고, 스위스 의사들이 자주 마주하는 증상이라고 밝혔다. 할의 주장에 따르면, 스위스인들은 다양한 개인 사정을 앞세워 군대 징집을 피함으로써 노스탤지어의 발병을 예방할 수 있었다. "결혼해서 아내를 맞거나", "새로 집을 짓거나", "포도밭을 일군" 지 얼마 되지 않은 사람은 누구나 군역에서 면제되었기에 "전투에 임하러 나가면서 심적으로 의기소침해할 일도, 집에 두고 온 기분 좋은 대상들을 동경할 일도 없었다."[27]

  왕성하게 작품 활동을 했던 독일의 여행작가 요한 게오르크 카이슬러Johann Georg Keyssler는 1750년대에 보헤미아, 헝가리, 스위스, 이탈리아, 프랑스를 두루 여행했다. 여행을 마치고 영어로 펴낸 묵직하고 두꺼운 네 권짜리 책에서 카이슬러 또한 노스탤지어를 일종의 향수병, 특히 베른 출신들을 괴롭히는(하지만 타 지역 출신들도 겪을 수 있는) 병으로 서술했다.[28] 1780년대 영국의 의사 토머스 아널드Thomas Arnold도 그와 유사하게 노스탤지어를 부모와 조국의 품으로 돌아가고픈 "격렬한" 욕망이라고 설명했다.[29] 향수병의 원인 중 하나가 자국의 풍경이 선사하는 기쁨이라고 밝힌 스위스 의사들과 달리 아널드는 노스탤지어에 빠진 사람들을

"조야한 사회의 자손"이라고 비판하면서, 노스탤지어는 대체로 "인간이 살기 힘든 스산하고 을씨년스러운 풍토"에 거주하는 사람들에게 영향을 미친다고 주장했다.³⁰ 유럽의 이웃 국가들을 깎아내리는 것은 영국인들의 오랜 습관이었다.

  1780년대에는 요한 게오르크 치메르만Johann Georg Zimmermann이 독일어로 쓴 의서가 영어로 번역되었다. 그는 노스탤지어를 고국으로 돌아가고자 하는 극심한 욕망에 의해 발생하는 "불안uneasiness"이라고 밝혔다. 노스탤지어는 멜랑콜리와 사지 떨림 증상으로 발현되며, 단기간에 목숨을 잃는 것으로 드러나는 경우도 종종 있었다. 치메르만 또한 스위스인이 노스탤지어에 유독 취약하다는 것을 인정했지만, 그렇다고 해서 노스탤지어가 알프스 지역민에게만 나타나는 고유한 증상이라는 뜻은 아니라고 말했다. 그는 강제로 복무하게 된 부르고뉴 지방의 병사들, 그리고 자의와 무관한 입대로 인해 "고향과 친구들을 다시 보리라는 희망을 영영 상실한" 오스트리아 청년들 사이에서도 노스탤지어가 나타났다고 서술했다. 이 젊은 군인들은 말을 잃었고 나른한 듯 기운이 없었으며 수심에 잠긴 채 깊은 한숨을 내쉬었다. 또 굉장히 슬퍼하면서 갈수록 바깥세상에 흥미를 잃어갔다. 그런데 18세기가 끝나갈 무렵, 오스트리아의 장성들이 징집 군인들의 복무 연한을 제한하기 시작했다. 복무 기간이 끝난 군인들이 제대하여 집으로 돌아가면서 그동안 오스트리아군 내에서 그토록 빈번했던 노스탤지어의 진단은 극히 드문 일이 되었다.

치메르만이 강조했듯, 노스텔지어는 타지에 있을 때, 고향의 친구들 사이에서 느꼈던 모든 즐거움과 기쁨, 편안함을 그리워하는 "모든 국가의 사람들"에게 발생했다.[31] 영국성공회 사제이자 의사인 존 트러슬러John Trusler는 인간이 거주 가능한 세계를 모조리 아주 자세히, 종종 지루할 정도로 세세하게 풀어낸 책을 장대한 연작으로 써냈다. 1788년에 출간된 이 책에는 여러 국가의 기후, 농업, 야생동물과 가축, 관습, 무역, 종교, 정치체제를 망라한 내용이 담겼다. 그는 라플란드 주민들에 대해 설명하면서 그들의 "진회색 눈동자", "가는 턱수염", "갈색 모발"을 묘사했다. 껄끄러운 인종주의적 고정관념이 담긴 목록과 더불어 트러슬러는 라플란드 사람들이 자기 자신과 자기 나라에 대한 자부심이 넘친다고도 했다. 그러다 보니 "자신이 태어난 곳으로부터 동떨어져 있으면" 노스텔지어, 즉 트러슬러가 말한 "귀환에 대한 갈망" 때문에 죽는 일이 종종 발생했다.[32]

1781년 입스위치의 로버트 해밀턴Robert Hamilton이라는 의사는 잉글랜드 북부의 한 병영에서 근무 중이었다. 연대에 들어온 지 얼마 되지 않은 한 병사를 그의 지휘관이 해밀턴에게 보내 진료를 받게 했다. 입대한 지 고작 몇 달밖에 되지 않은 그 병사는 젊고 잘생겼으며 "군 복무에 적합한 균형 잡힌 체격"이었다. 다만 "그의 얼굴에는 멜랑콜리의 기운이 서려 있고, 두 뺨은 **파리한 병색**이 완연했다." 본인의 표현대로라면, 병사는 전반적으로 기운이 없고 귀에서 이상한 소리가 나며 머리가 어지러워지는 고충을 겪고 있었다. 잠을 제대로 못 잤고 먹지도 마시지도 못했다. 땅이 꺼져라 한숨을 자주 쉬었고 뭔가가 마음을 짓누르는 듯했다. 이상하게도 신체적인 증상은 별로 없어 보였다. 해밀턴은 그 군인에게 가끔씩 억지로 하던 운동을 재개할 것을 적극적으로 권했고 치료제로 와인을 추천했다. 결국 아무것도 효과가 없어서 병사는 병원에 입원하게 되었는데 거의 석 달 동안 침대에 붙박인 채로 점점 더 쇠약해졌다. 열로 몸져누운 그는 식은땀으로 온몸이 흠뻑 젖은 채 며칠 밤을 보냈다. 해밀턴은 최악의 상황을 예상했고 더 이상 가망이 없는 환자라고 판정했다.

어느 날 아침, 해밀턴은 우연히 그 환자의 담당 간호사와 이야기를 나누게 되었다. 간호사는 그 군인이 강박적일 정도로 고향과 친구들에 대해 이야기했다고 전했다. 자기가 보기에는 그저 "병중이나 섬망 상태일 때 흔히 하는 헛소리" 같아서 지금껏 전달할 생각을 못했는데, 병원에 온 뒤로 그 청년이 줄곧 집으로 돌아가고픈 간절한 바람을 줄줄줄 쉼 없이 쏟아냈다는 것이다. 해밀턴은 괴로워하는 청년을 보러 가서는 그가 태어난 웨일스 지방에 대해 질문을 던져보았다. 병사는 열정적으로 답하면서 점점 강박에 사로잡히더니 도무지 멈추지 않을 기세로 눈부시게 아름다운 웨일스 골짜기에 대해 이야기했다. 청년은 해밀턴에게 집으로 보내줄 수 있는지 진지하게 물었다. 해밀턴은 의사로서 그가 아직은 많이 약한 상태—당장 웨일스로 돌아가는 여정에 나설 정도로 몸이 성치는 않은—라고 주의를 주면서도 건강 상태가 호전되는 즉시 집에 갈 수 있도록 6주의 휴가를 주겠노라고 약속했다. 환자는 이 제안만으로도 활기를 되찾았다. 사실상 해밀턴은 지킬 수 없는 약속을 했지만(해밀턴에게는 신병들이 집에 갈 수 있도록 휴가를 줄 권한이 없었다) 어렵사리 지휘관을 설득할 수 있었다. 그리하여 젊은 군인은 눈에 띄게 회복된 상태로 경쾌한 발걸음을 옮겨 웨일스로 향했다.[33]

근세의 의사답게 해밀턴은 감정이 한 인간의 건강에 지대한 역할을 한다는 사실을 잘 알았고, 의사들은 환자의 육체만이 아니라 감정도 돌봐야 한다는 점을 이해했다. 울화를 달래고 기운을 돋우며 오늘날 우리가 긍정적인 태도라고 부르는 마음가짐을 장려하는 것이 의사의 역할이었다. 정신과 육체를 구분하는 선이 희미하거나 아예 존재하지 않았던 세상에서는 의사의 우정과 애정이 단지 진정 효과만 발휘하는 것이 아니라 생명을 구할 수도 있었다. 히포크라테스도 의사들에게 농담, 연기, "배꼽 빠지게 웃기는" 희극 대사로 환자의 정신을 딴 데로 돌리라고 조언했다. 치료 대상의 고통을 완화하기 위해 의사들은 대화술을 정교하게 다듬고 환자들에게 애정과 우정, 정서적 지지를 제공해야 했다. 늘 상냥해야 하고 언제라도 근심 걱정을 다루는 데 도움을 줄 수 있어야 하며 의사와 환자 간에 연민으로 똘똘 뭉친 끈끈한 유대가 중요하다는 사실을 이해해야 했다.[34] 노스탤지어에 시달리던 웨일스 청년이 안정을 되찾은 것 또한 간호사와의 대화, 그리고 해밀턴의 다정하게 경청하는 자세 덕분이었다.

노스탤지어라는 질병의 탄생

근세 유럽에서 노스탤지어로 죽은 딱한 이들을 모두 현대의 질환으로 진단하고 싶은 마음이 굴뚝같을 것이다. 그 사람들은 당시 의사들이 몰랐던 신체 질환으로 쓰러진 것이 아닐까? 군인들은 괴혈병이나 영양실조, 말라리아의 희생자는 아니었을까? 어쩌면 우울증으로 사망했을 가능성이 더 크지 않을까? 신경쇠약으로 고생했거나 정신병으로 인한 발작을 일으킨 게 아닐까? 아니면 근세의 섭식 장애 같은 것을 겪지는 않았을까? 노스탤지어에 시달린 사람 중에 굶어 죽는 이들이 아주 많았는데, 혹시 노스탤지어 환자가 아니라 거식증 환자는 아니었을까? 이 질문들에 대한 답은 알 수 없다. 우리에게는 부검 가능한 사체가 없다. 설령 있다고 해도 우울증은 뼈나 미라가 된 피부에 아무런 흔적을 남기지 않는다. 17세기와 18세기의 진료 기록 또한 별로 없기에, 노스탤지어의 불운한 희생자들에게 실제로 무슨 일이 벌어졌는지 밝히려는 노력은 수포로 돌아갈 공산이 크다.

과거의 수많은 질병이 이러한 경우에 해당한다. 역사에는 잊힌 질병들이 어지럽게 흐트러져 있다. 더는 우리를 위협하는 것으로 보이지 않는 질병들이. 천연두처럼 근절되거나 현대 의학에 의해 효과적으로 관리되어온 병도 있고, 수백 년에 걸쳐 변형되고 보양새를 바꾸고 다른 모습으로 거듭난 병도 있다. 멜랑콜리, 수종, 폐병, 수음, 신경쇠약, 히스테리는 모두 한때 육체와 정신을 위협하는 질병이었다. 이 병들은 하나같이 우리가 지금도 겪고 있는 병들과 겹치는 부분이 있다(설령 더는 그것들을 병으로 여기지 않더라도 말이다). 멜랑콜리는 현대의 우울증과 상당히 비슷하고, 수종은 심장병과 증상을 공유하며, 폐병은 결핵과 거의 매한가지고, 수음은 자위를 의미한다. 신경쇠약과 히스테리는 명확히 단정하기가 좀 더 까다로운데, 이른바 여성 또는 그저 여성적인 것을 수반한다고 하는 위험한 심리 작용과 대개 관련이 있다. 하지만 이런 식의 정의들이 모든 것을 말해주지는 않는다. 근세의 사람들은 오늘날 우리와는 다른 방식으로 세상을 이해했기 때문이다. 그들이 경험한 질병은 그들이 몸담은 사회 및 문화 생활에 특정된 것이었다. 그리고 그들에게는 자신의 육체가 무엇을 할 수 있고 왜 그런 식으로 작동하는지에 대한 대안적 관념이 있었다.

만약 현대의 작가들이 근세의 노스탤지어를 우울증이나 거식증, 정신병으로 재범주화한다면, 우리는 그 과정에서 뭔가를 잃어버리게 된다. 그들의 세계를 우리의 세계에 억지로 욱여넣으려고 하면, 다양한 결의 여러 요소가 풍성하고 미묘하게 어우러진 우리 선조들의 질병과 경험이 납작해지고 만다. 18세기 이후로 노스탤지어가 어떻게 변화해왔는지 추적하는 것이 거의 불가능해지기도 한다. 18세기 당시 노스탤지어는 질병이었다. 비록 지금과는 차이가 있으나 의사들의 전유물이었던 것이다. 19세기에 의학은 달라지기 시작했다. 점차 우리 곁으로 다가왔고 과학적으로 변모했다. 의사들은 복잡하게 엉켜 있던 육체와 정신을 풀어냈고 (지금은 철 지난 용어가 된) '조울증manic depression'처럼 쉽게 알아볼 수 있는 병명을 지닌 새로운 정신 질환들을 밝혀냈다. 이를 배경으로 노스탤지어의 의학적 신원은 공고해졌다. 노스탤지어가 더 강도 높게 탐구되고 분석되고 치료되면서, 19세기 프랑스에서 노스탤지어는 연구가 급속도로 가장 많이 이루어진 임상 상태 중 하나가 되었다.

노스탤지어는 훨씬 더 치명적인 병이 되기도 했다. 계속해서 정념을 건드리면서 우울증, 수면 장애 같은 정신 증상을 일으켰다. 그런데 이 불가해한 병은 심장 두근거림이나 원인 불명의 피부 파열 등 신체 증상도 유발했다. 심지어 몸속 어딘가에 숨어 있을 '노스탤지어 뼈nostalgia bone'를 찾아 나선 의사들도 있었다. 노스탤지어는 특히 미국, 프랑스, 프랑스의 북아프리카 식민지에서 비일비재하게 발생했고, 미국 남북전쟁 기간에는 5000명이 넘는 군인이 노스탤지어에 시달렸다.[35] 18세기에 스위스 학생들을 괴롭혔던 사회적 변화는 속도를 더하기만 했다. 새로운 과학, 기술, 산업은 사람들이 일하고 살아가는 방식을 완전히 바꿔놓았다. 사람들은 안락한 집에서 강제로 끌려 나와 불안해 보이는 새로운 세계로 내던져졌다. 19세기가 막을 내릴 무렵, 의학계를 사로잡았던 노스탤지어의 장악력은 서서히 약해졌지만, 그 병으로 목숨을 잃은 최후의 희생자는 20세기 초에 이르러서야 나왔다. 가장 마지막으로 노스탤지어라는 진단을 받고 그로 인해 사망한 사람은 1918년 서부전선에서 싸운 미군이었다.[36]

2장
제국의 느린 자살

남북전쟁은 노스탤지어와의 싸움이었다.
전쟁 발발 2년 만에 2588명이 노스탤지어 진단을 받았고,
13명이 노스탤지어로 사망했다.
전쟁을 통틀어 자그마치 1만 명이
노스탤지어 때문에 목숨을 잃었다는 기록도 있다.

1877년 4월 헨리 윌리엄슨 하우게이트Henry Williamson Howgate는 북극 식민지 건설 계획Polar Colonization Plan을 세웠다. 19세기에는 새로운 영토를 정복하러 나선 백인들이 드물지 않았다. 하지만 하우게이트는 특히나 외골수 기질이 남달랐다. 그는 빙하와 고립이라는 상당한 역경과 곤란에 맞서 북극에 영속적인 미국인 공동체를 만들기로 마음먹었다. 이 "철두철미하게 준비된 자립 가능한 독립적인 식민지"는 "북쪽으로 밀고 올라가 발견의 한계를" 뛰어넘을 터였다. 부인하기 어려울 정도로 야심만만한 진짜 모험가였던 하우게이트는 다소 께름칙한 인물이기도 했다. 1835년 영국에서 작은 상점 주인의 아들로 태어난 그는 21살의 나이에 홀로 미국으로 이주했다. 처음에는 기자로 일하다가 미군 통신 부대에 입대했다. 1860년대에 군대에서 경험이든 제약이든 겪어볼 만큼 겪어본 그는 기존 영토를 북쪽의 동토로 넓히려는 각국 대표의 세계적인 빙원 경쟁에 출사표를 던졌다. 북극에 최초로 도달하는 국가가 되려는 이러한 시도들은 곧 미국인들이 주로 장악한 국제 스포츠 행사로 전락했다(1900년에 이탈리아 탐험대가 최북단까지 간 기록을 세우기는 했다). 20세기 초 미국의 원정대 세 팀이(1908년, 1909년, 1926년) 극지에 도달했다고 주장했으나, 자타가 공인하는 최초 성공담의 주인공은 노르웨이의 탐험대장 로알 아문센Roald Amundsen이었다. 그는 1926년 16명을 태운 비행선으로 극지의 상공을 날아갔다. 공식으로 인정된 최초의 육로 탐험은 1968년에야 이루어졌다.

 19세기 말은 서구 제국주의의 탐욕이 극에 달한 때였다. 유럽의 열강들은 통치권이라는 낡아빠진 데다 임의적이고 독단적인 규칙에 따라 세계지도를 다시 그려나갔다. 하우게이트가 북극을 목표로 삼기 불과 20년 전, 독일과 벨기에 등 유럽 국가들이 아프리카 대륙을 분할하는 데 여념이 없는 사이 인도가 정식으로 영제국에 편입되었다. 가장 처음 발을 들여놓고 자국의 깃발을 꽂은 사람이 자원을 장악했다. 그 자원을 지켜낼 수 있는 한 말이다. 하우게이트의 개인적 목표물은 북극이었다. 북쪽의 동토에 매료당한 그는 그곳의 주민들, 자연사, 기후, 지질학에 관한 방대한 분량의 갖가지 총서를 차곡차곡 쌓아나갔다. 그와 동시에 미국 정부로부터 13만 3000달러가 넘는 돈을 빼돌렸으며, 재판 도중 구금 상태에서 도망쳐 13년 동안 첩보 기관과 핑커턴 탐정사무소의 추적을 피해 다녔다. 공공연하게 기자로 활동하고 뉴욕시에서 서점을 운영하면서 말이다.[1]

하우게이트가 말한 북극 식민지 건설 계획은 최소 50명의 남성으로 이루어진 개척단에 3년 동안 식량과 생필품을 제공한다는 것을 골자로 했다. 기한이 만료되어갈 때쯤 필요한 물품을 보충해주고 "식량을 재보급"한 뒤 다시 임무를 맡길 계획이었다. 하우게이트는 이미 북극권을 따라 자리 잡은 북부 아시아의 소도시들로부터 영감을 얻었다. 번성하는 러시아의 도시 아르한겔스크는 주변 지역이 온통 서리로 뒤덮인 곳이었다. 그런가 하면 시베리아 동부의 소도시 야쿠츠크는 땅이 1년 내내 꽝꽝 얼어 있다가 가장 따뜻한 여름날에 고작 몇 센티미터가 녹는 정도였다. 악천후에도 불구하고 이곳은 "강인하고 풍족하며 만족스럽게 살아가는 4000명의 사람들"로 이루어진 인구가 점유한 도시였다.[2] 러시아인들이 어렵더라도 해냈으니 미국인들이라고 못할 게 없다고 하우게이트는 판단했다. 물론 그는 이 토착민들이 1000년 동안 북극에서 살아가면서 번성했다는 사실은 회피했다.

하우게이트는 용맹한 50인이 겪을 물리적 부담을 우려했다. 다만 그는 신중한 낙관론자이기도 했다. 6년 전 독학자인 북극탐험가 찰스 프랜시스 홀Charles Francis Hall이 하우게이트와 비슷하게 미국 정부로부터 자금을 지원받아 북극 원정에 나섰다. 홀은 몹시 수상한 정황으로 선상에서 숨을 거두었으나(아마도 비소로 독살당한 듯하다), 하우게이트는 딱 봐도 그가 북극 기후에 잘 적응했으며 필요한 생존 기술을 다 갖추고 있었다고 강조했다. 하우게이트는 홀이 이누이트 공동체와 8년간 더불어 살았던 덕분에 추운 날

씨에 적응할 수 있었다고 여겼다. 해마다 홀은 자기도 모르는 새 "북극권의 혹독함을 견디는 데 더 적합한" 몸이 되어갔고, 자신이 꾸릴 식민지 개척단도 그와 유사하게 시간이 흐를수록 북극의 환경에 적응하리라고 믿었다.[3]

그런데 심각한 물리적 위험이 유일한 위험은 아니었다. 하우게이트는 그보다 더하지도 덜하지도 않게 정서적 혼란의 위협 또한 우려했다.[4] 고색창연한 19세기식 산문에서 그는 다음과 같이 노스탤지어의 위험성을 서술했다.

> 고립된 인간들의 그 무시무시한 적은 해가 나지 않는 기나긴 북극의 밤 시간 동안 앞서간 탐험 대원들 가운데 손쉬운 먹잇감을 찾아내어 일부는 반란으로, 일부는 자살로 몰고 갔다. 그사이 치명적인 위험의 시간—절망의 마지막 순간—이 도래했을 때, 심장이 가장 튼튼한 이는 설령 원조를 보냈다고 해도 필시 지극한 우연에 따를 수밖에 없음을, 그리고 자신의 마지막 안식처가 될 대충 쌓은 돌무덤이건, 표류하는 부빙 위에 얹힌 꽁꽁 언 자신의 형상이건, 결코 인간의 눈에 띌 일이 없을 것임을 알고서 아연실색했다.[5]

하우게이트는 걱정할 필요가 없었다. 실제로 그의 북극 식민지 건설 계획을 방해한 것은 훨씬 더 일상적이고 평범한 문제들이었기 때문이다. 강한 돌풍, 항해에 부적합한 배, 재정적 어려움 탓에 하우게이트는 단 한 차례도 북극 탐험대를 발족하는 데 성공하지 못했다. 그렇다고 해서 그가 다른 사람들이 그 모험에 투자한 현금 수십만 달러를 착복하는 짓을 그만둔 것은 아니었다. 그는 1882년 횡령죄로 기소되었으나, 법원의 감시하에 자택을 방문했을 때 당국의 눈을 피해 슬그머니 달아났다. 딸에게 노래를 부르게 하여 동행한 집행관의 주의를 돌리고는 속옷을 갈아입어야 한다면서 잽싸게 위층으로 올라간 뒤에 창밖으로 기어 나가 포토맥강을 건너 도망쳤다. 그는 법원의 추적을 피해 다니다가 1894년에 붙잡혀 뉴욕주 북부의 올버니 교도소에 수감되었다.[6]

기상천외한 인생이기는 하지만 어떤 면에서 보자면 하우게이트가 아주 이례적인 경우는 아니었다. 어찌됐건 1800년대에 북극이라는 약속의 땅에 사로잡힌 유일한 인간은 아니었던 것이다. 19세기 내내 북극 탐험은 20세기의 우주 탐험처럼 유럽과 북아메리카의 대중문화를 지배했다. 작가인 캐스린 슐츠Kathryn Schulz의 말마따나 "빅토리아 시대의 일반 시민들이 북극의 비밀에 어찌나 푹 빠져 있었는지" 아무리 강조해도 지나치지 않을 정도다.[7] 이 격지는 19세기의 삶에서 중심이 되었다.[8] 사람들은 북극을 테마로 한 만찬을 열었고, 겨울 노래를 불렀으며, 무대에 오락거리로 오른 북극 탐험대를 보기 위해 드넓은 연회장에 자리를 잡고 앉았다. 빙원 경쟁과 우주 경쟁에서 모두 주요한 지리적 성과물을 따내기 위한 시도들이 앞다퉈 이루어졌다. 또 둘 다 귀환한 탐험가들에 명성과 영예를 안겨주었고, 죽음과 질병, 재난이라는 대가가 당연한 몫으로 뒤따랐다.[9] 우리가 지금 하고 있는 이야기와 더 관련지어보자면, 사실 하우게이트는 노스탤지어의 위협을 받은 유일한 19세기 여행자가 아니었다.[10]

죽음의 항해에 오른 노예들

노스탤지어는 치열한 경쟁에 맞서(어쨌거나 이때는 콜레라와 폐결핵의 시대였으니) 19세기의 질병 가운데 가장 많은 연구가 이루어진 축에 속했다. 앞서 살펴봤듯 노스탤지어가 의학 용어로 처음 편입된 것은 1680년대였고, 이후 한동안 노스탤지어는 하나의 진단 범주로 사용되었다. 하지만 최초로 전문가들의 상당한 관심을 끌면서 논의와 참여가 이루어진 것은 다름 아닌 1800년대 초반이었고 이때 노스탤지어라는 병을 비롯해 그 원인과 결과, 잠재적 치료법에 관한 의학 저술이 극적인 수준으로 증가했다.

19세기 초 프랑스의 의사 장바티스트펠릭스 데스퀴레Jean-Baptiste-Felix Descuret는 일련의 곤혹스러운 사례연구를 기록으로 남겼다.[11] 데스퀴레가 보기에 노스탤지어는 전염성이 있고 심각하며 잠재적으로 생명을 위협할 수 있는 질병으로, 밑바닥에서부터 속속들이 썩은 프랑스인의 영혼과 정신을 나타내는 것이었다. 데스퀴레에 따르면, 노스탤지어는 나이를 불문하고 모든 사람에게 영향을 미쳤다. 아기를 부모로부터 떼어내 시골의 유모에게 보내는 관행은 프랑스의 중상류층 가정에서 흔한 일이었기에, 1800년대 중반 파리에서 태어난 아기들 중 최소 40%는 파리의 교외 지역에 사는 여성들에게 맡겨졌다. 1841년 데스퀴레는 외젠Eugene이라는 아기의 사례를 서술했다. 외젠은 아미앵 지역의 유모에게 보내졌다가 두 살 때 파리에 있는 가족에게로 돌아왔다. 딱 봐도 보살핌을 잘 받은 건강한 남자아이였다. 유모는 원활한 이행을 돕기 위해 아기와 집까지 동행한 뒤 2주가량 머물렀다. 그런데 유모가 떠나자마자 아이의 건강이 점점 나빠졌다. 낯빛이 창백해지고 울적해하고 시무룩해졌다. 부모가 애정 표현을 해도 반응이 없었고 음식까지 거부했다. 아이의 갑작스러운 변화에 놀란 부부는 주치의인 이폴리트 프티Hippolyte Petit를 불렀다. 의사는 아기를 보자마자 노스탤지어에 걸렸다고 진단했다.

프티는 일반적인 치료 과정을 권했다. 즉 자주 걷고 시시한 기분 전환용 놀이를 하라고 제안했다. 하지만 행복을 잃은 아이는 여전히 풀이 죽어 있었다. 갈수록 약해졌고 심한 고통으로 몸을 가누지 못할 정도였으며, 그때껏 세상에 하나뿐인 어머니인 줄 알았던 사람이 떠나간 문만 하염없이 바라보았다. 의사는 당장 유모를 불러와서 외젠을 다시 시골로 데려가게 하는 것만이 아이를 살릴 유일한 방도라고 단언했다. 유모가 도착하자 아이는 기뻐서 울음을 터뜨렸고 그때부터 기운을 차리기 시작했다. 이후 1년가량 멀리 떨어져 지내면서 무럭무럭 자랐다. 아이를 다시 파리로 데려오는 과정에서 의사는 유모가 없는 상태에 아이가 적응할 때까지 아이에게서 유모를 점진적으로—처음에는 몇 시간 동안, 그러다가 꼬박 하루 동안, 나중에는 일주일 동안―떼어놓았다. 외젠은 노스탤지어를 고쳤지만 한동안은 아슬아슬했다.[12]

이 같은 사례를 본 일부 부모와 의사는 아이를 유모에게 맡기는 것이 그다지 좋은 생각은 아닐 수도 있다고 여기게 되었다. 수세기 동안 이어져온 관행이기는 했으나 논란의 여지가 없는 것은 아니었다. 사실상 계몽주의 시대 이후로 유럽의 여성들은 아이에게 모유를 먹여야 한다는 소리를 점점 더 많이 듣고 있었다.[13] 모유 수유가 유방암과 같은 중대한 신체적 위험으로부터 산모를 보호해준다고 여겨졌던 것이다. 또 노스탤지어 같은 도덕적, 정신적 고통으로부터 아이를 지켜준다고도 했다.

오늘날에 우울증 진단을 받는 아기는 많지 않다. 하지만 외젠의 증상은 19세기 의사들이 말하는 멜랑콜리와 겹치는 부분이 많았다. 침울하고 무기력했으며 음식을 거부했다. 의사들이 오랜 시간을 들여 노스탤지어와 멜랑콜리가 동일한지 여부를 따져보았으나, 노스탤지어는 전반적으로 독립된 증상을 보였다. 대체로 특정한 대상이나 사람, 장소와 관련이 있었기 때문이다. 멜랑콜리는 일반적인 기분 상태―시시콜콜한 만사에 대한 반응으로 나타나는 고통―인 반면, 노스탤지어는 등지고 떠나온 특정한 장소나 대상 또는 사람에 관한 것이었다.[14] 무엇보다 노스탤지어는 진행 속도도 훨씬 빨라서 환자들이 급속하게 쇠잔해질 수 있었다. 사람들은 멜랑콜리에 시달리면서도 오래 살 수 있었던 반면, 노스탤지어를 방치했을 땐 거의 언제나 예외 없이 치명적인 결

말을 맞고는 했다.

  노스탤지어의 원인, 나아가 몇 가지 가능한 치료법에 관해서는 다양한 이론이 존재했다. 게다가 외젠이 병에 걸렸을 무렵에는 노스탤지어라는 병의 기본 특징에 대한 합의가 이미 도출된 상태였다. 당연하게도 과거의 장소—꼭 그런 것은 아니지만 보통은 나고 자란 땅, 즉 고향—에 대한 과도한 애착이 주요 증상이었다. 노스탤지어는 연령이나 성별을 따지지 않는 병이었다. 실제로 의사들은 한 인간의 삶과 정체성에서 노스탤지어에 잘 걸리게 할 법한 모호하면서도 모순되는 측면들을 찾아내 광범위하고 장황하게 밝혔다. 지나치게 관대한 훈육, 엄격한 체제, 교육의 부재 등 모든 상황이 한 인간을 노스탤지어에 더 취약하게 만들 가능성이 있었다. 낯선 음식, 자위, 슬픔, 과도한 철학 공부, 문란한 성생활 또한 하나같이 잠재적 위험 요인이었다. 특히 젊은 남성들에게는.

  원인을 불문하고 노스탤지어에 걸린 환자는 슬픔에 젖은 채 입을 다물었다. 음식을 거부했고 홀로 틀어박혀 눈물을 흘렸으며 "고향에 대한 기나긴 몽상"에 탐닉했다. 이러한 초기 단계를 지나면 환자는 두통과 불면증, 섬망, 탈진과 설사에 시달리다가 끝내 죽음에 이르곤 했다.[15] 이는 지극히 물리적인 상태로, "사고, 피로, 냉기, 부분적 기아 상태, 출혈"에 의한 경우와 흡사한 유형의 흔적을 몸에 남겼다. 그런데 노스탤지어로 죽는 것은 인간만이 아니었다. 동물, 특히 갇힌 채 살아가는 동물들도 그러했다. 의사들이 새, 개, 심지어 두더지까지 사후에 부검을 해보니 독이나 "전염병을 일으키는 세균"에 의한 경우와 "동일하게 변성된" 장기들이 발견됐다.[16]

하지만 잠재적 노스탤지어 환자에게 가장 위험한 것은 어쩌면 여행이었을지도 모른다. 물론 외젠은 너무 어리다 보니 여러 선행 요인 가운데 어떤 것도 장악력을 발휘하지 못했지만, 결정적으로 집을 억지로 빼앗기게―최소한 자신을 키워준 유모의 곁에서 강제로 떨어지고, 자신이 집으로 기억할 만한 유일한 장소를 등지게―되었다. 여행자의 자유의지에 따른 여행은 19세기 의사들의 걱정거리가 아니었다. 쾌락을 추구하는 자, 명예를 좇는 자, 돈을 따라가는 자들에게 노스탤지어가 문제되는 경우는 별로 없었다. 오히려 노스탤지어는 역사학자 토머스 도드먼Thomas Dodman이 말한 "타지에서의 고립감과 소외감"[17]을 공유하는 실향민들의 정신과 육체에 가장 빈번하게 발생했다. 노스탤지어 환자들은 대체로 강제당하고 강압당하고 타의에 의해 움직이는 사람들이었다. 다시 말해, 자신의 계획이 아니라 타의로 이주한 사람들이었다. 실제로 당시 데스퀴레 같은 의사들이 우려한 것은 일상생활은 물론 야심 가득한 여러 국가와 제국에서 여행 및 이주가 갈수록 타협하기 어려운 사안이 되어버린 탓에 노스탤지어가 더욱 성행하고 그로 인해 치명적인 결과를 낳게 되는 바로 그런 상황이었다. 사람들은 일을 하러 더 멀리 이동했고, 점차 규모가 커지고 체계를 갖춘 제국의 군대는 멀리 떨어진 인구를 통제하기 위해 훨씬 더 먼 거리를 주파했다.

  15세기에 유럽인들은 우선 대서양을 횡단하는 무역 관계를 확립했다. 그러고는 노예로 삼은 아프리카인들을 1525년에 처음으로 포르투갈과 스페인 제국의 남아메리카 식민지로 보냈다. 16세기가 끝나갈 무렵, 포르투갈인들은 브라질로 노예들을 정기적으로 보내는 무역을 시작했다. 머지않아 아메리카 대륙에서 경제적으로 노예노동의 의존도가 높아지면서 영국과 프랑스, 네덜란드의 노예상들도 서아프리카인들을 붙잡아 카리브해의 퀴라소, 자메이카, 마르티니크섬으로 보냈다. 1690년대 즈음 영국인들은 유럽의 여느 이웃 국가보다도 많은 노예를 서아프리카에서 실어 나르고 있었다. 대서양 횡단 노예무역은 결과적으로 상상하기 힘든 수준으로 어마어마한 아프리카인들의 인명 손실을 초래했다. 16세기부터 19세기까지 약 1200만 명이 강제로 대서양을 건넜고 가는 도중에만 약 150만 명이 사망했다. 이들은 극악무도한 상인들에 의해, 그리고 노예선의 처참한 상황으로 인해 죽어갔다. 아니나 다를까 노예선은 "물 위에 떠 있는 관"으로, 아프리카 서해안과 서인도제도를 잇는 '중간 항로middle passage'는 "죽음의 항해"로 자주 불렸다.[18]

  배에 실려 대서양을 건너간 수백만 명의 노예 가운데 상당수가 노스탤지어로 세상을 떠났다. 1819년 프랑스의 불법 노예선 한 척이 나이지리아 남동부의 비아프라만에서 카리브해의 과들루프섬까지 항해했다. 영국의 한 신문에서 보도한 바에 따르면,

승선한 아프리카 노예들은 집단으로 스스로 목숨을 끊었다. 그들은 "서로 팔을 단단히 엮은 채" 배에서 대양으로 뛰어들었다. 동승한 의사의 주장에 따르면, 그들은 자신의 영혼이 육신에서 일단 풀려나면 집으로 돌아갈 수 있으리라는 희망을 품고 있었다.[19] 노예들을 죽음으로 몰고 간 것은 노예제 폐지론자인 영국의 정치가 윌리엄 윌버포스William Wilberforce가 말한 "노스탤지어"였다. 그가 의회에서 발언한 내용대로라면 "고국으로 다시 가고자 하는 강렬한 욕망"을 뜻하는 표현이었다.[20]

21세기의 독자들에게는 강제로 노예 신세가 된 사람들을 노스탤지어에 걸렸다고 진단하는 것이 어딘가 거슬리다 못해 경솔하게 보인다. 하지만 당시에는 노스탤지어 개념이 지금보다 훨씬 더 유연하고 수용 범위가 컸다. 키치적 자기 탐닉과의 연관성을 획득하기 전이었고, 향수병 또한 단순히 어린아이에게만 영향을 미친다고 여기지 않았다. 오히려 목숨을 앗아가고 장애를 입힐 수 있는 위력이 있다고 보았다. 결과적으로 유럽의 노예제 폐지론자들은 노예제도의 집단적 비극을 인정하고 있었다. 이들이 기록한 노스탤지어와 관련된 여러 사례, 나아가 이 "물 위에 떠 있는 관"에 올라탔던 백인 의사들이 내린 노스탤지어 진단조차도 노예들의 비통함과 저항 행위, 정당한 분노, 자유와 자기 결정 능력에 대한 갈망을 증명한다.

1792년 노스탤지어와 노예들을 최초로 연결 지은 사람은 영국의 해군 군의관 토머스 트로터Thomas Trotter였다. 환자들은 피로와 정신 쇠약을 토로했다. 할 일을 피하면서 홀로 자신의 감정을 곱씹었고 "가장 우울한 생각"에 탐닉했다. 트로터는 1783년 영국을 떠나 서아프리카 황금해안과 남아메리카 안티구아로 향하던 리버풀의 노예선 브룩스호에서 외과 의사로 근무하면서 처음으로 노스탤지어라는 병에 관심을 갖게 되었다. 트로터가 관찰을 토대로 서술한 것처럼 "아프리카인들이 자신의 나라, 자유, 친구와 마지막 작별 인사를 할 때 이별의 아픔을 전혀 못 느낀다고 가정하는 것은 부당할 터다. 하나같이 존재 가치가 있는 것이니!"[21] 트로터에 따르면, 성별 구분 없이 아프리카인들은 밤마다 "아주 끔찍한 종류의 신음, 뭔가 극심한 고통을 표현하는 소리를 냈다." 트로터가 질문을 통해 알아보니 그들은 "친구들, 친척들과 함께 집에 있는 꿈을 꾸고" 있었다. 잠에서 깨면 "원통한 실망감"과 "극도의 회한"에 사로잡혔고, 온종일 비통해하고 신음하고 눈물만 흘리면서 남은 하루를 보냈다.[22]

노예들 사이에서 발생한 노스탤지어를 진단하고 그에 관해 기술하는 일은 널리 확산되었다. 1803년 서아프리카 남쪽의 시에라리온에 주둔했던 한 영국인 의사는 "노스탤지어는…… 그 영향력이 스위스인들의 경우만큼이나 아프리카 출신들에게도 강력하다. 그런데 아프리카 사람들에게 미치는 영향이 훨씬 더 극심해서 이들이 종종 압박감을 못 이겨 자살이라는 끔찍한 짓을 저지르도록 한다"라는 글을 남겼다.[23] 노예들의 경우 노스탤지어가 고향집에 관한 환각을 유발하는데, 그것에 온 마음을 빼앗겨 환자가 스스로 목숨을 버릴 정도였다. 18세기 말 스페인 출신 의사 프란시스코 바레라 이 도밍고Francisco Barrera y Domingo는 "니그로들의 노스탤지어"를 "사랑하는 **조국**으로 돌아가는 것이 아니라면, 자신의 환상을 깰 만한 모든 것에 대한 강한 혐오감에서 생겨난, 섬망이나 광기나 발열 증상 없이 불시에 그들을 급습하는 멜랑콜리한 슬픔"으로 규정했다.[24] 바레라는 카리브해 지역의 아프리카 노예들이 경험한 질병을 서술하는 데 온통 할애한 장황한 의서를 펴냈다. 그는 특히 노스탤지어에 관심을 가졌고, 노스탤지어가 쿠바에 있는 노예들의 자살률을 높이는 일차적 원인이라고 여겼다. 쿠바섬에 처음 발을 디딘 아프리카인들은 주로 자기 안으로 침잠하고 가눌 길 없는 슬픔으로 가득 차서 식음을 전폐했으며 삶에 대한 의욕을 거의 상실한 모습을 보이다가 이내 세상을 떠났다.[25] 이른바 반소banzo, 즉 **느린 자살**이었다. 한마디로 치료가 불가능한 종류의 멜랑콜리한 노스탤지어였다.[26]

대서양 횡단 무역이 기존 경로 가운데 가장 살인적인 데다 가장 큰 규모의 강제 이동을 동반했지만, 노예로 붙잡힌 서아프리카인들은 유럽의 여러 제국에 속한 다른 지역으로도 옮겨 갔다. 노예들이 '황금해안'으로 불린 곳에서 이집트로 보내졌을 때, 집으로 돌아가고자 하는 강렬한 열망으로 인해 "참담한 숫자의 사람들을 죽게 한 수심에 찬 지병"이 발생했다. 이를 목격한 관찰자들은 이집트에서 발생한 노스탤지어를 당시 그 못지않게 "어마어마한 숫자"의 노예들을 몰살시킨 가래톳페스트와 견주었다.

이 두 유행병은 이집트의 강제 노역자들이 오래 살아남기 어려웠으며 그로 인해 인력이 끊임없이 대체되고 보충되어야 했음을 의미했다.[27]

이 같은 상황을 목도한 유럽인들 중 일부에게 노예들 사이에서 노스탤지어가 만연하는 현상은 노예제도를 비롯한 여타 강제 노동이 도덕적으로 그릇된 것이고, 산 채로 붙잡혀 실려 가서는 극심한 고통에 시달리던 아프리카 흑인들도 유럽인들과 동일한—인종에 상관없이—정서적 내면생활을 할 수 있다는 것을 시사했다. 노스탤지어에 걸려 자살 충동을 느끼는 노예들과 선원들의 비극적인 이미지는 인도주의적이고 노예제 폐지론의 입장에서 쓰인 다양한 범주의 시에 등장했다. 헨리 워즈워스 롱펠로Henry Wadsworth Longfellow의 〈노예의 꿈The Slave's Dream〉(1842), 제임스 몽고메리James Montgomery의 〈눈먼 이들의 항해The Voyage of the Blind〉(1810), 그리고 윌리엄 워즈워스William Wordsworth의 〈형제들The Brothers〉(1800)이 그런 시였다.

> 그는 무어인 중의 노예였다
> 바르바리 해안에서—그것은 자못
> 그의 영혼을 파괴할 터였다, 그리고 의심의 여지 없이
> 죽음으로 끝맺기 전에, 그 젊은이는
> 애달프게 저지당하고 말았다—가여운 레너드! 우리가 헤어질 때
> 내 손을 잡고 그는 나에게 말했다,

2장 | 제국의 느린 자살

설령 부자가 된다고 해도, 돌아오겠노라고,

아버지의 나라에서 안온하게 살기 위해,

그리고 우리 사이에 자신의 뼈를 놓아두겠노라고.[28]

   우리의 눈에는 이상하게 보이는 전략일지 모르지만, 노예제 폐지론자들은 노예도 사람—사랑하고 충성하고 다른 복잡한 감정을 경험할 수 있는 남성과 여성—이라는 증거로 노스탤지어를 활용하고 있었다.

   하지만 노예들의 인간성을 믿는 노예제 폐지론자들이 보기에, 흑인 남성과 여성은 고차원적인 사고 능력이나 심오한 감정을 느낄 수 있는 능력이 없다고 단언하는 유럽의 의사들, 자연철학자들, 정치가들이 훨씬 많았다. 흑인의 인간성에 대한 폄하는 대서양 횡단 노예무역을 정당화하고 노예 주인들의 죄를 사하는 데 쓰였다. 1774년 에드워드 롱Edward Long은 《자메이카의 역사The History of Jamaica》라는 책을 출간했다. 그는 19세기까지 줄곧 지속적으로 확산된 시각을 반영하여 "니그로"는 "천재성이 결여"되어 있고 문명화의 "능력이 부재"하며, 실제로도 "니그로"는 별개의 인간 종으로 여겨질 만큼 아주 열등하다고 단언했다.[29] 18세기와 19세기에 노스탤지어에 관한 글을 쓴 의사들 가운데 대다수가 이러한 시각을 공유했다. 이는 명백한 사실이 아닐뿐더러 의학의 역사와 관련하여 보다 충격적인 진실 하나를 드러낸다. 과거에 의사들은 사회 전체를 개선하고 인간의 괴로움을 완화하는 데 심혈을 기울였지만 한편으로는 고통과 강압을 주동하는 경우도 허다했다.

노예 주인들이 자기 소유물의 감정이나 안녕에 거의 신경을 쓰지 않은 것은 분명하나, 노예들의 건강과 체력, 생존은 노예상과 농장주에게 일종의 경제적 문제였다. 그런 까닭으로 이들은 아프리카인 사이에서 발생하는 병을 진단하고 치료하고 예방하기 위해 의사들을 노예선에 태우거나 아메리카 대륙의 식민지 곳곳으로 파견했다. 노예들에 대한 의료 행위는 가내수공업과 같이 이루어졌고, 각양각색의 의사들이 그 주제에 관한 기나긴 교재를 써냈다. 하지만 노예제 폐지론자들과 달리 이 의사들과 고용주들은 생지옥이나 다름없는 중간 항로의 해악이나 노예제 종식에 골몰하지 않았다. 그저 보다 효율적이고 효과적인 노동력을 창출하는 데 전념할 뿐이었다. 노스탤지어는 식민지 경영에 해로웠으니 말이다.

미개함의 상징 vs 애국자의 미덕

대서양 횡단 노예무역은 1780년대에 정점을 찍었다. 매년 8만 명가량의 아프리카인이 아메리카 대륙으로 보내졌다. 이후 그 수는 점차 감소했다. 1791년에는 생도맹그(현재 아이티)에서 노예들이 프랑스의 식민 통치에 맞서 반란을 일으켰다. 1804년 아이티 혁명이 마무리되면서 생도맹그는 독립을 달성했고, 노예 출신인 투생 루베르튀르Toussaint Louverture는 신생국에서 가장 유명한 불세출의 장군이 되었다. 1792년에는 덴마크가 유럽에서 최초로 입법을 통해 노예무역을 금지했고, 가까운 이웃 국가들도 마지못해 서서히 그 흐름에 동참했다. 영국과 미국은 1807년에 노예무역을(비록 노예제도 자체는 아니지만) 폐지했다. 1810년에 조인된 영국-포르투갈 조약에 따라 포르투갈이 자국의 식민지 무역을 제한하는 데 동의했으며, 1813년에는 스웨덴도 여기에 동참했다. 1814년 파리조약을 통해 프랑스가 노예무역이 "자연적 정의natural justice 원칙에 맞지 않는다"는 영국의 입장에 동의하면서 5년 내에 노예무역을 폐지하는 데 전념하기로 했고, 같은 해에 네덜란드도 비슷한 약속을 했다. 미국 땅에 가장 마지막으로 상륙했다고 알려진 노예선은 클로틸다호였다. 이 배는 1865년 미국이 노예제를 폐지하기 불과 5년 전에 앨라배마주의 모빌이라는 소도시에 노예로 붙잡힌 아프리카인 여럿을 몰래 데리고 들어왔다. 아프리카에서 미국으로 오게 된 마지막 생존 노예는 마틸다 매크리어Matilda McCrear였다. 그는 1940년에 세상을 떠났다.

 대서양 횡단 노예무역은 유례를 찾기 힘든 참상이었다. 노예무역이 철폐되고 나서도 사람들의 강제 이동은 종식되지 않았는데, 다름 아닌 제국주의 국가들의 노동 수요 때문이었다. 노예제가 서서히(저마다 다른 시기에, 다른 곳에서) 불법화되던 와중에도 예속 계약 노동indentured labour⁺은 계속 이어졌고, 점점 더 많은 사람이 일자리와 경제적 기회를 얻기 위해 원거리로 이주할 수밖에 없었다. 노예의 숫자가 줄어들고 있던 그즈음에도 강압에 의해 조종당하는 사람—타의에 의해 옮겨 오게 된 사람—이 여전히 많았다. 그리고 그런 사람들은 고향으로부터 멀리 떨어진 곳에서 살아가고 일하는 동안 "고립과 소외"의 감정을 느꼈다.[30] 노스탤지어는 바로 이런 사람들의 틈바구니에서 계속해서 융성했다.

19세기는 여러 유럽 제국의 팽창과 공고화를 목도한 시기였다. 특히 영국은 더 멀리 떨어진 지구촌 구석구석까지 덩굴손을 뻗쳐나갔고, 갈수록 탐욕스럽게 타지인들의 삶과 활동에 간섭했다. 영국의 식민 통치 주체들은 자치령에도, 자치령에 관한 기록 수집과 문서화에도 열성을 다했다. 만약 영제국을 설계한 이들의 활동 내용이나 의견에 관심이 있다면, 활자화된 관련 자료들이 결코 부족하지 않다는 것을 금세 알 수 있다. 그들은 인도에서 사모아까지, 남아프리카에서 브리티시컬럼비아까지 모든 곳에 관하여 전문 지식이라고 주장하는 것을 기록하고 상당한 분량의 문서를 발간했다. 빅토리아 시대 사람들의 잔학 행위와 일상적 잔인함에 대한 증거는 의외로 알아내기가 쉽다.

이 문서들에는 유럽의 군대와 관료들이 남긴 족적과 함께 노스탤지어가 도처에 널려 있다. 노스탤지어는 제국의 양태, 즉 강

✢ '한시 노예 제도'라고도 한다. 이주자에게 돈을 빌려주는 대신 일정 기간 동안 노역을 시키는 것으로, 노동력 부족에 시달리던 식민지 농장주들이 적극적으로 활용한 제도였다.

제로 고향에서 쫓겨났거나 그게 아니라면 조국이 강대국에게 식민 통치를 받거나 흡수되어버린 사람들의 예속 상태에서 번성하는 존재였다. 제국이 번영을 누릴수록 노스탤지어도 만개했다. 노스탤지어는 그게 없었더라면 제각각이었을 시공간을 한데 엮는 일종의 실 같은 역할을 한다. 게다가 노스탤지어와 제국에 관한 아주 간략한 역사라 할지라도 미약하게나마 식민지 주민들과 한시 노예들의 경험 및 감정을 엿볼 수 있게 해준다. 어디까지나 식민 통치 주체들의 시각에 불과하지만 말이다.

현재는 바누아투로 불리는 뉴헤브리디스는 남태평양의 제도였다. 1774년 제임스 쿡James Cook 선장이 첫발을 디딘 직후 영국과 프랑스가 이곳을 공동으로 점령했다. 양국은 결국 이 섬나라를 분리하는, 즉 독립된 영어권 공동체와 프랑스어권 공동체로 분할하는 협정에 조인했다. 뉴헤브리디스제도는 양분된 상태로 내내 유지되다가 1980년에야 마침내 독립을 쟁취하고 바누아투공화국이 되었다. 1860년대만 해도 섬 주민들은 아직 식민 통치를 받고 있었다. 이웃한 식민지—오스트레일리아, 피지, 뉴칼레도니아, 사모아제도—의 농장주들은 '블랙버딩blackbirding'[+]이라는 장기 예속 계약에 의한 한시 노예 거래를 확립했다. 블랙버딩이 한창 성행할 때는 바누아투의 토착민 공동체인 니바누아투족 성인 남

[+] 아프리카 흑인이나 태평양 일대 섬의 원주민을 유괴하여 노예로 팔았던 행위를 가리킨다.

성 인구의 절반 이상이 타지에서 일했다. 일꾼들은 끔찍한 조건과 학대에 직면했고 외래의 질병에 대한 면역이 거의 없는 상태였다. 결과적으로 19세기가 지나는 동안 바누아투의 토착 인구는 급감했다.[31]

태평양 일대에서 벌어진 상황은 그곳만의 독특한 현상이 아니었다. 세계 도처에서 유럽의 제국에 종속된 나라의 국민들이 충격적일 정도로 엄청나게 죽어나갔다. 일례로, 1870년대에 인도는 잇따른 기근에 시달렸는데, 영국의 잔인함, 방치, 관리 부실로 인해 상황이 더욱 악화되면서 500만 명 가까이 사망했다. 1869년 한 영국인 인류학자는 얼마나 많은 토착민 공동체가 이미 사라져버렸는지 기술하기도 했다. "태즈메이니아 원주민은 소멸했다. 오스트레일리아 원주민은 절멸 중이다. 카리브해 원주민은 서인도제도에서 자취를 감췄고, 마오리족은 점점 줄어들고 있다. 에스키모족도 대폭 감소하고 있다. 북아메리카 인디언도 점점 줄어들어 사라지는 중이다."[32]

노예들 사이에서 발생한 병증이나 자살과 거의 마찬가지로, 이러한 죽음들은 식민 통치 주체들에게는 비극적 사건이라기보다 불편한 일에 가까웠다. 물론 식민 통치 정부가 노동시장의 관리 차원에서, 한편으로는 백인 정착민들의 전염 가능성을 우려하는 차원에서 이따금 질병이 확산되는 이유나 신민들의 수를 감소시키는 원인에 일시적인 관심 이상을 기울인 적도 있었다. 1894년 아일랜드의 해군 장교 보일 T. 서머빌Boyle T. Somerville은 뉴헤브리디스제도의 인구 감소에 대해 고찰한 설명을 내놓았다. 그는 뉴헤브리디스제도에 속한 에파테섬과 관련하여 다음과 같이 서술했다. "이 떼죽음은 약 40년 전 유괴로 시작되었다가 뒤이어 '샌들우더sandalwooders'가 원주민을 총으로 쏴 죽이면서 발생했다." 샌들우더는 당시 귀한 수목인 백단나무sandalwood를 거래하던 상인들로, 19세기 초 영국인 선교사들과 함께 뉴헤브리디스제도에 온 사람들이었다. 섬에서 더 이상 가져갈 백단나무가 없어지자 샌들우더들은 벌목 작업을 계속하기 위해 인신매매를 통해 수많은 니바누아투족을 오스트레일리아 퀸즐랜드주로 보냈다. 한시 노예들은 폐병이나 알코올중독 같은 병으로 죽었는데, 서머빌에 따르면 노스탤지어로도 죽어갔다.[33]

노스탤지어는 영제국에 속한 다른 지역의 노동자들 사이에서도 문제가 되었다. 1880년대 말 J. M. 버몬트J. M. Vermont는 동남아시아 영국령의 연합체인 해협식민지Straits Settlements에 닥친 어려움을 서술했다. 해협식민지는 원래 1826년 동인도회사의 소유로 설치되었다가 1858년 영국령 인도제국의 관할로 들어갔고, 그로부터 9년 뒤에 왕령식민지로 영국의 직접 통치를 받게 되었다. 해협식민지는 당초 싱가포르와 함께 페낭, 말라카, 딘딩(현재는 세 곳 모두 말레이시아에 속한다)으로 구성되었는데, 1886년 인도양 동부의 크리스마스섬과 코코스제도가 추가되었다.

19세기 말 영국은 해협식민지로 엄청난 수의 인도인의 이주를 독려했다. 1901년 무렵에는 해협식민지에 거주하는 인도인이 6만 명에 달했는데, 이는 전체 인구의 10%를 차지하는 숫자였다. 하지만 버몬트는 증기선을 타고 도착한 이민자 수천 명을 보고 그다지 깊은 인상을 받지는 않았다. 그들은 "몸이 부실하고 밭일에 익숙하지 않"았는데, 그는 이것이 이민자들만의 문제가 아니라 식민 통치 주체들에게도 문제가 되는 사안이라고 표현했다. 이곳에 온 사람들은 "고용주에게 오로지 손실의 근원일 뿐이며 사망률을 실질적으로 늘리는 경향"이 있었다. 현지에서 일했던 한 의사는 얼마나 많은 사람이 "노스탤지어로 쓰러졌는지" 서술하기도 했다. 이 딱한 사람들은 "낙심하고 집을 그리워했으며" 몇 주, 심지어 몇 달 동안 계속 병원에 있었다. 그들은 나날이 몸이 쇠잔해졌고 온갖 치료를 동원해도 "순전히 전신 쇠약과 기력 고갈로 쇠락"했다.[34]

토착민 사이에서 병적인 노스탤지어가 만연한 현상은 식민 통치 주체들이 피지배민들을 상상하지 못할 만큼 엄청난 고통으로 몰아가는 것을 멈추게 하기보다 오히려 피지배민들의 생물학적 열등함을 근본적으로 드러내는 지표로 쓰였다. 1867년 성직자이자 비교언어학자인 프레더릭 W. 패러Frederic W. Farrar는 토착 공동체의 절멸을 "멸종 과정"—이미 "무수한 부족의 흔적을 지워버린" 일—으로 표현했다. 당대의 언어로 맞바꿔 그는 "미개한 생명체와 문명화된 생명체는 나란히 공존할 수 없다"라고 주장했다. 이른바 "야만인들"은 그럴싸한 문명의 겉치레 요소들을 취하려는 시도조차 실패했다. "그들은 사람을 지치게 하는 종류의 노스탤지어, 그리움에 사무치는 병, 깊이 자리한 절망, 피할 길 없는 퇴락으로 인해 말라 죽어가는 듯 보인다."[35] 그가 보기에 노스탤지어는 "야만인"의 열등함, 타고난 섬약함을 나타내는 표식이었다.

다양한 인종과 인종별로 특히 취약한 질병에 대한 글을 쓸 당시 패러는 바쁘게 활동하며 다작하던 저술가들, 사상가들과 한패였다. 이때는 사회진화론의 초창기였고, 인간 종은 '적자생존'으로도 알려진 생사가 걸린 경쟁에 갇혀 있다는 관념이 태즈메이니아에서 카리브해까지 식민 통치 주체들의 저작과 관행에 스며들었다. 패러는 찰스 다윈Charles Darwin의 장례식 때 직접 관을 들기도 했던 인물이다. 1860년 이후 영국의 과학, 의학, 인류학은 점점 더 게르만족 특유의 또는 "앵글로색슨족만의" 선천적 우월성이라는 관념에 몰두했고, 인종주의에 근거한 생물학적 결정론을 더욱 확장하는 데 노력을 쏟았다.[36] 이러한 인간 집단의 인종화는 식민 통치 주체와 식민지 주민 사이에, 심지어 서로 다른 백인 민족 간에도 엄격한 위계 구조를 확립했다(가령 이탈리아인과 켈트족은 유럽의 위계 서열에서 맨 아래쪽에 자리했다). 이 시기는 인종 간의 구별을 공고화하고 인종별 행태와 성향, 질병을 설명함에 있어 생물학의 중요성에 한층 몰두한 때였다. 이러한 흐름은 갈수록 탐욕스러워지고 조바심치는 제국주의와 맞물리면서 제국주의를 합리화하는 데 활용되었다.

실제로 유럽의 제국 내에서나 그 주변부에서나 저술가들은 신민들의 몸을 두고 많은 논쟁을 벌였고, 생물학적인 측면에서 자신들의 점령 및 통치를 열정적으로 정당화했다. 무엇보다 체질적으로 열등하다고 여겨지거나, 강제로 고향을 떠나야 하는 상황에서 유독 격심한 노스탤지어에 시달리는 식민지 공동체는 니바누아투족만이 아니었다. 1898년 식물학자 프레더릭 맨슨 베일리Frederick Manson Bailey가 관찰한 바에 따르면, 당시 브리티시뉴기니아로 불린 지역(현재 파푸아뉴기니)의 토착민들은 "친척, 친구들과 관련하여 아주 강한 감정을, 그리고 자신이 태어난 곳에 대해서도 크나큰 애정을" 품고 있었다. 그 섬의 다른 지역에 있던 유럽인 광산업자들은 토착민인 파푸아 사람들을 "짐꾼"으로 자주 고용했다. 그런데 머지않아 "노스탤지어의 감정"이 극심해진 파푸아 짐꾼들이 고용주들을 버리고 해안을 따라 수백 킬로미터를 걸어서 고향 마을로 돌아가버렸던 것이다.[37]

　노스탤지어의 만연이 비백인종의 나약함을 나타내는 지표로 통용된 만큼, 노스탤지어의 부재는 유럽인의 선천적인 우월성을 보여주는 증거로 받아들여졌다. 실제로 제국의 수많은 위선적 행태에 속하는 것 중 하나가 비유럽인들이 느끼는 노스탤지어는 열등함의 징후인 반면, 백인들 사이에서 나타나는 노스탤지어는 정서적 예민함의 지표, 나아가 초기 애국심의 발로로 이해했다는 것이다. 1834년 이집트 알렉산드리아의 항구에 전염병이 도래했다. 오늘날 예르시니아 페스티스Yersinia pestis라는 박테리아가 원인이라고 알려진 이 전염병은 쥐에 기생하는 벼룩으로 전파되는 페스트의 일종이었다. 페스트는 간헐적으로 발생하기는 했으나,

적어도 6세기 이후로 줄기차게 이어져온 인류의 영원한 동반자였다. 6세기에 퍼진 유스티니아누스 역병⁺은 콘스탄티노플(현재 이스탄불) 인구의 약 40%를, 그리고 유럽 인구의 절반가량을 절멸시켰다. 1348년 유럽을 중심으로 2차 대유행이 일어나 세계 인구가 대략 4억 5000만 명에서 3억 5000만 명으로 감소한 이후 페스트는 풍토병이 되어 정기적으로 재발했다. 1600년대 말에 일련의 페스트 유행이 우후죽순 발생했고, 18세기와 19세기에도 페스트는 내내 속출했다.

1805년부터 이집트는, 과거 나폴레옹이 점령했던 지역을 수복하기 위해 이스탄불에 있는 오스만제국의 술탄이 파견한 왈리Wali(총독)인 무함마드 알리Muhammad Ali가 통치했다. 1834년부터 1836년까지 맹위를 떨친 이 전염병이 급속하게 확산되던 초기 몇 주 사이, 무함마드 알리는 곧바로 알렉산드리아 외곽에 시체를 안전하게 매장할 수 있는 묘지를 조성했다. 또 환자들과 그 가족들은 감시하에 자택에 격리시키는 한편, 취약 계층에 매일 식량을 배급하도록 지시했다.

무함마드 알리는 야심만만한 개혁가 성향의 지도자였다. 그가 세운 왕조는 1952년 혁명이 일어나기 전까지 이집트를 통치했다. 그의 주된 관심사는 군사였다. 아라비아반도와 아나톨리아 일부

⁺ 6세기 중엽 유스티니아누스 황제의 통치 기간 동안 비잔틴제국을 강타하고 유럽 전역으로 확산된 전염병으로, 페스트균이 원인이었다고 알려져 있다.

는 물론, 1820년에서 1824년 사이에는 북부 수단을 합병했다. 또 이집트의 근대화에 힘쓰기도 했다. 학생들을 유럽으로 파견하고, 인재 양성 사절단을 이집트로 초청했다. 관개 및 운송을 위해 운하를 건설하고, 공무원 조직을 개편했다. 1820년에는 고급 면인 장면長綿, long-staple cotton 을 들여왔고, 19세기가 끝나기 전에 수익성이 좋은 단일 재배 중심의 농업 체계를 갖추었다. 무역이 융성하면서 상인과 상선은 이집트의 경제 발전에 없어서는 안 되는 결정적인 요소로 더욱더 중요해졌다.

페스트가 도래하자 무함마드 알리는 알렉산드리아의 기지창에서 진행되는 작업들이 결코 중단되는 일이 없도록 공을 들였다. 그는 무기 공장 전체를 격리시켰지만, 이 결정은 곧바로 반대에 부딪혔다. 가난한 이집트 사람들은 정례적으로 무기 공장이나 육군, 해군에 징집되었는데, 이들을 중심으로 징집자가 일터를 떠나 집으로, 가족의 품으로 돌아가지 못하게 막는 이 새로운 규칙이 강력한 저항에 부딪쳤던 것이다. 이집트에서 페스트가 2년 동안 기승을 부린 뒤 1836년에 잉글랜드 출신의 아서 T. 홀로이드Arthur T. Holroyd가 알렉산드리아에 당도했다. 홀로이드는 훗날 오스트레일리아의 변호사이자 정치가가 되지만, 이때만 해도 그저 남의 나라 일에 간섭하기 좋아하고 참견이 취미인 평범한 영국인이었다. 그는 나일강을 따라 여행하며 방문한 거의 모든 고대 유적에 성씨와 다녀간 연도를 낙서할 기회를 놓치지 않았다. 이 조심성 없는 문화 예술 파괴자vandal는 영국으로 돌아와 존 캠

홉하우스John Cam Hobhouse라는 하원 의원에게 이집트 정부의 페스트 유행 대처를 두고 훈계조의 준엄한 편지를 써 보내기도 했다. 그는 "위생에 관한 규칙 체계"를 비판하면서 "너무나도 자의적으로, 너무나도 부당하게 강요되고" 시행되었다고 주장했다.[38] 그는 이집트 사람들을 걱정한 게 아니었다. 그보다는 유럽 상인들에게 부과된 제재를 우려했다. 홀로이드 또한 유구한 혈통을 자랑하는, 자신이 방문한 지역의 통치 방식에 참견할 자격이 있다고 여기는 영국인 여행객 중 한 명이었다. 1882년 이집트가 영국의 보호령이 되면서 이러한 간섭은 간접 통치로 바뀌었다.

하지만 이집트에서 전염병이 돌았던 1834~1836년에 도입된 격리 조치에 따라 징집된 군인들이 치러야 했던 육체적, 정신적 대가와 관련해서는 아마도 홀로이드의 판단이 옳았는지도 모른다. "아주 운이 나빠서 무기 공장이나 해군, 육군으로 끌려간" 사람이라면 누구라도 이미 걷잡을 수 없는 향수병에 걸리기 십상이었다. "기약도 없이 집으로, 아내의 곁으로, 가족의 품으로 돌아갈 수 없게 된 망명자"였기 때문이다. 이러한 감정들은 2년 동안 이어진 격리 기간 동안 악화되었다. 이제는 사랑하는 사람들을 보러 집으로 가는 것조차 허용되지 않았던 탓이다. 대신에 그들은 두려움과 멜랑콜리로 병이 났다. 그야말로 "파샤Pacha(군사령관)의 군대에 징용된 사람들은 …… 노스탤지어로 인해 극심한 괴로움에 시달렸다."[39]

그런데 홀로이드는 자신의 분석에 본질적인 반전을 추가했다. 그는 "자기 땅에 대한 애착이 그토록 강한 사람들은 어디에도 없다"는 이유로 이집트 사람들이 노스탤지어에 특히 취약하다고 보았다. 이는 이집트와 이웃한 수단에 사는 사람들도 마찬가지였다. 불과 몇 년 뒤 1만 8000명에 달하는 수단 출신 징집병들이 이집트 군대에서 노스탤지어로 사망했다.[40] 북아프리카인의 이러한 특성은 영국인들의 모험 정신과 대조를 이루었다. '낙서 전문가' 홀로이드의 주장에 따르면, 영국인들은 여행과 탐험을 즐기며 위대한 장사꾼과 상인, 전장으로 나가는 군인들을 배출했다. 이집트에서 발생한 노스탤지어에 관한 홀로이드의 해석은 사회진화론이나 생물학적 본질주의biological essentialism‡에만 빚지고 있지 않았다. 그는 상대적으로 생긴 지 얼마 되지 않은, 강력하게 응집된 사회적, 문화적, 정치적 힘의 맥락에서 글을 써 내려갔다. 바로 내셔널리즘nationalism과 애국심patriotism이었다.

민족주의 또는 국가주의로 번역되는 내셔널리즘은 18세기 말 아메리카와 유럽에서 발흥하여 이내 각국의 식민지와 '글로벌 사우스Global South'‡‡에 해당하는 여러 나라로 퍼져나갔다. 내셔널리즘은 단순히 특정 국가에 살고 있는 것 이상을 의미한다. 일종의 "상상된 공동체imagined community", 즉 서로 모를 수도 있는 사람들, 한 번도 만나본 적 없거나 같은 나라 안에서도 정반대편에서

---

‡ 인간의 정체성이 생물학적으로 고정되거나 결정되어 있다고 보는 시각으로, 인종의 차이를 생물학적으로 설명하고자 한다.
‡‡ 북반구 저위도나 남반구에 위치한 개발도상국을 통칭하는 용어.

아주 다른 인생을 살아가는 사람들끼리도 느낄 수 있는 교감 또는 동지애다. 여러 차이에도 불구하고 사람들은 공통의 역사, 특성, 신념, 태도를 공유하면서 동일한 공동체에 속해 있다고 상상한다. 내셔널리즘은 그때껏 국가의 근간을 이루었던 가족 간의 전통적 유대 관계를 대체하고, 그 밖에 지역공동체 구성원 간의 관계, 지방 영주 또는 지주와의 관계를 대신했다.

국가 또는 민족이 상상된 관계에 토대를 두었다고 해서 그로 인한 정치적 귀결이 심오하지 않거나 비현실적인 것은 아니다. 오히려 반대로 이 상상된 공동체는 뭔가 대단히 강력한 것을 창출했다. 이후 전 세계 곳곳에서 무수한 사람들이 기꺼이 자신을 희생하게 만든 어떤 것을 말이다. 내셔널리즘은 징병을 가능하게 하여 19세기 이후로 수백만 명이 멀리 떨어진 곳에서 벌어지는 전쟁에 자발적으로 참여하도록 추동했다. 또 홀로이드 같은 사람이 영국인들의 모험 정신에 대해 개략적이고 포괄적인 발언을 일삼고, 이집트인들을 자기네 땅에 강한 애착을 품은 족속처럼 묘사하는 발판을 마련했다. 한마디로 내셔널리즘은 19세기에 노스탤지어가 발흥하게 된 전제 조건이었다.[41] 17세기에도 사람들—특히 스위스인들—이 고국을 떠나는 것을 슬퍼하기는 했으나, 19세기 국가 정체성의 본질은 고국이 사람들에게 새로우면서도 강렬한 인력을 발휘한다는 데 있었다. 그 어느 때보다 많은 사람이 고국을 떠났지만, 그들은 그 어느 때보다 고국을 통감했다. 아니, 적어도 그 어느 때보다 상상된, 추상적이고 정치적인 고국

해외의 전장에서 집에 보낼 편지를 쓰는 영국 병사의 모습을 그린 1880년경의 판화.

을 통감했다.

일부 지역에서는 내셔널리즘이 앞서 서술한 일종의 인종주의적 결정론에 따라 강조되었다. 가령 타고난 생물학적 우월성에 관한 소설들은 영국인의 내셔널리즘을 더욱 강화하기만 했다. 그 후로 역사학자들이 말하는 "인종적 인류학racial anthropology"이 득세했음에도, 여러 사회 또는 민족성을 정확히 구별 짓는 두드러진 차이가 무엇인지를 둘러싼 논쟁은 그칠 줄을 몰랐다. (노스탤지어가 융성하는 듯 보인) 열대지방 주민들의 '문제'는 오랫동안 그곳에 살았던 토착민의 생물학적 특성과는 관련이 적으며, 오히려 그곳의 기후와 연관성이 크다고 보는 이들도 많았다. 19세기 말 저술가들은 노스탤지어에 대한 민감성이 어떤 신체적 요인이나 특정 인종에 내재한 선천적 요인의 결과인지, 아니면 육체와 환경 간의 부조화와 관련된 것인지를 두고 의견이 엇갈렸다. 그도 그럴 것이, 문득 정신을 차려보니 고향에서 멀리 떠나와 적대적인 환경에 둘러싸여 있음을 깨닫고 노스탤지어로 쓰러진 백인 남성들과 여성들이 엄연히 존재했기 때문이다. 어찌됐건 19세기가 끝나갈 때까지도 노스탤지어는 근 200년간 '스위스 병'이라는 명성을 유지하고 있었다. 제아무리 우월감과 자아도취에 빠진 영국인이라 해도, 스위스인들이 최소한 백인이라는 사실만큼은 인정하지 않을 도리가 없었다.

 노스탤지어는 분명히 어디에나 있었고 모든 인간의 몸에서 발견될 수 있었다. 적어도 일부 사람들에게는 노스탤지어가 생물학보다는 환경과 더 관련이 있다는 것이 명백해 보였다. 1847년 한 농장주가 〈자메이카 타임스Jamaica Times〉에 이주 노동자들의 자질에 대해 불만을 토로하는 글을 썼다. 그는 아프리카 북서부의 마데이라섬에서 일꾼 여럿을 사들였다. 아마도 붙잡힌 베르베르족인 관체족(인근의 카나리아제도 토착민)이거나 서아프리카인일 텐데, 어디에서 왔건 간에 그들은 일을 제대로 수행하지 못했다. 농장주는 일꾼들을 데려오고 먹이고 품삯(일당으로 1실링을 받았다)을 주는 데 돈을 적잖이 들였지만 사실상 그만한 값어치가 없었다고 말했다. "비용이 만만찮았다. 매끼 식비가 엄청났다. 만약 그들이 체력이 돼서 앞으로 18개월 동안 나와의 계약을 이행한다고 하면 수지 타산이 맞을지도 모르겠다. 하지만 한번 물어보자. 어떻게 이럴 수가 있나?" 그는 일꾼들이 카리브해의 기후에 적응하지 못하는 것을 두고 불만을 터뜨렸다(이 점에서는 "유럽인들"만큼이나 구제불능이었다). 그들은 발열, 통증, 무기력으로 괴로워했다. 가장 우려스러운 점은 고향 땅을 애타게 그리워했다는 것이다. 그 정도가 너무 심해서 노스탤지어 때문에 죽은 마데이라 사람이 많았다. 이 농장주 또한 앞서 노스탤지어로 어린아이 두 명을 잃은 터였다. 심지어 이웃한 농장에서는 통역을 담당한 사람까지 포함해 일꾼이 17명이나 세상을 떠났다.[42]

농장주가 투고한 이 편지는 노예해방과 1807년 이후 카리브해 지역으로의 이주에 따른 결과를 조사하는 데 증거로 쓰였다. 최종 보고서의 작성자는 원래의 편지 주인과는 아주 다른 해석을 내놓았다. 농장주는 자신이 고용한 마데이라 출신 일꾼들의 선천적인 허약함과 부실한 "신체적 역량"에 대해 불평하고 있던 반면, 조사관은 이주자들의 역경에 훨씬 더 동정적인 태도를 보였다. 그는 이 편지가 마데이라 사람들의 임금이 터무니없이 적었으며 "마땅한 생명 유지에 불충분"했음을 "있는 그대로 시인"한 셈이 되었다고 언급했다. 그러면서 노동조건과 생활 여건이 더 나았더라면 노스탤지어를 예방할 수 있었을지도 모른다는 뜻을 넌지시 내비쳤다. 마데이라 사람들에게는 분명 제질적으로 잘못된 부분이 전혀 없었다. 그저 매우 곤란한 상황에 처해 고통받고 있었을 뿐이다.

노스탤지어가 검은색 또는 갈색 피부의 몸에 내재한 결함이라고 보는 관념에 이의를 제기하는 듯이, 영제국에 속한 고온 다습한 외딴 지역에서 도무지 적응하지 못해 노스탤지어에 시달린 영국인의 사례도 수없이 존재했다. 리처드 프랜시스 버턴 경 Sir Richard Francis Burton은 1872년 탄자니아 연안의 잔지바르섬에 관한 소론에서 백인들의 나약함과 적도 기후에 적응하지 못하는 동포들의 무능함을 다음과 같이 암울하게 그려냈다. "이곳의 유럽인 여성들은 …… 고립의 멜랑콜리, 사교계 활동에 대한 욕구, 그리고 열대지방 국가들에서는 매우 흔하나 관심은 부족한 노스탤지어―하임베Heimweh, 즉 향수병―를 좀처럼 이겨내지 못한다." 대개의 경우 적도 아프리카는 영국인 방문객들에게 "확실한 죽음"의 땅이었다. 버턴 경은 이 지역에서 발생하는 위험 요소에 대해 놀라울 만큼 냉소적인 태도로 이렇게 말했다. 전통적인 수단―이를테면 독약―으로 아내를 죽인 남성들은 어리석다면서, 그런 것 대신 "홀아비가 되지 못해 안달하는" 남자들은 "아프리카 공기" 속에서 몇 달을 지내면 자신의 소망을 훨씬 더 수월하게, "깔끔하고 조용하게" 이룰 수 있을 것이라고.[43]

정말이지 향수병은 어디에나 있을 정도로 흔했고, 식민지 시대의 경험 가운데 대단히 상징적인 부분이었다. 1886년 5월 런던에서 열린 식민지 및 인도 박람회 개막식에서는 빅토리아 시대에 인기를 끌었던 노래인 〈즐거운 나의 집Home, Sweet Home〉이 헨델의 〈할렐루야Hallelujah〉 합창곡과 영국의 애국 가요 〈지배하라, 브리타니아여Rule, Britannia!〉 사이에 연주되었다.[44] 작가인 J. E. 도슨J. E. Dawson은 이 노래의 연주를 노스탤지어가 국가와 제국의 조건임을 보여주는 증거로 들면서 이렇게 서술했다. "성대한 행사에서 엄선된 엘리트 남녀 동포 1만 명이 짤막한 인기곡인 〈즐거운 나의 집〉을 부르는 한 여성의 목소리에 마음이 움직여 감동의 눈물을 흘리는 모습을 발견할 때, 우리는 그 정서와 음악 모두 국가에 대한 우리의 가장 강력하고도 뿌리 깊은 열정을 건드렸음을 확신할 수밖에 없다."[45]

〈캘커타 리뷰The Calcutta Review〉는 인도에 체류하는 영국인들이 멀리 떨어진 조국에 대해 자주 노스탤지어를 느낀다면서 다음과 같이 말했다. "인도 생활에 따른 가장 슬프면서도 불가피한 결과는 신성한 가족과의 유대가 느슨해지는 것이다." 더불어 노스탤지어가 열등한 인종 또는 미개함의 조건이라는 주장에 직접적으로 반박하면서 이렇게 역설했다. "지극히 당연한 세평에 따르면, 전 세계를 통틀어 나라 사랑에서는 영국인을 따라갈 민족이 없다!"[46] 이러한 타고난 향수병 성향 탓에 식민지 박람회에서는 영제국을 용감한 모험가들이 미래를 설계할 만한 목적지, 즉 영국인들의 집으로 내세우고자 했다. 영국의 왕세자가 "우리는 앞으로 식민지가 이 섬나라의 인구 가운데 보다 모험심이 강하고 원기 왕성한 이들의 적법하고도 당연한 집이라는 사실을 반드시 명심해야 합니다"라고 강조했듯 말이다.[47] 실제로 집을 그리워하는 것, 그리고 고국의 의례나 위안거리들을 재현하려고 시도하는 것은 해외에 있는 유럽 식민 통치 주체들의 특징이었다. 앞서 언급했듯 이는 그저 제국의 수많은 위선적 행태 중 하나일 뿐이었다. 유럽인들이 노스탤지어를 경험하면, 그것은 가정교육을 잘 받았다는 표시이자 영웅적 애국심의 징후였다. 그러나 똑같은 노스탤지어라도 비유럽인이 경험하면, 그것은 나약함의 표지였다.

노스탤지어가 백인들에게도 문제라는 사실은 미국 남북전쟁 기간에 군인들 사이에 노스탤지어가 만연함으로써 너무나도 분명해졌다. 군인들이 특히나 이 병에 취약했는데, 집을 떠나 객지 생활을 하면서 생경한 환경에 둘러싸여 있었기 때문이다. 군대가 약해지는 순간 노스탤지어의 위험성이 아주 커졌다. 전투를 하다가 퇴각해야 할 때, 추위와 굶주림에 노출되고 축축한 땅바닥에서 잠을 청해야 할 때, 포로로 잡히거나 "끔찍한 갈증"에 시달리고 있을 때가 바로 그런 순간이었다. 이런 상황에서는 "떠나온 고국, 어머니나 아내, 고향집에 대한 추억이 깨어나면서 용사들의 눈물샘을 건드렸다." 전쟁이 발발하고 2년 동안 2588명이 노스탤지어 진단을 받았고 13명이 사망했다. 노스탤지어가 직접적 사인이 되어 죽은 사람은 13명에 불과했지만, 그것이 아니었다면 "좋은 쪽으로 끝맺었을" 훨씬 많은 사망 사례에서 노스탤지어는 "우울한 영향력"을 발휘했다.[48] 의사인 로버츠 바살러프 Roberts Bartholow의 말처럼 사실상 "이 수치들은 노스탤지어가 군대에서 발생한 질환과 사망률에 얼마나 영향을 미쳤는지를 결코 오롯이 전달하지 못한다."[49] 바살러프는 노스탤지어가 군인들의 체력을 갉아먹어 병에 취약하게 만듦으로써, 조금만 몸이 아파도 죽음에 이를 가능성을 높인다고 보았다. 남북전쟁에 참전한 군인들 가운데 "자그마치 1만 명이나 되는" 군인의 죽음을 초래한 원인이 노스탤지어라고 추정한 경우도 있다.[50]

그런데 남들보다 노스탤지어에 시달릴 가능성이 더 큰 사람들이 있기는 했다. 바살러프는 "처음으로 가족과 떨어지게 된 기혼 남성들"과 더불어 "의지가 약하고 상상력이 대단히 발달했으며 성욕이 강한 청년들"이 자신의 환자가 되는 경우가 빈번하다는 사실을 알아차렸다. 그는 "동절기의 단조로운 병영 생활"을 우려했다. 활발한 군사 활동이 군인들의 주의를 돌려서 노스탤지어로 인해 무너지는 일을 막는 데 도움이 되기 때문이다. "육체적으로나 정신적으로나 하는 일"이 아무것도 없는 사람들은 관심을 집으로 돌렸다. "그들은 몽상에 빠져들었고, 그렇게 떠올린 고향 집의 이미지 한복판에서 자신의 상상력이 마구 뛰어놀게 했다." 이들은 끝내 환각, 변비, 소화불량, 수면 장애, 멜랑콜리 증상을 보이기도 했다. 같은 세기의 일이지만 그보다 훨씬 앞선 시기에 외젠이라는 아기를 치료했던 프랑스 의사들과 거의 마찬가지로, 바살러프와 동료들은 노스탤지어를 멜랑콜리와 동류이자 약간 다른 형태의 멜랑콜리 또는 멜랑콜리의 "한 종류"로 보았다.[51]

유럽의 여러 제국에 소속된 군인들, 그리고 미국 남북전쟁의

커리어 앤드 아이브스Currier & Ives에서 제작한 판화 〈집을 그리는 군인의 꿈The Soldier's Dream of Home〉. 남북전쟁에 참전한 군인의 아내들을 위해 제작된 이 그림은 당시 노스탤지어가 군인들에게 미친 영향이 심각했음을 시사한다.

의용군들을 휩쓸고 지나간 노스탤지어의 유행은 그것이 비백인 종만의 고통이 아님을 여실히 보여주었다. 하지만 그럼에도 그 병에 민감한 부류의 사람들은 결함이 있다고 여겨졌다. 아니, 적어도 19세기 의사들의 눈에는 그렇게 보였다. 노스탤지어에 유난히 취약한 사람들은 어쩐지 남자답지 못했다. 말하자면, 정력적이고 극기심이 강한 군인들에게 기대되는 기준에 그다지 부합하지 않았다. 바살러프는 노스탤지어와 관련하여 가장 큰 위험 요인은 "교란된 사회적 기능", 보다 구체적으로는 자위라고 보았다. 그가 생각하기에 자위는 "다른 어떤 요인보다도 노스탤지어

가 발생하기에 더 유리한 정신 상태를 초래"했다.[52]

이처럼 19세기의 남성 및 남성성에 대한 불안과 밀접하게 결부된 노스탤지어는 마땅한 치료법이 없었다. 1864년 〈사이언티픽 아메리칸Scientific American〉은 "환자를 더 남자답게 만들 만한 효과가 있는 것이라면 뭐든지 치유력을 발휘할 것이다"라고 주장하는 기사를 게재했다. 21세기의 역사학자들과 마찬가지로 이 기사 또한 노스탤지어가 억압적인 조직에서 더 성행하는 것처럼 보인다는 점은 인정했다. 노스탤지어는 병영에서만큼이나 남자 기숙학교에서도 흔하게 발생했다. 두 조직 모두 조롱이 효과적인 치료법이었다. 격의 없는 농담과 놀림이 남자들에게서 노스탤지어를 털어내곤 했다. 질타를 통해 기분을 풀어주는 것이다. 노스탤지어에 걸린 환자는 종종 "동료들 또는 전우들 덕분에 웃으면서 노스탤지어에서 빠져나오거나, 그의 남성성에 호소하는 말에 설득되어 노스탤지어에서 벗어나기"도 했다. 하지만 무엇보다 최고의 치료법은 전쟁 자체였다. 다시 말해, "행군, 특히 전투를 포함한 왕성한 군사 활동이 가장 좋은 치료제다."[53] 대개는 무위가 노스탤지어의 주요 원인이었다. 따라서 환자들을 온종일 열심히 일하게 만드는 편이 좋았다. 노동은 밤에 숙면을 취하고 배급받은 식량을 맛있게 먹으며 집 생각을 하지 않게 해줄 터였다. 일이 정신을 똑바로 차리게 해줄 터였다.

강압의 시대에서 불안의 시대로

　19세기에는 억압적인 체제하에서 살아가는 사람들, 그리고 강제로 다른 곳으로 옮겨 가 살게 된 사람들이 노스탤지어에 가장 취약했다. 노예든, 한시 노예든, 군대에 징집된 남자든, 다른 집으로 보내진 아기든 19세기는 강압으로 가득했다. 그러니 노스탤지어가 융성한 듯 보인 것은 바로 이런 상황 때문이었다. 그리고 이것은 당대인들은 물론이고 이후의 역사학자들도 인정하는 그 병의 특성이었다.[54]

　그런데 뭔가 다른 상황이 함께 벌어지고 있었다. 노스탤지어에 걸려서 죽어가는 사람도 많았지만, 노스탤지어 자체를 우려하는 사람도 많았다. 그들은 이 질병이 만연하는 듯 보이는 현상이 자신들이 살고 있는 세계와 관련하여 뭔가를 폭로하는지도 모른다고 걱정했다. 근세의 노스탤지어 진단은 스위스 같은 곳에서 나타난 사회 변화의 속도에 대한 불안을 반영했다. 19세기에도 사람들은 비슷한 걱정을 했다. 중세가 끝난 뒤로 사회 전반에서 도를 넘는 문화적, 기술적 변화가 초래한 고통을 거듭 표명해왔다. 과도한 변화는 사람을 아프게 하거나 무능력한 얼뜨기로 만든다고 강조하면서 말이다. 빅토리아 시대 사람들은 철도, 증기선, 전신케이블이 자신들의 집단적 건강과 안녕에 미치는 여파를 걱정했고, 만연한 변성의 원인을 자연 및 자연스러운 생활 방식에서 벗어난 탓으로 돌렸다. 심지어 오늘날에도 휴대전화의 안테나 기둥과 소셜미디어 사용의 부정적인 결과를 두고 극심한 공포에 사로잡힌 분석 기사들이 나온다.

다른 수많은 일과 마찬가지로, 노스탤지어는 19세기의 징후로 간주되었다. 즉, 가속화하는 근대적이고 '문명화된' 생활에 대한 특유의 병리적 반응이었다. 그런데 이때의 노스탤지어에는 다른 불안들도 섞여 있었다. 이전에도 분명히 존재했으나 제국의 팽창 및 강화와 더불어 더 격심해지고 더 날카로워진 불안들이었다. 노스탤지어가 특정 인종과 연관된 병 또는 다양한 사회, 문화 간 생물학적이고 내재적인 차이의 결과라고 들먹이는 사람들이 있었던 반면, 백인들의 취약성을 나타내는 것처럼 보인다는 점을 훨씬 더 우려한 사람들도 있었다. 특히 적도를 따라 분포된 지역에 체류했던 백인들이 그러했다. 제국이 그토록 대단하고, 유럽의 식민 통치 주체들이 그토록 우월하다는데, 어째서 그들은 한대기후든 열대기후든 적대적인 환경에서 살아갈 땐 그토록 분투하고 노스탤지어에 굴복하는 모습을 보였을까?

이처럼 질병의 유행이 이른바 '선진' 민족과 인종 사이에서 일종의 체질적 변성을 나타내는 지표가 될 수 있다는 관념은 19세기 말에 매우 흔했다. 모든 종류의 신체적, 심리적 장애―신경쇠약, 히스테리, 암 등―는 기울어가는 서구세계와 감당하기 어려운 수준이 된 제국의 징후로 받아들여졌다. 유럽인, 특히 유럽의 군인들 사이에서 발생한 노스탤지어는 겉보기에 '자연적인' 인종의 위계가 어쩌면 뒤집혀야 마땅한지도 모른다는 것을 드러내는 여러 신호 가운데 하나였다. 군대가 유난히 취약해 보인다는 사실은 우려할 만한 일이었다. 단지 제국과 군대의 힘을 위협했기 때문이 아니라, 남성의 우월성과 힘에 대한 빅토리아 시대의 기본 관념을 훼손하는 듯했기 때문이다.

다시 북극으로 돌아가보면, 미국 군인들이 추천받은 노스텔지어 치료법은 하우게이트를 비롯한 빙원 탐험가들의 조언을 반영한 것이었다. 원정대원들은 오랫동안 고립된 채 집으로부터 멀리 떨어져 지내는 상황에서 발생하는 극심한 정서적, 육체적 타격을 방지하기 위해 공부와 독서, 청소, 사교 활동으로 채워진 바쁜 일정을 소화하기도 했다. 일과 생산성은 19세기 유럽인들과 백인 미국인들이 북극 탐험에서 생존할 수 있게 해주는 핵심 요소였다. 즉, 지극히 19세기다운 문제에 대한 지극히 19세기다운 해법이었다. 또 그때나 지금이나 질병이 의학과는 아무런 상관없는 것들을 어떤 식으로 자석처럼 끌어들이는지도 잘 보여준다. 과학과 의학은 스스로 주장하는 것과 달리, 다른 분야만큼이나 이상한 편견과 성향, 사회가 내세우는 윤리적 가식에 취약하다. 이는 오늘날에도 마찬가지이며(코로나바이러스감염증, HIV, 암을 떠올려보라), 빅토리아 시대에도 확실히 그러했다.

노스텔지어에 걸린 사람들의 숫자는 아마도 틀림없이 노예제도 그리고 제국의 성장과 더불어 증가했을 것이다. 그런데 19세기는 노스텔지어 불안의 증가, 즉 그 자체에 대한 도덕적 공황을 목도한 시기이기도 했다. 여타의 도덕적 공황과 매한가지로 노스탤지어의 명백한 증가를 고찰하는 관련 문헌이 늘어난 것은 다른 사안들, 즉 인종적 우월성과 제국의 과도한 팽창 및 백인의 취약성 같은 다른 우려에 관한 문헌이 늘어난 것이기도 했다. 이번 것은 서구세계를 여러 번 덮친 "노스탤지어 물결" 가운데 첫 번째 파도였다. 두 번째 파도가 오기까지는 영국과 미국 모두 1970년대까지 기다려야 했다.

3장

향수병

19세기만 해도 향수병과 노스탤지어는
동일한 스펙트럼에 있었다.
하나는 치명적이고 하나는 상대적으로 무해하나,
모두 떠나온 곳에 대한 간절한 그리움이었다.
이 둘의 행보가 갈라진 것은 앰블러 부부가
핼리팩스를 떠난 20세기 초반부터였다.

아널드 앰블러Arnold Ambler는 1899년 9월 영국 잉글랜드 북동부의 요크셔주 핼리팩스에서 태어났다. 19세기에 핼리팩스는 바삐 돌아가며 팽창하는 산업도시였다. 집집이 다닥다닥 붙은 빈민가와 자리다툼하듯 직물 공장이 여럿 들어서고, 비슷비슷한 연립주택을 계단식으로 잇대어 지은 테라스 딸린 집들이 가파른 언덕배기에 아슬아슬하게 매달려 있었다. 호황을 누리던 이 도시는 처음에는 기본적인 공공 편의 시설에 거의 주의를 기울이지 않았다. 1843년만 해도 "끔찍하고 보기 흉한 좁은 거리들이 덩어리처럼 잔뜩 뒤섞인 혼돈의 도가니"로 묘사되었다.[1] 그런데 산업의 발전으로 부가 서서히 유입되고, 개혁적인 빅토리아 시대 사람들의 열성이 더해지면서 도시의 기반 시설이 점차 개발되기 시작했다. 학교와 기술 교육 기관이 개설되고 병원, 빈민 구호소, 구빈원, 공원, 공중목욕탕, 묘지, 가스 공장, 공공 도서관, 박물관까지 전부 들어섰다. 1844년 철도역이 건립되었고, 1850년대에 합승 마차가 도입되었으며, 1898년에는 전차가 딸랑딸랑 소리를 내며 거리를 활보했다.

도시는 이렇게 진보했으나 아널드의 어린 시절은 순탄치 않았다. 그는 하나같이 도시의 가난한 끝자락에서 태어난 13명의 아이 중 하나였다. 11살 때 학교를 그만두고 집에서 어머니를 돕다가 10대 시절 내내 십자가 무늬 빵을 팔거나 광산에서 석탄을 줍는 등 허드렛일을 했다. 아널드의 아버지는 직업을 세 가지나 갖고 있었고 일요일에도 신문을 팔면서 매주 쉼 없이 일했다. 제1차 세계대전이 터졌을 때 아널드는 고작 15살이었다. 그는 연령 미달에도 불구하고 이런저런 방법을 통해 입대를 했지만 이내 나이가 발각되어 퇴소 조치되었다. 이에 굴하지 않고 아널드는 두 번, 세 번 계속해서 입대했고, 마침내 전투가 한창인 서부전선으로 보내졌다. 불과 17살의 나이에.

인생의 첫 전투에서 아널드는 오른팔에 총상을 입었다. 총알은 그가 싸 들고 다녔던 소고기 통조림 캔을 관통했다. 70년 뒤에 아널드는 웃으면서 이렇게 회고했다. "콘비프라면 늘 사족을 못 썼거든요." 아널드는 회복을 위해 잉글랜드 브라이턴으로 돌려보내졌다. 몸을 완전히 추스르고 나서도 두 번 다시 전방으로 돌아가지 않았다. 1918년 11월 휴전협정이 체결된 직후 그는 극장에서 도리스Doris라는 여성을 만났다. 두 사람은 교제를 시작했다. 1919년 아널드는 런던의 부유한 교외 지역인 리치먼드에 사는 애인을 보러 가는 데 대부분의 시간을 할애했다. 1년 후 두 사

아널드 앰블러의 고향인 핼리팩스는 영국 북부에 있는 대표적인 산업도시였다. 그림은 핼리팩스에서 약 61센티미터 높이의 갱도를 따라 석탄 수레를 운반하는 소년을 그린 1848년작 스케치다.

람은 열심히 일해서 모은 돈으로 어느 월요일 오전에 조촐한 결혼식을 올렸다. 그리고 불과 이틀 뒤에 부부는 배를 타고 미국으로 향했다. 가장 싼 삼등 선실에서 지낸 지 일주일이 넘어서야 아널드와 도리스는 갑판에서 어렴풋이 눈에 들어오는 자유의 여신상을 볼 수 있었다.

　이 부부의 사연은 꽤나 전형적이다. 1776년 미국독립전쟁 이후 350만 명으로 추산되는 영국인이 미합중국으로 이주했다.[2] 19세기 내내 상당한 규모의 영국인 정착민이 꾸준한 속도로 유입되었다. 첫 번째 물결은 1820년대 말에 시작되어 영국 내부의 사회적, 정치적 불안으로 인해 지속되다가 1842년 절정에 이르렀다. 미국으로 향하는 여정에 오른 사람들은 대부분 잉글랜드 남서부의 침체된 시골 지역에 살던 영세 지주와 소작농, 또는 핼리팩스처럼 팽창을 거듭하는 도시에서 산업 발달에 따른 혼란을 피해

3장 | 향수병

123

도망친 도시 노동자였다. 유토피아적 전망에 이끌린 사람들도 있었고, 새로운 땅, 공장, 철도, 광산이라는 보다 뚜렷한 실체가 주는 매력에 마음이 동한 이들도 있었다. 1860년대부터 1890년대까지 미국에 유입된 영국인 이민자 수는 연간 6만 명에서 8만 2000명으로 증가했다.³ 미국의 대륙횡단철도 건설, 대평원 정착지 개척, 산업화는 잉글랜드를 비롯한 타지의 훨씬 더 숙련된 기술과 전문성을 갖춘 이민자들을 끌어들였다. 증기선 요금이 저렴해지면서 아널드처럼 특별한 기술을 지니지 못한 영국의 도시 노동자들도 미국으로 올 수 있었고, 오래지 않아 그런 노동자들과 광부들, 행상들이 이민자의 다수를 차지하게 되었다. 그 속도는 20세기 초에 점차 느려지다가, 양차 대전 이후로 다시 빨라졌다. 1940년대에는 10만 명이 넘는 영국인이 미국으로 영구 이주했다. 1950년대 무렵에는 연평균 영국인 이민자 수가 15만여 명으로 증가했다.⁴

알다시피 19세기는 사람들의 이동 및 이주가 대량 확산되는 것을 목도한 시기였다. 철도와 증기선 덕분에 더 멀리 더 빠르게 훨씬 적은 돈으로 여행하기가 쉬워지면서 이민이 수월해지고 갈수록 흔해졌다. 난민과 이주민은 더 풍요롭고 안락한 삶을 찾아서, 또 가난과 궁핍에서 벗어나기 위해 더 멀리 이동했다. 정치적 불안정, 경제적 고충, 종교적 박해가 증대한 19세기 말 유럽의 상황이 세계 역사상 최대 규모의 대량 이주를 이끌어냈다. 1855년에서 1890년 사이 뉴욕 맨해튼에만 대략 800만 명의 이주민이 당도

했다. 그런데 이주와 연관된 트라우마가 존재했고, 그것은 역사책에 항상 기록되지는 못했다. 이동과 함께 향수병이 찾아왔던 것이다.

아널드는 새로운 조국을 사랑했다. 그런데 도리스는 향수병을 심하게 앓았다. 아널드도 분명 "어쩌다 한 번씩" 우울해지거나 "그곳으로 돌아가고픈 마음이 굴뚝"같을 때가 있기는 했다. 그러나 오래 지속되지는 않았다. "(미국이) 그동안 나한테 잘해줬잖아. 인정할 건 인정하고 부딪쳐보자." 반면 도리스는 비참했다. 부부는 미국 생활을 시작한 지 5년 사이 다섯 번이나 잉글랜드로 돌아갔다. 그때마다 도리스는 어린 시절을 보낸 집에서 떠나기를 거부하며 자매와 함께 지냈다. 도리스가 아무리 싫다고 해도 부부는 재차 뉴욕으로 돌아갔고 그곳에서 남은 평생을 보냈다. 다만, 도리스는 자신이 태어난 나라를 버리기를 거부하면서 끝끝내 미국 시민이 되지 않았다.[5]

아메리칸 드림과 그리움의 분화

노스탤지어와 향수병이 각자 다른 길을 가기 시작한 때가 바로 아널드와 도리스 부부가 정든 고향을 떠났던 20세기 초반이었다. 18세기와 19세기만 해도 향수병과 노스탤지어는 동일한 스펙트럼상에 있었다. 하나는 치명적이고 하나는 상대적으로 무해하나, 둘 다 떠나온 곳에 대한 간절한 그리움이었다. 향수병은 노스탤지어와 나란히 존재했다. 열대지방에 살았던 백인 영국인 부인들이 노스탤지어로 인해 모조리 세상을 떠난 데 비해, 그보다 많은 유럽인은 타국으로의 여정에서 살아남았지만 향수병의 고통은 여전히 통렬하게 느끼는 경우가 부지기수였다. 두 감정은 유사하되 결정적으로 완전히 똑같지는 않았다. 하지만 노스탤지어와 그 기이한 궤적을 이해하려면 향수병과 얼마간 시간을 보내면서, 그것이 고상한 정서에서 미성숙한 감상벽으로 변해가는 여정을 따라가볼 필요가 있다. 끝내는 살짝 다른 곳에 이르기는 하나 노스탤지어도 거의 동시에 밟아나간 경로를 말이다. 노스탤지어와 향수병이 각자의 길을 가게 되면서 두 감정 모두 서서히 폄하되었다. 하나는 고향과 가족에 대한 유아적 애착으로, 다른 하나는 과거에 대한 과문한 유대감으로.

 처음에 향수병이라는 감정은 숭고한 것이었다. 가족과 깊은 정서적 뿌리에 대한 헌신과 몰입을 여실히 보여주었기 때문이다. 일종의 미덕이자 섬세한 감성과 애국심의 증표였다. 그러다가 19세기가 흘러감에 따라, 자유롭게 이동하는 개인이라는 계몽주의 시대의 이상이 자본주의 및 식민주의의 상승세와 더불어 확고히 자리 잡으면서 향수병은 갈수록 유아적인 것, 하찮은 것으로 치부되었다.[6] 역사학자 수전 J. 맷Susan J. Matt이 주장했듯, 사람들을 출생지와 이어주던 정서는 점점 더 세계화되는 세상, 기동성 있는 노동력에 의존하는 국경이 느슨한 세상에서는 더 이상 작동하지 않았다.[7] 향수병에 대한 이러한 사고방식은 결과적으로 우리가 예나 지금이나 이주에 관해 생각하고 기록하는 방식을 형성했다. 국제적 이동에 관한 이야기들은 대부분 이주의 사회적, 경제적, 정치적 원인과 결과에 초점을 맞춘다. 이런 역사들이 감정에 주목하는 경우는 좀처럼 없다.[8] 그러나 향수병은 일상생활의 근간으로 19세기의 개인적, 의학적 저술에서 눈에 띄는 역할을 담당했을 뿐 아니라 변화의 동인이기도 했다. 향수병은 사람들을 집 밖으로 밀어내고는 다시 끌어당겼다. 사회적 관계를 형성하는 사람들, 스스로 구체적인 계획이 준비되어 있다고 생각한 사람들에게 새로운 궤도를 틔워주었다.

헨리 윌리엄슨 하우게이트처럼 모험심이 투철한 인간들이 부와 명예를 좇아 나라 밖으로의 여정을 추진하기는 했으나, 개인적으로든 정치적으로든 고향 사랑은 변함없는 존재감을 과시했다. 이런 긴장 상태는 19세기 초반에 발생하고 있었다. 1834년 젠틀맨 계층의 스코틀랜드인이 이민자를 위한 조언을 담은 설명서라고 할 만한 글을 익명으로 발표했다.[9] 고향을 떠나고 싶어서 안달인 열성적인 스코틀랜드인들이 덥석덥석 받아들인 덕분에 이 글은 결과적으로 큰 인기를 끌어서 3판까지 찍었다. 이 안내서는 가능한 목적지—캐나다, 미국, 오스트레일리아 또는 뉴사우스웨일스주, 판 디먼 Van Diemen[†]의 땅(지금의 오스트레일리아 태즈메이니아주), (아직 캐나디에 속하시 않았던) 노바스코샤, 아프리카 대륙 남단의 희망봉—를 펼쳐놓으면서, 이미 다양한 토착민 공동체가 점유한 이들 지역으로 이주하는 것은 곧 "사막을 개척하는 것"과 유사하다고 힘주어 말했다.

이 같은 이주는 소심한 사람들에게는 해당하지 않는 일이었다. "안락의자"와 "수많은 가정적인 안락함"을 뒤로하고, 잠재적으로 "치명적인 기후", "비참한 고통과 괴로움 또는 죽음"과 조우해야 할 터였다. 이 스코틀랜드 젠틀맨은 여행이 익숙한 백인들이 겪을 노스탤지어의 위협에 대한 불안을 그대로 반복하면서, 대다수 지역이 "유럽인의 체질에는 너무 덥고" 그곳에는 여러 "원주민과 야생 짐승, 유해한 파충류"가 무리 지어 산다고 경고했다.¹⁰ 결과적으로 그는 미국이나 영국령 캐나다를 추천했다. 다만, 미국으로 갈 경우에는 상대적으로 생긴 지 얼마 안 된 공화국에 대해 아무리 비판거리가 많더라도 "묵묵히 삼키는" 법을 익히길 권했다. 안 그랬다가는 "끊임없는 언쟁"에 휘말릴 각오를 해야 했다. 어찌됐건 미국인들은 "자기네 나라를 자랑스러워하는 사람들"이니 말이다.¹¹

이 저자는 "문명화된" 인간—특히 남성들—은 생래적으로 여행과 모험을 즐기는 성향이 있음을 시사하는 계몽주의 시대의 관념을 환기하면서, 또 영국인의 우월성에 대한 식민주의 시대의 기본 인식을 답습하면서, 영국에서 북아메리카로의 이주가

+ 네덜란드 동인도회사의 총독으로 말라카를 점령했다. 동인도회사의 황금기를 이룩한 인물로 평가된다.

증가한 원인을 부분적으로나마 이렇게 설명했다. "인간은 결코 자신을 낳아준 장소에 머무르면서 제자리걸음 하도록 의도된 것 같지 않다. 인간은 능동적이고 정력적인 존재다. 그리고 우리는 필요에 따라, 또는 드넓은 세상을 자신의 집으로, 모든 국가의 사람들을 자신의 형제 동포로 삼고자 하는 효용감에 따라, 이곳에서 저곳으로, 이 나라에서 저 나라로 움직이는 인간을 모든 연령과 국가에서 발견한다."[12]

게다가 많은 사람이 이주를 망설일지 모르지만, 미국은 "기술과 노동 역량을 보유한 추수꾼들을 필요로 하는 광대한 들판"과도 같았다. 또다시 아메리카 원주민들의 권리와 존재를 무시한 채 저자는 "그 나라에 넘쳐나는 주인 없는 땅", "인간의 손길"만 있으면 "최소한의 생계 수단으로 전환할 수 있는" 땅에 대해 설명했다.

이 안내서는 미국이 제공할 수 있는 기회에 대해 지나칠 정도로 들뜬 태도를 보이기는 했으나, 저자는 스코틀랜드인들 대다수가 체질적으로 집에 머무르는 성향을 지니고 있다는 사실을 인식하고 있었다. 19세기 초에는 원기 왕성한 모험가가 많았지만, 그들은 고향을 영영 떠남으로써 시대의 흐름을 거스르는 중이었다. 또 다른 익명의 스코틀랜드 젠틀맨은 1832년 9월 스코틀랜드 북동부의 도시 애버딘에서 미국 중북부의 미시간주로 옮겨 갔다. 미국은 "**희망**의 나라"이고 스코틀랜드는 "공포"의 땅이었으나, 그는 "상당히 많은 이민자가 향수병에 걸렸다"는 사실을 인정했다.¹³ 이 딱한 사람들은 "그들에게 생경한 모든 것"의 압박에 시달리면서 더 빨리 노쇠했다. 이러한 정서적 혼란은 운신의 폭을 제한했고, 누릴 수 있는 풍요를 한정 지었으며, 많은 이들을 고향으로 돌려보냈다.

그런데 국제적 이동이라는 '멋진 신세계'에 적응하는 데 시간이 걸린 것은 스코틀랜드 사람들만이 아니었다. 이민자 출신 작가 프레데리크 구스토르프Frederick Gustorf는 19세기 미국 일리노이주와 미주리주에 거주하는 독일인 중산층 가정의 삶을 관찰했다. 그는 자신과 처지가 같은 유랑자들 사이에서 발생하는 고통과 괴로움, 향수병을 밝혀내기도 했다. "그들의 경험은 상상을 초월한다. 얼굴에 깊게 팬 짙은 주름살에서 그들의 절망을 읽을 수 있다"라고 한탄했다.¹⁴ 신세계에 비교적 잘 정착한 사람조차 고향을 떠올리게 하는 것들로 인해 그동안 애써 만들고 지켜온 정서적 허울이 산산조각 날 수 있었다. 1853년 미국의 작가이자 정치 활동가 제시 벤튼 프리몬트Jessie Benton Fremont는 서부 개척지의 변경을 여러 차례 순회하던 중 미주리주로 가게 되었다. 한 호텔에서 숙박계를 작성할 때였다. 독일 출신 여성인 호텔 주인은 제시의 장갑을 한 번 보고는 비통함과 고국에 대한 간절한 그리움을 주체하지 못하며 이렇게 외쳤다. "아, 어쩜 좋아! 우리 나라에서 온 여성분이시군요!" 호텔 주인은 독일을 떠나온 지 24년이 지났지만 아직도 "조국을 가장 사랑한다"면서 애통해했다. 그러고는 돌연 탄성을 멈추더니 눈물을 흘렸다.¹⁵

니콜라우스 헤세Nicolaus Hesse는 아내와 여섯 명의 딸과 함께 메리스강 기슭에 정착했다. 현재 오세이지 카운티에 속한 곳으로, 그가 세인트루이스라는 도시에서 미주리주의 내륙으로 들어가 오지를 탐사하는 과정에서 "발견한" 외딴 장소였다. 헤세는 독일 베스트팔렌주의 바르부르크에 살 당시 부유하고 영향력 있는 남성이었다. 그러다 세간에 나온 미국 생활에 관한 여러 이야기에 고무되었고 독일을 휩쓴 '이민 열풍'에 합류했다. 그러나 1837년 4월 그는 독일로 돌아가기로 결심했다. 미주리주에 정착한 지 2년이 채 되지 않은 때였다. 헤세는 미국에서 새로운 인생을 꾸려나갈 야심찬 계획이 있었지만 그의 아내가 "몸을 망가뜨리는 향수병"에 시달린 탓에 계속 머무를 수가 없었다. 독일로 돌아온 그는 서부 개척지 변경에서의 삶을 글로 풀어냈다. "친척, 친구, 오랜 지인들에 관한 기억은 많은 사람, 특히 마음이 여린 여성에게 향수병을 일으키는 갈망을 유발한다. 향수병은 어떤 약으로도 고칠 수 없는 진짜 멜랑콜리로 악화하는 경우가 빈번하다."[16] 그의 아내는 이성이 아니라 감정에 따라 움직였다. 헤세는 향수병을 특히 예민한 여성의 질환이라는 식으로 표현했으나 그래도 향수병이 자연스러운 것, 누구나 경험하는 것임을 인정하기도 했다. "그 원인은 옛 보금자리와 새 보금자리의 상황에 관한 그릇된 판단이 아니라 오히려 지구상의 모든 사람에게 공통되는 본향에 대한 애정이다."[17]

실제로 고통에 시달리는 이들은 "마음이 여린" 여성들에 국한되지 않았다. 헤세 가족이 미주리주를 떠나기 전에 미국으로 갓 이주해 온 또 다른 독일인 가족이 있었다. 식구들과 친구들 사이에서 '예테Jette'로 불렸던 헨리에타 브룬스Henrietta Bruns라는 젊은 여성으로, 형제자매와 더불어 남편, 자식들과 함께 미국으로 왔다. 1836년 9월, 그는 형제인 베른하르트Bernhard가 향수병을 호되게 앓는 바람에 "아주 멜랑콜리하고 이상해"졌다는 내용이 담긴 편지를 써서 집으로 보냈고, 헤세 부부처럼 베른하르트도 결국 유럽으로 돌아가기로 결정했다. 예테도 주기적으로 한바탕 향수병을 앓았지만 남편과 아이들에게는 감추려고 애썼다. 50년이 지난 뒤인 1882년 그는 집으로 또 한 통의 편지를 써 보냈다. "내가 맞서 싸워야 하는 건 다름 아닌 혹독한 향수병이에요. …… 계속 살아가는 기쁨을 과연 되찾을 수 있을지 모르겠어요." 11년 뒤, 여든 번째 생일을 막 치르고 보낸 편지에서 예테는 자신이 아직도 얼마나 향수병에 시달리는지, 미국에서 60여 년을 보냈는데도 고향으로 돌아가고 싶은 마음이 조금도 수그러들지 않는다고 토로했다.[18]

　1890년 이전에는 미국 연방 정부 차원이 아니라 각 주에서 개별적으로 미국 이주를 규제했다. 하지만 머지않아 이 체계로는 미국에 보금자리를 마련하고 싶어 하는 수많은 사람들을 감당하기에 역부족이라는 것이 명백해졌다. 이에 대응하고자 미국 연방 정부는 뉴욕항의 한 섬에 이민국 사무소를 신설했다. 그렇게 1892년 1월 1일 엘리스섬은 첫 이민자를 받았다. 아일랜드에서 남동생 두 명과 함께 온 10대 소녀 애니 무어Annie Moore였다. 그 뒤로 62년에 걸쳐 아널드 앰블러와 도리스 앰블러 부부를 포함해 1200만 명이 넘는 이민자가 미국에 정착하겠다는 희망을 품고서 엘리스섬에 도착할 터였다.

그런데 이주 규모가 확대되어가면서 향수병은 유의미하게 감소하기 시작했다. 1837년에는 "본향에 대한 애정"이 "지구상의 모든 사람에게 공통되는" 자연스러운 충동이었으나, 새로운 세기에 접어들 무렵 향수병은 미국인의 정신에서 덜 추앙받는 것이 되어버렸다. 역설은 여전했다. 애국심은 계속해서 미국인의 삶을 구성하는 중요한 부분이었다. 국민감정이나 보호주의는 오히려 강화되기만 했다. 향수병에는 사회적 오명 같은 것이 따라다니기 시작했다. 하지만 그렇다고 해서 사람들이 향수병을 더 이상 느끼지 않는다는 뜻은 아니었다.[19] 실제로 향수병은 이주에 관한 역사적 기록 곳곳에 자취를 남겼다. 엘리스섬을 통해 미국으로 들어온 사람들과 진행한 면담에서 몇 번이고 거듭 출몰했다. 미국 시민들에게 엘리스섬은 아메리칸 드림이 제공할 수 있는 모든 것을 상징했다.[20] 이제 막 형성되기 시작한 이 나라의 국가 정체성은 새로 온 사람들을 매료하고 환대하는 장소, 이민자들로 세워진 국가라는 것이었다. 이러한 정신을 압축하듯이, 자유의 여신상 기단부에 붙은 청동 현판에는 널리 알려진 대로 에마 라자루스Emma Lazarus가 1883년에 지은 시가 새겨져 있다.

내게 보내다오, 너의 지치고, 가난한 자들을,
자유롭게 숨 쉬기를 갈망하며 옹송그린 채 모인 무리를,
너의 혼잡한 기슭에서 버림받은 가련한 이들을.
내게 보내다오, 갈 곳 없이 폭풍우에 시달린 이들을,
황금의 문 옆에서 나의 등불을 들리니!²¹

힘이 있고 울림이 큰 문장이기는 하나, 이 시어들은 이민자들이 느끼고 경험한 모든 것을 정확히 담아내지는 못한다. 그들이 엘리스섬을 어떻게 인식했는지, 실은 미국 전체를 어떻게 여겼는지 말이다.

포부를 가진 많은 시민들에게 미국은 매혹적인 기회의 땅이었지만, 이민은 복잡다단한 경험이었다. 엘리스섬은 그 자체로 설레는 만큼이나 두려운 곳이었다. 게다가 미국의 국경을 넘어가는 것이 허용되고 이민국 사무소의 변형된 우생학에 기반한 진단 평가를 통과한 사람들조차 우여곡절로 점철된 기나긴 적응과 수용의 과정을 겪어내야 했다. 1985년에 면담을 진행한 에메리히 고로츠도스Emmerich Gorozdos의 사례가 이를 잘 보여준다. 그는 1921년 오스트리아에서 미국으로 왔던 때의 경험담을 들려주었다. 에메리히는 1903년 빈에서 태어났다. 아버지는 전차 운전사였다. 고등학교를 졸업한 뒤 그는 한 대형 은행에 수습생으로 들어갔고, 제1차 세계대전 기간 내내 그곳에서 일했다. 종전 후 오스트리아는 상황이 매우 힘들었다. 에메리히는 굶주림을 면하려

고 누이와 함께 어떻게 나무껍질을 벗겨서 먹곤 했는지 묘사했다. 1921년 남매는 낡은 군용 트럭을 타고 네덜란드 로테르담으로 가서 뉴욕으로 향하는 배를 잡아탔다.[22]

두 사람은 비교적 수월하게 엘리스섬을 통과했고, 시카고에 있는 친척 부부를 만나기 위해 16시간의 기차 여정에 올랐다. 시카고에 도착한 지 일주일 정도 지난 뒤 에메리히는 독일어를 쓰는 어느 사업가의 개인 비서로 첫 일자리를 구했다. 이후 그 회사에서 20년 동안 근무했지만 초반에는 힘들어했다. "향수병에 걸렸어요. 향수병이요. 아주 심하게요." 면담 진행자가 그에게 가족이 그리웠느냐고 물었다. "그럼요. 잘 아시겠지만, 그 시절엔 편지 답장이 오는 데 한 달씩 걸렸으니까요." 에메리히는 계속 집에 편지를 써 보냈다. 고향의 여자 친구에게도 매일같이 편지를 써 보냈다. 1923년 마침내 여자 친구가 미국으로 와서 그를 만났고, 두 달 뒤 두 사람은 결혼했다.[23]

이와 맥락이 유사한 브리짓 맥거헤건Bridget McGeohegan의 사례도 있었다. 그는 1923년 아일랜드의 고향을 떠나 뉴욕으로 갔다. 더니골주에 살 때 그의 가족은 가난했다. 가진 것이라고는 작은 농장, 소 한 마리, 감자, 채소, 우유, 버터, "그런 것들"뿐이었고 할 만한 일이 하나도 없었다. 그는 평생 가난뱅이로 살고 싶지 않았다. 원하면 나이 많은 농부와 결혼해서 남은 평생을 아일랜드의 시골에 머무를 수도 있었지만 그보다는 미국이 관심을 끌었다. "그곳에는 언제나 기회"가 있었다. 그곳은 "위대한 나라"였다. 그리하여 22살의 나이에 그는 데리 인근의 모빌에서 배를 타고 출발했다. 그런데 막상 미국에 도착하니 반짝반짝 빛나던 광채가 흐려졌다. "다시 돌아가려고 했어요. 아, 향수병에 걸린 거예요. 지독했죠." 엘리스섬의 이민국 사무소 직원들은 미국인들이 발음하기 쉽도록 이름을 바꾸라고 했다. 그렇게 그는 버사 맥개피건Bertha McGaffighan이 되어 예전의 삶을 영영 뒤로하게 되었다.[24]

향수병의 가장 극심한 아픔 가운데 하나는 귀환이—아무리 간절히 바란다고 한들—결과적으로 불가능할지도 모른다는 사실을 깨닫는 것이다. 버사 맥개피건 같은 사람들이 아일랜드로 돌아갈 방도가 없었다는 말이 아니다. 그가 떠나온 아일랜드가 변함없이 그대로 남아 있지 않으리라는 얘기다. 장소들은, 유년기를 보낸 집조차 변한다. 그러지 않기를 바라는 마음이 아무리 크다고 해도.

전쟁 그리고 표류하는 세계

19세기에는 수십만 명이 타지의 새로운 인생을 찾아서 집을 떠났다. 20세기에는 수백만 명이 마지못해 그와 똑같은 처지로 내몰렸다. 1948년에 쓴 소론에서 철학자 한나 아렌트Hannah Arendt는 "현대사는 새로운 인간 유형을 만들어냈다. 적에 의해 강제수용소에 갇힌 인간, 그리고 벗에 의해 수용소에 갇힌 인간"이라고 말했다.[25] 20세기는 난민을 만들어냈다. 19세기 말과 20세기 초에 반복적으로 동유럽을 휩쓴 포그롬pogrom―여러 도시와 지역에서 자행된 유대인에 대한 폭력적인 대량 학살 또는 추방 시도―으로 인해 대규모 집단 이주가 촉발되었다. 1881년에서 1920년 사이 200만 명이 넘는 러시아 유대인이 도피했다. 1912~1913년 발칸전쟁으로 80만 명이 고향을 등지고 떠났다. 1917년 러시아혁명과 뒤이어 발발해 1921년까지 이어진 내전을 피해서 150만 명이 달아났다. 1921년 블라디미르 레닌Vladimir Lenin이 모든 국외 거주 러시아인들의 국적을 취소하면서 러시아 난민 80만 명가량이 무국적자가 되고 말았다. 1923년에는 아르메니아 집단 학살 사건이 벌어진 뒤 100만 명이 넘는 아르메니아인이 튀르키예의 소아시아 지역을 떠났다. 난민이 국제연맹에서 권리를 인정하는 법적인 범주가 된 것이 바로 이때였다. 독일에서 나치즘이 부상하고 제2차 세계대전이 터지면서 또 한 번의 대격변을 몰고 올 탈주자들의 물결이 촉발되었다.

보다 문제적인 형태의 향수병이 구체화된 것은 이러한 맥락에서였다. 19세기의 노스탤지어보다는 덜 치명적이지만, 여전히 치료가 까다로운, 나아가 치료가 불가능한 것 말이다. 이민자와 난민, 실향민은 떠나온 고향을 몹시 그리워했을 테지만, 그 고향이라는 것은 이미 사라지고 없는 상태였다. 그들은 어딘가를 갈망했다. 그 어딘가라는 것은 역사의 특정한 순간에 박제된 어떤 장소였다. 고향이 문자 그대로 파괴된―전쟁이나 집단 학살, 자연

재해로—경우도 있었지만, 떠나옴과 귀환의 가능성 사이에서 흘러간 세월 탓에 알아볼 수 없어진 경우도 있었다. 가령, 미국으로 이주한 사람들이 떠나온 아일랜드는 지금의 아일랜드가 아니었다. 이 세상의 어디든 다 마찬가지였다. 이런 사람들은 결코 완전히 돌아갈 수 없는 장소에 대한 향수병을 앓았다. 연구자인 듀 핵 폴레이Dieu Hack-Polay가 21세기의 난민들을 고찰하면서 한 말처럼 "집에 갈 수 없다는 사실이 스트레스 수준을 높인다. 그 차이는 선택 가능성에서 온다."[26] 예를 들어, 학생들은 자신의 선택으로 집을 떠나서 살 수 있으나, 난민들은 위험 요소로 인해 그 같은 선택지를 빼앗긴 상태다.

20세기 초, 유럽은 복잡하고 위험한 곳이었다. 그러다 보니 여러 차례 난민이 되는 불운을 겪게 된 사람들도 있었다. 율리야 이즈라일 슐러Julia Israel Schueler가 바로 그런 경우였다. 러시아인 부모를 둔 율리야는 1923년 4월 6일 모스크바에서 태어났다. 아버지 이픾 이즈라일Jiffim Israel은 언론인이자 멘셰비키, 즉 러시아 사회민주노동당 소속 활동가였다. 표현력이 뛰어나며 탁월한 연설가였던 그는 외모도 수려했다. 그는 여인들을 좋아했고, 여인들도 그를 좋아했다. 율리야의 말에 따르면, 어머니 이다Ida는 시대를 잘못 타고났다. 여성으로서는 최초로 모스크바의 의과대학을 졸업한 이다는 여자도 남자와 똑같은 권리를 가져야 한다고 믿었다. 어쩌면 1960년대 말이나 1970년대 여성해방기에 태어났어야 할 사람인지도 모른다. 1917년 볼셰비키가 권력을 장악하자 이픾은 자신의 정치적 성향 때문에 투옥되었다. 1922년 그에게 선택지가 주어졌다. 러시아를 떠나 망명하든지, 사형을 당하든지. 그는 떠나기로 했고 당시 임신 중이었던 이다는 남았다. 하지만 율리야가 태어난 지 석 달이 되었을 때 이다도 남편을 따라 베를린으로 갔다.

가족은 유복하게 잘 지냈다. 어린 시절에 율리야는 "근심 걱정 없이 매우 안온한 삶"을 살았다. 시중을 드는 하녀와 혼자 쓰는 방이 따로 있을 정도였다. 당시로서는 이례적으로 율리야의 어머니는 근처의 병원에서 의사로 근무했는데, 퇴근해서는 수술실에서 외과 의사들이 끔찍한 말을 일삼는다고 불평하곤 했다. 율리야 가족은 동물원 바로 맞은편에 살았다. 그래서 율리야는 매일 아침마다 하녀와 함께 벤치에 앉아 침팬지들을 구경하면서 시간을 보냈다. 식사 예절을 배운 것도 바로 그곳에서였다. 연기를 하도록 훈련받은 몸집이 큰 침팬지 한 마리가 식탁에 앉아 목에 냅킨을 둘렀다. 율리야는 그때 숟가락질을 못해서 쩔쩔매던 터라 침팬지를 유심히 관찰하며 최고의 숟가락질을 배웠다. 하지만 뭐니 뭐니 해도 율리야의 "가장 큰 즐거움"은 아버지를 보러 서재에 가는 것이었다. 율리야는 아버지가 타자기를 쓸 때 앉는 바퀴 달린 의자에 올라타고는 원목이 깔린 바닥을 씽씽 누비고 다녔다.

율리야의 가족은 형편이 넉넉했으나 실존은 위태로운 상태였다. "부모님의 세계가 그리 안전하지 않다는 느낌이 그냥 들었어요. 우리는 망명자였으니까요. 여기는 우리 나라가 아니었죠." 율리야는 어릴 때의 기억을 떠올렸다. "너는 누구니?", "너는 뭐니?"라는 질문을 받으면 율리야는 그저 "아무것도 아닌데요"라고 답하곤 했다. 그러면 사람들은 이렇게 되물었다. "아니, 그게 무슨 소리니? 너는 나라가 없니?" 어린 율리야는 이렇게 대꾸했다. "없어요······. 정말로 나라 없이 컸는걸요." 고작 생후 3개월에 러시아를 떠났으니 율리아에게는 이른바 조국에 대한 기억이 하나도 없었다. 반면에 그의 아버지는 양차 대전 사이 베를린의 러시아 지식인 사회에서 잘나가면서도 결코 독일어를 유창하게 구사할 정도로는 배우지 않았고, 그의 어머니는 모스크바에 있는 가족과 고향집을 절절히 그리워했다. 러시아인도 아니고 독일인도 아닌 율리야는 고향이 없었다.

그래도 그는 베를린을 아름다운 도시라 여기며 사랑했다. 율리야의 가족은 그곳에서 행복하게 지냈다. 모든 것이 변하기 전까지는 말이다. 1932년 아홉 살이었던 율리야는 가족이 살던 아파트 바깥의 거리에 내걸린 나치 깃발을 놀이 삼아 세기 시작했다. 날이 갈수록 깃발의 숫자가 늘어났다. 남자아이들은 청소년단의 제복을 입고 등교하기 시작했다. 베를린의 나치화는 서서히 시작되었다. 여름 한철 동안 도시 전역에서 천천히 아주 조금씩 진행되었다. 가을 즈음이 되자 상황이 급변했다. 아니, 적어도 율리야가 보기에는 그러했다. 나치 깃발이 날로 급증했다. "깃발을 계속 세어봤거든요." 다른 여자아이들은 모두 스와스티카swastika[✣] 배지를 달아야 했다. 하지만 율리야는 독일인이 아니라는 이유로 의무 착용 대상에서 제외되었다. 아이들은 매일 아침마다 교실에서 일어서서 선생님에게 "안녕하세요, 좋은 아침이에요" 대신 "히틀러 만세"라고 인사했다. 등굣길에 나치 청소년단 아이들 한 무리가 노인을 구타하는 현장을 지나친 날도 있었다. 노인은 피투성이가 된 채 길바닥에 누워 있었다. 율리야는 교실에 들어가자마자 부리나케 선생님이 앉아 있는 책상으로 가서 자신이 목격한 일을 이야기했다. 선생님은 율리야를 빤히 보면서 이렇게 말했다. "율리야, 넌 아무것도 못 봤어. 아무 일도 일어나지 않았단다. 자, 어서 가서 앉아. 그리고 입 다물어." 훗날 율리야는 이 때를 회상하면서 말했다. "내가 보기에는 그때가 바로 홀로코스트의 시작이었어요." 사람들이 사라지기 시작했다. 음악 선생님이 자취를 감추었다. 미술 선생님이 그랬듯이.

어느 날 아침, 새벽 5시에 어머니가 그를 깨웠다. "율리야, 오늘은 학교에 안 가고 기차를 타러 갈 거야. 뭐 가져갈래? 곰 인형, 아님 공주 인형?" 그는 곰 인형을 택했고, 독일어로 쓰인 책을 딱 한 권만 골랐다. 그리고 율리야의 가족은 파리로 옮겨 갔다. 이주 생활은 고통스러웠다. 율리야는 언어 때문에 애를 먹었고, 그의 부모는 몹시 가난했으며, 그의 어머니는 프랑스에서는 의사로 일

✣ 만卍자 모양을 뒤집어서 기울인 모양인 하켄크로이츠^{HakenKreuz}('갈고리 십자가'라는 뜻으로 독일 나치즘의 상징)를 의미한다.

할 수 없었다. 이즈음 그들은 "망명 전문가이자 난민"이었다. 하지만 향수병에 시달리면서 여전히 러시아로 돌아가기를 간절히 바랐다. 두 사람은 공산당 정권이 느슨해질 테고 그러면 집에 갈 수 있으리라고 생각했다. 아니, 그러기를 바랐는지도 모른다. 특히 어머니가 향수병을 심하게 앓았다. 오로지 남편 때문에 러시아를 떠났기에 그저 고국으로 돌아가고 싶은 마음뿐이었다. 파리에 있을 때 율리야의 부모는 체코슬로바키아와 폴란드, 유고슬라비아, 헝가리에서 온 숱한 난민들, 그리고 오스트리아와 독일의 강제수용소에서 탈출한 사람들을 받아들였다. 시베리아에서 파리까지 그 먼 길을 걸어서 온 남자도 있었다.

1938년 유럽의 정세는 더욱 나빠졌다. 1929년 오스트리아 남자와 결혼하면서 러시아를 떠나 빈에 정착했던 율리야의 친척은 독일이 오스트리아를 합병하자 어린 아들을 데리고 걸어서 알프스산맥을 넘어 스위스로 탈출했다. 모자는 기별도 없이 한밤중에 파리에 도착했다. 1939년 독일이 폴란드를 침공하자 프랑스는 독일에 선전포고를 했다. 율리야의 오빠는 프랑스군에 징집되었고, 율리야는 어머니와 함께 프랑스 서부의 도시 앙제로, 그다음에는 보르도로, 이어서 툴루즈로 도망쳤다. 툴루즈에서 미국 비자가 나올 때까지 3개월을 기다렸고, 마침내 율리야의 아버지와 부상을 입은 오빠까지 합류하게 되었다.

네 식구는 다 함께 마르세유로 이동해 초토화된 스페인의 마을들—"(기차를 타고 가다가) 정차할 때마다 마을 이름이 적힌 표지

판이 나왔지만, 그저 돌무더기 잔해만 보였어요"—을 죽 지나서 바르셀로나에 이르렀고 머지않아 리스본에 가닿았다. 리스본에서 배에 오른 그들은 대서양을 건너 미국으로 갔다. 율리야와 식구들은 삼등 선실에 있었다. 초만원인 침상에서 잠을 청했다. 하지만 "경이로운" 여행이었다. "유럽 전역에서 온 사람들이 총집합했다. …… 사람들은 저마다 자기네끼리 영어를 되도록 많이 배우려고 애쓰고 춤을 추고 음악을 연주하고 이야기꽃을 피웠다."

바다에서 거의 한 달을 보낸 뒤에야 배는 뉴욕에 도착했다. 율리야의 아버지는 "완전히 매료되었다. 그는 살아서 미국으로 온 가장 행복한 사람이었다." 하지만 율리야의 어머니는 힘들어했다. 의사로, 심지어 간호사로도 일을 할 수 없었기에 할렘 지구에 있는 어느 병원 응급실에 잡역부로 취직했다. 끔찍한 일들을 보았고, 자신이 생각하기에 잔인하고도 무지한 사람들로부터 지시받는 것을 경멸했다. 율리야도 힘겨워했다. 파리와 베를린을 그리워하며 엄청난 향수병에 시달렸다. 뉴욕은 베를린과 180도 달랐기 때문이다.[27] 독일인은 아니었을지언정 독일은 그가 가장 잘 아는 장소, 그에게는 고향에 가장 가까웠다. 실제로 독일은 제2차 세계대전 이후 미국 유대인들의 의식에서 중심적인 역할을 했다. 그런데 그 나라에서 도망쳐 나와 미국에 정착한 이들은 옛 고국에 대한 감정이 복잡했다.[28] 전쟁이 끝난 뒤 서독은 미국의 가까운 동맹국이 되었지만 홀로코스트를 피해 빠져나온 많은 사람에게 독일은 최악의 악당이기도 했다. 난민들은 나치에 의해 파괴된 것에 향수병, 회한, 분노가 뒤섞인 감정을 경험했다. 그러나 자신이 등지고 떠나와야 했던 삶을 그리워한다 해도 되돌릴 수 있는 것이 전혀 없었다. 죽은 자들은 되살아날 수가 없었다.

나치 독일로부터의 대탈출은 유럽 본토와 대서양, 영국해협으로 두루 퍼져나간 향수병의 물결을 촉발했다. 1940년 4월 카테 쿠페르베르크라는 젊은 여성은 앉은자리에서 자신이 난민으로 런던에 오게 된 이야기를 썼다. 카테는 1930년대 말 나치 점령지에서 영국으로 가사 노동 비자를 받아서 온 약 2만 명의 유대인 여성 중 한 명이었다. 이들이 대부분 그러했듯 카테도 20대 초반의 독신 여성이었다. 그를 비롯한 대다수 여성이 부유한 영국인 집안의 가정부로 일하기에 자격 미달이었다는 점은 금세 드러났다. 그는 라이프치히에서 작은 여행 가방 하나만 달랑 들고서 도착했다. 일기에서 그는 "낯선 땅으로 가서 처음부터 다시 시작해야" 한다니 "나로서는 길을 잃고 의지할 곳 없는 처량한 신세가 된 것만 같았다"라고 한탄했다.[29]

쉬는 날인 일요일마다 그는 바깥을 이리저리 걸어 다녔다. 하지만 상쾌한 공기를 아무리 들이마셔도 조금도 행복해지지 않았다. "나는 낯선 거리를 따라 걷다가 낯선 이들의 목소리를 들으면서 고향에 있는 사랑하는 이들과 아끼는 친구들을 떠올렸다. 감정을…… 이곳에 홀로 있음을 절절히 느끼면서. 그러자 별안간 지독한 향수병이 물밀 듯이 밀려와 내 심장을 옥죄었고 나는 왈칵 눈물을 쏟았다. 사람들이 지나다니는 길바닥에서 울고 있자니 창피했다. 하지만 속마음을 털어놓을 만한 사람이 아무도 없었다."³⁰ 난민 가정부들은 양차 세계대전 사이에 영국으로의 입국이 허용된 단일 집단 가운데 최대 규모를 차지했다. 이들 중에는 어린이 이송 작전Kindertransport⁺으로 넘어온 아이들의 어머니들도 많았다. 가정부 일을 하면 함께 살 수 없었는데도 말이다. 적국의 정보원으로 의심받거나 신체적, 정서적으로 해코지를 당하면서 성추행과 학대를 견딘 사람들도 있었다. 지독한 향수병은 강제 이주와 함께 가는 경우가 아주 빈번하다. 그리고 향수병을 경험한 사람들은 율리야와 카테 이전에도 이후에도 존재했다.

미성숙한 사람들의 병

율리야는 아기 때 러시아를 떠났고, 처음에 독일로, 그다음에 프랑스로 피신했을 때도 여전히 어린아이였다. 20세기 초반에는 아이들이 집을 떠나면 으레 부모를 그리워하게 마련이라고 여겼다. 즉, 근본적인 변화에 대한 비교적 일반적이고 적절한 정서적 반응이었다. 일례로 〈유스 컴패니언The Youth's Companion〉에 실린 한

⁺ 2차 세계대전 발발 직전에 나치 점령지의 유대인 아동들을 영국으로 대피시킨 작전.

기사는 다음과 같이 향수병에 걸린 아이들이 겪는 고충을 안타깝게 여기면서 동조했다. "어릴 때 괴로운 향수병에 시달려본 적이 없는 사람은 행운이다. 생생하고 크나큰 슬픔을 비껴갔으니." 그는 향수병이 보편적 감정에 가깝다는 것을 인정하기도 했다. "많은 아이가 잘 알고 있다. 처음에는 휴일에만 입는 가장 좋은 옷을 차려입고 어딘가로 갈 기대에 한껏 부풀었다가 결국 낮은 길고 밤은 끔찍하다는 사실만 깨닫고 마는 심정을."[31] 20세기가 진행되는 동안에도 아이들이 향수를 느끼리라는 생각은 여전했고 더욱더 강화되었다. 그리고 이 감정은 갈수록 유아성, 미성숙함과도 연결되었다. 향수병에 관한 공적, 학술적 논의에서 대체로 아이들은 그 감정이 용인되는 **유일한** 사회 구성원이 되었고, 심지어 아이들 사이에서도 향수병은 점차 조롱거리로 전락했다. 이러한 관념은 아동문학에도, 심리학자들과 의사들의 저술에도 나타났다. 향수병에 관해 연구 조사를 진행한 심리학자들과 의사들은 젊은 사람들, 특히 어린아이들이 유난히 그 감정에 취약할 뿐 아니라, 향수병에 걸리기 쉬운 성향을 보이는 사람들은 어떤 면에서 부적응자일 가능성이 있다고 결론 내렸다.

    1902년 한 잡지사에서 "8~12세 어린이를 위한 최고의 청소년 단편소설"을 발굴하기 위해 경연 대회를 열었다. 수상작은 매사추세츠주 허드슨에 사는 루시 D. 웰시Lucie D. Welsh가 쓴 〈향수병에 걸린 낸시When Nancy was Homesick〉였다. 이 소설에서 다섯 살짜리 낸시는 가족의 품을 떠나 다른 가정에 수양딸로 들어간다. 동네의 부유한 부부가 가난한 집의 아이를 들여서 18세가 될 때까지 양육하며 일손을 거들게 하는 것이 당시의 관습이었다. 그런 기회를 얻었으니 낸시는 "아주 운이 좋다"고 다들 생각했다. 그런데 낸시는 나이 지긋하고 엄격한 양아버지 디컨 스토Deacon Stowe와 함께 말을 타고 가는 동안 쓸쓸해졌다. 스토는 "엄마 품을 떠나기에는 너무 어리구나"라면서 "향수병에 걸릴 것 같으냐?"라고 물었다. 1902년만 해도 이미 향수병은 유아성과 연결된 상태였다. 그러다 보니 낸시는 "아예 그런 감정"에 빠지는 일이 없도록 피하는 게 상책이라고 생각했다. 그래서 나지막이 이렇게 대답했다. "아뇨, 어르신." 스토 부부와 살면서 낸시는 예전과는 완전히 다른 생활을 하게 되었다. 달걀을 거둬 오고 집안일을 돕고 조각보와 목이 긴 양말을 꿰매고 짚을 꼬았다. "그런데 이 모든 일을 하는 내내 낸시는 마음이 무거웠다. 어머니를 다시 보고 싶은 마음이 너무나도 간절했기 때문이다." 마음이 북받친 나머지 결국 낸시는 눈물을 터뜨렸다. 향수병에 걸렸다고, 어머니가 너무 보고 싶다고 흐느끼며 스토 부인에게 털어놓았다. 스토 부부는 친절을 베풀어 그날 당장 낸시를 집으로 돌려보내주었다.[32]

심각하고 이례적인 상황에서 아이들이 겪는 향수병은 특히 수긍할 만한 일로 간주되었다. 제2차 세계대전 중에 영국의 아이들 수천 명이 독일의 폭격을 피해 캐나다로 보내졌다. 이렇게 대피시킨 아이늘과 관련하여 캐나다 언론의 각종 기사는 향수병에 걸린 아이를 만날 경우 양부모가 새겨야 할 지침을 실었다. 기사에서 경고한 바에 따르면, "향수병에 걸린 아이는 꼭 사랑스럽지만은 않다." "그리움에 잠겨 먼 곳을 보는 듯 아스라한" 표정을 짓거나 "병든 강아지처럼 구석에 웅크리고 있기"—동정심과 위로를 자아낼 법한 행동—보다는 대개 "도무지 예뻐할 수 없는 미운 짓"으로 자신의 슬픔을 표현했다. 향수병에 걸린 아이는 "조심하라는 얘기를 수도 없이 들었으면서도 현관에서 피튜니아 화단으로 뛰어들기"도 하고 "아기를 못살게 굴거나 고양이한테 집적거리기"도 하며, "네, 하고 고분고분 따라야 할 일에 사사건건 싫다면서 딴죽을 걸" 수도 있다. 하지만 이런 나쁜 행동은 애정을 가지고 신중히 다뤄야 한다. 그도 그럴 것이 "그 아이는 지금 자신에게 슬그머니 다가온 불행에 항의하는 중인데, 그 집안 전체에서 잘못이 있는 쪽은 자신인 탓에 그만큼 더 외롭고 비참해지기"[33] 때문이다. 전쟁 상황이라는 점, 게다가 동행자도 없이 그 먼 곳까지 오게 되었다는 사실 때문에 사람들은 이 왜소한 비행 청소년들이 으레 향수병에 걸릴 법하다고 여겼다.

연민이 특히나 중요했다. 향수병은 어린아이들의 경우에도 진지하게 다루지 않으면 대단히 파괴적이고 비극적인 결과를 초래할 수 있었기 때문이다. 1938년 뉴욕주 북부의 한 청소년 수용소로 보내진 15세의 독일 유대인 난민 에트바르트 프레거Edward Praeger는 자살로 생을 마감했다. 영어를 못해서 다른 아이들과 어울리는 놀이에 끼지 못했던 이 "향수병에 걸린 청소년"은 저녁 식사 시간 이후 수용소에서 조용히 사라졌다. 신문 기사에 따르면, 에트바르트는 그곳에 온 뒤로 내내 "몹시 불행"했다. 1930년대 독일에서 유대인들이 어떻게 살아가는지 그 실상을 뻔히 알면서도 부모에게 데리러 오라고 사정하는 편지를 여러 통 써 보냈다. 하지만 그의 아버지는 가능한 한 빨리 새로운 생활에 적응하라고 아들을 설득했다. 에트바르트는 날이 갈수록 점점 더 소외감에 휩싸였고 가급적 자기 방에 혼자 있었다. 수용소 측은 에트바르트가 실종된 다음 날 아침 경찰에 신고했는데, 땅거미가 질 무렵에야 1킬로미터 근방의 나무가 빽빽하게 우거진 산비탈에서 시신이 발견되었다. 에트바르트의 부모는 크나큰 슬픔에 빠져 기자들과 이야기를 나눌 수도 없었다.[34]

1940년대와 1950년대 무렵에는 이미 향수병이 유년기 및 청소년기에 겪는 전형적인 경험의 일부로 받아들여졌다. 1943년, 미국 노스다코타주에 사는 토목공학 교수이자 여름 캠프 상담사가 쓴 소론에는 그가 한 어린 남자아이와 나눈 대화 내용이 담겨 있다. 교수가 아이에게 누가 여름 캠프를 보내준 적이 있느냐고 물어보았더니 한 치의 망설임도 없이 아이는 불쑥 이렇게 대답했다. "테드 형은 진짜 운이 좋아요. 저도 가고 싶었는데 엄마가 첫날 밤에 향수병에 걸릴 테니 우선은 좀 더 커야 한대요." 아이의 부모는 고등학교 졸업반인 형 테드가 멀리 떨어져 있어도 문제가 없을 만큼 성숙했다고 여긴 셈이다. 이 교수는 대화 속의 소년과 또래인 7~8세 아동은 너무 어려서 "향수병에 걸리기 십상"이니 캠프에 보낼 수 없다고 생각하는 부모들이 대부분이라고 인정했다.³⁵ 1955년 〈영국의학저널British Medical Journal〉은 향수병이 "대부분은 청소년들이 걸리지만 아동들에게도 흔하다"라고 보고했다.³⁶

향수병은 점차 아동문학의 일반적인 주제가 되면서 더 어리고 더 딱하고 더 약한 아이들과 새로이 연계되었고, 20세기가 계속되는 사이 아주 어린아이에게도 극기심의 중요성이 더욱더 강조되었다. 미국이나 영국이나 마찬가지였다. 영국의 아동문학 작가 이니드 블라이턴은 1930년대부터 줄곧 전 세계적으로 베스트셀러가 된 책들을 써냈다. 《노디Noddy》, 《소문난 오총사Famous Five》, 《7인의 비밀 탐정단Secret Seven》, 《맬러리 타워스Malory Towers》 시리즈로 주로 알려져 있고, 보다 최근에는 그의 소설 속에 나타난 인종차별, 외국인 혐오, 성차별에 대한 문제 제기로 회자된다.³⁷ 그의 작품들은 지금껏 대단히 영속적인 것으로 드러난 향수병에 대한 시각을 공고화하기도 했다. 《맬러리 타워스》 시리즈와 《세인트 클레어St Clare's》 시리즈는 모두 여학생들만 다니는 기숙학교를 배경으로 하는데, 향수병과 관련된 서사가 되풀이된다는 특징이 있다. 학기가 시작하는 첫날 밤에 향수병으로 우는 여자아이들은 언제나 여지없이 괴롭힘을 당하거나 무시당하거나 성정이 물러 터지고 한심한 아이로 낙인찍히는 식이다.

20세기 전반기에 이루어진 심리학 연구들은 점차 블라이턴의 소설이 아이들을 그려낸 방식과 유사한 주장을 내놓았다. 1920년대 이후로 심리학자들은 공포와 불안을 교육 및 행동 변화를 통해 극복할 수 있다고 보기 시작했다. 아이들은 향수병을 비롯해 자신의 감정을 관리하는 법을 반드시 배워야 했고, 그렇게 해서 자기감정을 자유자재로 통제할 수 있는 새로운 능력을 갖추는 것은 성숙함을 드러내는 표지였다.[38] 미국의 에드먼드 S. 콘클린 Edmund S. Conklin 같은 심리학자는 자녀에게 향수병을 이겨내는 법을 가르쳐야 한다고 부모들에게 조언하기 시작했다. 콘클린은 나이가 어릴수록 자주 향수병에 걸릴 수 있지만, 그렇다고 아이를 집으로 돌아오게 해서는 안 된다고 주장했다. 향수병의 고통에 굴복하는 것은 아이들이 야심찬 모험을 통해 이뤄낸 성과를 훼손할 뿐 아니라 아이들을 수치심과 창피함에 시달리게 할 터였다. 그는 노스탤지어를 극복하는 법에 관한 19세기 말의 조언을 그대로 반복하면서, 오히려 아이들의 주의를 자기 감정에서 딴 데로 돌려야 한다고 강조했다. 그러고는 부모들에게 아이들을 앞으로 있을 떠남에 대비시킬 것을 권했다. "독립과 자립을 조기에 훈련시키고 …… 이따금 집을 떠나 여름 캠프에 가 있게 하고 …… (또) 부모를 향한 집착을 키울 수 있는 어르고 달래는 식의 과도한 애정 표현은 신경 써서 삼가면 좋다."[39]

1943년 미국 미주리주 세인트조지프의 주립 병원 소속 심리학자 윌리스 H. 매캔 Willis H. McCann 은 대학생들 사이에서 발생하는 향수병에 관한 연구를 진행했다.[40] 그는 학생 200명을 면담했다. 100명은 현재 향수병에 걸렸거나 최근에 걸린 적이 있는 학생이고, 나머지 100명은 집을 떠나 있는 동안 한 번도 향수병을 앓은

적이 없는 학생이었다. 매캔은 향수병을 "불행감을 야기할 정도로 고향을 동경하는 것"으로 규정하고, 다음과 같이 증상을 줄줄이 나열했다. "가슴이 텅 빈 듯한 이상한 공허감", "목구멍의 이물감", "몸 안쪽이 이상하게 조이는 느낌", "우울"하고 외로운 감정, 모든 게 잘못되었다는 느낌, 집에 뭔가 끔찍한 일이 곧 벌어질 것만 같은 기분.[41] 매캔의 연구는 향수병 환자 집단에 상당히 비판적이었다. 그들은 정서적으로 불안정한 징후를 보일 가능성이 훨씬 크고 훨씬 덜 자족적이며 내향적이고 "행동하는 대신 몽상에 빠지고" 불안정하고 열등하다는 감정을 느낄 확률이 더 높았다.

노스다코타주의 토목공학 교수 겸 여름 캠프 상담사도 자신이 만난 어린아이들에게 나타난 향수병에 관해 간이 연구를 진행했다. 6~12세 아이들을 대상으로 한 청소년 캠프에서 상담 업무를 하는 동안 그는 향수병에 걸린 아이들의 배경을 조사했다. 그리고 자신이 엮은 15~20건의 사례 가운데 "심각한 부적응"의 징후를 보이지 않는 경우는 단 한 건도 찾지 못했다. 향수병에 걸린 존John이라는 남자아이는 네 살 때 폐렴으로 세상을 떠난 쌍둥이 형제가 있었다. 아이의 어머니는 자신의 슬픔과 관심을 하나 남은 아들에게 몽땅 쏟아부었고, 아마도 그 때문에 아이는 버릇없는 응석받이로 자라게 되었다.[42] 미국인 마리아 M. 튜어터Maria M. Tewater는 1927년에 쓴 사회학 석사 학위 논문에서 데이지Daisy라는 10대 청소년이 향수병에 걸린 이유는 어머니가 또 다른 딸인

밀드러드Mildred를 편애한 나머지 데이지는 우유를 먹여서 키우고는 그 뒤로 방치했기 때문이라고 결론 내렸다.[43] 한편, 데니Denny라는 소년은 정반대의 이유로 향수병에 취약한 성향이 되었다. 즉, 데니는 가장 아끼는 자식이었기에 어머니가 아들을 "고유한 욕망을 지닌 한 인간"으로 보지 못했다.[44]

이후로 향수병에 관한 시각은 한결 유연하게 누그러졌다. 지금은 향수병이 이처럼 상당히 일탈적인 측면으로 받아들여지지는 않는다. 다만, 여전히 어리고 젊은 사람들, 즉 아동과 10대 청소년, 대학생과 연관된 것이기는 하다. 〈영국심리학회지British Journal of Psychology〉에 게재된 2010년에 실시한 한 연구에 따르면, 영국의 학생 중 무려 80%가 친구와 가족을 그리워하고 대학 생활에 적응하기 힘들어하는 것으로 나타났다.[45] 이러한 맥락에서 볼 때 향수병은 외로움, 고립, 소외와 겹치는 부분이 있다. 그것은 떠나온 사람들뿐 아니라 지금 주변에 있는 사람들로부터의 단절감을 의미하기도 한다. 향수병 환자들은 마치 새로운 환경, 새로운 집—비록 임시로 머무는 곳일지라도—에 속하지 못하는 듯한 감정을 느낄 수 있다. 이 심리학 연구에서는 향수병이 일종의 "작은 애도", 상실 또는 사별이라고 주장했다. 그런데 이것은 사람에 대한 감정인 동시에 장소에 대한 감정이기도 했다. 학생들은 부모와 형제자매, 친구들만 그리워한 게 아니라 집, 학교, 동네, 떠나온 도시도 그리워했다.

1940년대에 매캔이 내놓은 주장에 따르면, 향수병을 치료하는 방법은 꽤 간단했다. 바로 "집으로 돌아가는 것"이었다.[46] 그리고 향수병에 걸린 대부분의 아이들과 청년들은 적어도 일시적으로 나마 그렇게 할 수 있었다. 꼬마 낸시는 결국 엄마를 보러 갈 수 있었고, 실제로는 그다지 멀리 떨어져 살지도 않았다. 기숙학교에 보내진 아이들과 대학에 들어간 학생들은 방학 때 집으로 갔다. 심지어 전쟁이 일어나기 전에 대피시켰던 아이들도 나중에는 폭격으로 완전히 파괴된 영국의 도시들로 돌아갔다. 학교에서, 여름 캠프에서, 가정부로 일하는 곳에서 집으로 돌아가기를 간절히 바랐던 아이들은 감정 자체도, 감정을 해소하는 것도 비교적 복잡하지 않은 편이었다. 이러한 상황에서 발생하는 향수병은 관리될 수 있고 나아가 치료될 수 있었다. 하지만 집을 떠난 사람들 중 일부—어른이고 아이고 할 것 없이—는 결과적으로 돌아갈 수 없는 처지가 된 경우도 있었는데, 이때 향수병은 뭔가 새롭고 기묘하고 치료가 훨씬 까다로운 것이 되었다.

귀소 본능과 고향의 의미

향수병은 예나 지금이나 이민자와 난민의 경험에서 핵심적인 부분이다. 이 향수병은 아이들이 여름 캠프나 격리된 기숙학교에서 으레 느낀다고 하는 감정과는 결이 다르다. 아직도 후자는 대체로 제한적인 정서, 즉 유년기와 미성숙함의 전형적인 특징으로 여겨지는 반면, 이민자들의 향수병은 대단히 강력한 감정이다. 2020년 영국 난민 위원회에서 근무하는 심리 치료사 세라 템플스미스Sarah Temple-Smith는 기자와의 인터뷰에서, 난민들에게 고향의 상실이란 "실존적 상실"로 "고향을 잃으면 **전부**를 잃는 것이다"라고 말했다.[47] 향수병은 크나큰 불안정 요인이면서 절실한 동기 유발 요인이기도 하다. 한 연구자에 따르면, 현재 디아스포라 공동체들의 특징 중 하나는 일종의 노스탤지어적 "귀소 욕망"이다. 어떤 사람들은 이 욕망을 도저히 잠재울 수 없다. 다시 말해, 유일한 해법은 떠나온 곳으로 되돌아가는 것뿐이다. 오늘날 미국으로 온 이민자들 가운데 대다수가 자발적으로 고국에 돌아가고 있다. 불법 이민자들도 강제로 추방당할 때까지 기다리지 않고 제 발로 떠나는데,[48] 대다수가 타지에 더 오랜 기간 머무르지 않는 이유, 즉 훨씬 영구적인 이주를 포기한 솔직한 이유로 향수병과 가족에 대한 그리움을 언급했다.

그런데 이민자들 사이에서 발생하는 향수병이 언제나 그들을 되돌려 보내기만 하는 것은 아니다. 묘하게도 오히려 그들을 앞으로 나아가도록 추동하기도 한다. 문화 이론가 스튜어트 홀Stuart Hall은 그러한 갈망이 막강한 창조적인 힘, 즉 "욕망, 기억, 신화, 탐색, [그리고] 발견이라는 재생 가능한 자원"으로 탈바꿈한다고 보았다. 바꿔 말하면, 향수병은 이주자들이 손수 새 고향을 만들어나가도록 자극한다.[49] 실제 출신지에서 기억할 만한 것들을 추출하지 못해도, 새로운 삶을 살기 위해 낭만적이거나 감상적인 고향의 이미지와 관련된 것들을 찾아내는 식이다. 제2차 세계대전에 참전한 미군들에게는, 별것 아닌 코카콜라Coca-Cola가 나라 밖에서 벌어지는 분쟁으로 치르게 된 신체적, 정서적 대가를 보상하는 묘약이 되었다. 이 음료수는 군인들과 고향을 무의식적으로 이어주었다. 그들이 쓴 편지에서 콜라는 과거의 민간인 시절을 떠올리게 하는 강력한 상징물이었다. 한 군인은 시칠리아에서 쓴 편지에 "오래된 '코카콜라' 상표를 본 군인들은 하나같이 자신이 즐겨 가던 잡화점에 앉아 친구들과 얘기를 나누던 순간으로 되돌아간다"라고 적었다. 또 다른 군인은 "콜라병의 모양, 청량한 맛에 대한 기억이 수많은 행복한 추억을 떠올리게 했다"라고 썼다.[50]

그리하여 향수병은 이제 노스탤지어처럼 달콤 쌉쌀한 감정이 되었다. 그런데 이것 말고도 오늘날 향수병이 노스탤지어, 적어도 과거 수세기의 노스탤지어와 공유하는 또 다른 측면이 있다고 강력하게 주장하는 연구자들이 존재한다. 향수병이 단지 감정이기만 한 것이 아니라 질병, 즉 심리적 및 사회적 안녕을 모두 해치는 병이기도 하다는 것을 시사하는 증거가 있다.[51] 2012년에 실시한 한 연구에 따르면, 향수병은 이주 노동자에게 굉장히 부정적인 영향을 미치는 것으로 나타났다. 부정적인 여파는 그 범위가 "심리적 혼란"에서 "신체적 징후"까지 아우르며, 업무 수행에 부담을 주고 개인의 건강과 안녕에 영향을 미친다. 국외 거주자에 관한 문헌들은 대부분 향수병을 문화 충격과 연결 짓고 있으나 그 감정이 유형의 신체적, 인지적, 행동적 증상이라고 주장하는 사람들도 있다. 환자들은 위장 통증, 수면 부족, 두통, 탈진, 섭식 장애를 호소한다.[52]

18세기나 19세기 의사에게 익숙할 법한 표현을 사용하자면, 실향민은 "고향에 대한 강박적인 생각, 때로는 그와 동시에 새로운 장소에 대한 부정적인 생각"을 키운다.[53] 한 심리학자는 향수병에 걸린 사람들이 자신이 뒤로하고 온 문제들을 감안하기보다 고향을 이상화하는 경향이 있다는 사실과 더불어 그들이 얼이 빠진 듯 멍한 상태라는 것을 알아냈다. 행동적 증상으로 "무관심, 무기력함, 진취성 및 결단력 부족, 새로운 환경에 대한 무심함" 등이 나타난다.[54] 정신건강재단Mental Health Foundation에서 보고한 내용에 따르면, 영국에 있는 난민들은 정신 건강 문제를 겪을 가능성이 일반 인구에 비해 다섯 배나 높다.[55] 미국에서 실시한 또 다른 연구에 따르면, 멕시코 이민자들은 비이민자들에 비해 우울 및 불안 수준이 40%나 더 높았다.[56] 한 연구자는 이러한 통계 자료가 나오게 된 이유를 향수병으로 설명할 수 있다고 본다. "내가 볼 때 고향을 언급하지 않고는 이주 스트레스를 다룰 수 없다."[57]

오늘날 영국에는 향수병을 앓는 이민자나 난민에 대한 공감이 거의 부재한다. 난민들은 으레 고국으로 돌아가고 싶어 하리라고 짐작하며, 새로운 나라에서 새로운 인생을 살기 위해 떠나는 것은 최후의 수단으로 여긴다. 난민들이 서구의 안전한 나라들이 전쟁으로 파괴된 자신들의 고향보다 낫다는 뜻을 내비치기라도 하면 의심을 사게 되는데, 떠나온 이유가 불순하다는 사실을 보여주는 것일 수도 있기 때문이다. 그럼에도 불구하고 역설적이게도 난민의 향수병은 어떤 징후든 간에 배은망덕함을 시사하는 것, 즉 안전한 피난처를 제공받고도 제대로 고마워할 줄 모르는 태도를 암시하는 것으로 여겨진다. 2014년 〈텔레그래프Telegraph〉에서 스웨덴의 사례를 들어 영국의 시리아 난민 추가 수용 여부에 대해 고찰한 기사에 따르면, 스톡홀름이나 말뫼 같은 도시의 "인종 폭동" 발생 건수는 이주민들이 자신들의 입국을 허용해준 이 스칸디나비아 국가의 "관용"을 거부한 결과였다.[58] 실제로 유럽과 북아메리카로 옮겨온 많은 난민들은 자신들을 받아준 국가에 감사를 표해야 한다는 압박감을 느낀다고 말했다.[59] 향수병에 걸린 이주자를 실패자로 보는 경우도 있다. 새로운 문화와 새로운 관습에 적응하지 못하는 사람으로 말이다.

향수병은 지금도 여전히 심리학의 변방에 있는 주제다. 햅폴레이가 말하듯 "사람들은 향수병을 대수롭지 않은 일로 여긴다. 그러다 보니 그동안 향수병은 이류 질환으로 밀려났다." 그는 향수병이 21세기 방식으로 재포장된 근세의 노스텔지어 같다면서 "어떤 사람들은 향수병이 극심한 스트레스 또는 우울증으로 이어지고, 심지어 스스로 목숨을 끊기도 한다"라고 설명했다.[60] 햅폴레이는 향수병을 보다 제대로 이해하는 것이 우리가 난민과 이주민의 건강 악화를 치료하고 예방하는 데 도움이 될 수 있다고 주장한다. 지금은 근본 원인을 살피기보다 향수병에서 기원한 다른 질환들—외상후스트레스장애PTSD, 스트레스, 우울증 등—을 치료하는 추세다. 그가 강조하는 바에 따르면, 향수병은 그 자체로 하나의 질환이며 인식의 개선이 필요하고 더 제대로 관리되어야 하는 문제다.

4장

태초의 집

정신분석학자 낸더 포더는 20대에 모국인 헝가리를 떠났고
죽을 때까지 돌아가지 않았다.
노스탤지어 연구는 그의 생을 관통하는 질문과 맞닿아 있었다.
"비참하고 가난한 삶을 선사했던 고국이
어쩌다 동화의 나라로 둔갑하는 것일까?"

1848년 9월 13일 25세의 피니어스 P. 게이지Phineas P. Gage는 미국 버몬트주의 캐번디시라는 마을 바로 남쪽에 새로 철길을 내기 위해 발파를 준비하던 작업반을 감독하고 있었다. 우거진 숲지붕과 주변 전원지대의 구릉을 가로질러 적갈색과 황금빛으로 물든 초가을의 나뭇잎들이 번져나가기 시작한 때였다. 이곳은 비교적 새로운 공화국 내에서 이제 막 번영하는 지역이었다. 1769년 유럽에서 온 최초의 영구 정착민들이 캐번디시에 도착했다. 제4대 데번셔 공작인 윌리엄 캐번디시William Cavendish의 이름을 따서 지은 도시명이었다. 캐번디시는 작고 조용한 도시였다. 19세기 전반에만 해도 주목할 만한 사건이라고 해봐야 그 정착지에서 서로 못 잡아먹어 안달인 두 집안의 사소한 경쟁이 대부분이었다. 두 집안의 싸움은 1858년 레드필드 프록터Redfield Proctor와 에밀리 더턴Emily Dutton의 혼인으로 비로소 해결되었다. 예쁜 박공지붕을 얹은 집들, 큰길이 나 있는 시내 중심가, 젠체하지 않으면서도 근사하고 당당한 자태의 우체국이 있는 이곳은 거의 아무 일도 일어나지 않는 작은 도시였다. 소련의 반체제 인사이자 노벨문학상 수상자인 알렉산드르 솔제니친Aleksandr Solzhenitsyn은 1976년 캐번디시를 자신의 고향으로 삼으면서 이렇게 말했다. "어쩌다 보니 일어난 일이 아니었다. 나는 이곳을 선택했다. 대도시의 공허하고 부산한 삶이라면 질색이다. 이곳의 단순한 생활 방식과 주민들이 아주 마음에 든다. …… 이 시골 지역이 마음에 든다. 그리고 러시아를 떠올리게 하는, 겨울이 길고 눈이 오는 이곳의 기후가 마음에 든다."[1]

평소와 다름없던 9월의 그날, 이 조용한 시골 마을에서 피니어스 P. 게이지는 늘 하던 대로 선로 작업을 하고 있었다. 게이지는 뉴잉글랜드 지역에 속한 인근의 뉴햄프셔주에서 제시 이턴 게이지Jesse Eaton Gage와 해나 트러슬Hannah Trussel 부부 사이에서 태어난 다섯 아이 중 장남이었다. 성장 과정이나 배경은 거의 알려진 바가 없으나, 9월의 그날에 벌어진 사건으로 인해 장차 얼마간 유명 인사이자 과학적으로 경이로운 존재가 될 터였다. 발파 작업을 하려면 인부들이 노두 깊숙이 구멍을 뚫고 발파용 화약과 폭약의 도화선을 넣은 다음 탬핑 아이언tamping iron이라는 다짐 막대로 그 구멍 안에 모래나 점토, 그 밖의 불활성 물질을 "다져 넣어야" 했다. 구멍 안에 폭발 에너지를 담고 있다가 주변의 암석으로 그 힘을 곧장 보낼 수 있도록 말이다. 오후 4시 30분경, 바위에 부딪히면서 불씨를 일으키던 다짐 막대 하나—길이는 약 1미터, 지름은

3센티미터인 쇠막대―가 튀어 오르더니 게이지의 왼쪽 얼굴로 날아갔다. 쇠막대는 그의 광대뼈를 으스러뜨리면서 위로 솟구쳐 올라가 왼쪽 안구와 뇌를 관통하여 두개골의 맨 윗부분으로 빠져나가고도 25미터를 더 날아간 뒤에야 떨어졌다. "피와 뇌 조각이 덕지덕지 붙은 채."[2]

게이지는 충격 때문에 뒤로 나자빠졌다. 그런데 몇 차례 경련을 일으키기는 했으나 의식을 잃지는 않았고 잠시 후에는 말도 했다. 그는 최소한의 부축만 받으면서 제 발로 걸어갔고 멀쩡히 앉은 자세로 소달구지를 타고서 시내의 숙소까지 갔다. 사고가 난 지 약 30분 뒤에 현지의 의사 에드워드 H. 윌리엄스Edward H. Williams는 호텔 바깥에 놓인 의자에 앉아 행인들에게 자신의 고생담을 신나게 들려주고 있는 게이지를 발견했다. 그는 몸을 돌려 자기 쪽으로 오는 의사를 보고는 의학사에서 최고의 완곡 화법으로 꼽힐 말을 했다. "여기 선생님 돈줄이요." 윌리엄스는 이 부상자를 검진했고 노출된 뇌의 "박동"도 관찰했다. 게이지는 일어서려다가 몸을 반으로 접은 채 구토를 했다. 힘겨운 배출 과정에서 "찻잔 반 컵 정도 되는 분량의 뇌가 쏟아져 나와 …… 바닥으로 떨어졌다."[3]

지난한 회복 과정 동안 상태가 들쑥날쑥하기는 했지만, 게이지는 기적적으로 살아남았다. 의학적 확률을 거슬렀다는 점과 부상이 불러온 기이한 효과로 인해 그는 신경학, 심리학, 신경 과학의 교과과정에서 붙박이 같은 존재, 즉 "의학의 역사상 가장 진기한 사례"⁴ 중 하나이자 "의학계에서 대대로 전승되는 살아 있는 설화"⁵가 되었다. 게이지의 생존은 그 자체로 유명세를 탈 법한 일이었다. 그런데 그가 불후의 명성을 누리게 된 데는 사고 후 몇 달 동안 그를 치료한 의사 존 마틴 할로John Martyn Harlow의 관찰 기록이 결정적 역할을 했다. 게이지의 친구들은 이 남자의 성격뿐만 아니라 소통 및 감정을 이해하는 능력이 극명하게 달라졌음을 알아차렸다. "지적 능력과 동물적 성향" 사이의 균형이 틀어진 듯 보였다. 그는 더 이상 계획을 지키지 못했고 "역겹기 그지없는 불경한 말"을 일삼았으며 "동료들을 존중하는 태도를 거의" 보이지 않았다.⁶ 오늘날 전두엽 손상은 다양한 범주의 행동 변화, 의사 결정 능력 손상, 자제력 저하, 감정 조절 불능, 억제력 부족, 강박적이거나 위험한 행동을 초래할 수 있다. 사람이 어찌나 달라졌는지 게이지가 "더 이상 게이지가 아닌" 것 같다고들 했다. 친구들과 동료들이 그때껏 알고 지냈던 남자가 아닌 것 같다고 말이다. 그는 한때 모범적인 현장감독이었지만, 철도 건설 회사는 그의 복직을 거부했다.

1849년 11월 하버드대학교 의과대학의 외과 교수 헨리 제이컵 비글로Henry Jacob Bigelow는 게이지를 데리고 보스턴으로 갔다. 그리고 몇 주간 머물면서 보스턴의료개선학회Boston Society for Medical Improvement의 회의석상에서 그를 소개했다. 달리 직업이 없었던 게이지는 뉴욕시에 있는 바넘스 미국 박물관의 살아 있는 전시물이 되었다. 바넘 박물관은 19세기 유럽과 아메리카 대륙 전

피니어스 P. 게이지의 은판사진. 1848년 그는 불의의 폭발 사고로 인해 쇠막대가 머리를 관통하는 치명상을 입었으나 기적처럼 살아남았다. 그러나 사고 전후로 성격과 행동 양상이 완전히 바뀌게 되면서 신경과학계에 큰 논쟁을 불러일으켰다.

역에 갑자기 생겨나기 시작한 온갖 잡동사니를 모아놓은 수많은 새로운 박물관 가운데 하나였다. 이 호기심의 방들은 신화에 가까울 만큼 기이한 것들과 함께 선정적인 과학의 실례들을 진열했다. 1842년 떠오르는 쇼맨 P. T. 바넘 P. T. Barnum은 불가사의한 피지 인어를 받았는데, 이 인어 덕분에 그가 만든 박물관은 미국의 가장 큰 도시에서 가장 바쁘게 돌아가는 상업 공간 중 한 곳이 되었다.[7] 게이지는 짧은 여생을 의학적 기이 같은 존재로 살았다.

그는 미국의 대중과 의료업 종사자들의 촘촘한 시선을 피해 칠레에서 대형 사륜마차를 몰다가 샌프란시스코로 터전을 옮겨 친척들과 함께 지냈다. 그는 그곳에서 1860년 5월에 세상을 떠났다. 일련의 발작을 일으킨 뒤 불과 36세의 나이로.[8]

게이지의 사연은 기이하다. 하지만 그 이야기 자체가 19세기의 과학계와 사회상을 완벽하게 포착한 스냅사진이나 다름없었다. 게이지의 인생 경험과 직업은 그를 당대의 지극히 전형적인 인물로 만들었다. 게이지는 새로 등장한 증기기관차가 수월하게 지나다닐 수 있도록 길을 내는, 대규모 노동자 집단에 속한 철도 노동자였다. 이들은 대서양의 해저를 가로질러 전신케이블을 깔았던 노동자들과 함께 빅토리아 시대의 시공간을 단축했다. 게이지의 기적적인 생존과 이후의 정신적, 정서적 변화에 의사들이 매료된 일은 인간의 뇌와 성격, 감정의 작동 방식에 대한 새로운 과학적 관심을 대변했다. 실제로 그 사고는 의사들이 한창 자신감을 얻으면서 인체와 인체의 기능 및 기능 장애에 관한 지식을 확장해나가던 시기에 발생했다. 과학 또한 세상을 제대로 이해하기 위한 수단으로서 갈수록 기세등등해지고 있었고, 과학이 그저 세상 돌아가는 일을 설명할 뿐 아니라 사회를 보다 나은 쪽으로 바꿀 능력이 있다고 믿는 사람이 점점 더 많아졌다. 새롭게 바뀐 신종 전문가들—과학자, 내과 의사, 산업가—은 해부학적 해석을 완전히 바꿔놓고 제조업, 여행, 교통 통신 기술에 대변혁을 일으키는 중이었다. 게이지의 사고가 발생한 1848년 무렵은 증기 여객선이 (여전히 돛을 올린 채) 출항한 지 불과 10년째였고, 수술할 때 클로로폼을 마취제로 사용한 지는 고작 1년밖에 되지 않은 때였다.

심지어 'scientist'라는 단어조차 신조어였다. 1834년 잉글랜드 랭커셔의 박식가 윌리엄 휴얼William Whewell이 만든 용어였다. 그는 "물질세계에 관한 지식이 있는 학자들을 지칭"하기 위해 어떤 집합명사를 사용하면 좋을지 고민했다. "philosopher(철학자)"는 너무 포괄적인 데다 "너무 고고"했고, "savant(석학)"는 너무 과했다. 그보다는 "artist"에서 유추해낸 "scientist"를 제안하면서 이렇게 설명했다. "음악가나 화가, 시인을 artist(예술가)라고 하듯, 수학자나 물리학자, 박물학자는 scientist(과학자)라고 말할 수 있겠다."[9] 머지않아 현미경이 개발되어 이 새로운 "과학자들"이 육안으로는 보이지 않는 세계에 접근할 수 있게 되었다. 그 세계에는 이전에는 보이지 않았던 박테리아와 기생충이 우글대고 있었다. 새로운 진화 이론, 새로운 원소 주기율표가 나왔고, 새로운 약물이, 나아가 새로운 백신까지 발명되었다. 과학의 잠재력과 가능성을 확신하는 사람들이 늘면서 과학자들은 갈수록 자신만만해졌고 레퍼토리를 확장해나갔다. 이러한 지적 영역의 침범에 따라, 과거에는 철학자와 종교 사상가의 전유물이었던 온갖 것들이 과학적 연구 대상으로 바뀌었다. 그 가운데 하나가 감정이었다.

게이지의 사고와 생존, 달라진 성격은 인간의 정신, 그리고 성격의 기능에 대한 일련의 새로운 이론을 뒷받침하는 증거를 제공했다. 17세기 중반 이후 해부학자들은 뇌를 기계로 빗대어 개념화했다. 즉, 구성 부품들을 분해하여 각각 어떻게 작동하는지 보는 식으로 연구를 진행할 수 있다고 여겼다. 18세기 말 전기가 보급되면서 자연철학자들은 어쩌면 뇌가 "전기 유체"로 가득 차 있으며 일종의 첨단 배터리와 거의 유사하게 가동되는지도 모른다고 생각했다.[10] 게이지가 정수리에서 찻잔 반 컵 분량의 뇌 물질을 쏟아냈던 19세기 중반 무렵에는 신경은 전신선에, 뇌는 복잡한 전기통신 시스템에 비유되고 있었다.[11]

거의 같은 시기에, (이제는 신빙성을 잃은) 골상학은 특정 정신적 능력 및 속성을 담당하는 뇌의 부위를 찾아볼 수 있는 상세한 지도를 내놓았다. 골상학자들은 특히 게이지의 사례와 그의 성격 변화에 사로잡혔다. 뇌의 특정 영역이 특정 기능에 중요한 역할을 한다는 자신들의 견해를 뒷받침하는 증거로 보였기 때문이다. 19세기가 진행되어감에 따라 뇌에 관한 각종 새로운 이론을 받아들인 과학자, 해부학자, 철학자, 생리학자가 점점 더 많아졌다. 대다수 연구는 뇌의 물리적 구조, 그러니까 뇌의 해부학, 화학, 생리학에 초점을 맞추고 있었다. 1860년대에 의사(인류학자이자 과학적 인종주의의 제창자이기도 한) 폴 브로카Paul Broca는 뇌의 특정 부위가 언어능력을 구성하는 서로 다른 요소들을 담당하고 있음을 보여주었다. 또 1900년대 초에는 스페인의 신경과학자 산티아고 라몬 이 카할Santiago Ramón y Cajal이 뇌세포의 정확한 물리적 구조를 발견했다.

그런데 19세기에 들어서자마자—그리고 골상학자들과 브로카, 카할의 연구 활동이 진행되는 동안 그와 나란히—의사들과 철학자들은 인간의 정신, 그리고 우리가 생각하고 느끼는 방식의 또 다른 측면에도 관심을 갖게 되었다. 원래는 일종의 동요 혹은 흥분된 정신 상태로 규정되었던 '감정emotion'이 기쁨, 애도, 희망, 공포 같은 강한 정신적 또는 본능적 느낌이라는 오늘날의 의미를 획득한 것은 불과 1800년대 초의 일이었다.

이 새로운 정의가 최초로 등장한 것은 시인이자 의사, 철학자인 토머스 브라운Thomas Brown의 저술이었다. 브라운은 기독교 성직자 부부가 이룬 집안에서 태어난 13명의 아이 중 막내였다.[12] 그는 성실하고 진지하고 사랑스러우면서도 별난 구석이 있었다. 한 번도 결혼을 하거나 자식을 둔 적이 없었는데, 그 대신에 1810년부터 1820년까지 10년 동안 에든버러대학교에서 도덕철학 교수로 재직하는 등 고된 지적 노동에 일생을 바쳤다. 인간의 감정에 관한 브라운의 연구 결과는 1830년대에 발표되었다. 하지만 "emotion(감정)"이라는 용어가 널리 수용되기까지는 어느 정도 시간이 필요했다. 1862년 윌리엄 휴얼은 "emotional(감정적인)"이라는 단어를 근래 몇몇 작가가 골라서 썼다는 사실을 인정하면서도 "욕망과 애착"이라는 복합 어구를 더 선호했다.[13] 단어는 역사적 변화의 "거울이자 동력원"이기에, 새로운 용어의 발명은 감정에 대한 새로운 사고방식을 시사했다.[14] 브라운은 생각과 감정을 뚜렷하게 구별 지었다. 감정, 즉 "생생한 느낌"은 사람이나 사물에 관한 정신적 "고찰"에서 발생할 수는 있으나 생각은 아니다.[15] 오히려 감정의 표현 및 경험에는 육체와 정신의 조합이 반드시 필요했다. 또 감정은 오감과 지성의 중간쯤에 자리했다.

브라운이 에든버러대학교의 강단에 설 때와 거의 같은 시기에 외과 의사 찰스 벨Charles Bell은 인간의 감정에 관한 실험을 직접 진행하고 있었다. 1774년생인 벨은 경이로운 인물이었다. 외과의사이자 해부학자, 생리학자, 신경학자, 예술가, 철학자였던 그는 새로운 질병을 규명했고 여러 병원을 신설했으며 워털루 전투의 상이군인들을 돌보고 그들의 그림을 그리면서 시간을 보냈다. 전사자들과 관련하여 그가 겪은 괴로운 트라우마 경험이 그가 보유한 인체에 관한 지식과 결합되면서 그는 감정의 전문가가 되었다. 벨은 정신적 변화나 검진—애도, 기쁨, 경악 등—은 얼굴이나 몸에 "겉으로 드러나는 징후"를 통해서 가시화될 수 있다고 보았다.[16] 그는 관찰 가능한 증거일 뿐 아니라 느낌을 감정으로 만드는 것으로서 신체의 움직임, 특히 심장과 폐의 움직임을 대단히 중시했다.

감정의 생물학적, 생리학적 측면에 주목한 벨의 견해는 19세기 초 스코틀랜드에 살았던 또 한 명의 인물에게 지대한 영향을 미쳤다. 에든버러에서 의학을 공부한 뒤 박물학자가 된 찰스 다윈은 육체가 감정에 필수적 역할을 한다는 것에 가까운 입장에 도달했다. 1859년 자연선택에 따른 진화에 관한 자신의 이론들을 발표할 만큼 충분한 자신감이 생기자 다윈은 감정으로 관심의 방향을 돌렸다. 그는 인간의 얼굴이 저마다 특정한 안면근육 다발에 의해 결정되는 최소 60가지의 개별 감정을 표현한다고 본 프랑스의 의사 기욤뱅자맹아망 뒤셴Guillaume-Benjamin-Amand Duchenne과 서신을 주고받았다. 뒤셴은 피험자들의 머리에 전류를 가해 이목구비의 근육을 연속적으로 수축시키면서 감정을 연구했다. 뒤셴은 적정한 안면 근육의 조합을 자극하는 방식으로 진짜 감정 표현을 모방했다. 그는 각기 구별되는 감정들을 보여주기 위해 100여 개에 달하는 피험자들의 사진 건판을 찍어냈다. 1872년 다윈은 세간에 덜 알려진 저서《인간과 동물의 감정 표현 The Expression of the Emotions in Man and Animals》을 출간했다. 이 책에서 그는 모든 인간, 나아가 모든 동물이 놀라울 정도로 비슷한 행동을 통해 감정을 내보인다고 주장했다.[17] 다윈은 감정에―인간과 마찬가지로―문화와 종에 따라 추적 가능한 진화의 역사가 있다고 보았다.

  찰스 다윈, 찰스 벨, 윌리엄 휴얼은 감정과 관련하여 또 다른 사상가에게 지대한 영향을 끼쳤다. 1884년 미국의 철학자 윌리엄 제임스William James는 〈마인드Mind〉라는 잡지에 '감정이란 무엇인가?What is an Emotion?'라는 제목의 글을 기고했다.[18] 제임스는 감정에 사로잡혀 있었다. 그런데 전임자들의 노고에도 여전히 감정의 실체를 확실히 파악하지 못한 상태였다. 우리는 왜 곰을 피해서 달아날까? 무서워서 달아나는 것일까, 아니면 달아나니까 무서워진 것일까? 감정은 육체적인 것일까? 가령 외부의 스트레스

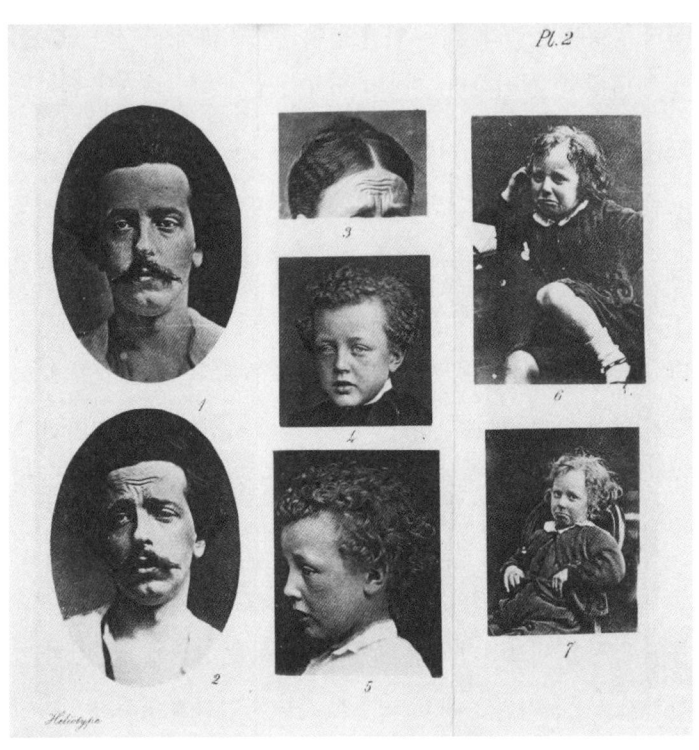

1872년 찰스 다윈이 출간한 저서 《인간과 동물의 감정 표현》에 수록된 이미지 플레이트.

요인에 대한 반응으로 혈압이 높아지는 것처럼? 감정은 뭔가 지적인 것, 다시 말해 정신적인 과정일까? 또 이 둘은 무슨 관계일까? 어떤 생리적인 사건은 우리로 하여금 생각을 하고 난 다음에 특정한 것을 느끼게 만드는 것일까? 아니면 그 반대일까? 예를 들면, 불안한 생각이 우리의 심장을 빨리 뛰게 하고 손바닥에 땀이 나게 하는 것일까? 아니면 확 솟구치는 다량의 호르몬이 사랑과 애착이라는 감정을 촉발하는 것일까? 그리고 우리는 모두 똑같은 것을 느끼는 걸까? 어떤 사람이 느끼는 질투, 권태, 불안, 울화, 답답함, 기쁨, 두려움은 다른 사람이 느끼는 그 감정들과 동일할까?

 이들이 감정에 대해 생각하는 방식은 대동소이했다. 즉, 감정은 우리 모두 느끼는 정상적이고 자연스러운 것이라고 보았다. 외부 자극이 공포나 기쁨, 예기 불안이라는 감정을 촉발하는 정확한 메커니즘 또는 과정은 그다지 확실하게 정립하지 못했을지언정, 감정이 생리적이라는 것, 즉 우리 몸에서 자동적이고 무의식적으로 발생한다는 것만큼은 합의가 이루어졌다. 특히 다윈 이후로 감정은 진화적 현상이 되었다. 감정은 우리가 생존하고 번영하고 소통하는 데 도움을 주었으며, 우리는 갈수록 복잡해지는 삶에 대응하는 과정에서 점점 더 복잡한 감정을 느끼는 능력을 발달시켰다.

 제임스가 〈마인드〉에 기고한 지 얼마 지나지 않아 새로운 유형의 과학자들―심리학자들―이 감정에 대한 이러한 사고방식을 노스탤지어에 적용하기 시작했다. 1898년 미국의 심리학자 라이너스 워드 클라인이 낸 박사 학위 논문의 제목은 〈이주 충동 대 애향심 The Migratory Impulse vs. Love of Home〉이었다.[19] 19세기가 지나는 동안 감정을 둘러싼 생각들이 바뀌기는 했으나, 노스탤지어는 여전히 향수병과 거의 매한가지였다. 그러다 보니 클라인은 연구를 진행하는 과정에서 접한 동경, 후회, "애향심"이라는 감정에 "노스탤지어"라는 꼬리표를 붙였다. 그는 정량적이고 통계적

접근법을 통해 나이, 성별, 상황의 함수로서 감정을 탐구했다. 또 그의 논문에는 연구 대상자들의 장황한, 그러면서도 이따금 가슴이 뭉클해지는 이야기가 담겨 있다.

클라인은 176명을 관찰하고 면담한 내용에서 가져온 몇 가지 "전형적인 노스탤지어 사례"를 제시했다. 한 남자아이가 친구네 집에 하룻밤 자러 가게 되었다. 부모와 사는 집에서 길 몇 개만 건너면 되는 거리였지만, 아이는 노스탤지어가 너무 심해지는 바람에 한밤중에 다시 집으로 돌아와야 했다. 어느 18세 소녀는 기숙학교에서 보낸 첫 몇 주를 되돌아보면서 이렇게 말했다. "멍했어요. 그리고 한참 동안 내가 여기 왜 있나 싶었죠." 또 다른 사춘기 여자아이는 자신이 느낀 노스탤지어라는 감정을 두고 "이루 말할 수 없는 그리움"이라면서 "내 안의 모든 것이 병들고 목이 메는 것 같았어요"라고 상세히 표현했다. 한 30세 여성은 "질식당하는 기분"을 느낀다면서 이렇게 설명했다. "모든 게 내 숨통을 조여오는 듯해요."[20]

클라인은 이런 사례들을 통해 젊은 사람들, 특히 어린아이들이 노스탤지어라는 감정에 유난히 취약하다고 결론 내렸다. 그는 노스탤지어가 익숙한 것들의 상실, 새롭거나 낯선 것들의 출현에 대한 반응, 즉 생활 방식의 현저한 변화에 대한 반응이라고 보았다. 그가 연구한 사람들은 대부분 학교나 대학교에 가기 위해, 또는 육군이나 해군에 입대하기 위해 처음으로 집을 떠났을 때 노스탤지어 또는 향수병을 느꼈다고 전했다. 클라인은 노스텔지어를 뱃멀미에 비유했다. 뱃멀미에 시달리는 사람이 육지에서는 멀쩡했던 균형 감각을 상실하듯 노스탤지어에 빠진 사람들 또한 "자신의 심리적 지남력을 상실"한 상태였기 때문이다. 그는 어느 정도 동조하는 태도를 보이기는 했으나, 노스탤지어에 잘 빠지는 성향을 지녔거나 그 감정을 극단으로 몰고 가는 사람들을 비판하기도 했다. 그의 사례에 등장하는 사람들은 대부분 "사교적"이고 "다정다감"했지만 "불안 초조해하고" 군중을 싫어하며 "기분을 띄우기가 쉽지 않고" 관심사가 "별나거나 조야"하기도 했다.

클라인이 연구한 176명 가운데 노스탤지어를 지금껏 한 번도 경험한 적이 없다고 주장한 사람은 6%에 그쳤다. 그리하여 그는 노스탤지어가 일반적인, 거의 보편적이라고 할 만한 감정이지 일탈적인 증상이나 질병이 아니라고 결론 내렸다. 그는 노스탤지어가―다른 감정과 마찬가지로―생래적이고 본능적이며 정상적이고 보편적인 사고 및 행동 양태라고 보았다. 일부는 그 감정을 극심하게 느낄 수도 있겠지만, 그리움과 향수병, 그가 생각하는 형태의 노스탤지어를 특징짓는 달콤 쌉쌀한 회상이라는 감각은 거의 모든 사람이 경험해본 적이 있었다. 클라인은 다윈으로부터 영감을 받아 "정신적 진화"가 "생명의 진화"와 나란히 진행되었다고 주장했다. 성적 매력, 공포, 불안과 마찬가지로 노스탤지어도 특정한 기능을 하게끔 진화해왔다. 클라인이 보기에 모든 인간은 어느 시점에 한 번쯤은 노스탤지어를 느끼게 마련이었다.

그러나 노스탤지어가 정상적인—나아가 어디서든 볼 수 있는—것이라고 해서 더는 해롭지 않다는 뜻은 아니었다. 또 그 감정의 모든 징후가 균등하게 무해하다는 뜻도 아니었다. 19세기 말 독일계 미국인 철학자 폴 카루스Paul Carus는 자신이 엮어낸 학술지 〈모니스트The Monist〉에 논문을 게재했다. 그는 건강한 감정과 건강하지 않은 감정, 관심과 강박 사이의 흐릿한 경계에 대해 서술했다. 그는 종교적 광신과 오직 "자기 나라와 고향"만 생각하게 되는 집착적인 노스탤지어에 빠진 사람을 비교했다. 카루스는 "한 가지 감정이 과도하게 두드러져서 한 인간의 정신생활을 이루는 전체 섭리를 지배"한 탓에 "장애"가 발생한다고 주장했다.²¹ 다시 말해, 어떤 감정이든 지나치면, 제아무리 일반적이거나 겉보기에 무해한 감정이라고 해도 결과적으로 정신적인 문제를 일으킬 수 있었다.

알다시피 노스탤지어는 오랫동안 평판이 그리 좋지 않았다. 초창기에는 치명적인 병이었고, 살상력을 얼마간 상실했을지언정 그 정도가 지나칠 경우에는 여전히 (신체적으로까지는 아니더라도) 정신적으로 해를 끼칠 수 있었다. 클라인이 지적한 바에 따르면, 노스탤지어에 잘 빠지는 성향을 지닌 사람들에게는 대체로 어느 정도 상당히 심각한 성격적 결함이 있었다. 새로운 세기가 밝아오면서 이러한 명성은 공고해졌다. 사람들—특히 새로운 유형의 심리학자인 정신분석학자들—은 노스탤지어를 새로운 렌즈를 통해 들여다보고 새로이 나타난 일련의 불안과 문화 정체성에 따라 이해했다.

정신분석psychoanalysis은 1890년대 초 정신장애를 치료하는 수단으로 확립되었다. 제창자들에 따르면, 한 인간의 성장과 발달을 결정짓는 것은 대체로 유아기의 잊힌 사건들이고, 인간의 행동은 무의식에 뿌리박고 있는 본능적 욕구에 의해 결정되며, 의식적 사고와 무의식적 사고의 충돌이 신경증, 불안, 우울 같은 정신장애를 초래할 수 있다. 지난 100여 년간 이 학문 분야의 개념들 가운데 일부는 대중 심리학으로 변형되었다. 정신분석 이론을 지지하거나 정신분석 치료를 받고 있지 않더라도 최소한 남근 선망이나 오이디푸스 콤플렉스 정도는 많은 사람들이 어렴풋하게나마 파악하고 있다. 아마도 억압이라는 개념도 익숙한 사람이 많을 것이다. 고통스러운 기억이나 생각, 감정을 차단하거나 묻어버림으로써 무의식의 어딘가에서 곪아 터지도록 놔두어 결국에는 심한 고통과 고립, 궁극적으로는 위기를 초래하게 된다는 것 말이다.

정신분석학이 등장하고 나서 불과 20년이 흐른 뒤에 제1차 세계대전이 시작되었다. 대량 살상은 19세기의 낙관주의와 자기만족적인 분위기를 와해했고, 전쟁은 진보의 필연성에 대한 사람들의 기본 가정을 뒤엎었다. 그 여파로 어떤 이들은 어린 시절에 들었던 옛 이야기나 동화 속에서 피난처를 찾으려고 한 반면, 어떤 이들은 유토피아적 미래를 내다보는 식으로 반응했다. 그리하여 양차 대전 사이의 기간 동안 사람들은 두 종류의 파벌로 갈라졌다. 한편에는 가깝고 먼 과거에 사로잡혀 유령과 혼령에 대한 믿음을 부활시키고자 한 사람들이 있었다. 정신분석학자들이 속한 다른 한편에는 그런 사람들을 어리석고 현혹된 자들로 치부한 이들이 있었다.

어찌된 일인지 정신분석학자들의 머릿속에서 노스탤지어에 빠진 사람들은 유령 사냥꾼, 요정의 존재를 믿는 사람들과 뒤얽히게 되었다. 노스탤지어라는 감정에 취약한 사람들은 과학 정신이 투철한 그 분석학자들이 딱 싫어하는 부류였다. 게다가 파시즘과 강제 이주로 고국과 가까운 과거에 대한 사람들의 감정이 새삼스레 통렬해졌던 제2차 세계대전 이후로 그러한 반감은 커지기만 했다. 이제 노스탤지어에 빠진 사람들은 특히 의심을 사게 되었다. 또 노스탤지어라는 감정을 잘 느끼는 성향은 그 사람의 지적 능력, 정치적 선호, 사회적 위상, 변화무쌍한 세상에 발맞춰 따라가지 못하는 무능력을 보여주는 곤란한 신호가 되었다.

낸더 포더의 출생전 심리학

1938년 가을, 낸더 포더Nandor Fodor는 망명한 정신분석학자 지그문트 프로이트Sigmund Freud의 런던 햄스테드 자택으로 아내인 아마리야 포더Amarya Fodor를 보냈다. 참나리 한 다발을 휘두르면서 한껏 매력을 발산하며 그 집으로 들어간 아마리야는 프로이트와 함께 차를 마시면서 남편에 관한, 그리고 남편의 심리학 이론과 초자연적 현상에 관한 온갖 이야기를 쉴 새 없이 이어나갔다.[22] 프로이트가 그해 초 나치의 오스트리아 합병으로 빈을 떠나 런던 북부로 온 지 얼마 되지 않은 때였다. 서재 한복판에는 아마 리아도 앉았던 프로이트의 유명한 정신분석용 소파가 놓여 있었다. 그를 찾아온 환자들은 그 기다란 의자에 편한 자세로 비스듬히 기댄 채 자신의 비밀스러운 생각과 감정을 털어놓았다. 그 의자는 본래 1890년경 그의 환자였던 벤베니스티Benvenisti 부인이 준 선물이었다. 프로이트는 장식이 없는 수수한 목재 프레임에 자수가 놓인 방석과 등받이를 놓고 화려한 디테일이 살아 있는 카슈카이족의 융단을 씌웠다. 그가 빈을 떠날 때 소파도 함께 왔다. 그 화려한 풍모의 존재감은 그가 뒤로하고 온 도시의 분위기를 재현하는 데 한몫했다. 프로이트의 환자였고 처음에는 (성공하지 못한) 신원 보호를 위해 '볼프만Wolfman'이라는 예명으로 지칭되던 세르게이 판케예프Sergei Pankejeff는 햄스테드에 있는 프로이트의 집을 두고 "성스러운 평온과 고요"의 장소라고 표현했다. 그 집의 방들은 여느 진료실과는 전혀 달랐다. 오히려 "고고학자의 서재" 같은 분위기를 풍겼고, 하나부터 열까지 "급하게 서두르는 현대 생활을 뒤로하고 일상의 근심 걱정으로부터 벗어나 보호받는" 느낌을 주는 데 기여했다.[23]

프로이트의 광팬이었다고 해도 과언이 아닌 포더는 작가이자 언론인, 유령 사냥꾼이면서 정신분석학자였다. 그도 유대인 망명자였다. 오스트리아가 아니라 헝가리 출신이기는 했지만 말이다. 19세기 말에 태어난 포더는 부다페스트에서 법학을 공부한 뒤 1921년 뉴욕으로 이주하여 작가 생활을 해나갔다.[24] 1929년 영국으로 온 그는 1930년대 초자연주의 세계의 현장에 직접 뛰어들었다. 유령클럽Ghost Club과 런던심령술사연맹London Spiritualist Alliance에 가입했고 요정연구학회Faery Investigation Society의 회원들과 친분을 유지했으며 심령술을 다루는 주간지 〈라이트Light〉에 기고도 했다. 주로 유령과 그 밖의 초자연적인 존재들이 실재하는지 연구하고, 어느 정도까지는 그것을 입증하는 데 몰두했던 단체들이었다. 유령의 목격담과 출몰 사례를 조사하던 이 단체들은 당대 최고의 지성인으로 꼽힌 몇몇 인사를 회원으로 두었는데, 일부는 오늘날까지 그 명맥을 이어가고 있다. 이후 포더는 결국 뉴욕으로 넘어가 미국 시민이 되었다. 그는 아마리야―조각가가 된―와 딸을 데리고 센트럴파크 바로 옆, 맨해튼의 어퍼 이스트 사이드에서 살았다.[25]

그가 심취했던 두 가지 일 가운데 첫 번째 것을 충족한 상태에서, 그리고 아내는 프로이트를 기습하느라 정신없는 사이, 포더는 '제프Gef'라는 폴터가이스트poltergeist†를 조사하러 맨섬으로 갔다.[26] 돌비 유령으로도 알려진 제프는 도어리시 캐션이라는 맨섬의 황량한 농장에 살았다. "유령 사냥꾼이라면 누구나 가고 싶어 할 만큼 동떨어져 있고 기운이 남다른" 곳이었다.[27] 도어리시 캐

† 독일어로 '시끄러운 소리를 내는poltern 영혼geist'이라는 뜻이다.

션은 어빙Irving 가족—제임스James와 아내 마거릿Margaret, 13살짜리 딸 보이리Voirrey—의 집이기도 했다. 1931년 9월 세 식구의 귀에 본채의 나무 벽 뒤쪽에서 바스락거리는 소리와 긁는 소리가 들려왔다. 소리는 점점 커지더니 누구라도 들을 수 있을 정도가 되었다. 이윽고 약간 족제비처럼 생긴, 아니 몸집이 작은 개만 한 것이 나와서는 자신은 제프이고, 거의 100년 전인 1852년 인도 뉴델리에서 태어난 몽구스라고 소개했다. 제프는 털이 노르스름하고 꼬리가 크고 풍성했다. 제프는 그저 그런 평범한 몽구스가 아니었다. 몽구스의 평균 수명보다 훨씬 오래 살았을 뿐 아니라, 스스로 표현한 대로라면 "무진장 똑똑한 몽구스"이자 "지박령", 즉 유령이기도 했다.[28] 어빙 가족에 따르면, 이 유령 손님은 도움이 되는 존재였다. 집을 지켜주고 이방인이나 손님이 오고 있다는 것을 알려주었다. 그 농장에 사는 인간들이 밤사이 불을 살피지 않고 방치하더라도, 제프가 난롯불을 잘 단속할 터였다. 그는 믿음직한 자명종이었고, 때마다 고양이 역할을 맡아 인간에게 해를 끼치는 동물이나 곤충이 집에 발붙이지 못하도록 했다. 제프는 식성이 고급이었다. 비스킷, 초콜릿, 바나나—당시만 해도 귀한 사치품—를 즐겨 먹었다. 수다쟁이라서 쉴 새 없이 종알대기도 했지만 대체로 어빙 가족의 좋은 식구로 줄곧 지냈다.

영국의 타블로이드 신문들은 제프의 이야기에 열광했다. 기자들은 자기네 나라에서 나온 음지의 동물학을 그대로 보여주는 이 실례를 한 번이라도 슬쩍 보려고 맨섬으로 우르르 몰려갔다. 제프의 명성이 널리 퍼지면서 어빙 가족의 불가해한 한집 식구는 토론토에서 홍콩까지 온갖 신문과 잡지에 실렸다.²⁹ 1935년 7월 〈리스너The Listener〉의 편집장 리처드 S. 램버트Richard S. Lambert는 친구이자 유명한 초자연 현상 연구자인 해리 프라이스Harry Price와 함께 이 사건을 파헤치기 위해 맨섬을 찾아갔다.³⁰ 프라이스는 심령현상 연구, 이른바 유령 출몰담이라고 하는 것들의 정체 폭로, 그리고 사기꾼 영매들의 실체를 드러낸 일로 세간의 명성을 얻은 인물이었다. 포더는 프라이스에 바로 뒤이어 맨섬에 도착했고, 그 유령을 찾아내기를 바라면서 도어리시 캐션에서 일주일을 보냈다. 유령 사냥은 권태로운 귀족들, 기회주의적인 기자들, 진지한 심령술 연구자들에게 하나같이 인기 있는 취미활동이자 소일거리가 되었다. 게다가 양차 대전 사이에는 예언자와 영매, 요정의 존재를 진심으로 믿는 사람들이 허다했다. 제1차 세계대전의 트라우마와 참담함으로 인해 결과적으로 망자들이 새로운 중요성을 얻으면서 심령주의와 초자연 현상 연구 모두 인기가 폭발했다. 1938년 3월 옥스퍼드가에서 약간 떨어진 곳에 자리한 퀸스 홀에서 열린 스텔라 휴스Stella Hughes의 교령회에는 2000명이 넘는 사람들이 참석했다.³¹ 망자들은 이제 일종의 대중오락이 되었다. 헬렌 덩컨Helen Duncan이라는 영매는 유명세를 떨치다가 이내 엑토플라즘ectoplasm ✢을 만들어내고, 주술로 유령을

✢ 교령회 때 영매의 몸에서 방출된다고 하는 물질.

불러내 도움을 청하는 것으로 악명이 높아졌다. 1944년 덩컨은 1735년에 제정된 마술법에 따라 기소되어 유죄판결을 받은 최후의 인물이자 유일한 인물이 되기도 했다.[32]

당연히 이런 사람들 중에는 실력이 과장된 경우도 있었고 가짜 영매, 사기꾼 점쟁이, 의심스러운 유령 목격담도 많았다. 가장 유명한 사기 사례는 코팅리 요정 사건이었다. 1917년 잉글랜드 북동부 요크셔주의 브래드퍼드에 사는 사촌지간인 두 소녀 엘시 라이트Elsie Wright와 프랜시스 그리피스Frances Griffiths는 정원 요정들의 모습이 담긴 사진 다섯 장을 찍었다고 주장했다. 3년 뒤 (셜록 홈스로 명성을 떨친) 아서 코넌 도일 경Sir Arthur Conan Doyle이 이 사진에 관심을 갖게 되었다. 그리고 기고를 의뢰받았던 요정에 관한 글에 신빙성을 더하기 위해 그 사진들을 첨부했다.[33] 라이트와 그리피스는 사진이 진짜라고 계속 주장하다가 1980년대에 이르러서야 자신들이 연출한 것임을 인정했다. 당시 인기를 끌었던 어린이 책의 삽화를 잘라낸 다음 마분지를 요정 모양대로 오려낸 것이라고 말이다.

유령, 고블린, 요정에는 열성팬, 광신자, 회의론자들이 따랐다. 낸더 포더는 유령의 존재를 믿지 않았다. 그보다는 초자연적인 현상과 정신적 장애가 서로 맞물리는 지점에 관심이 있었고, 폴터가이스트를 정서장애의 발현으로 보았다.[34] 제프의 사례를 토대로 포더는 폴터가이스트가 육신을 떠난 영혼이 아니라 잠재의식 속에서 벌어지는 충돌을 보여주는 징후라는, 이제는 대중화된 이론을 제창했다. 인체와 뇌의 작동 방식은 사후 세계나 영적 세계만큼이나 불가사의했다. 그래서 많은 연구자가 유령이나 텔레파시 같은 것을 뭔가 아직 알려지지 않은 정신적 또는 생물학적 기능으로 설명할 수 있으리라고 여겼다.

다른 정신분석학자들과 마찬가지로 포더 또한 기억과 유년기 및 청소년기에 큰 비중을 두었다. 그는 제프의 목소리를 제일 처음 들은 사람이 어빙 가족의 10대 딸 보이리였다는 점이 중요하다고 생각했다. 그가 보기에 몽구스 제프는 걱정이 많고 불안한 사춘기 여자아이가 만들어낸 상상의 산물이었다. 그는 훗날 한 잡지에 기고한 글에서 "뭔가 아직은 알려지지 않은 방식으로, 당신의 일부가 당신의 몸 안에 갇혀 있기를 거부할 수 있다"라고 설명했다. "그것은 당신의 무의식적인 욕망을 실행하는 것일 수 있다. 비록 당신 자신은 그것과 전혀 상관없다고 생각하더라도 말이다. 이런 일이 벌어지는 경우 당신에게 폴터가이스트가 생긴다." 그는 제프를 일종의 정신 질환에 따른 증상이라고 진단하면서 이렇게 말했다. "대체로 청소년기에 발생하지만 정신적으로 장애가 있는 성인에게도 일어나는 경우가 있다."[35] 포더는 초자연적 현상의 문제에 정신분석 도구를 적용하여 귀가 얇아 잘 속아 넘어가는 사람들을 정서장애로 진단하면서 다음과 같이 말했다. "폴터가이스트들이 마구 날뛰는 곳에는 아픈 사람이 있다고 확신해도 무방하다."[36]

정신분석학자들은 아마도 그들이 발전시킨 여타 이론보다 덜 알려졌다고 할 수 있는 감정과 관련한 일련의 이론을 전개했다. 정신분석학자들에 따르면, 감정은 중대한 사회적 기능을 했다. 즉 집단, 가족, 공동체를 하나로 뭉치게 했다. 그런데 감정은 이들을 서로 찢어놓을 수도 있었다. 프로이트의 초기 저작에서 감정은 대체로 정신장애의 원인으로 간주되었고, 자동적 또는 본능적 반응이 가로막히거나 지연되는 경우에 발생했다. 그는 쓸모없는 감정의 방출을 "소산abreactions"[†]이라고 표현하면서, 한 인간의 삶에서 발생한 정신적 외상을 초래할 만한 사건으로부터 기인한다고 보았다. 그보다 훨씬 이전에 나왔던 폴 카루스의 주장을 그대로 반복하면서 프로이트는 한 개인이 문제가 될 만한 접촉이나 경험에 대처하는 데 실패할 경우 감정이 일어난다는 의견을 내놓았다. 다시 말해, 감정은 문제이자 일탈이고 해결해야 할 일이며 히스테리나 강박적인 증상의 원인이 될 수 있었다. 게다가 만성적이거나 확대된 정서 상태는 종류를 막론하고 특히나 의심스러웠다.

그 자신은 제프와 조우하고 그의 아내는 프로이트를 만난 뒤로 10여 년이 흐르는 사이, 포더는 정신분석과 관련하여 자신만의 고유한 견해, 즉 초자연적 현상과 감정에 관한 관념을 명확히 하게 되었다. 그는 감정에 관한 프로이트의 견해를 공유했다. 그

[†] '해제반응'이라고도 한다. 정신적 외상을 초래한 사건에 결부된 감정 또는 정동을 이야기를 통해 재생함으로써 방출하는 것을 말한다.

러면서도 부분적으로는 자신이 직접 겪은 생애 경험으로 인해 노스탤지어에 대한 관심을 특히 키워나갔다. 그는 노스탤지어라는 감정이 폴터가이스트 현상과 공통점이 많다고 보았다. 둘 다 어린아이들과 청소년들에게서 가장 빈번하게 발견되거나 확인되었고, 생활 방식 또는 장소의 갑작스러운 변화에 대한 반응이었으며, 일종의 정신장애였다. 치료하지 않고 놔둘 경우 과도한 노스탤지어는 환자에게 강렬한 고통과 오래도록 지속되는 심적 괴로움을 안기는 편집광적이고 강박적인 정신상태로 번질 수 있었다.

결국 포더는 노스탤지어에 관한 자신의 견해를 1949년에 출간한 《사랑하는 이들을 찾아서 The Search for the Beloved》라는 한 권의 책과 뒤이어 1950년 1월에 발표한 〈노스탤지어의 다양성 Varieties of Nostalgia〉이라는 소론으로 엮어냈다.[37] 그가 내세운 개념은 다방면에 걸쳐 있어서 때로는 실체를 종잡을 수 없었다. 프로이트의 정신분석뿐 아니라, 제2차 세계대전 직후 수년 동안 저술 활동을 해온 유대인 망명자로서의 개인적 체험까지 토대로 삼은 탓이다. 깊은 집단적 절망감이 신중한 낙관주의와 뒤섞이던 시점에 포더는 가까운 과거의 실패한 유토피아들을 고찰했다. 일본의 아타라시키무라新しき村에서 잉글랜드의 다팅턴 홀 Dartington Hall까지 20세기 초 사람들은 대안적 사회상을 다시금 상상하기 위해 자신의 직업, 고향, 친구, 가족을 떠났다.[38] 포더가 보기에 제2차 세계대전의 집단 학살과 열강들에 의해 초래된 대량 살상은 이러한

노력들을 헛된 것을 넘어 어리석은 것으로 만들었다. 그는 이러한 노력들에 회의적이었고, 그 제창자들을 두고 허구의 요정 나라, 즉 모든 갈등이 그치고 삶이 영원토록 완벽하고 더없이 행복한 상태로 막힘없이 굴러가는 곳에서 고통스러운 나날을 보내고 있다고 비판했다. 포더는 근본적으로 현실에서 도피하려는 모든 시도를 불신했다. 또 유토피아주의와 노스탤지어를 동일한 스펙트럼에 놓인 두 점으로 간주했다. 그는 집단적 노스탤지어를 새뮤얼 버틀러Samuel Butler의 '에레혼Erewhon'[+], 제임스 힐턴James Hilton의 '샹그리라Shangri La'[++] 등 고전문학 속 유토피아들과 비교했다. 이 사변적인 사회들의 주창자들처럼 노스탤지어도 고향과 '모국'을 환상의 땅으로 바꿔버렸다. 사람들이 불편하고 불쾌한 일상의 현실로부터 물러나 있을 수 있는 곳으로.

　유토피아를 꿈꾸는 사람들과 노스탤지어에 빠진 사람들은 하나같이 완벽한 장소가 존재한다고 믿었다. 적어도 포더는 그렇다고 생각했다. 다만, 유토피아주의자들은 미래를 위해 뭔가 이상적인 것을 구축하려고 하는 반면, 노스탤지어에 빠진 사람들은 이미 존재하는 어떤 것으로 돌아가려고 했다. 이 어떤 것 또는

[+] 　영국의 시인 새뮤얼 버틀러가 19세기 영국 사회를 풍자한 역유토피아 소설 《에레혼》에 등장하는 미지의 나라로, 'nowhere(어디에도 없다)'를 거꾸로 뒤집은 말이기도 하다.
[++] 　제임스 힐턴이 1933년에 발표한 소설 《잃어버린 지평선Lost Horizon》에서 지상낙원으로 묘사된 마을이다.

어딘가는 실재하는 장소―어떤 사람이 유년기를 보낸 집, 태어난 곳, 출신 국가 등―일 수도 있으나, 포더에 따르면 재진입이 좀 더 힘든 곳일 수도 있었다. 클라인은 노스탤지어를 상황이나 장소의 변화에 대한 비교적 직접적인 반응으로 설명한 데 반해, 포더는 노스탤지어라는 감정이 자궁으로 돌아가고자 하는 잠재적 욕망의 발현이라고 생각했다. 이러한 충동을 많은 현상의 원인으로 꼽은 포더는 출생전 심리학prenatal psychology이라는 신생 분야에서 영향력 있는 사상가로 자리매김했다.[39] 그는 임신부가 텔레파시로 태아의 몸과 마음과 소통할 수 있다고 보았다. 그가 생각하기에는 임신부의 정신 상태가 태아의 신체 및 정신 발달에 영향을 미칠 수 있었다. 따라서 누구든 정서적 안녕, 안도감, 만족감은 근본적으로 자궁 내에서의 경험에 영향을 받았다. 또 포더는 충분하고 제대로 된 정신분석이 사람들에게 그때의 경험을 일깨우고, 부정적 여파를 해결하는 치료 요법으로 쓰일 수 있다고 믿었다.

노스탤지어는 그 같은 부정적 여파에 속했다. 그런데 포더는 모든 범위를 아우르는 별난 성격이나 특이한 행동의 이유 또한 태어나기 전에 겪은 잠재된 생의 기억으로 설명이 가능하다고 보았다. 사실상 거의 뭐든지 출생전 심리학이라는 그의 이론으로 합리화할 수 있었다. 포더의 주장에 따르면, 잠자리에서 몸을 웅크린 자세를 취하고 가슴 위로 팔짱을 낀 채 자는 사람들은 무의식적으로 자궁 속 태아의 자세를 따라하는 것이었다. 누구든

"물 판타지"가 있는 사람은 마찬가지로 태아 환상에 끌렸다. 욕조에 한참을 들어가 있거나, 따뜻한 바닷물 속에서 하루에도 몇 시간씩 헤엄치면서 경이로운 해양 생물이나 수면 아래로 비쳐드는 햇살을 지켜보기를 좋아한다면, 이 경우도 태어나기 전에 겪었던 삶을 꿈꾸는 것이다.[40] 온실에 대한 "병적인 사랑", 그리고 "화분에서 자라는 것들"에 집착적인 관심을 두는 사람들 또한 출생 전의 추억 탓에 그러는 것이었다.[41] 포더에 따르면, 자궁 속의 아기는 열대 생물인데, 어떤 사람들은 출생 직후에 맞닥뜨린 세상의 차가움이 너무나도 큰 충격으로 다가와 평생 동안 습한 온기를 꿈꾸며 살아가게 된다. 실내에서 기르는 화초, 바다 수영, 더운 지방으로의 휴가를 유독 좋아하는 것이 뿌리 깊은 정신장애를 나타내는 징후라고 누가 생각이나 했겠는가?

포더는 엄청나게 인기몰이를 한 에드거 라이스 버로스Edgar Rice Burroughs의 소설 《타잔Tarzan》 시리즈가 호소력을 발휘하며 성공한 이유까지도 자궁으로 돌아가고자 하는 잠재된 욕망으로 설명했다.[42] 정글은 어둡고 신비로운 장소로, 묘하게 자궁과 공통점이 많았다. 아니, 포더가 보기에는 그러했다. 그의 이론은 첩보 소설과 통속 추리소설에 대한 애호부터 해저 연구, 이역만리에 혹하는 것, 고독 또는 극우정치에 대한 열정, 십계명에 대한 관심, 심지어 토마스 만Thomas Mann의 장편소설 《마의 산Der Zauberberg》에 이르기까지 모든 것을 설명할 수 있었다.[43] 이 모든 것의 뒤에는 태어나기 전의 시간과 장소에 대한 기억(나아가 노스탤지어)이 있었다. 데자뷔 déjà vu―이따금 예상 밖의 풍경이 불러일으키는 이상한 익숙함―의 경험조차 어머니의 자궁에 대한 기억으로 설명할 수 있었다. 현대 생활의 갖가지 고난을 뒤로하고 떠나는 것에 환상을 품고 있는 사람은 누구든지 자신의 무의식적 상상에 드리워진 출생전의 안전감과 행복이라는 주문에 걸린 상태였다.

향수병의 유아화와 마찬가지로 노스탤지어도 갈수록 일종의 퇴행으로 여겨졌다. 포더가 보기에, 노스탤지어는 한 인간이 기원한 장소로 돌아가고자 하는 뿌리 깊은, 거의 태고의 욕망에 가까웠다(어쨌거나 자궁은 결국 최초의 "집"이었으니). 그러다 보니 그는 자신이 면담한, 상담 치료용 장의자에 앉은 노스탤지어에 빠진 미성숙한 인간들을 그다지 잘 참아내지 못했다. 그들을 타인을 위해 "노력하기" 싫어하는 자기중심적인 사람들로 여겼다. 그는 만성적인 노스탤지어 환자들을 신경증에 걸린 상태라고 비판했다. 즉, 스트레스나 갈등이 조금이라도 발생하려고 하면 침대로 물러나 틀어박히는 사람들이라고 말이다. 또 집과 핵가족이 사회를 구성하는 기본단위임을 인정하면서도, 현실을 직시할 의지나 능력이 없는 사람들에게는 도피의 수단에 불과하다고 생각했다. 노스탤지어 환자들은 툭하면 "자기 집에 틀어박혀 타인이 들어오는 것을 거부"⁴⁴했다. 태아와 마찬가지로 그들의 행복은 완전한 고립 상태에 달려 있었다.

이처럼 노스탤지어, 그리고 노스탤지어에 취약한 사람들에 대한 혹독하고 저주에 가까운 표현은 레바논 베이루트에서 미국

보스턴까지 그 감정과 그것이 현대사회에 미치는 영향에 사로잡힌 이론가들에 의해 전후 정신분석학계 전체로 퍼져나갔다. 아일랜드의 분석가 알렉산더 R. 마틴Alexander R. Martin은 노스탤지어가 마치 전서구의 귀소성처럼 우리 인간이 지닌 본능이라고 보았다. 한마디로 과거, 유년기, 잠, 무의식으로 돌아가고자 하는 "생물학적이고 주기적인 경향성"에 대한 굴복이라고 주장했다.[45] 노스탤지어 자체는 적당한 수준이라면 관리될 수 있었다. 그런데 더 극단적이고 골치 아픈 유형이 존재했다. 서로 대응 관계를 이루는 "노스토마니아nostomania"와 "노스토포비아nostophobia"는 각각 "집, 그리고 문자 그대로든 비유적으로든 집이 의미하는 것으로 향해 가거나 그와 반대 방향으로 가려는 강박적인 움직임"이라는 특징을 지녔다.[46]

1950년에 발표한 논문에서 마틴은 자신이 상담한 노스탤지어 환자의 사례를 기술했다. 그 여성은 10대 후반에 아주 심한 향수병에 시달렸다. 걱정이 된 부모가 기숙학교에서 딸을 데리고 나올 정도였다. 20대 후반에 접어들면서 그는 점점 더 내성적인 성격이 되었고 가족의 곁을 떠나기를 거부했으며 심한 우울증을 앓았다. 결국 여러 해 동안 충격 요법과 집중 심리 치료를 받아야 했는데, 마틴에게 진료를 받으러 갈 즈음 40대 초반이었던 그는 "매우 수동적인 사람으로, 자기를 내세우지 않고······ 행동이 둔하고 무기력한" 상태였다. 그는 정신분석을 받기 시작했다. 그러던 어느 날 옷 이야기를 하면서 이렇게 말했다. "그 옷들을 못 내놓겠어요. 노스탤지어를 불러일으키거든요. 저는 대체 뭘 붙들고 있는 걸까요? 저를 가로막고 있는 쓰레기를 없애버려야겠어요."

노스탤지어를 불러일으킨다는 부분에 대해서 추가로 질문하자 그는 답했다. "어떤 의미에서는 사실을 직시하지 못하는 거죠. 희망사항이요. '언젠가는 저 옷을 다시 입을 정도로 날씬해질 거야'라는. 그런데 알고 있죠. 말도 안 되는 소리라는 걸요. 20대 초반에 산 옷이거든요. 차마 그 옷을 내놓을 수가 없었어요."[47] 마틴은 그의 문제를 알아냈다. 살면서 한 번도 어머니로부터 제대로 벗어나본 적이 없다는 사실을. 다시 말해, "어머니와 딸의 관계는 하나도 바뀐 게 없었고, 그는 아직도 어린 소녀였다."[48] 이 여성은 포더의 이론이 사실임을 보여주었다. 포더를 비롯한 정신분석학자들에 따르면, 노스탤지어에 빠진 사람들은 퇴행적이었다. 즉, 성장하지 못하고 세상과 직면할 줄 몰랐다. 레바논의 이론가 도미니크 제아샹Dominique Geahchan은 노스탤지어를 한 인간의 어머니에 대한 무의식적 집착이자 유년기에 대한 이상화된 시각이라고 특정하여 해석했다. 그의 분석에 따르면, 노스탤지어에 빠진 사람들이 자신의 잉태 기간과 성장에 사로잡히다 보면 결국 자기 자신에게 집착하게 된다. 이러한 광신은 자신에게만 몰두하는 일종의 나르시시즘적 광증을 촉발할 수 있었다.

정신분석학자들이 노스탤지어를 보는 방식은 광범위한 문화적 불안을 반영했다. 포더는 노스탤지어라는 감정이 온 나라를 감염시킬 수 있는 고난의 원인이라고 우려했다. 만약 이러한 형태의 신경증이 여러 국가로 확산될 경우, 자궁과 집은 "모국"으로 대체될 테고, 정치적 노스탤지어에 빠진 사람들은 일종의 난처한 쇄국 상태로 정치적으로나 문화적으로 고립된 채 세계의 다른 국가들을 멀리하기 위해 집요하게 싸울 것이라고 걱정했다. 이러한 우려는 누가 봐도 그의 정체성, 개인적 배경과 연결되어 있었다. 포더는 20대 초반에 자신이 태어난 헝가리를 떠났고, 돌아가고 싶다는 바람을 거의 내보이지 않았다. 성인이 되고 나서는 줄곧 영국과 미국에 거주했으며, 영국인 여성과 결혼하여 맨해튼에서 딸을 얻었다. 그는 내내 자신을 성가시게 따라다닌 질문, 개인적으로는 답을 할 수 없었던 질문 때문에 노스탤지어를 연구하게 되었다면서 이렇게 썼다. "대체로 비참하고 극빈한 삶을 살았던 고국이 어째서 노스탤지어 환자들에게는 동화의 나라가 되는 것일까?"[49] 엄청난 상상력을 발휘하지 않더라도 헝가리가 문제의 그 고국에 속한다는 것쯤은 능히 짐작할 수 있다.

실제로 다양한 곳을 여행하고 출생지에서 멀리 떨어진 곳에 가정을 꾸린 사람답게 포더는 과도한 애국심이나 정치적 고립주의를 탐탁지 않게 여겼다. 제2차 세계대전을 오롯이 겪어낸 대다수 사람처럼 포더 또한 지나치게 근시안적인 내셔널리즘—그가 어린 시절과 가족에 대한 환상으로부터 억지로라도 빠져나온 적이 없는 사람들의 노스탤지어가 부분적 원인이라고 꼽았던—이 얼마나 무시무시한 결과를 낳는지 목격했다. 그가 보기에 파시즘은 변화에 저항하는 사회의 의도치 않은 결과물이었다. 그런 사회는 이른바 국내 거주의 신성함, 변하지 않는 고향 땅의 매력, 잠재적으로 해로운 현대 생활의 악영향에 더 골몰했다. 반면 포더는 미래의 가능성(현실적인 것에 한해)과 국제 협력에 들뜨고 상기되는 지역과 사람들을 찬양했다. 노스탤지어에 관한 그의 평가는 코스모폴리터니즘cosmopolitanism(세계시민주의)이라는 상상된 이상에 대한 헌신만큼이나 지방의 벽지(그가 본 그대로)에 대한 반감에 의해 추동되었다.

포더와 동료 정신분석학자들이 노스탤지어 성향의 사람들을 저어했다는 것은 그리 놀라운 일이 아니다. 다들 거의 같은 사회적 환경에 속했고, 대개 의식적으로 진보에 초점을 맞추는, 고등교육을 받은 교양 있는 도시 거주자들이었으며, 개인과 국가의 고립주의를 불신했다. 또 서민이나 노동자 계층, 특히 시골 지역이나 소도시에 거주하는 사람들을 상당히 폄하하는 시각을 갖고 있는 경우가 많았다. 1965년 정신분석학자 마이크 M. 나와스Mike M. Nawas와 제러미 J. 플랫Jeremy J. Platt은 아마도 기술과 진보의 중요성을 강조하는 교육을 받았을 중산층이 "저소득층"이나 "전통에 얽매인" 사람들보다 노스탤지어에 빠질 가능성이 더 적다고 주장했다.[50] 나와스와 플랫이 보기에, 노스탤지어에 빠진 사람들은 자신을 부자연스럽고 유해한 심리 상태에 빠트리는 현대사회와 새로운 경향성에 적응하지 못했다. 그동안 스스로 노스탤지어의 희생자가 되는 일을 피해왔던 많은 정신분석학자들은 노스탤지어에 취약한 이들을 단지 운이 나쁜 사람들이 아니라, 왠지 결함이 있고 정신적으로 퇴행적이며 강박적이고 신경증적인 사람들이라고 생각했다.

낸더 포더는 1964년에 심장마비로 세상을 떠났다. 그를 기리기 위해 프리메이슨식으로 장례가 치러졌고, 〈뉴욕타임스The New York Times〉에 부고가 실렸다.[51] 그의 죽음은 노스탤지어에 대한 전후의 견해가 종식되었음을 알리는 신호탄이었다. 우리는 모두 자궁에서 보낸 시간에 대한 무의식적인 기억을 간직하고 있고 이 기억이 다방면에 걸친 문화적 선호, 행태, 감정을 촉발한다는 견해는 21세기의 사고방식으로 볼 때 노스탤지어가 목숨을 앗아갈 수 있는 질병이라는 근세의 관념만큼이나 이해하기 힘들다. 특이한 이론임은 분명함에도, 포더의 이론들은 아주 특수하면서도 매우 불안했던 전시와 곧바로 이어진 전후 시기를 반영했다. 하지만 이 이론들은 그리 오래가지 못했다. 노스탤지어는 영향을 잘 받는 감정, 즉 자신이 마주한 세상의 변화에 놀라울 만큼 민감한 감정이다. 1960년대 이후로 모든 감정이 문화 규범, 사회적 관행, 다양한 세대와 장소의 언어에 따라 변형되고 달라졌으나, 노스탤지어는 특이나 극적인 변형을 겪었다. 포더가 세상을 떠난 뒤 노스탤지어라는 감정에 대한 훨씬 더 온건한 사고방식이 조명을 받으면서, 노스탤지어는 무대에 재등장하여 1970년대와 1980년대의 상상력을 사로잡았다.

감정이 유행이 되는 순간

1977년 데이비드 S. 워먼David S. Werman은 노스탤지어와 관련해 지난 10년간 이루어진 이론과 연구를 빠르게 요약한 논문을 발표했다.⁵² 그는 자신의 논문에 〈정상적이면서 병적인 노스탤지어 Normal and Pathological Nostalgia〉라는 제목을 붙이고 노스탤지어라는 감정의 온갖 계열, 즉 "좋은 것들, 나쁜 것들, 추한 것들"을 논했다. 워먼은 1922년 뉴욕주 퀸스에서 태어났다. 이 도시에서 고등학교 시절과 학부 시절을 보낸 뒤 의학 박사 학위를 따러 스위스 로잔으로 이주했다. 프랑스어를 유창하게 구사할 정도로 배웠고, 전시에는 군인으로 복무하면서 유럽의 공중 공격에 참여하기도 했다. 그는 1964년까지 맨해튼에서 산부인과 전문의가 되기 위해 수련을 받았는데, 이때부터 정신의학을 공부하기 시작했다. 1967년 노스캐롤라이나주 채플힐에 자리한 정신분석연구소에서 수련 과정을 마친 뒤, 1975년 듀크대학교 의과대학으로 부임해 1992년 은퇴할 때까지 정신분석을 가르치고 치료를 진행했다.

워먼은 정신분석학자로 볼 수도 있고, 많은 면에서 직업적으로 낸더 포더 부류에 속한 사람들과 유사했다. 그러나 노스탤지어에 관한 표현은 그보다 이전에 나온 형태의 노스탤지어를 부활시킨 것이었다. 즉, 19세기 말 라이너스 워드 클라인이 처음 기술했던, 오늘날 우리가 잘 알고 사랑하는 감정에 훨씬 가까운 노스탤지어였다. 그는 지구상에서 노스탤지어를 한 번도 경험해본 일이 없는 사람은 거의 없다고 말했다. 그것은 아주 오래된 동시에 광범위하게 퍼져 있었고, 1000년 동안 문학의 주요한 주제였다. 그는 노스탤지어가 "인간적인 현상", 인간이기 위한 조건에 속한다고 말했다. 그것은 일종의 애도, 다시 말해 어떤 장소나 지나간 시간, 또는 사랑하는 사람에게 돌아가고자 하는 깊은 욕망이었다. 앞선 시대의 정신분석학자들과 달리 초창기 정신과 의사들에 가깝게, 워먼은 노스탤지어를 근본적으로 정상적인 것으로 보았다. "정신의 이법psychic economy"을 지배하지 않는 한 말이다. 노스탤지어라는 감정에 대한 워먼의 시각은 포더에 비해 훨씬 점잖고 순한 편이었다.

노스탤지어가 초래할 만한 유해성이 이런 식으로 희석되면서 노스탤지어는 일종의 유행 같은 것이 될 수 있었다. 1970년대 유럽 및 북아메리카 전역의 저술가들과 지식인들은 미래학자이자 기업가인 앨빈 토플러가 "노스탤지어의 물결"이라고 일컬은 것을 우려했다.⁵³ 노스탤지어라는 감정이 미국을 장악할수록 많은 독자를 거느린 여러 간행물에서 더욱더 이 현상을 보도했다. 1970년대와 1980년대 내내 공황 상태에 빠진 채 안절부절 못하는 기사들이 나왔지만, 노스탤지어 물결은 좀처럼 수그러들 기미가 보이지 않았다. 미국에 국한된 현상도 아니었다. 1973년 독일 잡지 〈슈피겔Spiegel〉은 "한물간 것들에 대한 걷잡을 수 없는 열정"을 감지해낸 '노스탤지어: 동경의 상업화Nostalgia: The commercialization of yearning'라는 제목의 표지 기사를 게재했다.⁵⁴ 이 기사에서는 노스탤지어를 유럽인들이 열렬히 따라하고 있는 최신 미국 유행이라고 소개했다. 프랑스에서 "노스탤지어 물결"이라는 말 자체는 전혀 통용되지 않았으나, 프랑스의 지식인들은 과거를 돌아보는 광범위한 경향성을 간파했다. 다만, 이들은 "노스탤지어"가 아니라 "복고풍의 유행"을 이야기했다. 영국에서는 노스탤지어에 대한 볼멘소리들이 1960년대 말에 일반화되었는데, 그 끝판왕은 1974년 언론인이자 역사학자인 마이클 우드Michael Wood가 "요사이 우리가 고개를 돌리는 곳마다 우리를 곁눈질하는, 제멋대로 횡행하며 어딜 가나 있는 염치없고 뻔뻔한 노스탤지어"에 관해 쓴 분노에 찬 글이었다.[55]

그런데 어째서 1970년대에 노스탤지어가 그토록 많이 보였을까? 이에 관해서는 뒤에서 자세히 살펴볼 테지만, 20세기 전반기에 성년이 된—그리고 거의 예외 없이 고립주의적이고 시대에 역행하며 종족민족주의적인 체제로부터 탈출하기 위해 고향을 등질 수밖에 없었던—정신분석학자들이 이와 꼭 같은 충동을 미화한 듯한 감정을 의심하는 것은 당연했다. 포더와 프로이트가 보기에, 회고적이고 퇴영적인 자기 응시navel-gazing[+]는 극심한 고통과 탄압이 자행되던 그때 그곳으로 돌아간다는 의미였다.

하지만 상황이 달라졌다. 1970년대의 정신분석학자들과 언론

[+] 명상할 때 자신의 배꼽navel을 응시하는 행위를 나타내는 말로, 자기만족적 성찰 또는 자기 몰두, 한 가지 문제에 과도하게 집중한 상태를 의미한다.

인들은 자신들이 글감으로 삼은 사람들과 마찬가지로 판이한 세상에서 성장하여 가까운 과거에 대해 매우 다른 일련의 소견을 지니게 되었다. "노스탤지어 물결"에 동참한 청년들은 제2차 세계대전의 종식을 어렴풋이 기억할지도 모르나, 그보다 가깝고 직접적인 집단적 역사로 인해 한결 편안하게 과거를 반추했다. 언론인들은 동시대인들의 노스탤지어에 몹시 분노했을지언정, 그들의 건강과 안위를 염려하지는 않았다. 이것은 17세기에 스위스를 황폐하게 만들었던 전염병과는 거리가 멀었다. 오히려 노스탤지어는 살짝 통제가 불가능한 상태가 되었을 뿐, 정상적인 감정이었다. 임상적이라기보다는 문화적인 문제였다.

2부

장밋빛 퇴행

달콤 씁쓸한 감정은
어떻게 돈과 표심을 움직이는가

NOSTALGIA

5장

거대한 물결의 시작

로렌츠 차펠베르크는 매일 새벽 4시에 화덕에 불을 지피고 직접 반죽한 브로흐텐 비스킷 500개를 구웠다. 오전 나절이면 옛날 맛을 찾는 사람들이 몽땅 사갈 터였다. 이러한 "진짜 제빵사들"은 멸종 위기 업종의 대변자가 아니라 호황 산업의 수혜자였다.

1970년대에는 어디에나 노스탤지어가 있었다. 육체와 정신에 더는 위협적인 존재가 아닌 그 감정은 일종의 유행 같은 것이 되었다. 1970년대 내내, 그리고 1980년대에 들어서까지 노스탤지어는 다시금 서방 세계에 퍼지기 시작했다. 언론인들이 노스탤지어에 관해 보도하고 분석하기 시작한 것도 이때부터였다. 북아메리카 전역의 저술가들은 앨빈 토플러가 1970년에 발표하여 엄청나게 인기를 모은 책 《미래의 충격 Future Shock》에서 "노스탤지어의 물결"[1]이라고 표현한 것을 우려했다. 1974년 〈뉴욕타임스〉는 지난 몇 년 사이 미국을 집어삼켜 "수백만 명을 '좋았던 옛 시절'의 매력에 푹 빠진 상태"로 만들어버린 "거대한 노스탤지어의 물결"에 관해 전했다. 1년 뒤에는 잡지 〈버라이어티 Variety〉의 기자가 "다들 '노스탤지어' 유행에 올라탄 듯 보인다"라고 한탄했다. 그는 "개츠비 패션 스타일", "'옛날'을 다룬 영화", "노스탤지어를 토대로 한 줄거리의 책과 기사"에 불만을 토로했다.[2] 그런데 노스탤지어가 더 이상 치명적이지 않다고 해서 더 이상 복잡하지 않은 것은 아니었다. 수많은 정서적 응어리를 품고 있지 않은 것도 아니었다.

이 모든 일은 1950년대 말 〈뉴욕타임스〉가 최신 현상을 보도하면서 시작되었다. 맨해튼의 블루밍데일스 백화점 6층에 자리한 서점은 노스탤지어가 이미 휩쓴 상태였다. "좋았던 옛 시절"을 되살리려고—이 경우에는 19세기 어린이 책을 판매함으로써—나름대로 최선을 다했던 매장 중 하나였다. 그런데 이는 새로운 흐름의 시작일 뿐이었다. 1966년 이탈리아의 영화감독 미켈란젤로 안토니오니Michelangelo Antonioni는 컬트 영화 〈욕망Blow-Up〉을 발표했다. 영화의 한 장면에서 배우 데이비드 헤밍스David Hemmings가 연기한 런던의 패션 사진작가인 주인공은 어느 중고품 가게에 들렀다가 나무로 만든 오래된 항공기 프로펠러를 들고 나와 자신의 스튜디오로 고이 가져간다. 〈가디언The Guardian〉의 기자 이언 잭Ian Jack이 40년 뒤에 말했듯, 안토니오니가 만든 이 캐릭터는 "그저 흥미롭고 매력적이어서, 게다가 살 만한 형편이 되니까 오래된 물건을 구입하는 새로운 유형의 인간"이었다.[3]

1966년 즈음 사람들은 이미 상당히 오랫동안 골동품을 팔고 있었다. 제2차 세계대전 당시 배급 제도와 품귀 현상 탓에 특히 미국에서 중고 매매가 증가했다. 1943년 뉴햄프셔주 밀퍼드에 있던 리즈 화이트 엘리펀트 숍Reed's White Elephant Shop의 주인 해럴드 리드Harold Reed는 자신이 몸담은 전국 단위의 통신판매업이 전례가 없을 정도로 성장했다고 전했다. 배급 제도와 생산 지연으로 인해 각 가정에서 어쩔 수 없이 조리 도구나 침대 스프링, 스토브 등 살림에 기본적으로 필요한 물품을 구하기 위해 중고품 가게를 이용했던 것이다. 그런데 상대적으로 풍족했던 전후 몇십 년 사이, 적어도 미국에서는 그런 압박이 줄어들면서 중고 물품이 호소하는 매력의 성격이 달라졌다. 골동품과 '레트로'한 것들이 갈수록 인기를 끌면서, 비교적 최근에 생산된 물건조차 품귀 현상을 빚었다. 이런 현상을 두고 역사학자 태라 H. 손더스Tara H. Saunders는 20세기 중반의 "시시각각 확대되는 노스탤지어 붐"이라고 표현했다.4 1959년 고든 리드Gordon Reid는 자기 집 뒤편의 들판에 아메리카의 민속 공예품과 수집품을 거래하는 중개인 67명을 불러 모아 브림필드 골동품 전시회의 시초를 열었다. 1979년 즈음 이 전시회는 브림필드 벼룩시장이라는 명칭으로 불리며 중개인 2000명이 참여하는 도시 전체의 행사로 탈바꿈했다. 18세기와 19세기의 물건들이 여전히 주변에 널려 있었지만, 소비자들은 이제 빈티지한 그림이 그려진 로이 로저스 도시락 가방, 나치 기념물, 야구 카드를 찾아다니기도 했다. 말하자면 '앤티크antique'보다 '컬렉터블collectible'✢이라고 표현하는 것이 더 정확할 만한 물건들을.

1979년 무렵에는 앤티크와 컬렉터블 모두 가격이 치솟았다.

✢ 앤티크는 골동품, 컬렉터블은 소장 또는 수집 가치가 있는 상품.

1750년경 필라델피아에서 제작된 퀸 앤Queen Anne 양식†의 의자 한 벌은 뉴욕의 경매 전문 회사 크리스티Christie에서 17만 6000달러—1970년대 초 크리스티에서 매입할 당시 가격의 15배—에 팔렸다.⁵ 그런데 브림필드의 경우와 마찬가지로 구매자들의 마음을 흔드는 것은 "양질의 고급" 골동품(1830년 이전에 만들어진 것들)만이 아니었다. 〈뉴스위크Newsweek〉의 한 기사에 따르면, 미국인들은 "약간이라도 먼지가 쌓인 것이라면 뭐든 냉큼 잡아채"고 있었다.⁶ 심지어 지금은 사라진 필라델피아의 (재향군인병†† 이 발생한 장소로 유명한) 벨뷰 스트랫퍼드 호텔에서 사용한 칵테일 머들러조차 불티나게 팔려나갔다. "요즘 사람들은 자기네 부모나 조부모가 가졌던 물건을 그러쥐고 있어요"라고 일리노이주 걸리나에서 유니크 앤티크스Unique Antiques를 운영하는 조지 램George Lamb이 말했다. 이러한 움직임은 단순히 "느닷없는 노스탤지어의 폭발"에 그치는 것이 아니라, 중개인들 대신 그 업계의 엘리트 이미지를 벗겨내려는 시도였다. 하지만 이 유행이 살짝 도를 넘었다고 느끼는 사람들도 있었다. 또 다른 골동품 가게의 주인인 캐스린 외스트리히Kathryn Oestrich는 "지금 사람들이 사고 있는 건 대부분 누가 봐도 그냥 쓰레기예요"라고 말했다. 이에 아랑곳없이 앤티크

---

† 18세기 초 영국 앤 여왕 재위기와 이후 10년간 유행한 건축, 공예, 가구 양식.
†† 1976년 미국재향군인회American Legion 대회에서 집단 폐렴이 발병하여 34명이 사망한 데서 유래한 병명이다. 냉각수에서 발생하는 레지오넬라균에 의한 폐렴으로 흔히 '냉방병'으로 불린다.

사업은 어느덧 50억 달러 규모의 산업이 되었고, '컬렉터블'로 쳐줄 수 있는 연대의 범위도 급속히 늘어나고 있었다. 모더니즘 스타일의 스칸디나비아 가구—미래가 미학의 핵심인—조차 "노스탤지어 물결"에 휘말려 들어가는 판국이었고, 언론인들은 시간이 얼마 지나지도 않은 1950년대에 만들어진 것들이 1970년대 말에 이미 부활하고 있다고 씁쓸한 어조로 풍자적인 논평을 내놓았다. 1979년 한 작가는 1958년 당시 고작 1달러 98센트에 팔렸던 "오리지널 훌라후프의 가격을 수집가들이 앞다퉈 올릴 날도 머지않았는지 모른다"라고 고찰했다.[7]

노스탤지어는 앤티크와 컬렉터블의 매매 행태에만 중요한 영향을 미친 것이 아니었다. 1970년 〈뉴스위크〉는 "요즘은 노스탤지어가 큰돈이 되는 사업이다"라고 전했다.[8] 심지어 〈시카고 트리뷴Chicago Tribune〉은 1970년대가 시작되자마자 눈앞의 10년을 두고 "중고 70년대Second-hand 70s"라는 별명을 붙였다.[9] 서점에는 "그 옛날 황금기의 미덕을 애정 어린 눈길로 돌아보"면서 은근히 "그 미덕들을 현재의 해악과 대비시키는" 두툼한 책들이 가득 쌓여 있었다. 이러한 노스탤지어의 유행은 수집 가치가 있는 물건들에 국한되지 않고 먹을거리에서 교육까지, 영화에서 연극까지 삶의 모든 영역으로 확대되었다. 이제는 사라졌으나 이른바 몸에 좋다고 하는 그 시절의 음식을 예로 들어보자. 이 모호한 "황금시대"의 식단은 잊을 만하면 주기적으로 현재의 '불량식품, 인공식품'과 대비되었다. 1970년대의 환경오염은 "좋았던 옛 시절의 깨끗한 공기, 그리고 자연 친화성"과 부정적으로 대조되었다. "황금시대"의 학교는 "아담한 교실 하나 딸린 그리운 옛 교사"였고, 사회 전체와 마찬가지로 "관료제, 자격증 …… 조합이라는 문젯거리가 없는" 곳이었다. "에이브러햄 링컨 같은 아이들"이 "특출나게 다재다능하고 헌신적인 교사들"의 가르침을 받는 곳이었다.[10]

1970년대는 F. 스콧 피츠제럴드 F. Scott Fitzgerald의 작품과 피츠제럴드가 포착한 1920년대 세계의 70년대식 부활을 목격한 10년이기도 했다.[11] "거대한 노스탤지어의 물결"은 "그 시대의 온갖 표류물과 부유하는 쓰레기로 넘쳐났다."[12] 사람들은 짧은 치마, 치렁치렁한 귀걸이, 하이힐, 싱글shingle 스타일의 머리[+], 클로슈 모자, 찰스턴 댄스, 로드스터roadster[++], 래쿤 코트, 휴대용 술병인 힙 플라스크, 금주법 시대의 무허가 술집인 스피크이지speakeasy에 관한 추억에 사로잡혔다. 이 시기는 1979년 〈뉴욕타임스〉의 표현대로 "젊고 아름다운 여성들, 음악, 샴페인"으로 가득한 "화려한 재즈 시대"였다.[13]

언론은 발 빠르게 이를 기회로 삼아 미국의 얼굴에 단단히 들러붙은 듯한 장밋빛 렌즈의 안경을 분석하고 비평하고 이용하는 기사들을 줄줄이 쏟아냈다. '중고 70년대'는 단순히 노스탤지

[+] 경사진 지붕처럼 아래에서 위로 갈수록 짧게 깎은 머리 형태로, 1920년대에 유행한 여성 헤어스타일이다.
[++] 접이식 지붕이 달린 2인승 자동차.

어 정서의 급증만이 아니라, 그 정서에 관한 이론화 작업의 급증을 목도한 시기이기도 했다. 1972년 〈버라이어티〉는 "노스탤지어 퀴즈Nostalgia Quiz"라는 글을 실었다. 기자는 자신도 "옛 시절의 소용돌이에 휘말렸"음을 인정하면서 기사를 시작했다. 그는 젊은 날의 "유물, 유행, 기벽"에 대해 그럴싸한 말을 열정적으로 늘어놓으면서 훌라후프, 트위스트 춤, 그리고 폭염이 대도시를 덮쳤을 때 가난한 동네의 공동 연립주택 비상계단에서 잠을 청했던 기억에 한껏 젖어들었다. 그 철제 계단에서 어찌나 많은 시간을 보냈던지 18살이 될 때까지 "녹 때문에 고생했다"면서 말이다. 퀴즈 자체는 대개 1930년대의 유명인사, 스캔들을 다룬 뉴스 기사, 연예 및 오락에 관한 것이었다. 1934년 미국 최고의 공공의 적이었던 존 딜린저John Dillinger의 죽음이나 1939년에 개봉한 영화의 고전 〈오즈의 마법사The Wizard of Oz〉 같은 것들 말이다.[14]

다른 잡지들도 독자들이 좋았던 옛 시절을 떠올리는 자신의 능력을 가늠해볼 수 있도록 저마다 노스탤지어 퀴즈를 내놓으며 가세했다. 1974년 〈빌보드Billboard〉는 "노스탤지어 아이큐 테스트"를 실었다. 사람들로 하여금 100여 곡의 목록 중에서 기억할 수 있는 노래가 얼마나 많은지 시험해보게 하는 것이었다.[15] 목록에 들어간 곡들은 1920년부터 그 테스트가 실리기 불과 8년 전인 1966년까지 발표된 노래들로 구성되어 있었다. 실제로 음악은 노스탤지어라는 유행성 질병에 면역성이 없었다. 비치 보이스Beach Boys는 1970년대에 신곡을 그다지 발표하지 않은 것 같은데도 "그 어느 때보다 인기가 많았다." 비치 보이스의 〈굿 바이브레이션스 Good Vibrations〉라는 노래는 1960년대 대중음악을 대표하는 유명한 곡이었으나 "사람들을 흥분시킬 만한 새로운 그룹의 부재"와 "단순하고 좋았던 시절의 음악에 대한 전 국민적 허기" 탓에 사람들은 그 노래를 다시 듣고 있었다. 얼마나 많이 들었는지 비치 보이스가 그전보다 1970년대에 더 큰 스타가 되었을 정도였다. 비치 보이스라는 밴드는 큰 사랑을 받은 음악 양식만이 아니라, 근래의 역사에서 현재가 제공할 수 있는 것보다 더 나아 보이는 어떤 시대를 대변하게 되었다. 〈뉴욕타임스〉는 "그 그룹이 예전에 말해야 했던 것에 대한 분명한 욕망이 존재한다"라고 썼다.[16]

연극이나 공연도 노스탤지어의 전염성 있는 매력에 취약했다. 그리고 소설이나 패션과 마찬가지로 1920년대의 재즈 시대를 소환했다. 가령 〈노, 노, 나네트No, No, Nanette〉—어빙 시저Irving Caesar 와 오토 하바크Otto Harbach가 작사에 참여한 뮤지컬—는 1925년 초연 당시 실패작이나 매한가지였으나 1971년 브로드웨이에 재등장했을 때는 대히트를 쳤다. "올해 뉴요커들은 감미로운 선율에 약간 미쳐 있는 상태였다"라고 할 정도였다. "동성애를 다룬 진지한 연극"이 뉴욕 곳곳에서 제작되었으나 "진지한 동성애자들은 하나같이 〈노, 노, 나네트〉 공연장에 있었다." "노스탤지어의 물결"은 영화관의 화면에도 밀려들었다. 1920년대 스타 견공인 린틴틴Rin-Tin-Tin을 비롯해 1930년대부터 1940년대까지 나온 코미디 영화 시리즈 〈아워 갱Our Gang〉에 출연한 유명한 아역 배우 조지 '스팽키' 맥팔런드George 'Spanky' MacFarland 등 그 시절의 배우들에 관한 관심을 다시 일깨웠다.

패션 또한 1970년대에 옛 시절을 일깨우기는 했으나 '광란의 20년대Roaring Twenties'에 국한된 것은 아니었다. 1971년 뉴욕에서 열린 가을 패션쇼에서 디자이너 로이 홀스턴 프로윅Roy Halston Frowick은 트윈 스웨터 세트를 부활시켰다. 이 클래식한 니트 스웨터와 카디건 세트는 이전 세대의 교외 거주자들이나 여자 대학생들의 사랑을 한몸에 받은 패션 아이템이었다. 그 밖에도 옷깃에 은여우털이 달린 코트 같은 것들이 등장하여 다시금 유행했다. 그 코트의 전생을 기억하는 나이 지긋한 여성들은 한눈에 알아보고 전율하고, 그보다 젊은 패션광들은 지난날에 대한 노스탤지어를 만끽할 수 있는 옷이었다. 이때의 노스탤지어는 1940년대가 중심이었다. 그런데 홀스턴은 일종의 업데이트를 통해 클래식에 새로운 삶을 부여하여 그 생명을 연장시켰다. 노스탤지어는 1974년 로마에서 선보인 발렌티노Valentino 패션쇼에서도 무대를 장악했다. "1930년대와 쿠튀르의 전성기에 대한 노스탤지어로 가득한" 쇼였다.[17] 1935년에 처음 발표된 〈브로드웨이의 자장가Lullaby of Broadway〉 같은 노래들이 패션쇼 무대를 따라 걷는 모델들과 함께 흘러나왔다.

1970년대에 노스탤지어에 빠진 사람들은 지난 수십 년의 세월에 마구잡이식으로 접근했기에, 역사의 거의 모든 시점이 필요에 따라 "좋았던 옛 시절"을 대신할 수 있었다. 사람들이 그리워하는 시절은 전혀 일관되지 않았다. 1975년 잡지 〈아메리카The America〉가 전한 바에 따르면, 1920년대에 대한 노스탤지어는 지나갔을지 몰라도 "수평선에서 새로운 잔물결이 [그전부터 이미] 일렁였다." 이제 관중을 사로잡고 있는 것은 다름 아닌 1870년대였다. "도금시대gilded age"에 대한 이 열정은 처음에는 브로드웨이 연극 〈셜록 홈스Sherlock Holmes〉의 연이은 관람으로, 그다음에는 19세기에 나온 새로운 소설 전집의 범람이라는 형태로 나타났다. 노스탤지어의 타깃이 어찌나 구체적이면서도 외견상 임의적인지, 오로지 1752년부터 1768년에 이르는 이 16년에 대해서만 노스탤지어를 느끼는 탓에 비참하고 외로웠던 아이오와 출신의 한 남성에 관한 기록까지 있을 정도였다. 그가 느끼는 답답함은 특정한 이 시기에 대한 동경을 공유할 만한 사람을 단 한 명도 찾을 수 없다는 데 있었다.[18]

한 작가의 말처럼 1970년대에 노스탤지어가 너무나도 크게 유행하다 보니 사람들은 그저 노스탤지어에 탐닉하는 것을 넘어 "그 유행이 의미하는 바가 무엇인지 터놓고 따져보는 것"으로 옮겨 가기 시작했다.[19] 실제로 이 주제를 다룬 언론의 논평을 보면, 언론 스스로 이러한 경향을 부추기고 있다는 불만을 표시하며 불편한 심기를 드러내는 경우가 많았다. 1973년 〈뉴욕타임스〉는 한 면 전체를 할애해 풍자적인 독자 편지를 실었다. 실제 독자의 항의 편지는 아니었으나, 내용은 당시 언론사의 기조를 제대로 담아낸 것이었다. 이 가상의 독자들은 하나같이 노스탤지어에 불만을 내비치거나 노스탤지어에 대한 강박에 불평했다. 한 사람은 "이 신문사는 노스탤지어 말고는 쓸 거리가 없나요? 사람들은 지겹도록 되풀이되는 노스탤지어, 노스탤지어, 노스탤지어…… 타령에 이제 질렸다고요. 좋았던 그 시절에 언론이 했던 역할로 돌아가서 미국에 중요한 일들에 대해 쓰세요"라고 썼다. 또 다른 가상 독자는 "최악의 일이라고는 약간의 노스탤지어뿐이었던 좋았던 그 시절의 미국으로 다시 데려가주세요"라고 불평했다. 가짜 편지들 중에는 심지어 (노스탤지어에 빠진 어조로) 노스탤지어에만 집중하다 보니 미국 사회가 직면한 여타 진짜 문제들을 보지 못한다는 뜻을 내보이며 이렇게 이야기한 경우도 있었다. "달러화의 가치를 망가뜨리고 있는 것은 노스탤지어가 아니에요. 문맹, 영양실조, 뇌물 수수, 대기오염, 폭염, 상어 공포, 외설물, 컨트리음악, 4달러 밀과 같은 사건의 발생률이 증가한 것은 노스탤지어 탓이 아니에요. 그래요, 우리한테 이런 짓을 저지른 것은 노스탤지어가 아니라, 고집스레 노스탤지어를 거듭 곱씹는 언론이죠. 일단 당신네 언론인들부터 미국이 노스탤지어에 빠져 옴짝달싹 못하는 상태임을 잊게 한다면, 상황은 다시금 바로잡힐 테고 삶도 1946년 당시로 되돌아갈 거예요."[20]

미국 역사와 관련하여 노스탤지어를 자극하는 서사에 반발하는 여론도 실제로 많았다. 사람들은 온통 마음을 빼앗는 그 현상의 속성뿐 아니라, 과거에 대한 현재의 집착이 지저분하고 대체로 고통스러운 현실을 보기 어렵게 한다는 데에도 화를 냈다. 각종 책과 기사, 라디오 프로그램들은 그때껏 주로 장밋빛 시각으로 1870년대, 1920년대, 1950년대를 보여주었지만, 그렇게 그려낸 "황금시대"는 대부분 "대중을 위해 존재한 적이 한 번도 없었다."[21] 1974년 오토 L. 베트만Otto L. Bettmann은《좋았던 그 시절: 끔찍했지!The Good Old Days: They Were Terrible!》라는 책을 출간했다. 베트만에 따르면, "좋았던 옛 시절은 오직 소수의 특권층에게만 좋았다." 평범한 농부나 노동자의 "삶은 고난의 연속"이었다. 베트만은 대부분의 사람들에게 "황금시대"의 실상이 어떠했는지 가차 없이 기술했다. "우리가 그동안 망각한 것은 실업자들의 굶주림, 범죄, 부패, 노인들과 정신이상자들, 그리고 불구자들의 절망이다."[22]

베트만의 책은 노스탤지어보다는 노스토포비아로 꽉 채워져 있었고, 과거가 현재보다 얼마나 더 나빴는지 구구절절 설명하는 내용으로 가득했다. 1880년대에 가난하게 살아가는 아이들은 뉴욕의 길거리를 배회하면서 살아남기 위해 길고양이의 약삭빠른 본능을 배울 수밖에 없었다. 상자나 커다란 나무통에서 잠을 자고, 폐품을 줍거나 구걸을 했으며, 대안이 없으니 성매매나 범죄에 기댈 수밖에 없었다. 이 시기는 흔히 "도금시대", 즉 급속한 경제성장 및 산업화, 눈부시게 아름다운 드레스와 근사한 파티로 이루어진 황금기로 알려졌다. 하지만 베트만이 보기에는 그 사이 얼마나 진보가 이루어졌는지, 얼마나 삶이 나아졌는지 거듭 상기시키는 시기였다. 특히 노동자들에게 말이다. 베트만은

오토 L. 베트만은 저서 《좋았던 그 시절: 끔찍했지!》를 통해 1970년대 노스탤지어 물결을 향한 비판의 목소리를 냈다.

나치에 의해 베를린 프로이센 국립 예술 도서관의 희귀본 학예 책임자 자리에서 쫓겨난 뒤 1935년에 미국으로 왔다. 그는 뉴욕에 그 유명한 베트만 아카이브Bettmann Archive를 설립했다. 300만 종이 넘는 인쇄물과 사진을 소장한 일종의 사진 도서관이다. 그와 같은 처지인 망명자들, 특히 4장에서 살펴본 정신분석학자들과 마찬가지로 베트만의 개인적 사연이 아마도 틀림없이 근과거를 향한 장밋빛 시각에 대해 어느 정도 회의적인 태도를 취하게 했을 것이다. 설령 1970년대가 불황, 실업, 예산 삭감으로 점철된 10년이었다 할지라도, 베트만의 해석은 모종의 위안을 주었다. 지금 상황이 그 정도로 나쁠 수 있지만 "좋았던 그 시절"에는 상황이 한없이 더 나빴다고.

오래된 것들의 화려한 귀환

노스탤지어의 물결은 상당 부분 다분히 미국적인 것, 즉 역사상 미국의 특정 시기와 관련된 것처럼 보이고 다분히 미국적인 방식으로 전달되기는 했으나, 그럼에도 곧 대서양을 건너갔다. 영국, 프랑스, 독일에 옛날 영화와 1950년대 음악이 넘쳐흘렀고, 언론인들은 사회의 노쇠한 상태를 개탄했다. 영국의 한 언론인은 이 바다 건너 전파된 위협에 대한 우려를 이렇게 표현했다. "나는 미국에서 걷잡을 수 없는 해일급으로 커진 듯한 새로운 노스탤지어의 물결이 갈수록 걱정스러웠다."[23] 1971년 영국의 잡지 〈뉴 스테이츠먼The New Statesman〉은 노스탤지어가 "오늘날 온갖 곳에 팔려 다니고" 있다고 전했다. 무대 위에서든 화면에서든 인쇄물에서든 이 노스탤지어는 "그저 과거이기 때문에 과거에 대한 것처럼 보인다." 기사는 1942년을 모든 것이 달라진 듯한 해, "황금기가 …… 그 빛을 잃어가는 듯 보인" 해라고 밝혔다.[24]

미국과 마찬가지로 전염의 안전지대는 없었다. 좌파 성향의 잡지 〈트리뷴The Tribune〉은 "믿을 만한 다수의 소식통이 전하는 바에 따르면, 1930년대 댄스 밴드에 대한 노스탤지어 시장이 성장하고 있다"라고 보도했다. 〈추억The Way We Were〉, 〈개츠비Gatsby〉, 〈스팅The Sting〉, 〈청춘 낙서American Graffiti〉 같은 영화들의 성공도 노스탤지어 물결이 유럽 해안가에 찰랑거리고 있음을 시사했다. 이러한 흐름에 관한 분석들이 칭찬 일색인 것은 아니었다. 한 언론인은 특히나 아무런 감흥을 보이지 않았다. 그는 과거에 대한 감상적인 환영 속에 파묻힌 영국의 영화 문화를 거부했고, 영화 산업의 방종을 경멸했다. 좌파 간행물에 기고하는 사람답게 이 기자는 그 어떤 보수주의의 흔적도 몹시 의심스럽게 여기면서 다음과 같이 썼다. "이것은 '캠프camp'✝ 감수성에 속한다. 시간으로, 역사로, 사회과정으로 그 대상들을 귀중한 것으로 평가하고는 그것들을 현실적이라고 상정하고 추앙하는 것, 다시 말해 정치적으로 보수적인 행태다." 그는 비평을 하면서 다음과 같이 강경한 태도를 유지했다. "좌파 진영이 노스탤지어와 자위적 판타지에 이처럼 지적으로 맥없이 굴복하는 일만큼은 기필코 없어야 한다."²⁵

하지만 그의 한탄은 대체로 허사가 되고 말았다. 텔레비전에서 방영된 〈월튼네 사람들The Waltons〉과 〈닥터 엘리엇Doc Elliot〉은

✝ 미국 작가 수전 손택Susan Sontag이 창안한 개념으로, 낡거나 속된 것, 기상천외한 것을 인정하고 살리려는 태도나 행동, 예술 표현을 가리킨다.

미국을 배경으로 한 드라마인데도 영국 국민들 사이에서 엄청나게 인기를 끌었다. 둘 다 노스텔지어를 자극하는 작품이었다. 한 드라마는 대공황으로 고생하는 1930년대 어느 시골의 대가족을 그려냈다. 다른 드라마는 서부의 시골로 간 동시대의 의사에 관한 이야기로, 그곳에서 주인공이 겪는 문화 충돌이 미국 산간벽지의 강력한 가정적 미덕들을 드러냈다. 평론가들은 영국 사람들이 미국의 과거에 흥미를 느끼는 듯한 현상에 영문 모를 당혹감을 느끼면서도, 이 방송 프로그램들 안에 깔린 동경을 알아보았다. "노스텔지어는 결코 존재한 적 없는 순수하고 즐거웠던 황금시대에 대한 일종의 갈망이다. 이 같은 부류의 드라마는 이상화된다. 말하자면, 20세기 미국 사회와 미국인들의 일상을 담은 노먼 록웰Norman Rockwell의 그림이 육화하는 것이다."[26] 그런데 모든 사람이 그렇게 깊은 인상을 받은 것은 아니었다. "대공황 시절을 동경하는 사람은 누구든 제정신이 아닌 게 틀림없다. 그런데 그러한 동경이 이 신파 드라마의 인기 기반인 듯하다."[27]

미국에서처럼 예술과 패션도 금세 노스텔지어에 완전히 사로잡혔다. 1972년 런던의 화이트채플 갤러리Whitechapel Gallery에서 열린 1940년대 미술 전시회는 그 전시가 불러일으킨 감정으로 인해 이런 찬사를 받았다. "이 전시회는 국제적인 기준으로 볼 때 대단한 수준은 아니다. 하지만 나는 완전히 빠져들었다. 눈부시지 않고 솔직하며 다소 점잖은 …… 예상을 깨는 칙칙한 색채다. …… 내 나라와 관련하여 내가 가치 있게 여기는 것을 시각적으로 인식하는 경험이다."²⁸ 이런 식의 평가는 사람들이 비교적 가까운 과거에 마음이 가는 이유는 그것이 뭔가 더 단순한 것, 다분히 상식적인 보통 사람들의 마음에 가닿는 뭔가를 제공하기 때문이라는 견해에 가까웠다. 이들은 눈부신 미래의 진보 가능성에 끌리기보다 오히려 더 일상적인 고급품과 상품, 경험을 바라는 겸허한 사람들이었다.

영국에서는 특히 아동복에서 빅토리아 양식의 패션이 새로운 유행을 탔다. "옛날 옛날에 있는 듯 없는 듯 얌전한 소녀가 있었다. …… 이 사라진 꿈을 안타깝게 여긴 부모의 마음이 노스탤지어의 물결과 만나 새로운 아동용 빅토리언 룩으로 나타나고 있다."²⁹ 미국과 마찬가지로 골동품과 벼룩시장도 호황이었다. 1976년 〈가디언〉은 "3년 전에 일일장이 시작된 이후로 그 인기가 꾸준히 높아졌다. 이제는 잉글랜드 북부의 공회당 중 최소 서너 곳은 매주 주말마다 빛바랜 추억을 찾아온 수집가들로 발 디딜 틈이 없다"라고 전했다. 노스탤지어의 물결에 올라탄 이 시장들은 "모든 물건에는 제 가격이 있고 살 사람이 있음을 보여주는 생생한 증거"였다.³⁰

노스탤지어 물결은 영국해협도 건넜다. 영국에 당도한 때와 거의 같은 시기에 프랑스에도 이르렀다. 음반 업계는 다미아Damia, 뱅상 스코토Vincent Scotto 같은 아티스트와 〈기쁨의 거리Rue de la Joie〉 같은 노래의 황금기가 다시 돌아온 것을 두 팔 벌려 반겼다. 〈기쁨의 거리〉는 이미 최소 30년 동안 사람들이 흔히 들을 수 있는 노래가 되어 있었다. 부모와 10대 자녀들에게 모두 인기 있는 이런 음악들은 대체로 저작권 보호 기간이 만료된 상태였고, 아티스트들도 대개 사망한 경우가 많았다. 음반 회사의 임원들은 반색했다. 말하자면, "아주 수지맞는 사업인 것이다."[31] 서독에서는 이제 유서 깊은 온천—"노스텔지어의 물결을 타고서 신나게〔부글부글 거품을 일으키는〕"—과 전통적인 제빵 기술을 장밋빛 렌즈로 보게 되었다.[32] 무펜도르프에 사는 로렌츠 차펠베르크 Lorenz Zavelberg는 매일 아침마다 "가끔은 4시 30분까지도 괜찮기는 하지만" 새벽 4시에 일어나 석탄을 때는 아주 오래된 화덕에 불을 지피고 20킬로그램이 넘는 향긋한 밀가루로 반죽을 한 다음, 그 시절의 맛을 찾는 현지 주민들의 입맛을 만족시키기 위해 "브로흐텐brochten" 비스킷 500개를 구웠다. "오전 나절이면 주부들과 엄마 심부름을 온 꼬마들이 만들어둔 물량을 몽땅 사갈 터였다." 로렌츠 차펠베르크 같은 "진짜 제빵사들"은 "멸종되어가는 업종의 마지막 대변자들"이 아니라 호황을 누리는 산업에 속한 일원이었다.[33]

이른바 "진짜 제빵사들"이라는 식의 표현이 〈뉴욕타임스〉에 등장했고, 이는 상상된 과거에 대한 미국인의 노스텔지어를 보여주는 또 하나의 징후였다. 그사이 미국에서는 진즉에 사라졌을지라도 유럽에는 여전히 존재한다고 믿었던 과거 말이다. 이 기사는 "슈퍼마켓 판매용 빵을 만드는 보다 기계화된 '산업적인' 경쟁자들"이 점유한 시장에서 틈새를 차지한 그 제빵사들에게 찬사를 보냈다. 미국의 공장에서 생산되는 빵은 표백 밀가루를 쓰는 것이 일반적일지 몰라도, 서독에서는 사용이 금지되었다. 제빵 전통은 중세까지 거슬러 올라갔다. 당시에는 "마을마다 공동 화덕이 있어서" 주부들은 자기네 집에서 만든 반죽을 그 화덕으로 가져갔다. 다름 아닌 이 노스탤지어에 빠진 기고자는 옛 관습에 대한 아쉬움과 그리움이 그러한 관행의 부활로 이어지게 되었음을 밝혀냈다. 그 사례로, 비트겐슈타인의 작은 도시 반제에서는 25가구가 각각 30달러씩 기부하여 공동 소유의 오븐을 새로 장만하기도 했다.

미국과 마찬가지로 노스탤지어 물결은 오래된 것들의 상업성을 실질적으로 체감 가능한 수준으로 증가시켰을 뿐 아니라 그 자체로 열띤 문화 비평의 주제가 되었다. "흥미로운 격세유전atavism"†은 그전에도 이미 대서양 양안의 국가들에서 나타났다. 〈타임스The Times〉에서 별지로 발행한 〈고등교육 부록Higher Education Supplement〉에는 노스탤지어가 정점에 이르렀다고 볼 만한 사건이 실렸다. 런던 북부에 자리한 미들섹스 폴리테크닉 헨던 캠퍼스의 구내식당 바로 옆에 있는 남자 화장실의 벽면에 이런 낙서가 적혀 있었던 것이다. "노스탤지어는 예전 같지 않다."³⁴

---

† 한 생물의 계통에서 선조의 형질이 나타나는 현상.

히틀러와 나치를 사고파는 시대

유럽의 노스탤지어 물결은 전적으로 무해하지도, 제빵이나 온천 여행, 영화 개봉에 국한하지도 않았다. 1978년 〈가디언〉은 나치 군수품 등 제3제국⁺의 기념물 수집 분야에서 한창 성장 중인 "정치적 뉘앙스가 담긴 호황세 무역"에 관해 보도했다.[35] 〈뉴 스테이츠먼〉의 한 기자가 보도한 바에 따르면, 전쟁 노스탤지어가 영국에서는 그전부터 오랫동안 번창한 산업이었으나, 독일인들은 얼마 전까지만 해도 거기에 동참하기를 꺼렸다.[36] 그런데 1970년대에는 상황이 달라졌다. "우리 독일인들은 세계 최고의 군인들이다"라고 선언하는 듯한 〈츠바이테 벨트크리크Zweite Weltkrieg〉의 잡지 포스터에는 "폴란드 전격전Blitz-Kreig"이라는 설명이 붙었다. 포스터 속의 철모를 쓴 우락부락한 군인들은 예비 독자들을 굽어보며 "제2차 세계대전, 이보다 더 극적일 수 없는, 이보다 더 진짜일 수 없는"이라고 단언하고 있었다. 이 잡지를 낸 출판사 욘 야어 페를라크John Jahr Verlag는 시내의 신문가판대마다 만자가 선명하게 새겨진 나치당 깃발 수천 개를 나부끼게 하기에 이르렀는데, 오죽하면 베를린의 한 법정에서 그들의 광고 활동을 금지시켜야 했을 정도였다. 영국의 한 작가가 표현한 대로라면, 이제 독일의 어느 기차역을 가든 신문이나 잡지, 책 등을 내

⁺ 히틀러가 독일을 장악한 시기(1934~1945)의 독일제국.

놓고 파는 매점에서 "아드레날린을 솟구치게 하는 노스텔지어"를 얼마든지 구할 수 있었다.[37]

한마디로 군사용품 및 무기에 대한 책, 잡지, 신문 기사들이 도처에 있었다. 〈슈피겔〉에 따르면, 우표 수집조차 이 유행에 동참했다. "히틀러가 인기다. 요사이 제3제국 우표의 가치가 갑작스레 올라갔다."[38] 1970년대 독일에서는 제3제국의 음반도 예외가 아니었다. 1977년에는 히틀러의 연설이 담긴 LP판 두 장이 차트에 올랐고, (〈영국을 폭격하라Bomben auf England〉를 비롯한) 제3제국 행진곡이나 히틀러 유겐트Hitlerjugend의 노래, 아마도 〈결백Not Guilty〉—뉘른베르크 재판과 관련된—같은 것을 선별한 모음곡집도 나왔다.[39] 거의 같은 시기에 텔레비전 방송 편성 안내 책자인 〈공Gong〉에는 "제2차 세계대전"이라는 표제를 단 두 페이지짜리 광고가 실렸다. 배경에는 일렬로 늘어선 채 소총을 휘두르며 새벽 공습에 나선 군인들이 실루엣으로 표현되었다. 이 광고는 영국의 디에프 침공 작전, 토브루크 포위전, 나치 독일이 1942~1944년 유럽 대륙의 해안을 따라 건설한 광범위한 연안 방어 및 요새화 체계인 "대서양 방벽Atlantic Wall" 등 제2차 세계대전 당시의 다양한 전투 장면을 특징적으로 담아낸 50가지 은메달 시리즈를 홍보하는 것이었다. 이 50개의 은메달에는 육군 원수 게르트 폰 룬트슈테트 Gerd von Rundstedt, (전쟁범죄로 유죄판결을 받은) 공군원수 알베르트 케셀링 Albert Kesselring, (1945년 5월 독일이 항복하기 며칠 전 히틀러의 뒤를 이이 독일의 수반이 된) 해군제독 카를 되니츠 Karl Dönitz, (제2차 세계대전 당시 폭격기 조종 에이스이자 전후에는 네오나치로 이름을 떨친) 한스울리히 루델Hans-Ulrich Rudel의 초상이 새겨져 있었다.[40]

이러한 기념품 가운데 일부가 영국으로 갔다. 나치 독일의 비밀국가경찰인 게슈타포 배지, 나치스 친위대 SS의 단검, 포로수용소 관리자들의 완장이 영국 전역에서 통신판매업자와 골동품 수집가, 군수품 중개인을 통해 합법적으로 판매되었다.[41] 바이킹스 다큐멘터리 레코딩스Vikings Documentary Recordings라는 통신판매 업체는 카탈로그를 통해 대대적으로 광고도 했다. 이 업체의 카탈로그에는 〈히틀러의 말과 음악Hitler in Words and Music〉('신나는 음질'), 〈독일의 소명Germany Calling〉('폴란드에 관한 그의 유명한 방송'), 〈슈투카 조종사Stuka Pilot〉('미국인 나치당원의 내레이션'), 〈베니토 무솔리니Benito Mussolini〉('이탈리아인들을 감화시킨 연설들'), 〈나치스 돌격대 메들리Non-Stop Songs of the Brownshirts〉('차 안에서 듣기에 안성맞춤') 등의 녹음 테이프가 나와 있다.[42] 1977년 히틀러에 관한 다큐멘터리가 뜻밖의 성공을 거두자 서독 유대인중앙회는 "히틀러 노스탤지어 물결"의 가능성을 경고했다. 그 다큐멘터리는 역사학자 요아힘 페스트Joachim Fest가 쓴 베스트셀러 전기 《히틀러 평전Hitler: A Career》을 영화화한 것이었다. 동시대인들로부터 비판을 받기는 했으나, 그 영화가 히틀러의 명성에 긍정적인 파급력을 미친 것은 의도하지 않은 결과였다. 서독 유대인중앙회장인 베르너 나흐만Werner Nachman은 그것이 독일의 젊은 세대에게 부정확하기 이를 데 없는 히틀러의 모습을 보여주고 있다고 지적했다.[43]

역사학자 요아힘 페스트가 쓴 베스트셀러 《히틀러 평전》을 바탕으로 1977년 제작된 다큐멘터리영화 포스터.

영국에서 팔리건 독일에서 팔리건 간에 이러한 기념물 가운데 죽음의 수용소를 언급하는 것은 하나도 없었다. 그 전쟁은 순전히 왁자지껄한 재미와 남학생들끼리 하는 농담으로 가득할 뿐, 전혀 비윤리적인 행동이 아니라는 인상을 전달했다. 〈가디언〉의 표현대로, "하나같이 계산된 자기 미화 활동이자 영리 목적의 전쟁 찬양 행위다."⁴⁴ 게다가 상당수는 신나치주의자들이 내세우는 논지와 홀로코스트 부정으로 꽉 차 있었다. 영국에서는 일부 중

5장 | 거대한 물결의 시작

개인들이 노골적으로 우파 극단주의자들에게 영합하기도 했다. 영국의 한 네오파시즘 단체의 기금 조성을 위해 나치 군수품 수집물 및 기념물이 백인 우월주의적이고 반유대주의적인 도서와 함께 판매되었다는 사례도 최소한 하나 이상 존재했다.[45] 이러한 출판물과 연설 및 전시 음악 녹음물을 다루는 사람들 대다수는 네오나치와 관계있었다. 〈나치오날 차이퉁National Zeitung〉의 발행인 게르하르트 프라이Gerhard Frey 박사는 1970년대 초 다하우 강제수용소에 나치 친위대 출신 전범 요아힘 파이퍼Joachim Peiper의 기념비를 세우려고 계획한 일로 기삿거리가 되었다. 그 잡지는 실제로 전쟁을 일으킨 범인이 누구인지 설명하겠노라고 단언하는 기사를 게재하면서 "강제수용소 유대인에 대한 독가스 공격은 없었다"나 "히틀러의 실체—가면을 벗은 반독反獨 거짓" 같은 제목을 달았다. 그러면서 독자들에게 "강제수용소 유대인들의 사진이 어떻게 위조되었"고, "유대인 600만 명의 죽음이 어째서 날조된 사기"인지 알렸다. 나치 친위대 출신들이 조직한 단체가 실린 1977년도 달력, 동프로이센 및 포메라니아 지그소 퍼즐도 있었다. "그림 조각을 하나씩 맞춰나가다 보면 아이는 조국의 그림을 완성할 수 있고, 애국심은 재미있는 놀이가 된다."[46]

1970년대 나치 노스탤지어 붐은 서독 네오나치 집단의 호전성과 테러 활동의 증가를 동반했다. 1976년부터 1977년 사이 우파 극단주의 단체에 대한 범죄 수사 건수가 80건에서 300건 이상으로 늘었다. 나치 시대에 대한 노스탤지어는 유대인에 대한 괴롭

힘, 군대 내 폭력 사건의 증가로 고스란히 반영되었다. 전쟁 기념물과 전쟁 찬양 일색인 출판물의 인기는 네오나치 집단이 1930년대와 1940년대에 참전했던 재향군인들뿐만 아니라 그 시절에 대한 기억이 전혀 없는 젊은이들도 모집할 수 있었다는 것을 의미했다. 1978년 이를 우려한 빌리 브란트Willy Brandt 전 총리는 네오나치와 우파 극단주의자들의 행태에 대해 "경계를 강화"할 것을 호소했다. 그에 따라 나치 시대를 미화하는 자료의 유포에 대한 정부 통제를 강화하는 법안의 초안이 마련되었다.[47] 현재 독일 형법은 홀로코스트를 공개적으로 부정하는 행위, 나치의 프로파간다 및 형상을 유포하는 행위를 금지하고 있다.[48]

혼돈 속의 안식처

대체 1970년대의 어떤 점이 일부 사람들을 장밋빛 안경으로 뒤돌아보게 만들고, 그 밖의 많은 사람들을 이 애틋하면서도 흉포한 회상의 의미를 곰곰이 따져보게 만들었을까? 1970년대에는 노스탤지어가 부족하지 않았고, 노스탤지어에 관한 논평도 부족하지 않았으며, 이 추억 붐이 사회, 문화, 정치, 나아가 현대성 자체의 양태에 대해 말하고자 하는 바가 무엇인지에 대한 분석 또한 부족하지 않았다. 영국의 좌파 성향 잡지 〈트리뷴〉은 1974년에 이미 노스탤지어 물결이 부분적으로는 그저 노화의 산물임을 고찰했다. 즉, "노스탤지어 온천은 얼마간 우리 모두 열 살을 더 먹었다는 사실의 귀결일 뿐이다. 어떤 사람들은 이미 죽어버린, 떠나간 자신의 청춘을 애도하는 중이다." 그러면서 1970년대의 성인들이 경험하는 젊음이 현재의 삶보다 훨씬 달콤하다는 점을 지적하기도 했다.

영국에서는 유달리 "노스탤지어 물결"에 관한 분석이 특정한 어조를 띠었다. 1970년대가 특히나 쇠락한 10년이라는 만연한 감각에 빠져 있었던 것이다. 이전의 10년은 "현재 우리의 정치적 집단 기억 속에 있는 사실상 지독하고 고통스럽고 무거운 모든 것"을 목도한 시기였다. 이때는 "계층, 인종, 세대" 간 냉소와 적대감이 심했던 시절이었다.[49] 세상은 훨씬 덜 좋아졌는데, 이 기자는 주로 전쟁과 전쟁이 가한 "끝없는 물리적 및 사회적 파괴"의 여파에 그 책임을 돌렸다.[50] 1970년대가 사회적, 정치적, 경제적으로 붕괴한 10년이라는 관념은 그때나 지금이나 어디든 존재했다. 1977년 〈영국의학저널〉은 1970년대를 두고 NHS가 "쇠락한 10년"이라고 표현했다.[51] 이 시기는 요즘도 "불만의 겨울"— 1978~1979년 영국을 멈춰 서게 만든 전례 없는 파업의 계절—같은 별칭으로 불쑥불쑥 나타나기도 하고, 전 노동당 당수 제러미 코빈Jeremy Corbyn과 1970년대의 경제 침체를 비교하는 정치적 논쟁에도 등장한다. 언론인들이나 학자들 모두 대체로 1970년대를 진정 암울했던 10년으로 특징짓는 편이다. 한 역사학자의 말에 따르면, 1970년대는 "시작은 좋았을"지언정 머지않아 "혼란으로 끝나버렸다." 또 다른 역사학자는 이렇게 썼다. "1970년대 영국에 관해서라면 …… 〔역사학자들은〕 얄팍하고 무기력하며 궁극적으로 빈사 상태인 사회민주주의로 묘사한다."[52]

〈트리뷴〉의 이 기자는 영화, 연극, 패션에 만연한 창의성 및 혁신의 결핍을 개탄하고, 그가 "불온한 논지"라고 표현한 것을 개괄적으로 서술하면서 "과거에 대한 거짓된 꿈"이 사회적, 문화적 진보에 대한 열정을 대체했다는 데 동의했다.[53] 4년 뒤 〈트리뷴〉의 또 다른 필자 역시 이와 유사하게 노인들이 미래를 위협인 양 거부하면서 툭하면 과거, 말하자면 "자신이 혈기 왕성했던 시절"을 지향한다고 주장하며 노화 과정에 책임을 물었다. 그는 사라진 지 오래인 황금기와 현재의 부진한 삶을 개탄하면서 영국, 즉 "상대적 국력을 상실하고 와해된 선진국"의 전반적인 문화의 유사성을 밝혔다. 역사학자 R. S. 린드R. S. Lynd도 이에 동의하면서 1970년대를 극심한 침체기로 진단했다.[54]

이러한 막연한 불쾌감 또는 불편감은 영국에 특정된 것으로, 기울어가는 영제국의 권세에 대한 광범위한 불만을 반영했다. 최근 인기를 끈 영화와 텔레비전 프로그램은 하나같이 "더 행복"하고 "더 안정된" 시절을 떠올리게 할 뿐 아니라, 역사에서 영제국이 정점에 이른 시기—빅토리아 시대와 에드워드 7세 시대—나 겉보기에 끄떡없던 영국의 자본주의가 마지막으로 아주 건실해 보였던 시기—조지 왕조 시대 초반—를 소환하기도 했다. 아니, 적어도 〈트리뷴〉의 기자는 그렇다고 강하게 주장했다. 그는 노스탤지어가 근본적인 사회 변화를 가로막고 있다고 보면서 노스탤지어 물결을 심하게 폄하했다.[55] 노스탤지어는 일련의 경향성이나 유행에 그치는 것이 아니었다. 다름 아닌 이념적 개입이었다.

그전까지 의사, 심리학자, 정신분석학자의 전유물이었던 노스탤지어는 1970년대가 끝나갈 무렵 이미 어느새 문화 비평의 영역으로 들어가 있었다. 게다가 사회학자들의 관심 주제가 되기도 했다. 프레드 데이비스Fred Davis도 그중 한 사람이었다. 미국인인 데이비스는 미국 또한 영국이 경험한 것과 유사한 종류의 정서적 혼란에 시달리고 있다고 진단했다. 다만, 영국과 달리 미국의 노스탤지어 물결은 퇴색한 제국주의와 관련된다기보다 국가제도에 대한 신뢰의 위기에 더 가까웠다. 1925년 브루클린에서 태어난 데이비스는 1958년 시카고대학교에서 박사 학위를 취득했다. 의학 및 장애에 관한 연구로 사회학자로서 경력을 쌓기 시작했고, (택시 기사로 일한 경험에서 영감을 얻어) 택시 운전 같은 직업 연구로 옮겨 가게 되었다. 1975년 캘리포니아대학교 샌디에이고캠퍼스 사회학부에 자리를 잡았고, 1979년에는 그가 쓴 책 중 가장 유명하고 영향력 있는 저서인《어제를 그리며: 노스탤지어의 사회학Yearning for Yesterday: A Sociology of Nostalgia》을 출간했다.

데이비스는 노스탤지어를 처음으로 이론화한 사회과학자로 꼽혔다. 그는 노스탤지어가 과거를 오용한다고 주장했다. 그것은 완벽한 복제가 결코 불가능한 사건의 재구성이다. 결과적으로 노스탤지어는 우리에게 지나간 현실보다는 오히려 현재와 현재의 분위기 및 불안에 대해 더 많은 것을 알려준다. 데이비스는 결론을 이끌어내기 위해 연구 참가자들을 대상으로 수차례 장시간 면담을 진행했다. 이 면담을 통해 그는 (비록 다른 사회과학자들은 이견을 보였지만) 노스탤지어의 대상이 되는 과거는 연대기나 역사책, 기념비, 전설에서 도출된 이야기가 아니라, 적어도 어떤 식으로든 반드시 개인적으로 경험한 과거여야 한다는 사실을 납득했다. 하지만 데이비스에 따르면, 노스탤지어가 개인적인 경험에 기초한다고 해서 과거가 노스탤지어의 원인이라거나 그 이유를 설명해준다는 뜻은 아니다. 바꿔 말하면, 과거의 실체는 현재 사람들이 노스탤지어를 느끼는지 여부, 또는 노스탤지어를 얼마나 강하게 느끼는지 여부에 전혀 영향을 미치지 않는다. 그보다는 현재의 상황이 사람들로 하여금 자신이 젊었을 때 경험한 일에서 노스탤지어의 메아리를 찾게끔 자극한다. 방아쇠 역할을 하는 것은 다름 아닌 현재다. 그렇다면 대체 1970년대가 어떠했기에 사람들이 단순히 뒤돌아보는 데 그치지 않고 온갖 다양한 시대를 되짚어보게 만들었을까?

데이비스는 일부 동시대인들의 경향성은 논외로 하고, 문제의 그 시기만이 특별히 갖고 있는 특질에 초점을 맞춤으로써 현재의 노스탤지어 물결을 설명하고자 했다. 그는 그 같은 설명 자체가 노스탤지어의 반영이라고 보았다. 지나간 시간, 패션, 사건의 힘은 현재와 대비될 수 있는 방식에 있다. 데이비스는 remembrance(추모), recollection(상기), reminiscence(연상), revivification(소생), recall(소환)은 모두 "시간을 거슬러 되돌아보는 정신 상태"를 뜻하는 영어 단어지만, 이 중에서 '노스탤지어'가 불러일으키는 것과 정확히 일치하는 감정을 환기하는 단어는 없다고 주장했다. 그는 면담 대상자 가운데 미래에 대해 노스탤지어를 느낀다고 주장한 사람이 여럿 있었다고 설명했다. 데이비스는 분명 노스탤지어에는 단순히 과거만이 아니라 그 이상의 것이 포함되어야 한다고 보았다. 특별한 정서적 특질 또는 비교 기회가 스며 있어야 했다. 오직 현재의 공포나 불만, 불안, 불확실성만이 과거로부터 노스탤지어를 자아낼 수 있었다.

데이비스를 비롯하여 앨빈 토플러 같은 사회과학자들이 보기에 노스탤지어는 근본적으로 실제적인 또는 임박한 변화에 대한 두려움에 의해 촉발되는 정상적인 심리적 반응이었다. 전 세계적으로 600만 부 이상이 팔린 책인 《미래의 충격》을 쓴 토플러는 노스탤지어를 "너무 짧은 기간 안에 일어난 너무 많은 변화"에 대한 반응으로 보았다. 1970년대의 노스탤지어 물결은 더 단순하고 덜 혼란스러운, 상상된 과거에 대한 일종의 심리적 욕망이었다. 그러한 과거가 실제로 현재보다 나은지 여부는 중요하지 않았다. 노스탤지어는, 비록 무의식적이기는 하나 데이비스가 말한 "무의미라는 늑대wolf of insignificance"의 위협을 피하기 위한 위안으로 쓰인다. 노스탤지어는 우리가 변화의 위협으로부터 자신을 지키기 위해 효율적으로 활용하는 여러 심리적 자원 가운데 하나다.

노스텔지어가 과거보다는 현재와 더 관련있다고 강하게 주장하기는 했으나, 정작 데이비스 자신은 1970년대의 노스텔지어 물결을 1960년대의 급진적 에너지—즉 "대규모 정체성 전위massive identity dislocations"—를 토대로 설명했다. 사람들을 그 시절로 돌아가고 싶게 만드는 호소력 있는 뭔가가 1960년대에 있어서가 아니었다. 그 10년 동안 세상 만물의 전통적 질서가 근본적으로 완전히 뒤집힌 탓에 사람들이 표류하는 듯한 감정을 느끼고 노스텔지어라는 형태의 심리적 진정제를 필요로 하는 상태가 된 것이었다. 데이비스는 베트남전쟁, 마틴 루서 킹Martin Luther King과 존 F. 케네디John F. Kennedy 형제의 암살, 인종 폭동, 학생 시위, 민권 행진, 켄트주립대학교 집단 발포 사건(실제로는 1970년에 일어났다) 등 1960년대 미국에서 벌어진 일들을 빠짐없이 긴 목록으로 제시했다. 1960년대에 미국인 수백만 명은 대부분 그때껏 세상의 자연적 질서로 여겼던 것에 대한 신속하고 지속적이며 근본적인 공격을 경험했다. 보통 사람이 살면서 줄곧 품었던 "남자, 여자, 습속, 예의, 법, 사회, 신"에 대한 본질적이고 강한 신념이 그토록 도전받고 분쇄되고 흔들리는 경험을 한 경우는 현대사에서 드물다고 그는 주장했다. 맹공격은 텔레비전과 대중매체에 의해 더욱 격렬해지기만 했다.

미국의 1960년대는 "**집단적** 정체성 위기", 말하자면 자신이 누구이고 무엇인지에 대한 사람들의 감각에 근본적으로 문제를 일으킬 만한 사건을 초래한 듯 보였다. 정말이지 구심력은 더 이상 발휘되지 않았고, 확실성은 이미 흔적조차 없이 사라진 듯했다. 많은 사람이 보기에 마치 "빈발하는 도덕적 광기"가 자신이 알던 세상을 완전히 쓸어버린 것 같았다. 노스탤지어 물결은 그런 그들에게 급진적 변화로부터 물러나 쉴 수 있는 "은둔처, 안식처, 오아시스"를 제공했다. 데이비스는 그 물결의 속도와 풍부하고 다양한 징후를 1960년대의 "정체성 혼란"이 얼마나 극심하고 포괄적―그리고 파국적―이었는지 가늠할 수 있는 척도로 보았다. 사람들은 앞선 10년간 혼란의 소용돌이에 얻어맞아 정신적으로 심하게 멍들어 있었다. 그런데 노스탤지어가 자기감을 유지하고 재확인할 수 있는 한 가지 방법이 되었다. "노스탤지어의 시선은 앞쪽보다는 뒤쪽, 새로운 것보다는 익숙한 것, 발견보다는 확실성으로 향한다."[56]

프레드 데이비스는 사회학자였기에 그가 보는 노스탤지어는 의학적이거나 정신적인 진단이 아니었다. 선천적이거나 개인적인 일탈의 표지도 아니었고, 한 사람의 인생 또는 경험의 세부적인 전기로부터 필연적으로 발생하는 성향도 아니었다. 그보다는 오히려 사회적, 문화적, 정치적 감정이었다. 개인 차원에서 느끼는 감정일 수는 있으나, 실제로는 한 인간이 자신을 둘러싼 세계와 어떤 식으로 관계를 맺고 그 세계를 이해하는지가 핵심이었다. 한편, 노스탤지어는 "우리가 누구인지, 어떤 존재인지, 그리고 …… 어디로 가는지에 관한 우리의 감각에 깊이 연루되어" 있었다. 그것은 "우리의 정체성을 구성하고 유지하고 재구성하는 끝없는 과업", 즉 "날것 그대로의 매개되지 않은 경험의 카오스"로부터 자아를 구해내려고 할 때 우리가 재량껏 쓸 수 있는 여러 수단 가운데 하나였다.[57]

반면, 데이비스가 말한 1970년대의 "노스탤지어 난장nostalgia orgy"[58]은 집단적 경험, 다시 말해 1960년대를 특징짓는 사회 격변과 밀접한 관계가 있다는 측면에서 이해되어야 했다.[59] 노스탤지어는 "어스름한" 감정, 즉 "임박한 변화의 어둠이 잠식해오는 것이 보이는" 때에 강력해지는 존재였다. 데이비스가 보기에 그것은 해럴드 라스웰Harold Lasswell이 내린 정치에 관한 유명한 정의인 "사적 감정을 공적 대상으로 대체하는 것"의 도치에 해당했다. 노스탤지어는 정확히 그 반대로 작동했다. 고통, 불안, 불만이 담긴 공적 영역 내 변화의 순간들을 모조리 빼낸 다음, 그것들을 기억과 소비 습관, 세상사에 대한 관대한 정서를 공유하는 보다 사적인 세계로 다시 쏟아 보냈다.[60]

일하는 방식, 생애 경험, 사용한 연구 방법, 공들여 내놓은 논거에서 데이비스는 그보다 앞서 노스탤지어로 관심을 돌렸던 정신분석학자들과 여러모로 달랐다. 하지만 노스탤지어 성향이 있는 사람들의 특성을 묘사한 내용만큼은 별반 다르지 않았다. 적어도 1960년대는 그때나 지금이나 대다수 사람이 보기에는 진보적 사회 변화가 이루어진 10년이었다. 어쨌거나 "스윙잉 식스티즈"─페미니즘, 민권, 성 해방, 우드스톡, 경구피임약, 청년 문화의 시대―였으니 말이다. 게다가 그 뒤로 일어난 근본적인 변화라는 것이 말만큼 그렇게 근본적이지는 않았을 수도 있었다. 데이비스는 최소한 1960년대의 그러한 비전만큼은 믿고 받아들였다. 결과적으로 그가 본 노스탤지어에 빠진 사람들은 전통주의자들이었다. 그들은 관습적이고, 혁명과 개혁을 의심의 눈초리로 바라보았다. 종교적일 가능성이 크고, 정치적으로 보수적이며, 나아가 신기술의 수용을 거부하는 러다이트Luddite일 수도 있었다. 그들은 현재의 불만이라는 부정확한 감정에 의해 옛것을 게걸스레 먹어치우도록 추동되는, 무의식적인 미디어 소비자들이었다.

  이것은 분명 우리에게 익숙한 이야기다. 그러한 서사를 활용한 것이 데이비스가 처음은 아니기 때문이다. 이런 식의 설명은 20세기 전반기에 낸더 포더를 비롯한 정신분석학자들의 저술에 등장한 바 있다. 극심한 향수병에 관해 기술하면서 그것을 유아적이고 미성숙한 상태로 규정하는 대목 말이다. 게다가 노스탤지어라는 감정(또는 질병)을 개념화하는 방식에서는 꽤나 차이가 있으나, 19세기 말의 저술가들도 당대의 "노스탤지어 물결"을 개탄했다. 이러한 측면에서 노스탤지어를 살펴보고 노스탤지어에 취약한 성향의 사람들을 규명하고자 하는 이들은 데이비스 이후에도 나올 터였다. 10년 간격으로 모든 시대마다 이번 세대가 어쩌면 전 세대를 통틀어 노스탤지어에 가장 심하게 빠져 있을지도 모른다는 우려가 나왔다. 그런데 1970년대는 뭔가 새로운 일이 **이미** 벌어진 상태이기도 했다. 데이비스는 그 자신이 물결―노스탤지어로 관심을 돌린 인문학자들과 사회과학자들의 격류―에 속해 있었을 뿐 아니라, 진정으로 새로운 현상을 규명하기도 했다.

그때껏 수십 년 동안 보아온 노스탤지어와 달리 1970년대의 노스탤지어는 큰 사업이었다. 이때부터 노스탤지어는 미국과 유럽, 궁극적으로는 전 세계를 집어삼킨 돈 버는 기계가 되기 시작했다. 데이비스가 말한 "미국의 노스탤지어 산업"에서 말이다. 노스탤지어에서 돈이 나오자 순환 주기가 더욱 빨라졌고, 미디어는 "계속 늘어나는 비율로 예전에 만들어낸 자신들의 창작물을 미친 듯이 먹어치워"야 했다. 1970년대에는 원본의 출현과 노스탤지어적 재활용의 간극이 줄어들었다. 1970년대가 끝나갈 무렵에는 재창조, 재발견, 또는 개작이 나오는 데 몇 년이 채 걸리지 않을 정도였다. 데이비스는 이 산업의 파급력에 회의적이었다. 추정컨대 노스탤지어를 부르는 우리의 기억 가운데 사적이고 내밀한 부분―저녁놀, 생일, 가족 모임, 친구, 연인―이 변질될 것을, 또 영리 획득을 목적으로 우리의 감정이 착취당할 것을 우려했다.[61] 하지만 좋고 나쁨을 떠나 노스탤지어 산업은 우리 생활의 일부가 되었다. 점점 더 많은 기업과 문화 창작자가 노스탤지어의 상업성을 간파하면서, 사람의 마음을 잡아끄는 이 감정의 특질을 써먹는 데 갈수록 선수가 되어갔다.

6장

감정을 돈으로 바꾸는 법

광고쟁이에게 필요한 것은 우주선보다는 타임머신이었다.
그토록 돌아가고 싶던 시절로 우리를 데려가주니까.
바퀴보다는 회전목마가 필요했다.
빙글빙글 돌다가 집으로 돌아가면 되니까.
우리가 사랑받는 존재임을 일깨우는 그곳으로.

1973년 영국의 제빵 기업 호비스Hovis는 상징적인 텔레비전 광고를 공개했다. 안토닌 드보르자크Antonín Dvořák의 교향곡 제9번을 배경음악으로 쓰고, 잉글랜드 남서부의 도싯에서 촬영한 광고 〈자전거The Bike〉는 할리우드로 가서 〈에이리언Alien〉, 〈블레이드 러너Blade Runner〉, 〈델마와 루이스Thelma & Louise〉 같은 블록버스터를 제작한 리들리 스콧Ridley Scott이 연출했다. 이 광고에서는 한 소년이 빵이 한가득 담긴 바구니를 실은 자전거를 밀면서 가파른 언덕을 올라갔다가 다시 자전거에 올라타고는 페달에서 발을 뗀 채 신나게 언덕길을 내려간다. 1년 뒤, 호비스는 〈우리 아빠Our Dad〉라는 후속편을 내놓았다. 에드워드 7세 시대의 옷차림을 한 소년이 등장한 가운데 강한 요크셔 지방 억양으로 어린 시절을 이야기하는 노인의 내레이션이 흘러나온다. 이윽고 나지막하게 진지한 어조로 광고 슬로건을 읊조리는 목소리가 이어진다. "늘 그래왔듯 지금도 당신에게 한결같이 좋은 것."[1] 대놓고 노스

1973년 호비스가 만든 광고 〈자전거〉의 포스터. 포스터 하단에는 "늘 그래왔듯 지금도 당신에게 한결같이 좋은 것!"이라는 슬로건이 쓰여 있다.

탤지어를 자극하는 이 광고는 단순히 빵뿐만 아니라 지나간 그 시절—빵은 집에서 손수 굽고, 배달은 자전거로 하던 시절—로 가는 문을 팔기 위해 시청자들의 심금을 울리게끔 기획되었다. 1973년밖에 되지 않았는데도 이미 영국에서는 거의 찾아볼 수 없게 된 세상을 말이다. 이 광고는 금세 많은 사랑을 받으며 광고계의 고전으로 자리 잡았다. 1978년에는 코미디 듀오 투 로니스Two Ronnies가 직접 짠 촌극에서 이 광고 장면을 풍자하기도 했다.[2]

그런데 노스탤지어를 불러일으키게끔 의도된 이 광고 자체가 노스탤지어의 대상이 되기도 했다. 대체로 어릴 때 처음으로 호비스 광고를 본 사람들은 장밋빛 안경을 쓴 채 그 시절의 시청 습관, 생활양식, 상업 문화를 반추했다. 비교적 최근에 유튜브 등의 사이트에 디지털 버전으로 업로드된 그 광고의 하단을 보면 노스탤지어에 젖은 칭송 댓글 일색이다. 한 시청자는 "이 광고 실제로 기억나요. 아주 애틋한 추억이에요. 이거 보는데 눈가가 촉촉해졌어요"라고 썼다. 또 다른 인기 댓글은 "이 광고에는 마력이 있다. 나를 어린 시절로 데려가 내 안에 노스탤지어와 위로 같은 따스한 감정을 불러일으킨다"였다. "추억 그 자체네요. 너무 아름답고 너무 평화롭고⋯⋯. 지금 쉰셋인데 딱 하루만이라도 시간을 거슬러가고 싶네요"라는 글도 있었다. 53세라면 이 댓글을 쓴 이는 아마도 1960년대 말에 태어났을 텐데, 광고의 배경인 에드워드 7세 시대로부터 50년이 지났을 때다. 따라서 이 사람들은 리들리 스콧이 담아낸 시기가 아니라 자신들의 유년기인 1970년대에 대한 노스탤지어를 표현하고 있는 것이다. 1930년대라는 시대 배경은 기억하지 못해도, 온 가족이 보던 텔레비전 수상기로 가장 처음 그 광고를 시청했던 일만큼은 잊을 수 없다. 어느 유튜브 사용자는 이들이 그리워하는 것이 무엇이고 언제인지 훨씬 더 명쾌하게 드러냈다. "이 광고 봤을 때가 기억난다. 어릴 때 엄마랑 아빠랑⋯⋯. 정말 좋은 추억⋯⋯."[3]

〈데일리 메일Daily Mail〉에 따르면, 〈자전거〉 광고는 급속도로

"영국 역사의 단면"을 생생히 보여주는 국보가 되었다.⁴ 이 광고를 본 사람들은 노스탤지어와 애국심이 결합된 감정을 느꼈다. 한 유튜브 사용자는 "영국인을 의미하는 모든 것이 하나의 광고 안에 깔끔하게 압축되어 있다. 우리 사회사에서 아주 중요한 부분"이라는 글을 남겼다. 또 다른 이용자는 "잉글랜드 사람임에 뿌듯해진다"라고 한마디로 표현했다.⁵ 2013년에는 언덕 위로 자전거를 밀고 올라가던 아역 배우 칼 발로Carl Barlow가 크리스마스 조명 점등 행사에 초청을 받아 광고의 촬영지인 도싯의 섀프츠베리라는 도시를 다시 방문하기도 했다. 2019년에는 소비자 1200명이 참여한 조사에서 이 광고가 영국에서 가장 "훈훈하고 상징적인 광고"로 선정되었다. 이러한 대중적 성공을 기념하기 위해 4K 화질로 디지털 복원 작업이 이루어졌고, 광고 음악도 원곡을 담당했던 애싱턴 콜리어리Ashington Colliery 브라스밴드의 신세대 멤버들이 재녹음했다. 그렇게 〈자전거〉는 단기 방영용으로나마 재차 텔레비전 화면으로 돌아왔다.⁶

호비스 광고가 그 분야에서는 최고의 사례이자, 아직도 20세기 후반에 영국에서 성장한 사람이라면 곧바로 알아보는 광고이기는 하나 물건을 팔고 돈을 버는 데 노스탤지어를 이용한 기업은 호비스만이 아니었다. 1970년대는 '노스탤지어 산업'의 탄생을 목도한 시기였다. 그런데 이 산업은 비교적 신생인 기술과 함께 성장했으니, 바로 텔레비전 광고였다. 텔레비전은 1920년대 말에 발명되었는데, 광고업계의 경영진이 이 새로운 기술의 잠재력을 알아보는 데는 그리 오랜 시간이 걸리지 않았다. 광고대행사의 텔레비전 부서는 당초 규모가 작고 인원도 부족했으나 금세 상황이 바뀌었다. 1941년 5월 미국연방통신위원회Federal Communications Commission는 텔레비전 방송국 열 곳에 광고방송 허가를 내주었다. 그해 7월 1일, 사상 최초로 텔레비전 광고가 전파를 탔다. 불로바Bulova라는 시계 회사의 광고였는데, 이때 들어간 광고비는 9달러에 불과했다.[7] 로서 리브스Rosser Reeves라는 걸출한 광고업계의 임원은 "우리는 이것이 유순한 새끼고양이가 아니라는 사실을 알게 되었다. 우리한테 사람을 잡아먹는 포악한 호랑이가 생긴 것이다. 우리는 인쇄물이나 라디오에서 하던 광고 선전을 그대로 가져다가 텔레비전에 내면 된다. 보급된 수상기가 얼마 안 돼도 판매량이 천정부지로 치솟을 것이다"라고 언급했다.[8] 컬러 영상, 채널 수 증가, 보급율 확대와 함께 텔레비전 기술이 진화함에 따라 광고업계는 창의성을 내세워 막대한 돈을 벌어들이는 거대 산업으로 급성장했다. 1951년 무렵 미국에서 텔레비전 광고에 지출된 금액은 1949년 1230만 달러에서 훌쩍 뛰어올라 1억 2800만 달러에 이르렀다. 또 1955년에는 미국의 텔레비전 광고 지출액이 10억 달러 선을 넘어섰다.[9] 이러한 성장세는 상대적으로 텔레비전 보급율이 낮은 상태에서 일어나고 있었다. 1950년 당시 미국에서 텔레비전 수상기를 소유한 가정은 9%에 불과했다. 그런데 1950년대 말이 되자 미국 가정의 87%에 넬레비진이 있었다.[10]

영국에서는 1950년대에 텔레비전 광고가 탄생했다. 1955년 ITV가 개국하면서 광고—원래 알려진 대로라면 "막간 쉬는 시간"—가 영국의 텔레비전 화면에 등장하기 시작했다. 영국 최초의 텔레비전 광고인 기브스Gibbs SR 치약 광고가 1955년 9월 22일 저녁 8시 12분에 방송되었다. 얼음 덩어리 속에 박힌 치약 한 통이 화면에 나왔다(플라스틱이 더 나았기에 진짜 얼음은 포기해야 했다). 시청자들은 메그 스미스Meg Smith라는 여자 배우가 "위로 아래로 잇몸 주변으로" 이를 닦는 모습을 지켜보았다. 목소리 해설을 맡은 알렉스 매킨토시Alex Mackintosh가 (BBC에서 프로그램 사이에 들어가는 안내 방송을 전하는 아나운서답게 정확하고 깔끔한 발음으로) 선언하듯 이렇게 말했다. "알싸한 상쾌함. 얼음처럼 상쾌합니다. 기브스 SR 치약." 총 1500리터 이상의 수돗물이 들어갔는데, 이 광고를 촬영했던 런던 워더 스트리트의 파테 스튜디오 남자 화장실에서 물을 뽑아다 써야 했다.[11]

   1950년대 말 즈음에는 이미 대서양 양안에서 텔레비전이 주요한 광고매체가 되었다. 기발한 선전 문구와 광고에 삽입된 CM송이 일상 대화의 소재가 되고, 보통 사람들의 마음에 스며들었다. 미국에서는 광고주들이 1분짜리 광고 자리를 얻는 데 1~2만 달러의 돈을 지출하고 있었다. 라디오 광고의 10배였다. 게다가 1960년대 무렵에는 텔레비전 광고가 미국 전체 가구의 90%에 가닿을 수 있을 정도가 되었다. 텔레비전은 그러한 역량을 지닌 유일한 매체였다.[12] 결과적으로 광고는 점점 더 창의적인 것, 즉 그 자체로 하나의 예술형식이 되어갔다. 경쟁이 살벌하지만 수익성이 뛰어나다는 업계의 속성과 더불어 바로 이 점을 영민하게 포착한 것이 매슈 와이너Matthew Weiner가 제작한 텔레비전 드라마 〈매드 멘Mad Men〉이었다. 2007년 7월부터 2015년 5월까지 일곱 개 시즌에 걸쳐 총 92화가 방영된 이 드라마는 1960년 3월부터 1970년 11월까지 맨해튼의 매디슨 애비뉴에 있는 한 광고대행사에서 벌어지는 극적인 사건들을 따라가는 내용이었다. 이 시리즈의 주인공은 존 햄Jon Hamm이 연기한 카리스마 넘치는 광고업계의 임원 돈 드레이퍼Don Draper로, 종잡을 수 없는 행동이 천재적인 창의성으로 상쇄되는 인물이었다.

    기업들이 고객층의 기반을 강화하고 상품을 판매하기 위한 도구로 노스탤지어를 사용하기 시작한 때가 바로 이 드라마가 극화한 시기였다. 이를 가장 잘 보여주는 예시는 1960년대 자체가 아니라 드라마 〈매드 멘〉에 나온다. '바퀴The Wheel'라는 제목으로 방영된 초반부의 한 에피소드에서 돈 드레이퍼는 사람들의 감정을 북돋아 상품을 파는 노스탤지어의 힘에 대해 장광설을 늘어놓는다. 그는 기술이 "눈부시게 반짝이는 유혹"일 수는 있으나, 대중과의 접점을 유지하는 유일한 방법은 그들이 제품과의 "정서적 유대감"을 쌓게 만드는 것임을 인정한다. 드레이퍼는 자신의 첫 번째 과제로 한 모피업체의 내부 광고 작업을 맡고 있었다. 동료 중 한 명인 "베테랑 카피라이터"는 이렇게 말했다. 광고에서 가장 중요한 개념은 "새로운" 것, 뭔가 "참을 수 없는 욕구"를 자아내는 것일지도 모르지만, "노스탤지어"는 "상품과의 더 깊은 유대감"을 자아낸다고. 이 동료는 드레이퍼에게 자신의 모국어인 그리스어로 "노스탤지어"는 문자 그대로 "오래된 상처로 인한 통증"이라는 뜻이라고 알려준다. 기억 자체보다 훨씬 강력한 가슴 저릿한 통증. 그러니 광고쟁이들에게 필요한 것은 우주선보다는 타임머신이었다. "타임머신은 뒤로도 앞으로도 가니까. 다시 가고 싶어 죽을 지경인 그곳으로 데려가주니까." 바퀴가 아니라 회전목마. "아이 때처럼 여행하게 해주니까. 빙글빙글 돌다가 다시 집으로 돌아가는…… 우리가 사랑받는 존재임을 일깨우는 곳으로."[13]

  돈 드레이퍼는 허구의 인물일지라도, 노스탤지어에 상업성이 있다고 본 그의 신념은 사실에 기반한 것이었다. 1960년대 말 이후로 줄곧 노스탤지어는 광고에 언제나 존재하는 특징이었고, 현저한 빈도로 시청자들에게 기묘한 정서적 힘을 발휘했다. 이는 미국의 맨해튼에 해당하는 이야기지만, 영국도 마찬가지였다. 지난날에 대한 애틋한 감정을 써먹은 기업은 호비스만이 아니었다. 1966년 영국의 제과회사 캐드버리Cadbury는 케이크 신제품을 홍보하기 위해 31초 분량의 텔레비전 광고를 제작했다. 〈추억의 그 시절The Years to Remember〉은 세 가지 간단한 질문으로 시작했다. "제빵사들이 손수 빵을 굽던 때를 기억하나요? 치즈가 농가에서 나오던 때는요? 손맛 뛰어난 요리사들은 오직 버터만 쓰려고 하던 때는요?" 음성 해설과 함께 옛날식 빵집과 낙농장의 이미지들이 흘러나오면서 시청자들이 추억에 잠기도록 만들었다. 어린 시절의 맛을 그리워하는 사람들에게 캐드버리는 "그동안 거의 잊고 지냈던 그 맛을 떠올리게" 하는 힘이 있었다.[14]

시청자들 사이에서 유년기의 기억을 상기시키려는 시도는 1970년대 내내, 그리고 1980년대에 들어서까지 일반화되었다. 1981년부터 내보낸 하인즈Heinz의 토마토크림수프 광고는 명령조로 시작한다. "인생 첫 수프 그릇을 떠올려보라." 붉은 빛깔의 액체가 가득 담긴 한 아이의 수프 그릇이 화면에 나오는 가운데 광고 문구를 읊는 음성이 깔린다. "사랑하는 것은 결코 잊지 못하죠."[15] 1970년대에 리베나Ribena도 블랙커런트 음료 광고에 비슷한 전술을 사용했다. 나이 지긋한 여성이 등장해 "오래전 여름날이면 어머니가 주시던 게 기억나요"라고 반추한다. 여성은 "지금도 그 맛을 사랑해요"라고 말하고, 광고는 리베나가 "어렸을 때만큼이나 지금도 좋다"라고 강조한다.[16] 1982년 앵커 버터Anchor Butter는 1930년대 가족 소풍 장면이 나오는 가운데 〈어린 시절의 앵커 데이Anchor days of childhood〉라는 CM송이 흐르는 광고를 내놓았다. 광고는 이렇게 끝난다. "그래서 당신이 늘 이걸 좋아했던 거예요."[17]

특정 상품들은 주변 세상이 아무리 심하게 요동쳐도 변함없는 품질 상태로 안도감을 준다는 생각은 이 시기에 광고업계를 관통한 주제였다. 1970년대 언론인들과 사회학자들은 모두 노스탤지어적 몽상이나 반추가 당대의 불확실성을 치유하고 우리를 안심시켜주는지도 모른다고 주장하고 있었다. 1974년에 나온 아침

식사용 시리얼 위타빅스Weetabix의 광고에서는 여성 내레이터가 추억담을 전하기 시작한다. "아빠는 말도 안 되게 오래된 차를 몰았는데, 거기 우리를 태우고는 시골에 데려가곤 하셨죠." 그런데 상황이 변했다. "지금은 달라요. 교통 체증 같은 것들 때문에요! 지금은 모든 게 달라졌어요." "뭐, 다는 아니에요"라고 여성은 말을 이어간다. "물론 위타빅스는 여전히 그대로죠."[18] 리베나, 위타빅스, 호비스, 앵커 버터처럼 가정에서 사랑받은 기호식품 회사들은 폭풍처럼 휘몰아치는 사회적, 정치적 변화 속에서 묵직한 정서적 중심 추를 제공했다. 한마디로 모든 것이 발밑에서 시시각각 변동하는 듯한 순간에도 기댈 수 있는 견실한 기업이었다.

1970년대는 '중고' 시대라는 별명이 붙기는 했으나, 광고업계는 갈수록 경쟁이 치열해지는 시장에서 신상품을 홍보하는 데 도움이 될 만한 수익성 있는 전략을 잡았다는 사실을 잘 알았다. 노스탤지어는 물건을 팔았고, 광고업계는 돈 드레이퍼가 말한 정서적 타임머신을 포기할 뜻이 전혀 없었다. 결과적으로 노스탤지어는 1980년대와 1990년대 내내, 그리고 밀레니엄에 들어서까지 텔레비전 광고를 장악할 터였다. 그런데 이러한 노스탤지어와 함께 기이한 종류의 기억상실증이 따라왔다. 노스탤지어는 1970년대부터 줄곧 텔레비전 화면에 한결같이 나오고 있었으나, 광고업계의 경영진과 마케팅 연구자들은 새로운 10년이 시작될 때마다 사람들이 그 직전의 10년보다 노스탤지어에 더 심취했다고 강하게 주장했고 판매 수단으로서 그 감정이 지닌 힘을 거듭 재발견했다. 20세기에서 21세기로 이행할 때 앞선 몇십 년 동안 광고계에서 노스탤지어라는 감정이 유행했음을 모두가 까맣게 잊은 듯했는데, 마케팅 연구자들은 근간에 더 강렬하고 새로운 노스탤지어라고 파악한 것과 짝을 이루는 점증하는 막연한 불쾌감 또는 불편감을 밝혀냈다. 그들은 무심결에 1970년대 사회학자들의 견해를 그대로 반복하면서 이 세기말의 순간을 서방인들이 갈수록, 그리고 전례 없이 "미래에 대해 확신이 없고 불안"해한 때라고 보았다.[19]

이른바 새로운 현상을 활용하기 위해 광고주들은 소비자들이 "자신의 과거로 돌아가"도록 부추겼다. 미국에서는 닉 앳 나이트 Nick at Nite(1950년대부터 1970년대 초까지 방송을 내보냈던 '최초의 고전 텔레비전 방송국'), TV 랜드TV Land(원래는 1996년 닉 앳 나이트의 자회사로 출범했다) 등 노스탤지어를 자극하는 텔레비전 방송 채널이 크게 인기를 끌었다. 영국에서는 미니 쿠퍼Mini Cooper 자동차가 1996년에 다시 들어오는가 하면, 미스터 티Mr T.[+]나 알프ALF[++] 같은 1980년대 텔레비전 우상들이 상품광고의 대변인으로 복귀했다.[20]

1990년대의 노스탤지어는 유난히 강력해 보였다. 20세기가 문을 닫는다는 것은 기존의 1000년이 끝난다는 뜻일 뿐 아니라, 전례 없는 인구통계학적 사건으로도 읽힐 수 있었기 때문이다. 인

[+] 레슬링 선수 출신인 미국 배우로, 본명은 로런스 터로드Laurence Tureaud다.
[++] 미국 NBC에서 방영된 드라마 시리즈 〈외계인 알프〉의 주인공.

구에서 차지하는 비중이 가장 큰 집단인 전후 수십 년 사이에 태어난 베이비붐 세대가 한창 중년을 향해 가는 중이었고, 결과적으로 자신의 유한성을 직시할 수밖에 없는 상황이었다.[21] 이른바 1990년대의 노스탤지어 물결은 집단적 중년의 위기였다. 이에 대응하여 마케팅 간부들은 특정하게 치환한 노스탤지어를 채택했다. 그들은 늙어가는 인구에게 젊은 날을 상징하는 증표를 제공하는 방식으로 호소했다. 심리학자들에 따르면, 특히 50~65세의 연령대가 유쾌한 기억을 불러일으키는 소유물에 애착을 보이는 경향이 있다고 한다. 그 이유가 특히나 암울하다. 추정컨대 미래에 즐거울 가능성이 줄어들수록 과거에 즐거웠던 기억을 떠올리는 일이 늘어난다는 것이다. 즉, 사람이 인생의 끝에 다다를수록 노스탤지어에 빠지는 경향성이 커진다는 말이다.[22]

그런데 이 전략은 오직 한 종류의 노스탤지어에만 유효했다. 바로 개인적 노스탤지어, 달리 말하면 한 개인의 고유한 유년기 또는 청년기를 이상화한 노스탤지어였다. 이러한 노스탤지어는 감상적이고 안도감과 안정감을 준다. 물론 개인적 노스탤지어의 토대는 실제로 행복했던 어린 시절이 아니라 허구로 상상된 어린 시절이다.[23] 광고 속의 노스탤지어는 소비재를 나이 든 사람들에게 어린 시절의 맛을 선사해줄 수 있는 것으로 만들었다. 마케터들은 베이비붐 세대의 시선을 사로잡기 위해 1950년대와 1960년대를 상기시키는 것들에 기대어 그들을 유년기와 다시 이어주었다. 코카콜라는 자사의 제품을 원래의 초록 빛깔 유리병에 담아서 유통시켰다. 한 소비자는 이렇게 말했다. "저도 이걸 마시면서 컸어요. 그러니 우리 아들이랑 같이 마시면 정말 멋지지 않겠어요?" 다른 업체들도 예전의 광고 캠페인을 부활시켰다. 1991년 제약회사 브리스톨마이어스 스큅Bristol-Myers Squibb은 20세기 중반의 바쁜 주부와 제멋대로 구는 세탁기의 대결을 그린 1968년의 〈엑세드린 두통Excedrin Headache〉 광고를 다시 내보냈다.[24]

이 광고들과 그 성공의 밑바탕에는 사람들이 어린 시절에 오래도록 지속되는 선호를 형성하고, 평생 동안 줄곧 그것으로 되돌아간다는 관념이 깔려 있었다.[25] 프랑스의 향수 시장에는 해마다 수백 개의 신제품을 출시하는 수십 년 된 브랜드들이 있다.[26] 젊은 소비자들은 선호하는 브랜드를 바꿀 가능성이 더 크다. 반면에 그보다 나이가 많은 소비자들은 수십 년 동안 써온 똑같은 제품에 계속 애착을 느끼기 쉽다. 이는 산업 전반에 해당하는 이야기다. 1998년 프랑스에서는 75세 이상 연령대에 속한 신차 구매자의 74%가 지난 세기 내내 자동차를 판매해온 국민 브랜드 세 곳 중 한 곳의 차량을 구입했다. 그에 비해 18~39세 소비자들은 그 비율이 49%에 불과했다. 1981년 규제 완화 이전에 설립된 프랑스 라디오 방송국들의 2007년도 청취자 비율을 보면, 60세 이상은 58%인 데 비해 30세 이하는 30%였다.[27]

1990년대 내내 역사적 노스탤지어는 광고의 단골 소재였다. 개인적 노스탤지어—이를테면, 자신만의 고유한 유년기에 대한 그리움—와 달리 역사적 노스탤지어는 한 번도 겪어보지 못한 과거에 대한 동경을 의미했다. 지금보다 우월해 보이는 듯한 머나먼 과거의 한 시절로 되돌아감으로써 당대의 삶으로부터 물러나고 싶어 하는 갈망이었다. 이때의 과거는 좋은 일이 일어나는 곳이자 좋은 사람들이 살아가는 곳이었다. 이런 광고들이 목표로 삼는 것은 소비자들이 "앞으로 그중 일부에라도 마법처럼 닿기를 바라면서 과거의 영광을 누릴"수 있게 해주는 것이었다.[28] 근본적으로 마케팅 및 브랜딩 부문에서는 평범하고 일상적인 것을 뭔가 감정적으로 북받치는 것으로 바꿈으로써 소비자들을 도취시키려고 애썼다. 심지어 평범한 갈색 빵조차 또 다른 세상—뭔가 경이로움으로 흠뻑 젖은—으로 향하는 문이 될 수 있었다. 이런 시도를 하는 브랜드는 과거에도 있었고 지금도 계속해서 존재한다. 때로는 있지도 않은 과거를 지어내 빛나는 유산을 내세우기도 하면서 말이다.

   스웨덴의 옌셰핑이라는 도시에 있는 음식점 트윈 시티Twin City는 세계 곳곳에서 '쌍둥이 도시'로 불리는 지역들—미국의 미니애폴리스와 세인트폴부터 일본의 도쿄와 요코하마까지—에 전략적으로 체인점을 차린 어느 일란성쌍둥이가 설립했다고 알려졌다. 이것은 완전히 지어낸 이야기지만, 식당의 메뉴판과 공식 웹사이트에 온통 도배가 되다시피 적혀 있고, 종업원들도 손님들에게 거듭 내용을 전달한다. 기업의 유산은 큰돈이 되는 장사로 발전할 수 있다. 독일의 한 신생 금 거래 회사는, 지금은 사라졌으나 168년의 전통을 지닌 브랜드 데구사Degussa의 이름을 가져다 썼다. 그렇게 함으로써 거의 200년에 이르는 업계의 역사에 큰 획을 그은 회사라는 인상을 주었다. 하지만 이 회사는 오해의 소지가 있는 마케팅으로 유죄판결을 받는 바람에 그 유서 깊은 브랜드명을 그대로 사용할 수 없게 되었다.[29] 진짜가 아님에도, 어떤 경우에는 불법임에도 이러한 전략이 통하는 이유는 기업을 더 매력적으로 보이게 하기 때문이다. 소비자들이 권태로운 일상에서 벗어나 아주 잠깐이나마 시간 여행을 다녀올 수 있게 해주는, 즉 학자들이 말하는 "재마법화re-enchantment"를 가능하게 해주는 존재로 말이다. 마케팅 수단으로서 노스탤지어는 우리가 속세의 별것 아닌 쇼핑이나 식사, 은행 업무에 뭔가를 보탤 수 있게 해준다. 구매자들은, 비록 지금은 사라졌을지라도 더 나았던 시간과 장소로 다시 돌아가는 여정을 즐길 수 있다.[30]

하지만 마케팅 전문가들은 노스탤지어를 광고에 활용할 때의 이점이 보편적이라는 데는 동의하지 않는다. 개인적 노스탤지어는 구매 선택에 최소한의 영향만 미친다고 보는 것이다.[31] 사람들이 자신의 젊은 시절과 연관이 있는 영화나 음악, 상품을 즐기는 것은 확실하나, 그렇다고 해서 그 과거를 버젓이 참조하여 만든 광고를 무조건 좋아하리라는 법은 없다. 광고가 한 사람의 고유한 경험 또는 기억과 비슷하거나 일치하지 않을 경우, 바꿔 말해 그 광고가 진짜가 아닌 것처럼 보이는 경우에는 호소력을 발휘하지 못한다. 너 나 할 것 없이 모든 광고에 노스탤지어가 있었을지언정, 2000년대 초반 연구자들은 노스탤지어를 자극하는 광고가 실제로 시청자들의 마음속에 노스탤지어적 감정을 불러일으켰다는 아무런 경험적 증거를 발견하지 못했다. 그러한 감정이 시청자들로 하여금 지갑을 열게 할 것이라는 증거 또한 찾지 못했다.³²

이러한 회의론에도 노스탤지어를 자극하는 광고는 여전히 인기가 있고, 노스탤지어의 상업성도 최소한 얼마간은 유지되는 듯 보인다. 최근 몇 년 사이 가장 인기 있는 텔레비전 프로그램 중에는 1980년대와 1990년대에 대한 시청자들의 애틋한 감정을 이용한 작품들도 있었다. 아니나 다를까, 새로운 밀레니엄에도 유달리 더 강력하고 구석구석 배어드는 형태의 노스탤지어 마케팅이 나왔다. 영국의 시내 중심가를 점령한, 영국 특유의 국가적 맥락과 문화적 전통을 활용한 노스탤지어 마케팅이었다. 작가이자 역사학자인 오언 해덜리Owen Hatherley는 《노스탤지어부The Ministry of Nostalgia》라는 저서에서 2000년대 초 벼룩시장을 여기저기 돌아다니던 중 아주 특정한 형태의 상품이 서서히 늘어나는 현상을 목격한 일을 떠올렸다.³³ 전시 수집품이나 "낡은 깡통, 접시, 온갖 싸구려 물건들"을 접하는 일이 갈수록 많아졌다. 레코드 가판대에 갖춰놓은 물건 중 1960년대 이후에 나온 것은 하나도 없었다. 진열된 옷들은 1940년대와 1950년대에 나온 것이거나 그 시절의 옷을 모방한 것이었다. 그리고 한 가지 특정한 물품이 도처에 있었다. 바로 어디서나 흔히 볼 수 있는 "Keep Calm and Carry On(침착하게 하던 일을 계속하라)" 문구가 들어간 포스터였다.³⁴

'Keep Calm and Carry On'은 동기부여 포스터로, 본래 1939년 제2차 세계대전을 준비하던 영국 정부가 내놓은 프로파간다 작품이었다. 다들 예상하고 있던 주요 도시들에 대한 총공습을 목전에 두고 영국 국민들의 사기를 진작하기 위해 제작되었다. 250만 부 가까이 인쇄되었으나, 정작 전시에는 공개적으로 내걸리는 일이 거의 없었다. 그렇게 일반적으로는 거의 알려지지 않은 상태로 있다가 2000년 잉글랜드 노섬벌랜드의 애니크에 있는 어느 서점에서 한 점이 발견되었고, 2008년경에는 어디서나 볼 수 있는 존재가 되었다. 영국인이 지닌 불굴의 정신, 전쟁 당시 영국 국민들이 여실히 보여주었다고 세간에서 말하는 극기심, 자기 수양, 배짱, 용기라는 1940년대의 관념을 환기하는 수단으로 말이다.[35] 런던에서는 빅토리아 앤드 앨버트 박물관의 매장에서 처음 판매된 이 포스터는 다종다양한 상품으로 퍼져나갔다. 2008년 경기 침체가 닥칠 무렵에는 영국의 중간급 특산품이 되더니, 그 후 "소수의 영국 중산층이 추종하는 물건"에서 세계적인 브랜드로 성장했다. 해들리는 그 포스터의 어른거리는 존재감을 두고 "공포 영화처럼 내가 어디를 가든 악착같이 쫓아다니는 무자비한 적에게 쫓기는 느낌"이라고 표현했다.[36]

'Keep Calm and Carry On'의 인기가 경기 침체와 동시에 폭발한 것은 전혀 우연의 일치가 아니었다. 영국의 정치인들은 1970년대 이후로 지금껏 '런던 대공습' 정신을 써먹어왔다. 보수당 정부든 노동당 정부든 "어려운 선택"이나 경제적으로 궁핍한

'Keep Calm and Carry On' 오리지널 포스터는 1939년에 처음 제작되었지만 2차 세계대전 당시 거의 배포되지 않았다. 2000년, 영국의 한 서점에서 사본이 다시 발견되기 전까지는 그 존재조차 알려지지 않았다.

시기에 관해 이야기할 때면, 각료들은 배급이 이루어진 전시의 기억을 들먹이기 일쑤였다. 이런 종류의 노스탤지어는 자원이 부족하니 지출을 제한해야 한다는 정부의 입장을 정당화하는 데 기여했다. 2010~2019년 연립내각하의 내핍 상황에서 'Keep Calm and Carry On'이라는 슬로건이 특히나 공감을 불러일으켰다. 이들은 타당한 예산편성, 신중한 가계 살림, 조정되고 관리된 지출, 개개인의 금욕을 유리하게 이용했다. 이 슬로건은 전례 없는 재정적 곤란에 직면한 국민들 사이에서 평온함을 유지하는 역할을 했다. 좋지 않은 상황이라도 감정을 다스리면서 잘 받아들이고, 불만은 다른 데서 찾으라고 호소하면서 말이다. 'Keep Calm and Carry On'은 영국 국민들로 하여금 "강인하고 분투하는, 그러면서도 기본적으로 경우 바른 노동자 계층", 즉 "본분을 잘 아는" 사람을 높이 사도록 독려했다.[37] 해덜리에 따르면, 그 포스터는 1970년대 사회학자들의 우려 및 분석과 대동소이한 또 다른, 해롭기로는 비등비등한 결과를 낳기도 했다. 즉, "그 영향은 마치 1960년대의 대중음악과 사회변혁―성 평등, 특히 인종 평등을 위한 분투―이 결코 현실화되지 않은 것과 같았다." 'Keep Calm and Carry On'이 호소력을 발휘한 이유는 우리를 "해방 전 시대", 즉 사회가 더 평등해지고 너그러워지기 전으로 돌려보냈기 때문이다.[38] 이는 노스탤지어 마케팅의 어두운 면이었다. 역행하는 세계에 대한 사람들의 보수적 욕망을 이용하고, 진보적 변화에 대한 사람들의 불안을 써먹는 것이다.

90년대에 열광하는 이유

노스탤지어를 자극하는 마케팅과 노스탤지어에 기반한 소비는 오늘날에도 이어지고 있다. 2022년에 〈파이낸셜 타임스 Financial Times〉의 한 기자가 표현한 대로 "현재 우리는 데자뷔의 시대에 살고"있다. 그것이 거의 반세기나 지속되고 있지만 말이다.[39] 빈티지 패션은 여전히 사람들의 마음을 사로잡고 있다. 매년 1000억 개가 넘는 의류 신상품이 제작되고 있는데도 젊은이들은 디팝Depop, 빈티드Vinted, 포시마크Poshmark 같은 새로운 쇼핑 사이트나 앱을 통해 "역사의 조각들"을 입는다.[40] 미드센추리 모던Mid-century modern[✝] 가구는 인테리어 디자인 업계에서 여전히 유행 중이고, BBC의 〈더 리페어 숍The Repair Shop〉 같은 프로그램은 오래된 물건을 보존하고 개조하고 재생하는 데 쏠린 대중의 관심을 이용한다. 빈티지와 레트로, 오래된 것들의 재사용에 대한 이런 식의 반복된 투자와 관련하여 특히 흥미로운 점 가운데 하나는, 그것이 정치적으로 우파라거나 구조적으로 역행하며 사회적으로 보수적이라고 거듭 비판받는 다른 형태의 노스탤지어와 달리 오히려 더 진보적이고 환경적으로 의식 있는 움직임에 속한다는 것이다. 낡은 옷, 오래된 가구와 장식품을 구입하고 사용하는 것은 지나간 시절을 못내 그리워하는 것이라기보다(〈더 리페어 숍〉은 확실히 그런 면이 꽤 있기도 하지만) 지속 가능성을 위한 실천, 패스트패션을 거부하는 태도를 함양하는 것에 더 가깝다.

중고 또는 추억 소환 스타일—대부분 1990년대—의 인기는 소셜미디어에 힘입은 바가 크다. 화장품 브랜드 크리니크Clinique

---

[✝] 1930년대 후반에 등장하여 1940~1960년대 미국을 중심으로 유행한 주택 및 인테리어 양식.

의 글로벌 부문 사장 미셸 프레이어Michelle Freyre가 말했듯, "틱톡 TikTok은 노스탤지어를 사랑하는 공간이다." 크리니크는 이런 트렌드를 이용해왔다. 1968년에 설립된 이 회사는 변덕스럽기로 악명 높은 시장에서 신생 브랜드들과 치열하게 경쟁했다. 그런데 '노스탤지어, 틱톡, NFT(대체 불가능한 토큰)'의 조합이 젊은층 인구 사이에서 크리니크의 인지도를 높이고 판매량을 올리는 데 도움이 되었다. 이 브랜드에서 나온 블랙 허니 립스틱은 원래 1970년에 출시된 제품이었는데, 2021년 여름 틱톡 인플루언서들에 의해 재발견되었다. 크리니크는 이것이 새로운 트렌드가 되고 있음을 알아차리고, 약간의 유상 지원을 통해 그 과정에 더욱 힘을 실어주었다. 그리고 역시나 노스탤지어에 기초한 NFT를 최초로 발행하여, 크리니크 제품과 관련한 사용자 경험담 중에서 가장 흥미진진한 사연을 제출한 세 명에게 브랜드의 역사가 담긴 이미지 3종을 증정하고, 10년간 매년 각종 제품을 무상 제공하기로 했다.[41]

인도에서는 노스탤지어가 성격이 아주 다른 브랜드의 상업적 성공을 거들었다. 2022년 초 릴라이언스 인더스트리스Reliance Industries는 캄파 콜라Campa Cola를 사들였다. 1977년 독불장군으로 통한 인도의 산업부 장관 조지 페르난데스George Fernances는 코카콜라를 인도에서 몰아냈다. 코카콜라의 빈자리를 채우면서 토종 브랜드 캄파 콜라의 인기가 올라갔으나, 1990년대 초 코카콜라와 펩시Pepsi 모두 정식 요청에 따라 "자유화 및 그에 수반하는 모든 것", 특히 해외 브랜드와 외국인 투자자에게 "완전히 넘어가

버린" 인도로 돌아오게 되었다. 인도 정부가 민족주의를 앞세우며 국내 토종 상품을 홍보하는 데 열심인 이때, 캄파 콜라—징고이즘jingoism[+]과 노스탤지어의 산물—가 다시금 부상할 기회가 왔다. 한 기자가 표현한 대로 "좋았던 그 시절의 정서적 인력은 결코 과소평가할 수 없다. 특히 복잡성과 불확실성이 넘쳐나는 시기일수록."[42]

노스탤지어는 우리가 시청하는 텔레비전 화면을 여전히 점령하고 있다. 넷플릭스Netflix, 아마존 프라임Amazon Prime, 디즈니플러스Disney+, 애플TVApple TV 등 여러 OTT 플랫폼 간의 스트리밍 전쟁에서 1990년대 시트콤 〈프렌즈Friends〉는 가장 귀한 상품 중 하나가 되었다. 이들 스트리밍 서비스에 올라와 있는 작품들의 제목을 보면 마치 예전의 멀티플렉스 영화관 입구에 내걸린 상영작 간판을 방불케 하는데, 1990년대에 나온 작품이 주류를 이루기 때문이다. 〈마이티 덕The Mighty Ducks〉, 〈호커스 포커스Hocus Pocus〉 같은 영화들이 첫 개봉일로부터 거의 30년이 흐른 뒤 우리가 보는 스크린으로 다시 돌아온 것이다. 할리우드에서는 오래된 것들이 다시금 새로워지고 있다. 그게 다 노스탤지어를 자극하는 방송 프로그램 편성이라는 (또 다른) 물결 덕분이다. 적어도 1970년대 이후로 텔레비전 프로그램과 영화는 노스탤지어를 환기하는

[+] 다른 집단에 대한 적대적이고 자기중심적 심리 상태를 지칭하는 개념으로, 맹목적, 배타적 애국주의로 번역되기도 한다.

주제에 줄곧 기대어왔다. 그런데 그 흐름이 갈수록 자기 지시적self-referential인 성격을 띠게 되었다. 사람들은 또다시 지금의 노스탤지어 물결을 급속한 사회 변화와 관련한 고통의 탓으로 돌린다. 경영진, 프로그램 창작자, 심리학자들은 미국의 당파 갈등과 정치적 균열, 코로나 팬데믹의 '심리적 비용', 2022년에 시작된 우크라이나 전쟁이 최근 시청자들이 어른에서 아이로 돌아간 듯 느끼게 해주는 방송이나 영화를 받아들이는 데 기여했다고 말한다. 여론조사에 따르면 많은 미국인이 불행하다고 답했는데, 할리우드는 이에 대응하여 미국인들의 집단적 불안을 달래줄 만한 노스탤지어를 자극하는 프로그램으로 온 시장을 뒤덮었다. 그러니 지난 몇 년 사이 넷플릭스에서 최고의 성과를 거둔 작품 중 하나가 〈기묘한 이야기Stranger Things〉 시리즈인 것은 조금도 놀랄 일이 아니다. 그것이 판타지일지라도, 노스탤지어에 빠진 사람은 상대적으로 (그리고 외견상) 정치적으로나 경제적으로나 평온했던 1980년대를 만끽하기 때문이다.

미디어 거인 디즈니의 공개 예정작에는 잭 에프론Zac Efron이 주연을 맡은 새로운 버전의 1980년대 말 코미디 영화 〈뉴욕 세 남자와 아기Three Men and a Baby〉와 영화 〈시스터 액트Sister Act〉 시리즈의 세 번째 편이 포함되어 있다. 2022년에는 1940년—80여 년의 세월을 더듬어 올라간—에 나온 고전 만화영화 〈피노키오Pinocchio〉를 새롭게 재해석한 실사영화를 개봉했다.[43] 2020년 말에 열린 '투자자의 날' 행사에서 디즈니는 미발표 편성 프로그램 시사회를 진행했다. 이날 공개된 신작 방송 및 영화 63편 중 43편이 기존 캐릭터를 끌어다 쓰거나 예전 작품을 리부트 또는 리메이크한 것이었다. 2022년에는 자사의 스트리밍 서비스에 올라가는 추억 소환 컬렉션으로 〈쿨 러닝Cool Runnings〉, 〈페어런트 트랩The Parent Trap〉 등 1990년대 영화를 광고하기 시작했다. 구독자들에게 '노스탤지어가 차오르는 느낌'이 드는지 묻는 것이다. 그 광고를 보면서 '아, 그때가 좋았지'라는 생각이 들도록 말이다.

디즈니의 경쟁사인 또 다른 미디어 공룡 패러마운트Paramount도 유사한 전략을 추구하고 있었다. 패러마운트의 경영진은 자사의 스트리밍 플랫폼 패러마운트 플러스에 맞게 재창조할 만한 것이 있는지 보기 위해 개봉작 목록 전체를 샅샅이 살펴보았다. 이들이 발표한 새로운 프로그램 중에는 〈위험한 정사Fatal Attraction〉 미니시리즈, (원작 자체도 노스탤지어를 자극하도록 1950년대 작품을 재해석한 것인) 〈그리스Grease〉의 프리퀄 시리즈 〈그리스: 라이즈 오브 핑크 레이디스Rise of the Pink Ladies〉, 1970년대의 히트작 〈러브 스토리Love Story〉와 1980년대 블록버스터 영화 〈플래시댄스Flashdance〉를 재창조한 작품들이 있었다. 패러마운트 플러스의 스크립티드 쇼scripted show[+] 부문 총괄책임자인 니콜 클레먼스Nicole Clemens는 노스탤지어가 한 지붕 아래 사는 다양한 연령대를 끌어당길 수 있

[+] 영화나 드라마 등 대본이 있는 방송 프로그램을 지칭한다. 논스크립티드non-scripted 부문은 교양, 예능 등 비드라마 장르를 뜻한다.

다고 말했다. 한동안은 프로그램 목록이 스트리밍 서비스상에서 사라질 일은 없으니, 지금은 너무 어려서 특정 프로그램이나 영화를 시청할 수 없는 아이들도 나중에 언젠가는 그 작품을 발견하는 날이 올 수도 있다. "그 작품은 그들을 기다리며 거기 그대로 있을 것이다"라고 클레먼스는 말했다.

오스트레일리아에서는 1990년대를 풍미한 고전적인 연속극 〈네이버스Neighbours〉가 작별을 고하자(아마존에 팔리면서 귀환이 보장되기 전의 일이다) 호텔 예약 사이트 부킹닷컴Booking.com은 텔레비전 노스탤지어를 살짝 이용해보기로 했다. 사이트 측은 "램지 스트리트에서의 노스탤지어 가득한 〈네이버스〉 피날레 스테이" 캠페인을 론칭했다. 이 드라마의 팬들에게 단돈 28달러에 드라마 세트장의 집 가운데 램지 스트리트 18번지에서 2박을 묵을 수 있는 기회를 제공하는 상품이었다. 첫 번째로 예약하는 데 성공하기만 하면 누구든지 숙박권을 손에 쥐게 될 터였다. 지역 담당자 사이먼 클라크는 일간지 〈오스트레일리언The Australian〉과의 인터뷰에서 "몇 초 만에 예약이 완료되었다"라고 전했다.[44]

음악 산업도 비슷한 이야기를 전한다. 가수 아델Adele은 앨범 〈30〉을 공개하는 것과 관련해 음원 스트리밍 서비스 스포티파이 Spotify에 모든 아티스트의 앨범 페이지에 있는 셔플(무작위 재생) 버튼을 비활성화해달라고 설득했다. 수록곡이 LP나 CD에 실린 순서대로 재생되도록 말이다. 아델은 "시시각각 변하는 우리 업계에서 내가 했던 유일한 요청이었다고요!"라는 글을 트위터에 남졌다. "우리가 앨범을 만들 때 아무 이유 없이 그렇게 신경 쓰고 고민해서 수록곡 목록의 순서를 정하는 게 아니에요." 본인의 뜻을 강조하기 위해 그는 자신의 공식 웹사이트에서 카세트테이프 버전의 〈30〉을 판매하기도 했다.

2019년 스포티파이는 음악을 판매하고 사람들이 계속 청취하게끔 하는 노스탤지어의 힘을 고찰하는 사설을 내놓았다. 이 회사는 청취자들 사이에서 그 정서를 키워내기 위해 적극적으로 노력을 기울이고 있다. #ThrowbackThursday(추억 소환 목요일) 같은 재생 목록을 만드는가 하면, 'Your Time Capsule(당신의 타임캡슐)'이라는 개인화 플레이리스트도 개발했다. 'Your Time Capsule'이라는 툴은 "당신을 10대 시절로 다시 데려가도록" 고안된 노래들로 꽉 채운 재생 목록으로, 두 시간 분량의 "상징적인 추억 소환, 그것도 전부 오직 당신만을 위해 선별한 수록곡"을 제공한다. 이 재생 목록들이 출시되었을 때 스포티파이의 구독자 수는 160만 명 이상 증가했고, 플레이리스트별 스트리밍(실시간 재생) 횟수는 5억 회를 넘어섰다. 하지만 스포티파이 측에서는 예견한 일이었다. 진즉에 노스탤지어와 음악의 관계에 대한 연구를 진행했기 때문이다. 그들이 조사한 사람들 가운데 거의 70%는 노스탤지어가 "자신의 기분을 바꾸거나 개선하는" 데 도움이 될 수 있다고 말했으며, 네 명 중 세 명은 "공유하는 경험과 기억 덕분에 노스탤지어가 사람들을 이어준다"라고 전했다. 이 조사에 따르면, 음악이 노스탤지어라는 감정을 촉발하는 최고의 방아쇠임이 드러나기도 했다. 응답자들은 좋았던 기억을 떠올리기 위해 과거에 들었던 노래에 자주 의지한다고 말했다. 다시 말해, 음악이 끊임없는 연결이나 계속되는 뉴스 알림 등 현대의 스트레스로부터 잠시나마 벗어날 수 있는 반가운 휴식을 제공한다는 것이다. "받은 편지함이 싹 비워진 상태가 평일 근무시간에 우리를 들볶는 도달 불가능한 목표가 되기 전 시절을 떠올리면 위안이 된다."[45]

일반적으로 노스탤지어가 어디에나 있기는 하지만, 요즘은 1990년대에 대한 노스탤지어가 특히나 더 강력하다. 인기 프로그램 〈섹스 앤 더 시티Sex and the City〉의 주인공 캐리Carrie, 미란다Miranda, 샬럿Charlotte은 (아쉽게도 서맨사Samantha는 빠졌지만) 속편 〈앤드 저스트 라이크 댓And Just Like That……〉의 일원으로 다시 출연했다. 2023년 초에는 또 다른 1990년대의 문화적 시금석이 텔레비전 화면으로 돌아왔다. 1970년대 위스콘신주를 배경으로 성년기에 막 접어든 10대들이 나오는 시트콤 〈70년대 쇼That 70's Show〉의 노스탤지어를 자극하는 새로운 스핀오프가 나왔으니, 바로 〈90년대 쇼That 90's Show〉다. 〈70년대 쇼〉는 애슈턴 커쳐Ashton Kutcher와 밀라 쿠니스Mila Kunis가 주연을 맡았으나, 신작에는 원작 주연들의 아이들이 체크무늬 셔츠를 입고 야구 모자를 뒤집어쓴 채 등장했다. 이 드라마는 특정 세대에게는 '소울 푸드'처럼 위안을 주는 '소울 TV'다. 한 기자는 이 프로그램을 두고 "날이 서 있지 않고 위협적이지 않다"라고 말했고, 또 다른 기자는 "노스탤지어 털더큰turducken(구운 칠면조와 닭과 오리가 합쳐진 괴상하지만 먹을 만한 하이브리드 요리⁺)"이라고 표현했다. 작가 엘로이즈 헨디Eloise Hendy의 말처럼, 원작 드라마의 큰 인기를 견인했던 1970년대의 노스탤지어가 이제는 그 드라마 자체에 대한 노스탤지어, 이어서 그것이 그려내는 1990년대에 대한 노스탤지어에 겹겹이 둘러싸여 있다. "마치 몸집이 큰 순서대로 줄줄이 채워진 새들처럼."[46]

비디오 게임 회사 닌텐도Nintendo는 현재 자사의 스위치 온라인Switch Online 콘솔 이용자들에게 1996년에 출시되어 팬들의 사랑을 받은 마리오 카트 64Mario Kart 64를 비롯하여 세가 제네시스Sega Genesis와 닌텐도 64의 클래식 게임을 해볼 수 있는 기회를 제공하고 있다. 아마존은 1990년대 추억 소환 섹션을 따로 두고 있는데, 여기서는 젊은 나이에 비극적으로 생을 마감한 가수 알리야Aaliyah를 기리는 오리지널 기념품의 복제품과 스매싱 펌킨스Smashing Pumpkins의 CD를 구입할 수 있다. 아동용 게임 완구 회사 해즈브로Hasbro는 '성인용' 점토 완구 플레이도Play-Doh 패키지를 생산하고 있다. 이 점토에서는 버터가 첨가된 팝콘 냄새가 나는데, 1990년대에 어디에나 있었던 비디오 대여점으로 순간 이동하는 경험을 하게끔 설계된 상품이다. 패션 문화 연구자인 제임스 에이브러햄James Abraham은 @90sanxiety라는 인스타그램 계정을 만들어 1997년 영화 〈콤비 걸B.A.P.S〉에서 핼리 베리Halle Berry가 나오는 장면이 찍힌 스틸 사진부터 자낙스Xanax의 초창기 광고까지

⁺ 좀 더 설명하자면 칠면조 뱃속에 오리를, 그 오리 뱃속에 닭을 넣어 구운 요리.

갖가지 이미지를 큐레이션하고 있다. 이 계정은 현재 200만이 넘는 팔로어를 보유하고 있다.[47]

1990년대가 이렇게 부활한 이유는 여러 가지가 있다. 2020년대 초반에 성년이 된 사람들은 1990년대에 태어났는데, 이때가 바로 스마트폰이 보편화되기 전, 소셜미디어가 등장하기 전, 디지털 카메라가 출시되기 전, 즉 21세기를 지금의 모습으로 만든 모든 것이 나오기 전의 마지막 시기였다. 디자이너 패션브랜드 마크 제이콥스Marc Jacobs는 소피아 코폴라Sofia Coppola 감독이 1999년에 발표한 컬트 영화 〈처녀 자살 소동The Virgin Suicides〉에서 영감을 얻어 '천국Heaven'이라는 라인을 출시했다. 이 라인의 아트디렉터 아바 니루이Ava Nirui에 따르면, "젊은 세대는 확실히 인터넷이 나오기 이전의 시절을 낭만화한다. 문화의 측면에서 1990년대는 가장 '앞선' 웹 이전의 시대였다. 그렇기에 그 시절을 겪어보지 않은 이들에게 그토록 호소력을 발휘한다고 볼 수 있다."[48] 〈70년대 쇼〉의 창작자 보니 터너Bonnie Turner와 테리 터너Terry Turner의 딸이자 그 시트콤의 스핀오프를 제작한 책임프로듀서인 린지 터너Lindsey Turner는 1990년대가 "사람들이 마지막으로 위를 쳐다보고 있었던, 그러니까 자신의 휴대전화만 내려다보고 있지 않았던 때였다"라고 말했다. 그는 그 시대가 "자기만의 고유한 재미를 만들"고 타인과 교감해야 할 때 뭐든 "진정한 종류의 관계 맺기"가 가능했던 마지막 시기라고 강조한다.[49]

제임스 에이브러햄은 90년대의 노스탤지어가 인터넷보다는 안도감, 상업, 나아가 창의성의 결여와 더 관련이 있다고 본다. 그는 "모든 사람이 자신이 보았거나 해봤음직한 것들로 다시 돌아가고 있는데, 그런 것들이야말로 안전하고 검증된 것이기 때문이다"라고 말했다.⁵⁰ 노스탤지어는 추정컨대 이런 식으로 작동한다. 사람들을 기분 좋게 하기 때문이다. 이것은 1970년대 이후로 한결같이 이어져온 주장이다. 특히나 지금 우리가 살아내고 있는 시절처럼 전 지구적으로 불안한 시기에는 노스탤지어가 일종의 토대가 되는 힘, 즉 우리가 충분한 돈을 내어준다면 우리의 신경을 진정시켜줄 수 있는 능력을 지닌 존재다.⁵¹

이러한 주장의 문제점은 현재의 특수성을 설명하지 못한다는 것이다. 1970년대 이후로 사회학자, 언론인, 사회 비평가, 광고업계 임원, 마케팅 학자들은 노스탤지어의 상업성을 간파했고, 자신이 속한 역사의 특정 시기가 극심할 정도로 퇴영적이라고 주장했다. 저마다의 "노스탤지어 물결들"에 대한 저마다의 해설은 비슷한 노선을 따른다. 그때—글을 쓸 당시가 1975년이건 1995년이건 2022년이건—는 노스탤지어가 극심했다. 전례 없는 불만과 급속한 사회 변화가 일어난 시절이었기 때문이다. 그렇다면 우리는 어떻게 결론을 내려야 할까? 1970년 이래로 세상은 살기가 나쁘고 불편해졌다고? 해가 바뀔 때마다 바로 직전의 해보다 더 불안해지고 있다고? 사회가 아래로 곤두박질칠수록 노스탤지어는 불가역적 상승 궤도에 올라탄다고? 이런 주장은 적어도 나에게는 다소 노스탤지어적인 이야기처럼 들린다. 노스탤지어 물결을 현재 상태에 대한 의지 방편으로 설명하는 것은 어딘가 부족하다. 어쩌면 노스탤지어를 영어권 서방세계의 거의 영구적인 양태로 보는 것이 더 이치에 맞을지도 모른다. 바꿔 말하면, 우리가 살아가는 시대의 문제나 장래성과는 무관한 현상으로 말이다.

7장

과거로 떠나는 여행

게티즈버그 전투 135주년 기념 재연 행사에서
제2뉴햄프셔 연대장 역할을 맡은 토머스는 말한다.
"이 진지에서 위스키는 괜찮지만 콜라나 게토레이는
마실 수 없어요. 진정성이 떨어질 테니까요."

노스탤지어는 당신이 물건을 사게 만들기도 하지만, 당신이 사는 세상을 바꿀 수도 있다. 어떤 사람들에게는 노스탤지어가 찰나의 감정 이상이다. 노스탤지어는 자신을 둘러싼 환경을 다시 조성하도록 유도한다. 이를테면 빅토리아 시대의 의복, 1940년대의 가전제품, 1970년대의 벽지까지 완비하고서 선조들이 살았던 시절과 그 생활로 돌아가게끔 말이다. 어떤 사람들에게는 과거가 특히나 강력한 매력을 지니고 있다. 우리의 삶을 재형성하고, 크고 작은 도시들의 풍경과 사회 기반 시설을 완전히 바꿔놓을 정도로.

1819년 월터 스콧Walter Scott은 《아이반호: 로맨스Ivanhoe: A Romance》를 펴냈다. 중세 잉글랜드를 배경으로 쓴 이 세 권짜리 역사소설은 스콧의 작품 가운데 가장 유명하고 가장 파급력이 큰 소설로 꼽힌다. 이 소설을 시발점으로 각종 공연, 재현reconstruction, 재연re-enactment이 잇따른 것이다. 연극 무대와 서커스 공연을 위해 개작된《아이반호》덕분에 사람들은 중세를 직접(사실상 거의) 눈으로 볼 수 있게 되었다. 1839년에는 제13대 에글린턴 백작 아치볼드 윌리엄 몽고메리Archibald William Montgomerie가 집안 대대로 물려받은 에글린턴성에서 중세 마상 시합을 완전하고도 철저하게 재연했다. 에어셔에 있는 신고딕 양식의 웅장한 건축물인 에글린턴성에서 열린 마상 시합은 그 자체로 엄청난 장관을 이루었다. 스코틀랜드답게 줄곧 부슬비가 내리는 와중에도 시합에 참가한 그 지역의 귀족들이 용의 기사나 흑기사의 모습으로 등장했다. 각 기사들은 저마다 중기병, 기수, 시동, 종자, 나팔수로 구성된 수행단이 보좌했다.¹ 에글린턴 마상 시합은 생동하는 새로운 흐름에 속했다. 빅토리아 시대에는 중세 관광이 본격적으로 시작되었고, 19세기 후반기에 개최된 숱한 만국박람회에는 중세 분야가 포함되었다. 건축가 오거스터스 퓨진Augustus Pugin의 걸작들에서부터 신축되거나 복원된 고딕 양식의 교회들, 도시의 건물들, 개인 주택들, 철도역에 이르기까지 중세풍의 건축물이 확산되었다. 빅토리아 시대의 음악가들은 중세와 르네상스 시대의 선례에 영감을 받아 종교적인 곡을 쓰고 연주했다. 라파엘전파PreRaphaelite ✝의 회화 또한 상상된 중세의 미학 전통을 부활시켰다.² 이 예술가들은 조화롭게 계층화된 봉건사회라는 판타지에 호소하

✝ 19세기 중엽에 일어난 예술운동으로, 라파엘로(1483~1520) 이전처럼 자연에서 배우는 예술을 표방했다.

는 갖가지 아서왕의 모티프가 들어간 표상을 통해 초기 영국인들의 삶을 목가적으로 그려냈다.

알다시피 19세기에 노스탤지어는 지금과는 매우 다른 것을 의미했다. 바로 시간보다는 장소와 더 관련이 있는 질병이었다. 그럼에도 빅토리아 시대 사람들이 중세에 이끌린 것은 분명하다. 그들은 이 시기를 매혹적이라고 여겨 부활시키려고, 아니 적어도 자신들이 생각하는 형태로나마 되살리려고 했다. 그리고 20세기 말에 성행한 노스탤지어와 마찬가지로 당대를 비판하기 위해 중세를 끌어다 쓰기도 했다. 대다수 사람에게 중세주의medievalism는 그들이 목도했듯 19세기의 산업화가 초래한 사회적, 정치적, 경제적, 문화적 파괴에 대한 반동이었다.³ 새로운 산업 분야의 중산층이 위협적으로 성장하는 가운데 귀족과 상류 지주 계층인 젠트리gentry는 일말의 지위 불안을 경험하고 있었다. 그러다 보니 엄격한 사회적 위계라는 봉건적 이상을 다시금 천명하기 위해 중세라는 환상의 세계로 눈을 돌렸다. 귀족들이 보기에 중세는 자치권 대신 안정성을, 기회 대신 관용을, 평등 대신 위계를 제공했다. 사회경제적 스펙트럼의 정반대편 끝에 놓인 노동자 계층은 유구한 권리의 상실과 장구한 자유의 침식을 한탄했다. 이들은 영세 지주와 가내수공업으로 굴러가던 잉글랜드의 시골 공동체를 옹호했고, 공장과 구빈원이 들어오는 것을 두려워했다. 중산층 사회 비평가들 또한 중세에 칭송할 만한 것이 많다고 여겼다. 맨체스터 시청 같은 건물은 한자동맹을 구성했던 중세 자유도시에서 영감을 받아 중산층 도시 지도자들이 건설한 것이었다. 윌리엄 모리스William Morris, 존 러스킨John Ruskin 등의 예술가와 비평가들은 빅토리아 시대의 자본주의에 비난을 퍼부었다. 노동자를 옭아매어 일이 선사하는 자유도 기쁨도 누릴 수 없게 만든 기계를 개탄했다. 그들이 보기에 중세의 장인들은 아름다운 것을 만들고 자신의 노동을 즐겼다.[4]

과거의 매력은 20세기 초에 들어서까지 지속되었다. 영국 전역의 시민들은 역사학자들이 말하는 "야외극 열풍"에 빠져들었다.[5] 수천 명이 옛날 의상을 차려입고 고향 도시나 마을의 역사 속 장면을 공연하는 모습을 수십만 명이 관람했다. 중세만 재연하지는 않았는데, 야외극을 자주 보러 다니는 관람객들에게는 근세 역사가 특히 매력적이었다. 이런 야외극은 굉장히 인기가 있어서 주요 대도시부터 아주 작은 마을까지 사람들이 모여 사는 곳이라면 어디서든 상연되었다. 학교, 교회, 여성단체 등 지역공동체 집단이 여기에 빠짐없이 참여했다. 야외극은 잊을 만하면 대중지에든 상류층 소식지에든 관계 없이 실렸다.[6] 대체로 극심한 경제위기가 닥친 시기(이를테면 1930년대 대공황기)에 자주 열린 이 야외극들은 축전인 동시에 비가였다. 야외극의 창작자들은 현재와 미래의 낙관적 비전을 그리면서도 당대에 널리 퍼진 반산업적 정서까지 담아냈다. 소도시와 마을의 주민들은 도시의 팽창과 철도 및 도로망의 증설을 두려워했고, 그 불안을 자신들이 펼치는 야외극에 쏟아냈다.[7]

그런데 과연 요즘 학자들이 말하는 "중세주의"를 자극한 동기가 정말로 노스텔지어였을까? 누가 뭐래도 중세는 전쟁, 역병, 분란으로 갈가리 찢긴 시대였다. 이 시기와 관련한 것 중에—심지어 판타지 형태에서조차—수백 년 뒤에 살아가는 사람들에게 호소력을 발휘할 만한 것이 하나라도 있을까? 철도, 증기선, 소독약이 나온 시대—또 그 후 항생제, 항암화학요법, 인터넷이 등장한 시대—에 태어난 사람 중에 어느 누가 이른바 암흑기로 불리는 시절로 돌아가고 싶어 할까? 하지만 불편한 역사적 현실에도 중세는 부인할 수 없는 마력을 소유했다. 새로운 이야기, 새로운 매체, 새로운 역사 속에서 부단히 재탄생할 만한 마력을. 중세라는 시기는 여전히 사람들의 마음을 빼앗고 있다. 엄청난 인기를 끈 소설을 원작으로 삼아 텔레비전 드라마 시리즈로 방영된 〈왕좌의 게임 Game of Thrones〉을 예로 들어보자. 판타지 문학임을 감안하더라도, 〈왕좌의 게임〉 속 세계는 유럽의 중세에서 영감을 받은 것이 분명하다. 게다가 오늘날 부활된 중세의 모습은 거의 그 이후에 나온 창조물 또는 판타지 문학에 토대한다.[8] 실제로 아득히 먼 시대를 다루는 경우 사실과 허구를 가르는 경계선이 흐릿해지기 쉽다. 아서왕과 로빈 후드부터 전쟁터 재연, 중세 테마 식당까지 관통하는 중세 문화는 계속해서 우리 곁을 지켰다. 르네상스 시대의 학자들이 바로 그 개념을 최초로 발명한 이후로 줄곧 그래왔다.[9]

중세의 호소력과 관련하여 기묘한 부분 중 하나는 그것이 미국에서 가장 커 보인다는 점이다. 아서왕과 로빈 후드는 영국의 전설이고, 재연 활동이나 스크린을 통해 재현되는 중세 문화는 대체로 한껏 각색된 것이기는 해도 유럽 문화다. 유럽의 식민지가 되기 전의 북아메리카는 당연히 대서양의 반대편에 있는 유럽 대륙과 판이했다. 그런데 지리적으로나 시간적으로나 이처럼 동떨어진 문화가 미국 사람들에게 강력한 흡인력을 발휘했다. 특히 21세기로 넘어갈 때 그랬다.

2002년 미국 작가 레브 그로스먼Lev Grossman은 최근 대중문화에서 나타난 판타지의 부활 과정을 기록했다.[10] 20세기의 마지막 25년 동안은 〈스타워즈Star Wars〉, 〈인디펜던스 데이Independence Day〉, 〈매트릭스The Matrix〉 같은 공상과학SF 계열이 독점하다시피 했다. 그런데 밀레니엄에 들어선 이후로는 검과 마법사, 기사와 공주, 마법과 유니콘의 세계가 재부상했다. 2001년에는 〈해리 포터와 비밀의 방Harry Potter and the Chamber of Secrets〉, 〈반지의 제왕: 반지원정대The Lord of the Rings: The Fellowship of the Ring〉가 박스오피스 순위 1위와 2위를 차지했다. 〈해리 포터와 비밀의 방〉은 개봉 첫 주말에 8800만 달러가 넘는 수익을 올렸고, 원작 소설은 미국에서 7700만 부가 팔렸다. 그사이 J. R. R. 톨킨J. R. R. Tolkien의 여러 작품도 2001년 한 해에만 1100만 부가 팔렸다. 온라인 판타지 게임 에버퀘스트EverQuest는 50만 명의 사용자를 보유했는데, 이들이 한 달에 지불하는 총 금액은 500만 달러 이상이었다. 판타지 카드게임 '매직: 더 개더링Magic: The Gathering'을 하는 사람도 700만 명에 달했다. 그렇게 판타지는 수십억 달러 규모의 사업이 되었다. 그로스먼은 이러한 부흥에는 이유가 있다며 다음과 같이 서술했다. "대중문화는 우리가 국가적 분위기의 변화를 감지하는 데 쓸 수 있는 가장 민감한 바로미터다."[11] 그가 생각하기에 21세기 초는 "기술과 미래에 대한 보다 어둡고 비판적인 태도"로 특징지을 수 있었다. 미국인들은 앞을 내다보는 대신 판타지, 그리고 "노스탤지어적이고 감상적이며 마술적인 시선으로 본 중세"에 몰두했다.[12]

21세기에 접어들 즈음 미국인들의 영화 취향이 바뀌기는 했으나, 사실상 대중이 중세에 심취한 것은 그보다 훨씬 이전이었다. 그로스먼은 그 기원을 1960년대에서 찾았다. 바로 소설 《반지의 제왕》 페이퍼백 판본이 미국에서 처음으로 출간된 때다. 이 책은 첫해에만 100만 부 이상 판매되었다. 'Gandalf for President(간달프를 대통령으로)' 배지가 1960년대 말 사람들의 옷깃에 등장했고, 'Frodo Lives(프로도는 살아 있다)'라는 글귀가 뉴욕시 지하철에 낙서로 쓰였으며, 톨킨으로부터 영감을 얻은 게리 가이각스Gary Gygax라는 미국의 보험 판매원은 직장을 관두고 던전 앤 드래곤Dungeons and Dragons이라는 판타지 롤플레잉 게임을 만들어냈다. 이 게임은 훨씬 뒤에 나온, 노스탤지어를 자극하는 또 다른 대중문화 현상이 된 드라마 〈기묘한 이야기〉로 인해 다시금 유명해졌다. 그런데 중세 마니아 중에는 소설이나 영화, 예술 작품, 야외극을 통해 간접적으로 과거를 즐기는 것으로는 성에 차지 않는 부류가 존재했다. 그런 사람들은 간접 체험 대신 과거를 반드시 직접 (다시) 살아봐야만 했다.¹³ 라이브액션 롤플레잉live-action role playing,⁺ 마상 창 시합, 재연, 미디벌 타임스 디너 앤드 토너먼트Medieval Times Dinner and Tournament⁺⁺ 같은 관광지를 통해서 말이다.

창조적시대착오협회Society for Creative Anachronism, SCA는 미국의 중세 재연 분야에서 가장 유명하고 가장 지배적인 세력이다.¹⁴ 1966년 캘리포니아주 버클리에서 창설되었다가 2년 뒤 비영리 교육기관으로 법인화되었다. SCA 측의 주장에 따르면, 현재 회원 수가 약 3만 명에 이르며 지금도 북아메리카 전역의 재연 활동가 단체 수백 곳을 산하에 두고 있다. SCA의 강령은 "과거를 향해 전진!Forward into the past!"으로, 누가 봐도 노스탤지어적 동기로 가득한 단체다. 회원들은 더 단순한 시절을 갈망하고, 도덕적 가치가 명확했던 시기를 긍정하며 그때로 돌아가기를 바란다. 반기술주의 노스탤지어를 끌어오고 요즘 사회에서 명예, 예의, 기사도 정신이 사라지고 있다는 감각을 공유한다.

중세처럼 살기로 선택하는 사람들 중 대다수는 단기적이거나 일시적일지라도 머나먼 과거에서 현대성의 문제에 대한 해법을 찾고자 한다. 이들은 재연을 통해 중세를 경험할 뿐 아니라 현세

⁺ 특정 세계관에 맞춰 복장과 장비 등을 갖춘 채 실제로 행동하고 연기하는 일종의 역할극이다. 줄여서 라프LARP라고 하며, 이에 참여하는 사람들은 라퍼LARPer라고 한다.
⁺⁺ 식사를 하면서 중세 기사들의 마상 시합 같은 쇼를 관람하는 엔터테인먼트 식당이다.

의 삶의 제약으로부터 탈출하여 학교나 직장에서 매일 마주하는 고되고 단조로운 일과와 완전히 구별되는 "아바타 또는 대체 자아"로 살아간다.[15] 회계사나 IT 관리자, 투자은행 직원 대신 뭐든 자신이 되고 싶은 존재—기사, 공주, 마상 시합 기사, 마법사—가 될 수 있다.[16] 시애틀의 라이브액션 롤플레이어(일명 '라퍼') 단체에서 벌어지는 뒷이야기를 상세히 다룬 다큐멘터리영화 〈몬스터 캠프Monster Camp〉에서 그레고르 경으로 활동하는 JP는 이 게임의 매력을 일종의 현실도피라고 요약하면서 이렇게 말한다. "〔재연하는〕 사람들 중에 많아요. 왜 그런 거 있잖아요. '당신이 **될 수 없는** 모든 것이 된다'는 콘셉트요. 그래서 어느 정도는 평소에 사는 모습이랑 다른 뭔가가 되려고 하는 거죠."[17]

레브 그로스먼은 글감을 찾기 위해 다양한 SCA 회원들을 인터뷰했다. 노드스코겐 영지를 다스리는 위풍당당한 귀족 트리스탄 폰 아이징 경Sir Tristan von Eising으로 통하는 대런 처맥Darren Chermack은 "제가 보기에 요즘 기술은 우리를 도덕률이나 관대한 행동과 동떨어지게 만들어버린 것 같아요……. 저는 이런 생활양식이 뭔가 제가 한 인간으로서 되고자 하는 모습에 접근하는 방식 중 하나라고 생각해요. 그러니까 예의, 기사도 정신, 적절한 행동을 추구하는 것 말이에요"라고 설명했다.[18] "거기에 진한 반산업적인 구석이 있기는 하죠"라고 캐리 크라우더Carrie Crowder도 동의한다. 41세인 그는 보수적인 공화당원이자 두 아이의 엄마로, 한때 SCA 회원이었다. "무수한 판타지의 배경이 되고 있는 중세적, 봉건적 풍경과 결부되어 있죠."¹⁹ 작가이면서 SCA 회원으로 활발하게 활동 중인 마이클 A. 크레이머Michael A. Cramer도 같은 의견이다. "SCA는 중세에 대한 노스탤지어에 빠진 단체죠. SCA의 가장 두드러진 특징은 다름 아닌 이런 노스탤지어, 바꿔 말하면 중세가 현재보다 더 나은 시대인 것 같다는 감각이에요."²⁰ 물론 SCA는 "진짜 중세"도 아닐뿐더러 "실제 중세의 모습을 정확하게 그려내지도 않는다." 그보다는 "파스티슈pastiche(혼성 모방⁺)", 즉 늘 그런 것은 아니지만 대체로 "낭만적이고 매우 노스탤지어적인" 중세에 대한 관념들의 모음이다.²¹ 노스탤지어를 연구하는 이론가들 중 일부는 현존하는 사람들에게 살아 있는 기억으로 남은 시절에 대해서만 노스탤지어를 느낄 수 있다고 보지만, 얼핏 봐도 크레이머의 견해는 조금 다른 것 같다.

SCA 회원들의 동기를 이루는 노스탤지어는 일정 부분 보수적이고 우파의 가치에 가깝기는 하나, 중세가 의미하는 바는 사람마다 다를 수 있다. SCA는 1960년대 캘리포니아의 반문화counter-culture 운동에서 나왔고, 회원들도 그 자체로 보자면 반문화적이라고 할 만하다. 반문화를 "사회의 지배적인 가치와 행위를 거부하는 사람들"을 포괄하는 개념으로 받아들인다면 말이다.²² 설립 당시 SCA 회원들은 사익 추구, 탐욕, 모더니즘을 거부하고, 그런

⁺ 기존 작품을 차용 또는 모방하는 기법으로, 합성 작품 또는 혼성 작품이라고도 한다.

가치들을 기사도라는 낭만적인 관념으로 대체하고자 했다. 이들은 히피 운동과도 궤를 같이하였으며, 현실 세계보다 제약과 관습이 느슨한 유토피아를 대안적 조국으로 삼았다. 실제로 일반적인 중세주의, 사람들이 중세를 경험하는 다양한 방식은 보수적이고 반부르주아적인 노스탤지어에 의해서만 추동되지 않는다. 역사학자 찰스 델하임Charles Dellheim은 중세주의가 그저 "현대성에 대항하는 보수적 저항"임을 부정한다.[23]

아마추어 중세주의자들, 특히 재연가들은 정통 역사학자들과 일반 대중 모두에게 조롱거리다. 이들 양 진영은 역사적 전문 지식에는 어느 정도의 거리, 즉 몰입형 체험이나 놀이를 배제하는 일종의 객관성이 반드시 필요하다고 본다. 그러다 보니 재연가나 라퍼는 "암울하고 가망 없어 보이는 현실에서 달아나기 위해 노스탤지어에 빠진 채 세상 물정 모르고 순진하게 무비판적이고 무책임하게 이상화된 과거를 동경"한다고 간주된다.[24] 실제로 캐나다 캘러머주에서 열린 중세연구국제학술대회International Congress on Medieval Studies는 자격 미달이라는 이유로 SCA에 불참을 요구하기도 했다. 그런데 최근에는 노스탤지어가 전적인 동기는 아니라고 말하는 중세 재연가들도 일부 존재한다. 이들은 자신이 선택한 시기에 대해 정서적 동질감을 갖기보다는 지적이고 합리적인 경향에 따라 자신의 취미를 정당화한다. 즉, 본인이 지금 하고 있는 일은 일종의 학문 활동이라고 주장한다. 단순히 역사책이나 1차 사료를 읽고 마는 데 그치는 것이 아니라, 과거를—결점

마저 모두—직접 경험하며 이해하는 방식이다.

  과거에 대한 진지한 학문 연구와 재연을 가르는 경계선은 흐릿하다. SCA 같은 단체에 몸담은 사람들 중 대다수는 자신의 복장과 역할, 자신이 선택한 시기의 역사를 대단히 주의 깊고 면밀하게 연구하고 조사한다. 그뿐만이 아니다. 전통적으로 전문 역사와 아마추어 역사로 간주되는 것 사이를 넘나드는 하위 분야가 존재하기도 한다. 가령, 실험고고학experimental archaeology은 보통 다양한 과업이나 위업을 이룩한 선대 문화의 실현 가능성을 복제하거나 검토하는 과정을 통해 역사적이고 고고학적인 가설을 도출하고 검증하는 학문이다. 피라미드 축조가 그 대표적인 사례. 잉글랜드 버크셔의 버트서 고대 농장도 예시로 들 수 있는데, 영국 고고학계에서 건축과 용도, 재료에 관한 여러 학설을 검증하고자 과거의 농가들을 재현해놓은 곳이다. 지금도 이 농장에서는 고고학자들이 선사시대의 농경, 축산, 제조 기술에 관한 장기 실험을 진행해나가고 있다. 또 다른 예로는 덴마크의 가장 오래된 야외박물관 레이레 랜드 오브 레전드Lejre Land of Legends가 있다. 석기시대, 철기시대, 바이킹 시대, 심지어 19세기 건물까지 재현한 장소로, 선사시대와 중세의 생활양식 및 기술에 관한 실험이 이루어지고 있다.

  이러한 학술적인 대규모 기획 사업은 이 분야에서 나름의 전문성을 발휘하여 만들어낸 발명품—고고학자들이 역사적 삶이 어떠했을지에 대해 '최선의 추론'으로 내놓은 결과물—이다. 그런데 재연 또한 일종의 실험실로 간주될 수 있다. 크로스로즈 중세 마을 협동조합Crossroads medieval village cooperative은 1992년 오스트레일리아 뉴사우스웨일스주에 설립된 대규모 기획 사업이었다. 60인이 묵을 수 있는 숙소를 포함한 중세 마을을 건설하고, 옛 가축 종과 식물 종을 키우는 영속농업permaculture 농장을 세웠다. 크로스로즈 협동조합은 평등이라는 이상과 지속 가능한 생태학을 결합함으로써, 노스탤지어와 연구 활동이 공존할 수 있음을 여실히 보여주었다. 이 협동조합은 소규모 프랑스 성城을 복제해서 건설하려는 야심찬 계획을 실현하지 못한 채 2018년에 부지가 매각되었다. 이처럼 노스탤지어가 재연을 자극하는 동기인 경우에도 중세의 위계질서와 가부장적인 기사도의 부활에 그치는 것이 아니라 공동체와 평등, 더 느린 삶의 속도와 자연 회귀를 우선하는 형태로 나아갈 수 있다.

또 다른 중세주의의 발현은 재연과 동시에 나타났다. 1990년대에 영국의 마르크스주의 역사학자 래피얼 새뮤얼Raphael Samuel은 지난 30년간 "외견상 영국의 과거를 회복하려는 열정이 예사롭지 않은 수준으로 자꾸 커져가는 현상을 목격"한 과정을 서술했다. 오래된 창고의 개·보수부터 증기기관차의 박제까지 모든 범위를 조사하면서 그는 이러한 "보존 광증preservation mania"이 결과적으로 내셔널트러스트National Trust를 예나 지금이나 영국에서 시민 회원으로 구성된 가장 큰 단체로 키워냈다는 점에 주목했다.[25] 역사는 영국의 일등 성장 산업이었다. 이 "유산 산업heritage industry"은 초기에는 주로 시골의 유서 깊은 대저택을 일반에 공개하는 형태로 나타났는데, 엘리트 계층의 집을 보존하고 출입이 가능하도록 만드는 데 역점을 두는 경향이 있었다. 이를 뒷받침하는 근거로 들 수 있는 것이, 내셔널트러스트가 보유한 부동산의 대다수가 과거 상류 지주층인 젠트리의 소유였다는 사실이다. 실제로 다른 형태를 취한 영국의 '공공 역사' 역시 부유층과 엘리트층에 초점을 맞추는 경향이 있다. 영국의 주요한 역사 및 문화 수출품인 두 편의 드라마 〈다운튼 애비Downton Abbey〉와 〈더 크라운The Crown〉을 떠올려보라. 그런데 20세기 후반이 되자 학자들과 유산 전문가들 모두 정치인과 귀족에서 평범한 사람들과 소외된 이들에게로 점차 시선을 옮겼다. 1960년대와 1970년대는 사회사, 즉 아래로부터의 역사가 처음으로 출현한 때로 토착어 유산 같은 경우 보통 사람들의 일상생활, 그중에서도 특히 노동자 계층의 삶에 역점을 두면서 탐구하고자 했다.[26]

 '살아 있는 역사' 관광지, 박물관, 체험 활동이 갈수록 인기를 얻게 된 것도 바로 이 시기였다. 1987년에 처음 문을 연 캔터베리 이야기 체험The Canterbury Tales Experience은 제프리 초서Geoffrey Chaucer가 엮은 설화집《캔터베리 이야기》의 서사를 중심으로 쌍방향 소통 관광'을 제공했다.[27] 방문객들은 런던과 켄트 사이의 어둑한 거리를 걷다가 밀랍 인형이나 분장한 배우들을 만났다. 야간 투어와 방학 이벤트도 진행했는데, 방학 행사에 참여한 아이들은 중세의 '묘약 제조'에서 칼싸움과 동화구연까지 다양한 활동을 즐겼다. 1984년 요크에 문을 연 조빅 바이킹 센터Jorvik Viking Centre는 금세 영국에서 가장 인기 있는 명소로 꼽혔는데, 개장 이후 방문객 수가 1800만 명이 넘을 정도다. 이 '획기적인 방문객 체험장'에서는 "바이킹 시대의 거리를 재현한 장소를 여행"하면서 "10세기 요크에서 있었을 법한 삶"을 경험하게 된다. 조빅 바이킹 센터는 방문객들에게 '탈것 체험'을 안내하는 '22명의 새로운 애니메이트로닉animatronic[+]'을 활용해 진정성을 갖추려고 노력하고 있다. 또한 방문객들에게 "1000년도 더 전에 살았던 사람들의 삶을 제대로 알려"주기 위해 복장뿐만 아니라 얼굴 생김새부터 말투까지 모든 것을 "면밀히 연구 조사"했다. 이 현장은 아득한 과거의 풍경, 소리, 심지어 냄새까지 재현하고자 한다.[28]

교육용이라고는 말하기 어려운, 순수하게 오락용인 몰입형 중세 체험도 존재한다. 미국 라스베이거스에서는 (아서왕의 신화에 등장하는 검의 이름을 딴) 엑스칼리버Excalibur라는 중세 테마 호텔 겸 카지노에서 묵을 수 있다. 이 호텔 건물의 파사드는 양식화된 성으로 꾸며져 있고, 2007년까지만 해도 아서왕 이야기에 나오는 예언자이자 마법사 멀린Merlin의 모형이 높다란 꼭대기의 작은 탑에서 도착하는 손님들을 굽어보았다. 1990년에 문을 열 당시 이곳은 28만 제곱미터가 넘는 부지에 4000여 개의 객실을 갖춘 세계 최대 규모의 관광호텔이었다. 이와 유사한 노선을 따르는 미디

[+] 살아 있는 듯 움직이고 말하는 로봇 인형.

영국 요크에 위치한 조빅 바이킹 센터의 입체 모형.

벌 타임스 디너 앤드 토너먼트는 중세 스타일의 경기, 검투, 마상 시합 공연을 선보이는 엔터테인먼트 식당이다. 시초는 스페인 마요르카섬과 베니도름에 생긴 공연장과 식당을 결합한 복합 단지였다. 북아메리카에서는 1983년 플로리다주에 처음으로 생겼고, 현재는 캘리포니아주, 조지아주, 일리노이주, 메릴랜드주, 뉴저지주, 사우스캐롤라이나주, 텍사스주, 그리고 캐나다 토론토에도 있다. 미디벌 타임스의 '성들'은 지금껏 7200여만 명의 손님을 접대했고, 업체 측의 주장에 따르면 북아메리카 "최고의 만찬 명소"라고 한다.[29] 손님들은 왕을 비롯한 왕족들과 함께하는 성대한 연회에 초대받는다. 고급스러운 네 가지 코스의 정식을 즐기면서 "다채로운 중세 행사"를 구경하고, 말을 탄 기사들이 창 시합을 벌이며 승부를 겨루는 모습을 관람한다.[30] 업체의 웹사이트에서는 "동화와 구경거리의 경계를 허무는" 환상적인 경험을 약속한다. 손님들은 "아득한 시간의 안개를 헤치고 잊힌 시대로, 헌신과 용기와 사랑의 이야기 속으로 여행을 떠난다". 플로리다주 올랜도의 미디벌 타임스에서 공주 역할을 오래 맡아온 이블리나 펄츠Eveleena Fults는 한 연구자에게 "환상을 만들어낸다는 것이 내가 이 일에서 가장 좋아하는 부분이다"라고 말했다.[31] 그런데 재미와 오락이 다가 아니다. "기사들이 펼치는 아슬아슬한 묘기, 마상 시합, 검술은 꾸며낸 것이 아니다"라고 업체에서는 광고한다. "보면 알 테지만, 아주 생생하다"고.[32]

미디벌 타임스 웹사이트에서는 홍보의 일환으로 "국왕 폐하의 용감한 기사들의 일거수일투족을 보좌"하는 종자從者를 비롯해 다양한 역할도 소개하고 있다. 우선 종자로서 수련과 수행을 성공적으로 해내야만 기사 역할로 올라갈 수 있다. 하지만 기사 역할이 모두에게 열려 있지는 않다. 즉, "미디벌 타임스에서 제작하는 연극의 대본에 따라 기사 역할의 진정성과 진실성을 지켜내기 위해 기사 자리는 오로지 남성 연기자들만 맡을 수 있다." 기사 자리는 미디벌 타임스에서 경험을 쌓은 종자 대열에서 독점적으로 채워지는 탓에 종자 역할도 "마찬가지로 남성 연기자들만 맡고" 있다. 다만 여왕 역할의 지원자들에게는 이에 상응하는 제한 요건이 전혀 없다.[33]

미디벌 타임스는 1980년대 이후로 주변 곳곳에서 볼 수 있었다. 시간상으로는 미디벌 타임스의 사례가 앞서지만, 최근 투기 스포츠의 일종으로 마상 창 시합이 부활하고 상업화한 것도 일맥상통하는 현상이다. 마상 창 시합은 북아메리카와 유럽 양쪽에서 급격히 인기를 얻어 유행하게 되었다. 현재 콜로라도주 에스티스 파크에서 열리는 롱스 피크 스코티시 아이리시 하이랜즈 페스티벌Longs Peak Scottish Irish Highlands Festival, 잉글랜드 리즈에서 열리는 소드 오브 아너Sword of Honour, 샌디에이고에서 열리는 토너먼트 오브 더 피닉스Tournament of the Phoenix, 퀘벡에서 열리는 투르누아 뒤 리스 다흐장Tournois du Lys d'Argent 등의 대회가 개최된다.[34] 그런데 대서양 이편과 저편의 방식이 서로 다르다. 미국에서 마상 창 시합은 그냥 스포츠다. 그러다 보니 참가자들은 대체로 중세에 관심이 없다. 세계적으로 선두를 달리는 미국인 마상 시합 선수 찰리 앤드루스Charlie Andrews는 역사에 대해 알지도 못하고 관심도 없다고 말한다. 그는 "명예와 기사도라는 낭만적인 관념"에 매료되어 마상 시합을 하는 것이 아니다. 중세에 애착이 있어서도 아니다. 마상 시합이 "지금껏 발명된 최고의 익스트림 스포츠 중 하나"라고 여기기 때문이다.[35]

이와 대조적으로, 유럽의 마상 창 시합은 유서 깊은 성에서 열리는 중세 축제 마당이나 가족의 날 행사의 일환으로 상연되는 굉장한 구경거리 또는 공연에 더 가깝다. 유럽의 마상 시합은 역사적 고증이 더 잘되어 있다고 여겨지기도 한다. 유럽의 각종 행사를 주관하는 기업 월드자우스트 토너먼츠WorldJoust Tournaments는

"역사 속 마상 시합을 구현하고, 그것을 고급스럽고 현대적인 국제 스포츠로 발전시키는 데 전념"하고 있다고 내세운다.[36] 찰리 앤드루스 같은 현대 마상 시합 선수에게는 이 스포츠에 요구되는 기술과 기량이 마음을 동하게 하겠지만 중세와의 정서적 연결이 동기가 되어 뛰어든 선수들도 있다. 2019년 중세학으로 학사 학위를 받은 마상 시합 선수 제임스 앤더슨James Anderson은 이 스포츠의 매력을 다음과 같이 표현했다. "노스탤지어가 느껴져요. 그 시대에 살지도 않았는데 말이죠. …… 어떤 사람들은 가벼운 중세 병에 걸린 채로 태어나는데, 제가 그래요."[37]

살아 있는 역사 박물관, 행사, 관광, 재연은 당연히 중세의 부활에 국한되지 않는다. 재연 활동가들은 미국, 캐나다, 영국, 독일, 오스트레일리아, 이탈리아, 덴마크, 스웨덴, 폴란드 전역에 숱하다. 미국 남북전쟁의 재연은 실제 전투가 끝나기도 전에 시작되었고, 재향군인들은 전사한 전우를 기리는 방식의 하나로 서둘러 전투를 재현했다. 1913년 게티즈버그 전투 50주년을 맞아 그레이트 리유니언Great Reunion에서는 북부연방 및 남부연합의 재향군인 5만여 명이 참석한 가운데 해당 전투의 여러 요소를 되살린 재연 행사가 열렸다.[38] 현대의 재연 활동은 1961~1965년 남북전쟁 100주년 기념행사 기간에 시작되었고, 1980년대와 1990년대에 점점 인기가 높아졌다. 1986년 〈타임Time〉이 추산한 바에 따르면, 미국에서 활동하는 재연가는 5만여 명에 달했다. 1998년 게티즈버그 전투 135주년 재연 행사는 실제로 전투가 벌어진 현장

인근에서 진행되었다. 추산 규모는 다양하나, 1만 5000~2만 명이 참여하고 5만 명의 관중이 참석한 행사로, 아마도 그때껏 전 세계에서 이루어진 전투 재연 가운데 최대 규모였을 것이다.[39]

재연에 참여한 사람들 중에는 진심으로 열과 성을 다하는 이들도 있었다. "이 전쟁을 이해하고 싶다면, 당시 군인들의 심정을 알아야 한다"라고 토머스 다운스Thomas Downes는 설명했다. 그는 클리블랜드에서 온 기계 기술자로, 제2뉴햄프셔 연대장을 맡은 참가자였다. "우리는 이 진지에서 콜라나 게토레이를 마실 수 없어요. 진정성이 떨어질 테니까요. 하지만 위스키는 마셔도 돼요. 그건 괜찮아요. 우리는 살아 있는 역사가들이에요. 우리 조상들을 이해하려면 이렇게 해야 해요."[40] 미시간주에서 온 역사 교사 해리 버지스Harry Burgess는 이런 전투에 참여하면 "개인용 타임머신이 생긴다"라고 말했다.[41] 재연 단체는 미국에서만 흔한 것이 아니었다. 실드 노트Sealed Knot는 영국에서 가장 오래된 재연 단체로, 현재 유럽에서 가장 규모가 큰 조직이다. 1968년에 설립되었고, 왕당파와 의회파 간의 대립으로 벌어진 영국 내전 당시의 전투를 재연한다.

1970년대와 1980년대 영국에서 역사와 유산 산업이 호황일 때는 생활사 박물관 또한 대유행을 일으켰다. 1973년 야외 박물관 블리스츠 힐 빅토리아 시대 마을Blists Hill Victorian Town이 문을 열었다. 예전에 공업지대였던 슈롭셔에 자리한 블리스츠 힐은 아이언브리지 계곡Ironbridge Gorge[+] 지역의 연계 박물관 열 곳 중 한 곳으로, 방문객들을 "재현된 빅토리아 시대 마을의 풍경, 소리, 냄새, 맛을 통해 100여 년 전의 삶을 그대로 경험"하도록 초대하는 몰입형 박물관이다.⁴² 1890년대 산업혁명기의 삶을 재현한 블리스츠 힐은 미국의 콜로니얼 윌리엄즈버그 앤드 플리머스 플랜테이션Colonial Williamsburg and Plymouth Plantation은 물론, 잉글랜드 북부의 비미시 박물관 같은 곳과 유사한 부분이 많다. 이러한 장소들은 방문객에게 전통적인 박물관이나 학술 연구의 경계를 벗어난 방식으로 역사를 경험할 기회를 보장한다. 이들은 쌍방향 소통, 시뮬레이션, 가장假裝을 통해 시간 여행이라는 환상을 제공한다.

2019년 한 방문객은 블리스츠 힐을 "역사와 노스탤지어를 사랑하는 사람들을 위한" 공간이라고 표현했다. 영국 맨스필드에서 온 또 다른 관광객은 '오래전에 사라진 시간 속을 거닐다'라는 제목으로 후기를 남기면서 "노스탤지어를 제대로 만끽했다"라는 말을 덧붙였다. Tessy68이라는 닉네임을 쓰는 사람은 "과거 여행"으로 진한 "향수를 느끼면서 유익하기도 한 오후 시간"을 즐겁게 보냈다고 했다. 2018년에는 nickthebottlewasher라는 닉네임을 쓰는 사람이 "우리 같은 노인들을 위한 추억 여행에 그치는 것이 아니라, 학교에 다니는 아이들도 즐기고 배울 것이 많다"라면서 블리스츠 힐에 대한 칭찬을 아끼지 않았다. John C J라는 닉네임을 쓰는 사람도 "나이가 있는 식구들은 노스탤지어를 느끼게

✢   1986년 유네스코 세계문화유산으로 지정된 산업혁명기의 공업 유적지다.

해주고, 나이 어린 식구들은 예전에 어땠는지 알 수 있게 해준다"라면서 비슷한 후기를 남겼다. Hawthorne21이라는 닉네임을 쓰는 사람은 '어린 날의 추억'이라는 제목의 후기에서 블리스츠 힐 마을은 "노스탤지어, 그리고 좋았던 시절을 기억하는 장소"라고 했다.[43]

물론 이 방문객들 중 어느 누구도, 즉 후기에서 노스탤지어를 언급한 수백 명이 넘는 사람 가운데 누구도 1890년대 당시에 살아 있지 않았다. 빅토리아 시대나 에드워드 7세 시대의 삶조차 기억할 수 있는 사람이 거의 없다. 따라서 이들의 노스탤지어는 확산된 종류에 가깝다. 중세를 재연하고자 하는 동기가 노스탤지어였던 사람들처럼 환상에 이끌린 것이다. 정확한 연대는 중요하지 않은 판타지 형태의 과거 말이다. 그것은 역사의 특정 시기가 어떠했으리라고 짐작한 모습, 그리고 그 시기가 현재에 표상하는 것으로 이루어진 상상된 형태의 과거다. 이 사람들은 역사적 정확성—나아가 정확한 시기—때문이 아니라, 그것이 일깨울 수 있는 지극히 사적인 감정 때문에 과거에 흥미를 느낀다. 사람들로 하여금 자신이 태어나기 수십 년 전인 1890년대와 실제로 성장기를 보낸 1960년대를 융합할 수 있게 해주는 것은 다름 아닌 이런 감정—이런 노스탤지어—이다. 전시戰時 재연가들, 프로 마상 시합 선수들, 미디벌 타임스의 직원들이 역사적 정확성에 따라 임한다고 아무리 강하게 주장한들, 그런 것은 대다수 관람객에게 중요하지 않다. 블리스츠 힐의 숨은 일꾼들은 교육적인 명소—정확성을 기한 1890년대의 부활—를 만들어내고 싶어 할지 모르지만, 그런다고 해서 방문객들이 그곳을 그런 식으로 경험하리라는 보장은 없다.[44]

대다수 문화 비평가들과 전문 역사학자들이 보기에 이러한 노스탤지어는 문제가 다분하다. 1980년과 1983년 국가유산법National Heritage Acts을 통해 영국 법으로 성문화된 유산은 큰돈이 되는 사업이 되었을 뿐 아니라, 뜨거운 정치적 논쟁의 주제가 되기도 했다. 일반 국민들 사이에서 엄청난 인기를 끌었음에도 (아니 어쩌면 그 덕분에) 영국의 유산 산업은 이상주의적 노스탤지어를 불러일으키고, 가부장적, 보수적 가치를 공공연하게 지지하며, 실제로는 불안정하고 불결하며 불평등하고 착취적이었던 역사적 시기를 세탁한다는 비난에 직면했다. 역사학자 로버트 휴이슨Robert Hewison은 영국인들의 유산에 대한 집착이 미래를 내다보지 못하고 노스탤지어라는 수렁에 빠진 문화를 나타내는 징후라고 주장했고, 시인이자 비평가인 톰 폴린Tom Paulin은 유산 산업을 "테마파크와 생명을 다한 가치들의 역겨운 모음"으로 간주했다.[45] 문화사학자 패트릭 라이트Patrick Wright는 "유산이란 생생하게 상상된 심연의 끄트머리에서 저지르는 뒷눈질이다"라고 일갈하기도 했다.[46]

1980년대 학계에 속한 대다수 역사학자들은 노스탤지어에 관해 좋게 봐줘야 애증이 엇갈리는 정도였고, 대개는 노골적으로 비판적이었다. 이들도 다른 많은 사람들과 마찬가지로 노스탤지어라는 감정을 현대의 보편적인 불쾌감 또는 불편감, 즉 낭만적 자기기만이라는 동시대의 유행병으로 특징지었다. 이들은 한때는 익숙했으나 이제는 낯설어진 나라 탓에 거의 모든 사람이 과거로부터 추방당한 감각에 물들었다고 주장했다. 이 질병이 두 번째 단계에 들어서면 우리는 과거와 관련된 지극히 사소한 유물에 대해서도 강박적인 수호자이자 소비자가 된다. 1960년대부터 줄곧 경험해온 불안과 전례 없는 변화 속도가 패션계와 영화계의 노스탤지어 물결을 낳았듯, 그와 동일한 물결의 범람이 사람들로 하여금 과거의 흔적을 가능한 한 많이, 무차별적으로 보전하도록 부추겼다. 이처럼 과열되고 무분별한 노스탤지어로 인해 사람들은 물질문화의 하찮은 단편들을 모으고, 과거성을 지니기만 하면 거의 아무것이나 보존했다. 많은 역사학자는 이러한 노스탤지어적 집착이 비생산적이고 진보적 행위를 방해하며 미래의 가능성을 배제한다고 보았다.

그렇지만 모든 학자에게 해당하는 이야기는 아니었다. 1994년 마르크스주의 역사학자 래피얼 새뮤얼은 이러한 흐름을 "레트로시크retrochic", 즉 사람들이 무작위로 과거를 차용하는 과정이라고 하면서도, 유산에 대한 열광을 긍정적으로 바라보기도 했다.[47] 그는 시간의 때가 묻은 건물, 옷, 음악에 매료되는 감정을 "난데없이 솟아나는" 것으로 간주했다. 그러니까 반문화, 수집가들의 모임, 지역 노동위원회, 풀뿌리 활동에서 말이다. 이런 살아 있는 역사는 개인적 관찰과 지역적 지식을 지지하면서 대하드라마식 서사를 거부한다. 우리가 과거를 가지고 놀 수 있도록, 과거를 지금 여기에 부활시킴으로써 우리가 시공간의 한계를 아무런 거리낌 없이 넘나들 수 있도록 이끈다. 새뮤얼은 무미건조한 역사적 설명이 해줄 수 없는 뭔가를 레트로시크가 제공한다고 보았다. 냄새를 맡을 수 있고 손으로 만질 수 있고 직접 경험할 수 있는, 과거에 대한 감각적 체험이자 전문 지식이 필요하지 않은 민주적 체험, 아마추어 역사광과 강박적인 사람들로 채워진 체험이다. 이는 찬양할 만한 것이지 "발끈하며 비판할 거리가 아니"었다.[48]

실제로 블리스츠 힐은 잉글랜드의 주요 유산 가운데 하나로서, 특히 노스탤지어가 추동하는 유산 산업을 안이하고 유해하다고 여기는 학자들이 내뱉는 독설의 표적이 되었다. 한 역사학자는 이상화된 빅토리아 시대의 업적을 구경거리로 홍보하는 그 명소를 규탄하는 데 논문 전체를 할애했고, 또 다른 역사학자는 그곳을 "진정성 있는 영화 세트장"이라고 조롱했다.[49] 그런데 이와 같은 이상화나 진실성의 결여가 문제가 되는 것일까? 블리스츠 힐 같은 장소가 실제로 그곳을 찾는 방문객들의 마음속에 노스탤지어를 일깨우는 것이 그리도 큰 문제일까? 현실도피 욕망이 그렇게 나쁜가? 무엇보다 과거가 신나거나 기분 좋거나 재미있으면 **안 된다**는 법이라도 있나?

기술이 우리를 병들게 한다는 믿음

생활사 박물관에 가거나 역사적 전투를 재연하는 현장에 참여하는 것으로는 성에 차지 않는 사람들도 있다. 이들은 자신이 살고 있는 세계를 완전히 재구성하기를 바란다. 과거의 의복, 가구, 기술, 음식, 건축물, 습속을 부활시켜서 말이다. 2015년 게이브리얼 크리스먼Gabriel Chrisman과 세라 크리스먼Sarah Chrisman 부부는 마치 빅토리아 시대로 다시 돌아간 듯한 생활을 영위하는 것으로, 말하자면 2009년부터 이어온 현대성에 대한 급진적 반란으로 입소문이 나면서 순식간에 세간의 주목을 받았다. 두 사람은 가능한 한 19세기 말에 살았을 법한 부부처럼 생활한다. 세라는 코르셋을 착용하고 밑단을 늘어뜨린 격식 있는 빅토리아 시대의 치마를 입는다. 게이브리얼은 커다란 바퀴가 달린 자신의 '일상용' 자전거(페니 파딩penny farthing⁺)를 타고 나갈 때면 빅토리아 시대의 남성들처럼 끝단이 복숭아뼈 위로 올라간 바지를 입고 짧은 넥타이를 맨다. 부부의 집에는 전화기나 컴퓨터, 텔레비전이 없다. 세라는 만년필을 사용해 손으로 직접 역사소설을 쓴다. 두 사람은 세라가 지은 매트리스에서 잠을 자고, 오일 램프나 19세기 말의 백열전구를 복제한 제품의 불빛에 의지해 책을 읽는다.[50]

+ 앞바퀴는 아주 크고 뒷바퀴는 아주 작은 초창기 자전거. 큰 동전 페니penny와 작은 동전 파딩farthing에서 유래한 명칭이다.

워싱턴주의 포트 타운센드는 비가 많이 내리는 작은 도시다. 이곳의 이름이 알려지지 않은 거리에 자리한 부부의 집을 보면 두 사람이 되살리려고 그토록 공을 들인 빅토리아 시대가 화려한 시절은 아니었다는 사실을 떠올리게 된다. 현대의 기준으로 볼 때, 그 집은 작고 어둡고 조용하다. 장작을 때는 거대한 철제 스토브가 주방을 온통 차지하고 있다. 거실 한복판에는 워디언 케이스Wardian case라는 작은 유리 구조물이 있는데, 그 안에는 관상용 양치식물이 들어 있다. 두 사람이 사는 집은 깔끔하다. 그리고 책으로 가득하다. 19세기의 소설과 더불어 그보다 최근에 나온 논픽션이나 SF소설이 뒤섞여 있다. 구글 북스Google Books 아카이브에서 출력해 손수 제본한 잡지도 있는데, 이런 방식으로 부부는 전자기기를 통하지 않고도 19세기에 발행된 〈코스모폴리탄Cosmopolitan〉을 읽을 수 있었다(구글 북스는 두 사람이 마지못해 용인하는 몇 안 되는 현대 기술 중 하나다).[51]

크리스먼 부부는 우리를 에워싼 휴대전화와 스크린과 알고리즘으로부터 억지로라도 통제권을 되찾으려고 애쓰는 사람들의 광범위하고도 확산된 움직임에 속한다. 1990년대에 대한 요즘의 노스탤지어가 구석구석 스며드는 인터넷의 속성에서 비롯된 깊은 불안의 징후라고 선언하는 글들은 그동안 많이 나왔다.[52] 다만, 게이브리얼과 세라 부부는 이전 시대의 유토피아주의자들에 견줄 만큼 열의에 차서 열정적이고 헌신적으로 생활을 영위한다. 다른 수많은 사람들처럼 두 사람은 오늘날 세상이 돌아가는 방식이 불만스럽다. 부부의 해법은 결코 낯설지 않다. 시곗바늘을 돌려 1980년이나 1950년, 아니 1890년으로 돌아가면 어떨까? 어째서 우리는 사정이 좋았던 때로, 어느 때건 그랬음직한 시절로 돌아갈 수 없을까?

물론 이 부부 말고도 우리의 삶을 개선하고자 고안된 기술에 숨겨진 비용이 있다는 견해를 표명한 사람들이 존재한다. 소셜 미디어 기업의 임원들조차 자기 자식들은 자신들이 운용하고 관리하는 사이트에 접속하게 두지 않겠다는 뜻을 내비치는가 하면, 그동안 기술이 사회에 가했던 스트레스를 유감스러워한다. 거대 기술 기업들은 갈수록 통제가 필요한 조직으로 간주되고 있다. 권력자들은 이 기업들의 영향력을 축소하기 위해 "수리할 권리right to repair" 보장법과 독점 해체 조치들을 제의해왔다. 평범한 인터넷 사용자들은 노동 관행을 문제 삼아 우버Uber와 아마존을 보이콧했고, 우리는 다른 앱을 사용하지 못하게 하는 앱을 일상적으로 다운로드한다(셀프컨트롤 앱[+]이 없었다면 이 책은 쓰일 수 없었다). 우리 중에는 크리스먼 부부와 같은 삶을 모색했던 사람들이 수두룩하다. 문명의 이기를 깡그리 끊어버리든, 아주 잠시라도 기술과 인터넷을 차단하든 말이다.

크리스먼 부부가 이례적일 수는 있어도 유일무이한 사례는 분명 아니다. 2022년 초 영국의 언론인 요한 하리Johann Hari는 《도둑

[+] 각종 웹사이트나 메일함의 접속을 차단하는 앱.

맞은 집중력Stolen Focus》을 출간했다. 이 책에서 그는 우리의 집단적 주의 집중 시간이 붕괴되고 있다고 주장했다.[53] 하리의 말대로라면, 그는 자신의 주의 집중 시간이 지속적으로 줄어들고 있는 데서 착안해 이 책을 쓰기 시작했다. "독서나 상영 시간이 긴 영화를 보는 것처럼 깊은 집중력"이 필요한 활동이 더욱더 힘들어졌다.[54] 자기만 그런 게 아니었다고 그는 말한다. 주변인들도 하나같이 비슷한 일을 겪고 있었다. 특히 젊은 청년들이. 하리는 이 "심각한 집중력 위기"의 원인으로 환경오염, 거대 산업 등을 꼽지만 무엇보다도 기술에 주목했다. 그는 우리의 집중력이 단순히 붕괴된 것이 아니라 도둑맞았다고 주장한다.

하리는 자신의 책을 온갖 충격적인 팩토이드factoid로 꽉 채웠다. 미국의 경우, 한 가지 과업에 집중할 수 있는 시간이 사무직들은 회당 평균 3분인 반면, 10대들은 고작 65초에 그쳤다. 카네기멜론대학교에서 진행한 한 연구를 인용하면서 그는 "스마트폰을 갖고 있는 거의 모든 사람"이 지적 능력의 20~30%를 "거의 매 순간" 잃어버리고 있다고 강조한다. 하리는 부분적으로는 수면 박탈 때문에 우리가 집중력을 서서히 잃게 되었다고 주장한다. 그는 1942년 이후로 한 사람의 수면 시간이 "하룻밤에 한 시간씩 깎여"왔다고 말한다. 그러면서 미국인들의 90%가 잠자리에 들기 전에 두 시간씩 휴대전화 같은 "불빛이 나오는 기기"를 들여다보는 것을 그 원인으로 지목한다.[55]

이 책은 잘 팔렸다. 표지에는 극찬하는 후기들로 가득하다. 하지만 책에서 주장하는 내용들은 그간 논쟁을 불러왔다. 기자이자 방송인인 매슈 스위트Matthew Sweet 등은 하리의 주장을 뒷받침하는 증거가 빈약하고 부정확하며 선별적이라고 주장했다.[56] 그럼에도 하리의 주장은 상당 부분 사실로 **느껴지는** 데다, 수십 년 동안 이어져온 문화적 담론과 결을 같이한다. 이는 어떤 면에서 대다수 중세 재연가들의 동기를 뒷받침하는 생각과도 가깝다. 2000년대 초 자신이 중세에 몰두하는 이유를 설명하면서 "요즘 우리 기술은 우리를 도덕률이나 관대한 행동과 동떨어지게 만들어버린 것 같다"라고 말했던 트리스탄 폰 아이징 경을 떠올려보라.[57] 《도둑맞은 집중력》은 소셜미디어와 인터넷이 우리 뇌에 미치는 부정적인 여파에 대한 비교적 오래된 논의의 최신판일 뿐이다. 2015년 〈타임〉에서는 현재 우리의 주의 집중 시간이 금붕어보다 훨씬 짧다고 주장하는 연구 결과를 인용했다.[58] 이와 더불어 집중력 감소에 관한 최신 연구들로 사람들의 경각심을 일깨우는 새로운 책들이 몇 달에 한 번씩 꾸준히 나오고 있다. 그런 연구들 중에는 집중력 문제를 해결하는 법을 규명했다고 자부하는 자기계발 도서나 상품을 판매하기 위해 저자 또는 기업이 자금을 댄 경우도 적지 않다.[59]

하리가 정확히 짚어낸 우리의 집중력 부담은 전문가들과 과학자들, 신기술 반대론자들이 진단했던 것처럼 보다 광범위한 동시대의 병리적 특성에 속한다. 24시간 돌아가는 뉴스 주기, 스마트폰과 인터넷과 소셜미디어가 양산하는 정보의 맹공 탓에 아마도 우리는 병들고 있는지 모른다. 코로나 팬데믹 초기 몇 달간, 연구자들은 온라인 및 소셜미디어를 통한 뉴스 소비가 우울, 불안, 스트레스의 증가와 관련이 있다는 사실을 발견했다. 텔레비전이나 신문처럼 전통적인 매체를 통해 동일한 뉴스를 소비할 때보다 훨씬 더.[60] "과도한" 스마트폰 사용을 강박 장애OCD, 주의력 결핍과잉 행동 장애ADHD, 약물 오용, 인지-정서 조절의 어려움, 충동성, 인지 기능 손상, 소셜미디어 중독, 수줍음, 낮은 자존감, 수면 문제, 체력 저하, 건강하지 않은 식습관, 통증과 편두통, 뇌의 용량 및 구조 변화와 연관 짓는 연구들도 있다.[61]

우리가 현재 살아가는 정보화 시대, 아니 그렇다고 일컬어지는 시대에 우리는 유례없이 새로운 방식으로 고통받고 있다. 그런데 현대 생활, 특히 현대 기술이 이로운 동시에 해롭다는 생각은 서구 문화에 깊이 박혀 있다. 실제로 빅토리아 시대 사람들도 자기네 사회에 비슷한 문제가 있다고 진단했다. 하리의 저서 같은 책들의 탄생 동기가 된 불안은 19세기 영어권 저술가들이 사회 변화의 속도, 신기술의 압박, 근대적 삶에서 비롯한 신생 질병에 대해 써낸 무수한 문헌의 근간이기도 했다. 오늘날 이에 상응하는 것들은 분명하다. 즉 'FOMO', 스마트폰 중독, 쉴 새 없이 돌아가는 뉴스 주기가 유발하는 멜랑콜리는 **우리의** 현대 생활에서 비롯한 질병들이다. 그런데 빅토리아 시대 사람들도 그들만의 고유한 병이 있었다.

앞서 봤듯 19세기 말은 우리 시대처럼 사회적, 기술적 변이가 숨 가쁘게 이루어진 시기였다. 전신케이블, 증기선, 자동차, 결국에는 비행기까지 등장하여 세계를 더욱더 하나로 긴밀하게 묶었고, 변화의 속도는 전례 없이 빠르게 느껴졌다. 진보와 기술혁신의 시대인 동시에 치열한 자아 성찰과 불안의 시기이기도 했다. 새로운 이동 및 통신의 방편과 더불어 새로운 질병들—신체적, 정서적, 정신적—이 찾아왔다. 승객들은 지나치게 열에 들뜬 철도 이용객들을 괴롭힌 "기차 심장train heart" 상태를 조심하라는 주의를 받았다. 그런가 하면 의사들은 최신 문물인 전화기의 도입으로 상시 연락 가능한 상태가 된 것에 대해 정서적 피해를 호소했다. 1860년대에 제임스 크라이턴 브라운James Crichton Browne이라는 의사는 당시에 요구되었던 "생각과 행동의 속도"에 관해 이야기했다. 그는 이제 뇌가 처리해야 하는 정보량—"우리 조부들이 평생에 걸쳐 처리해야 했던 것보다" 많은 정보를 한 달 사이에 처리해야 하는—의 결과들, 그것도 죄다 부정적인 결과들을 밝혔다.[62]

오늘날과 마찬가지로 현대 생활의 질병에 대한 각종 우려의 중심에는 일이 있었다. 산업화와 전문화와 도시화가 저렴한 인쇄물의 폭발, 성별을 불문하고 문해력을 갖춘 독자의 증가와 결합하면서 모든 노동이 극심한 건강 문제의 대상이 되었다. 대다수 사람은 공장 노동에 따른 산업재해를 우려했으나, 한편에서는 오늘날 화이트칼라—19세기에 확대된 노동 범주—라는 용어로 표현되는 사무직 노동자들의 정신 및 육체 건강 문제로 마음을 졸였다. 당시 매체들은 주의산만, 정신적 긴장, 과로가 전문 직업인에게 미치는 영향을 구구절절 상술하면서, 그러한 것들이 육체는 물론이고 심리적 자아까지 손상한다고 주장했다. 1854년 존 마셜John Marshall이라는 독자는 런던의 잡지사 〈스펙테이터The Spectator〉에 걱정 섞인 편지를 써 보냈다. 스스로 "뇌의 과로"라고 표현한, 잘 알려지지 않은 심각한 병에 대한 관심을 환기하는 내용이었다. 환자들은 걷고 말하고 먹고 마시고 "불완전하게나마" 잠을 잘 수 있을지는 몰라도, 자신을 피로하게 하고 불안하게 하고 궁극적으로는 미쳐버리게 하는 일종의 "신경 흥분"에 시달렸다. 이들은 친구나 여타 일상적인 사회적 접촉으로부터 소외되었다. 뇌의 과로를 치료하지 않고 방치하면 한 사람의 온전한 정신 건강에 영구적인 손상을 입힐 수 있었다. 이것은 당시 "잘남을 뽐내는 계몽주의 시대" 특유의 새로운 문제였다. 말하자면, 의도하지 않은 진보의 산물이었다. 그 어느 때보다 더욱 많은 사람이 문학, 과학, 정치, 예술에 쉽게 접근할 수 있게 되면서 집중을 방해하는 이런 딴짓으로 인해 결국 몽유병 환자처럼 젊어서 무덤으로 걸어 들어갔다. 이것이야말로 인류에게 알려진 "최고로 심각한 재앙" 가운데 하나라고 마셜은 강조했다.[63]

대다수 사람이 보기에 이러한 직업적 우려는 새로운 기술과 엮여 있었다. 주범은 전신, 전화, 기차였다. 다시 말해, 삶의 속도를 근본적으로 바꿔놓은 이 기술들이 다양한 병리적 결과를 가져왔다. 그중에서도 철도는 특별한 불안의 근원이었다. 의학 저술가들은 기차 여행의 도입으로 사람들의 생활에 얼마간 조급함이 유입되면서 삶의 질이 저하되고 건강을 해치게 되었다고 우려했다. 1868년 한 의사는 염려하는 투로 "예전에 마차로 다니던 시절에는 철도로 이동하는 현재 우리의 방식을 특징짓는 분주함과 부산함은 전혀 찾아볼 수 없었다"라고 썼다.[64] 마차 여행 시절에는 "승객들이 느긋하게 자리를 지키고 앉아 있었"던 반면, 이제는 "다들 기차를 놓치지 않겠다는 일념으로 부리나케 한 지점으로 서둘러 간다."[65] 이것은 단지 문화적 변이에 그치는 것이 아니라 생물학적 변이이기도 했다. 즉, "모든 것이 달라졌다. 심지어 우리의 몸도 달라지고 있다."[66]

이 의사는 이렇게 글을 이어나갔다. "주어진 특정한 시간 안에 특정한 거리를 가려는 이 모든 분투는 지금껏 수천 번은 이야기한, 그리고 앞으로도 수천 번은 더 이야기할 우리 신체 기관의 과민성을 야기했다." 21세기인 오늘날에도 동류의 전문가들이 우리가 휴식이나 성찰, 한가로이 여행을 즐기는 시간이 거의 없는 상태로 "생산성의 시대"를 살아나가고 있다고 진단한다. 우리의 "과도한 일정으로 채워진 바쁜 삶"에 대한 개선책으로 사람들은 "느린 생활"을 권하고, 기업들은 "느린 여행" 같은 상품을 판매한다. 비록 위해를 가하는 메커니즘은 다르지만, 유사한 불안이 만연해 있는 것이다.

1845년 풍자 잡지 〈펀치Punch〉는 "철도 광증railway mania", 즉 기차에 대한 근접성과 집착 때문에 발생하는 새로운 질병의 위협에 대해 서술했다. 〈펀치〉는 당대의 불안을 진심으로 걱정하기보다는 조롱하면서 "주로 재치로 먹고사는 사람들에게 발생하기 쉽지만, 돈에 비해 재치는 부족한 자본가들 사이에서 알려지지 않을 도리가 없는" 재치의 장애에 관해 이야기했다. "혹하게 만드는 광고"로 인해 발생하고, (19세기식 또래 압력 또는 인플루언서 문화라고 할 수 있는) "본보기 전염"에 따라 전파되는 "철도 광증"의 첫 번째 징후는 나태, 부주의, 학업 소홀이었다. 즉, "환자는 신문 별지를 읽느라 양서를 멀리했다." 상태가 악화되면 "이성이 마비되고" 도덕감이 "왜곡"된다. 환자는 타인에 대한 의무감이나 책임감을 아예 상실해버리고 제 한 몸 건사하지 못하는 상태가 된다.[67]

기차 여행이 해롭기는 해도, 19세기 사회의 유일한 위해 요소는 아니었다. 그것은 지나치게 고되고 힘든 육체 및 정신 노동이라는 전반적인 문화 양식에 속했다. 1868년 '죽음을 서두르다Hurried to Death'라는 의미심장한 제목의 기사에서는 "우리는 서둘러야 한다, 우리는 바삐 움직여야 한다, 우리는 철도로 이동해야 한다, 우리는 읽고 써야 한다, 그 외의 시간에는 온종일 머리를 써야 한다"라고 개탄했다.[68] 다른 신기술들도 나쁘기는 매한가지였다. 특히 통신 속도를 높이고 개선하기 위해 고안된 기술들이 그랬다. 1837년 전신이 발명되었고, 1876년에는 알렉산더 그레이엄 벨Alexander Graham Bell이 최초로 전화 특허를 취득했다. 상시 연락 가능한 상태가 야기하는 부정적인 결과에 대해서는 오늘날에도 불안이 존재하나, 그보다 앞서 빅토리아 시대 사람들이 새로운 소통의 편리함을 우려한 바 있다. 이들은 특히 전신과 전화가 의사들에게 미치는 파급력을 걱정했다(어쩌면 그런 글을 쓴 당사자가 의사들이어서 그랬는지도 모른다). 동요한 한 의사는 "우편, 전신, 전화에 의해 현대적 통신 설비로부터 발생하는" 고충이 점증하고 있다고 서술했다.[69] "야간 또는 주간"에 전화 상담을 제공하는 의사들이 게재한 광고가 등장하기 시작했다. 피츠버그의 한 의사는 전화를 침실에 설치하는 방법까지 고안할 정도였다. "밤중에 전화가 오더라도 방에서 전부 받을 수 있도록."[70]

이들 신기술에는 누가 봐도 명백한 편익이 존재했다. 그 기술들 덕분에 인터넷이 나오기 전에도 원격의료가 가능해졌고, 일부 의사들은 경쟁자들보다 상업적 차별성을 갖춰 우위를 점하기도 했다. 하지만 과도한 연결성에는 대가가 따랐다. 한 의사는 "조언과 설명"을 "구하는 것이 부담 없어"졌다고 주장했다. 환자들은 이제 사소하고 대수롭지 않은 문제로 의사에게 연락할 수 있었다. "과로에 시달리는 한 인간의 많은 시간과 노동의 희생"이 필요한 일인데도 말이다.[71] 19세기 말의 한 저자는 다음과 같이 간단명료하게 표현했다. "문명에는 (성공과 마찬가지로) 그로 인한 불이익이 따른다." 새로운 기술, 새로운 산업, 새로운 직업, 새로운 여행 기회는 하나같이 외견상 사회적, 경제적 진보를 보여주는 지표였다. 하지만 이 진보에는 결점이 있었다. 그러한 결과들이 불러일으킨 빅토리아 시대의 불안은 문명화, 인종적 우월주의, 제국의 과잉 팽창에 대한 우려와 결부되어 있었다.

기차 여행과 전화에 대한 우스꽝스럽기까지 한 걱정에는 어두운 이면이 존재했다. 다수의 문헌에서 그 우려들은 20세기로 넘어갈 무렵에 융성한 사회적, 생물학적 변성에 관한 담론에 반영되었다. 이 글들은 문명 자체가 신체적, 사회적 병리의—방어 수단인 만큼이나—촉매제일 수도 있다는 "명백한 역설"을 다루었다.[72] 이미 정점에 이른 "앵글로색슨"과 "게르만" 인종은 갈수록 사회적 무질서, 육체적 및 정신적 건강 악화, 도덕적 일탈에 시달리고 있었다. 이러한 종류의 의식은 우생학, 그리고 변성을 되돌리고 서구 사회의 "양질"의 요소를 보전하고자 하는 우생학적 시도를 뒷받침하기도 했다.[73]

진보의 병폐가 오늘날에만 두드러진 특성은 분명 아니다. 매슈 스위트의 말처럼 요한 하리의 책은 "문화적, 기술적 변화에 따른 고통을 표명하는 것에서 한술 더 떠서 그 변화가 당신을 병들게 하거나 멍청하게 만들고 있다고 말하는 오랜 전통에 속"한다고 할 수 있다.[74] 이 모든 것이 처음 겪는 일이 아님을 인식하는 것이 현재의 근심 걱정을 어느 정도 완화하는 데 도움이 될지도 모른다. 이 모든 것이 본질적으로 전례가 없지 않다는 점을 빅토리아 시대의 저술들이 분명히 보여주기에 견디기가 약간은 더 수월해질 수도 있다는 뜻이다. 진보가 병리적으로 변하는 과정을 규명하면, 온라인에서 우리의 삶을 모색하는 데 도움이 될 수 있다. 또한 그것은 기술과 그 병폐에 대한 하리풍의 무수한 불안을 뒷받침하는 주요 가정 가운데 하나를 깨부수기도 한다. 우리는 이전에도 급속한 진보의 시기를 경험했고, 인류는 살아남았다. 빅토리아 시대의 근대적 생활이 불러온 질병에 숨겨진 문명 및 변성에 대한 관념을 알면, 19세기의 문헌을 이해하는 데 도움이 된다. 나아가 신기술과 그에 수반하는 사회적 변동의 부정적인 측면에 대한 현재의 우려를 해석하는 데에도 도움이 된다.

인터넷 시대의 위험성에 대한 논의들이 우생학적이라거나 진보와 쇠퇴, 인종과 제국에 대한 19세기의 우려와 동일한 것으로부터 영감을 받았다는 말이 아니다. 다만, 이러한 관념이 적어도 우리가 현재의 압도적인 물결의 이면을 보도록, 다시 말해 그 물결의 고유한 동기와 추동력을 찾아서 현재의 담론을 파헤치도록 이끌 수는 있다. 이는 일정 수준의 회의론이 유용할 수도 있음을 시사한다. 우려의 정도가 문제의 경중을 생각할 때 적당한가? 그러한 우려가 실제로 나쁜 건강보다는 부적절한 노스탤지어와 더 관련이 있지는 않은가? 삶의 속도에 대한 우려와 그에 수반하는 모든 병폐를 관통하는 것은 대체로 현 사회가 한때 가지고 있었던 뭔가를 잃어버렸다는 관념이다. 짧게 스쳐 지나갔지만, 근본적인 뭔가를. 그리 멀지 않은 과거의 어느 시점에 사람들은 더 제대로 느끼고 행동하고 일했다는 믿음이기도 하다. 그때는 삶이 더 느긋했고, 소통은 덜 조급했으며, 사회는 더 다정했다는 믿음 말이다. 하지만 역사가 시사하는 바는 다르다.

우리는 언제나 우리가 살고 있는 맥락에 따라 우리의 삶을 해석할 수 있을 뿐이다. 19세기를 직접 겪은 사람들은 조급함과 압박감을 느꼈다. 19세기의 대다수 기술은 열광뿐만 아니라 불안과 스트레스에도 직면했다. 그때나 지금이나 마찬가지다. 17세기에도 일부 그런 측면들이 존재했는데, 새뮤얼 피프스Samuel Pepys가 1665년 5월에 쓴 일기에서 그 대목을 찾아볼 수 있다. 그는 자신의 회중시계를 막 수리한 참이었다. 몇 시인지만 알 수 있는데도—몇 분, 몇 초인지는 알 수 없었다—그는 "오늘 오후 내내 마차를 타고 가는 동안 도저히 손에서 시계를 놓지 못해서 지금이 몇 시인지 백번은 확인"했다. 중독 증상이 어찌나 심각했으면, "내가 이것 없이 과연 얼마나 견딜 수 있을지 혼자서 골몰"할 정도였다.[75]

과거를 재연하는 사람들은 재현하고자 하는 역사에 대해 거의 항상 뭔가를 오해한다. 서로 다른 시기를 한꺼번에 뭉뚱그리거나, 받아들이기 어려운 요소를 낭만화하거나, 수백 년 전이고 수십 년 전이고 과거의 여러 병폐를 제대로 인식하지 못할—크리스먼 부부의 경우처럼—가능성이 있다. 노스텔지어라는 요소는 군사 활동이나 중세 마상 시합의 재연이든, 빅토리아 시대의 물품을 갖춘 집이든 과거를 부활시키려는 다양한 시도를 뒷받침한다. 때로는 그런 노스텔지어에 문제가 될 만한 일련의 요인이 있는 경우도 있다. 가령, 세라 크리스먼은 "도덕적으로 우월한 성"으로 간주되는 여성들이 "가정과 사적 영역"에서 더 많은 주도권을 가졌던 사회를 애정 어린 시선으로 바라보았다.[76] 그는 현대의 페미니즘에 대해 노골적으로 의구심을 가지면서 "내가 보기에 그런 여성들이 남성들과 똑같다는 것을 증명하려고 많은 노력을 기울여온 과정에서 여성들이 예전에 가졌던 힘을 많이 잃어버리고 말았다"라고 썼다.[77]

하지만 이런 '아마추어' 역사가들이 과거사를 잘못 이해하기만 하는 것은 아니다. 대체로 꼼꼼하고 정확하게 여러 출처에서 자료를 가져와 증거를 엮어내기도 한다. 사람들은 항상 역행하고, 사회적으로 보수적이며, 낡은 시각을 가지게 마련이다. 과거에 몰두하지 않는 사람들조차도 말이다. 그런데 재연가들, 생활사 박물관을 찾아가는 참관객들 그리고 크리스먼 부부가 과거에서 기쁨과 의미를 발견하는 것에 역사학자들이나 비평가들이 분개하거나 그것을 부정해야 할 이유가 있을까? 노스탤지어는, 그 모든 결함에도 불구하고 사람들을 황홀하게 하는 마법 같은 힘, 사람들을 과거로 유인해 그들이 역사가 제공할 수 있는 모든 것을 만끽하면서 한동안 머무르게 해줄 힘을 지니고 있다.

8장

트럼프와 브렉시트의 정치학

대선 운동 중에 트럼프가 가장 애용한 단어는 "다시"였다.
그는 백인 블루칼라 노동자들의 삶이
더 수월하고 풍족했던 장밋빛 시절을 일깨웠다.
트럼프는 알았을까? 노스탤지어는 100년 넘게
보수와 진보 정치인 모두가 애용한 선전 도구라는 것을.

2016년 도널드 트럼프가 미국 대통령 선거에서 승리했다. 노스탤지어에 흠뻑 젖은 대선 운동을 펼친 그가 내건 슬로건—"미국을 다시 위대하게MAGA"—에는 미국의 현재에 대한 암묵적인 비판과 미국의 과거에 대한 동경이 모두 들어 있었다. 이는 많은 미국 시민을 대변한 것으로 그들이 남몰래 품고 있던, 어쩐지 이 세상이 어딘가 모르게 잘못된 듯하다는 의구심에 뿌리를 두었다. MAGA라는 모토와 그에 따른 유세 행위와 관련 상품은 구체성이 떨어졌지만, 어쩌면 그래서 더 큰 효력을 발휘할 수 있는 정서적 수용력을 제공했다.

    트럼프의 승리는 비교적 최근에 감지되는 노스탤지어에 기인한 수많은 정치적 죄악 가운데 하나일 뿐이다. 작가인 그래프턴 태너Grafton Tanner는 노스탤지어를 현재 우리가 살아가는 시대의 본질적인 의미를 규정하는 감정으로 보면서도 그것을 썩 마뜩잖게 여긴다.¹ 21세기 초반에 전 세계의 정치 지도자들은 지난 시절로의 복귀를 거듭 약속했다. 태너에 따르면, 노스탤지어의 힘은 그것이 불안정한 우리 시대에 대한 방어 수단이자 이 시대의 특질을 보여주는 전형이라는 데 있다. 경제적으로 불안한 현재와 기후 붕괴가 기다리는 미래에 대해 믿음이 거의 없는 상태에서 많은 사람이 위안을 찾고자 노스탤지어에 의지해왔다. 그 사이 권력 엘리트들은 자신들의 이득을 위해, 때로는 비도덕적이고 불법적으로 노스탤지어를 이용해먹었다. 트럼프의 당선에서부터 영국의 EU 탈퇴를 일컫는 '브렉시트'에 이르기까지, 노스탤지어가 최근의 정치판을 형성해왔고 선거의 추세를 극심하게, 가끔은 문제가 될 만한 방식으로 바꿔놓았다고 주장하는 논객이 한둘이 아니다. EU 측의 브렉시트 협상 수석대표였던 미셸 바르니에도 동어반복에 가까운 표현을 쓰면서 브렉시트의 책임을 영국의 "과거에 대한 노스탤지어"로 돌렸다.[2]

알다시피 20세기 내내 대부분의 사람은 노스탤지어가 근본적으로 온건한 보수 정서, 즉 이따금 골치 아픈 현대 세계와 관계 맺기를 피하고 싶어 하는 사람들이 탐닉하는 감정으로 여겼다. 한 사회학자가 표현한 대로, 노스탤지어는 "인민의 최신 아편"이다.[3] 이러한 믿음은 새로운 밀레니엄에 들어서도 이어졌다. 역사학자 조지 K. 벨머George K. Behlmer의 견해에 따르면, 노스탤지어 취향은 쉽게 "지나친 감상주의로 빠질" 수 있었다. 그는 "애틋한 뒷눈질의 상업화" 흐름을 뒤늦게 경고했다.[4] 벨머는 노스탤지어가 미래를 차단하여 사람들이 생산적이고 유익한 사회적, 문화적,

정치적 변화의 가능성과 잠재력을 거부하게 만든다고 보았다.[5]

태너는 우리가 유별나게 노스탤지어에 빠진 시대에 살고 있다고 강조한다. 태너만이 아니다. 이러한 견해는 오늘날 정치와 노스탤지어에 관한 수많은 논의에서 암묵적으로, 때로는 명시적으로 등장하고 있다. 2021년 〈옵서버 The Observer〉에서 칼럼니스트로 활동했던 닉 코언 Nick Cohen도 스스로 아주 노스탤지어적인 주장을 펼치면서 같은 의견을 내놓았다. 그는 현대의 "노스탤지어 정치"는 "현재의 퇴락"을 보여주는 확실한 징후라고 단언했다. "자신감이 넘치는 국가들은 노스탤지어에 빠지지 않는다"라는 논지를 견지하면서, 영국의 쇠퇴가 "잃어버린 나라에 대한 한숨 소리"를 어떤 식으로 동반하는지 서술했다.[6] 이러한 주장—지금은 매우 노스탤지어적이다—은 연구 조사에 의해 강화되고 여론조사에 의해 뒷받침되고 있다. 2018년 좌파 성향의 싱크탱크 데모스 Demos에서 진행한 연구에 따르면, 영국과 프랑스와 독일 세 나라 모두 "일종의 막연한 불쾌감 또는 불만감, 즉 자기네 사회가 근본적으로 속속들이 썩어 있다는 감각에 완전히 사로잡혀" 있는 것으로 나타났다.[7] 이 연구 보고서의 작성자들은 노스탤지어 서사가 최근에 이미 현대 정치의 핵심 요소가 되었다고 주장했다. 거의 같은 시기에 유럽의 여론 연구 기관 유피니언스 Eupinions도 매우 유사한 연구를 진행하고 있었다. 이곳에서 내놓은 "과거의 힘 The Power of the Past"이라는 제목의 보고서는 EU 시민 1만 885명에 대한 조사를 토대로, 유럽의 대다수 일반 시민이 노스탤지어에 빠져 있다고 주장했다.[8] 유피니언스의 조사 결과는 데모스의 연구 결과와 대체로 비슷했다. 다만, 내용이 훨씬 더 상세했다. 조사를 진행한 유럽인 가운데 67%가 예전의 세상이 더 나았다고 생각하기는 했으나, 국가별로 사람들이 느끼는 감정의 강도가 달랐다. 이탈리아인들은 월등한 수준으로 노스탤지어를 느낀 반면, 폴란드 사람들은 그 정도가 가장 덜했다. 프랑스, 독일, 스페인의 경우에는 노스탤지어라는 감정을 품은 응답자 수가 거의 동일하였으나, 청년층과 노년층의 비율에 차이가 있었다.

유럽 전역에서 25세 미만은 노스탤지어를 표현할 가능성이 가장 적었고, 남성이 여성보다 노스탤지어에 빠질 가능성이 컸다. 조사가 진행된 시점에 노스탤지어를 느낀 사람들 중 53%는 자신이 정치적 스펙트럼에서 오른쪽에 있다고 밝혔지만, 이와 대조적으로 노스탤지어를 느끼지 않는 사람들 가운데 58%는 자신의 정치적 성향이 좌파에 가깝다고 말했다. 노스탤지어에 빠진 유럽인들은 이민과 EU에 대해서도 보다 부정적인 의견을 공유하는 경향이 있었다. 즉, 78%가 최근 자기네 나라로 온 이민자들이 사회에 적응할 마음이 없다고 생각했으며, 53%는 이민자들이 "원주민들"의 일자리를 빼앗고 있다고 여겼다. 노스탤지어에 빠지지 않은 사람들의 82%가 EU 잔류를 원한 반면, 노스탤지어에 빠진 사람들 중에서는 그보다 적은 67%가 잔류를 희망했다. 노스탤지어를 느끼는 사람들은 실직 상태거나 스스로 노동자 계층이라고 밝힐 가능성도 더 컸다. 보고서는 이러한 인구통계학적 역학이 노스탤지어가 "급속한 개인적, 경제적, 사회적 변화 과정에 따른 불안과 공포의 증대"에 대응하여 촉발된다는 사실을 시사한다고 결론 내렸다.[9] 달리 말하자면, 이 보고서 결과는 익히 아는 형태의 결론으로 수렴되고 있었다. 노스탤지어에 빠진 사람들은 연령대가 높고, 이민에 반대하는 경향이 있으며, EU에서 탈퇴하기를 바라고, 우파 정당에 투표하며, 자신을 노동자 계층이라고 밝힐 가능성이 더 컸다.

"다시, 위대하게!"

이러한 가정들은 브렉시트를 둘러싼 수사修辭의 상당 부분을 뒷받침했다. 2016년 영국이 EU에서 탈퇴하는 것으로 투표 결과가 나온 직후, 국내외 시사평론가들은 영국이 "제국에 대한 노스탤지어"에 빠진 상태라고 진단했다. 영국의 저술가들은 자국이 "잃어버린 식민지―그와 더불어 따라오는 부와 전 지구적 영향력―에 대한 노스탤지어적 동경"으로 추동되는 "포스트식민주의 멜랑콜리 postcolonial melancholia"에 시달리는 중이라고 보았다.[10] "영제국의 반격 The Empire Strikes Back" 같은 표제들이 사방에 도배되었다. 〈뉴욕타임스〉가 보기에, 브렉시트는 "영국이 내쉬는 제국의 마지막 숨", 즉 "노스탤지어라는 병에 걸린" 한 국가의 "병적인 반응"을 뚜렷이 보여주는 징표였다.[11] 법학자 네이딘 엘에나니

Nadine El-Enany의 말처럼, 브렉시트 국민투표와 관련한 모든 논쟁에서 나온 용어들은 "영제국 이후의 세계에서 자국의 입지를 다지고자 분투하는 영국을 드러내는 징후"였다.[12] 뒤이어 엘에나니는 당시 내무장관이었던 테리사 메이Theresa May가 영연방을 영국의 "독특하고 자랑스러운 국제 관계"의 증거로 언급하는 모습을 관찰했다. 메이는 브렉시트가 영국이 "위대하고 세계적인 무역 국가로서의 역할을 재발견"할 기회라고 강하게 주장했다.[13]

국민투표를 앞두고 영국의 국제적 입지를 둘러싼 수사의 상당 부분은 예전에 이룩했던 제국에 대한 찬사로 바뀌었다. 당시 국제통상부 장관이었던 리엄 폭스Liam Fox는 "영국은 자국의 20세기 역사를 묻어버릴 필요가 없는 몇 안 되는 EU 국가에 속한다"라고 말했다.[14] 제국의 신화로 고개를 돌린 탈퇴파 진영은 "민족 해방national liberation"이라는 언어를 차용하여, 애초에 영국이 가입하기로 선택했던 EU에서 자발적으로 탈퇴하기로 한 결정에 "억압자와 피억압자 사이에서 분투하는 실존적 고뇌"라는 프레임을 씌웠다.[15] 브렉시트의 여파로 제국 노스탤지어imperial nostalgia는 계속 이어졌다. 엘에나니가 관찰한 바에 따르면, 당시 외무장관이었던 보리스 존슨Boris Johnson은 국민투표 이후 처음으로 한 주요 연설에서 "브렉시트는 결코 영국이 스스로 고립화한다는 뜻이 아니다"라고 강조했다. 그는 영국의 식민주의를 "놀라우리만치 대단한 글로벌리즘globalism, 오늘날 국제 구호원들과 언론인들과 무역상들과 외교관들과 사업가들의 방랑벽"의 발현으로 표현했다.

그는 "영국의 다음 세대가 앞으로 그와 동일한 욕구, 동일한 호기심, 머나먼 곳에 있는 사람들과 나라들을 위해 기꺼이 위험을 감수하려는 동일한 의지를 갖게" 될지 따져보았다. 그러면서 브렉시트 이후 영국은 "과거 어느 때보다 역외지향적이고, 세계와 더 활발하게 관계를 맺게" 될 것이라고 장담했다.[16]

제국의 선량한 이미지는 정치인이 아닌 사람들도 공유했다. 2016년 국민투표를 실시하기 6개월 전에 시행한 여론조사의 결과에 따르면, 영국 국민의 44%가 자국의 식민 통치 역사를 자랑스럽게 생각했고, 43%는 영제국을 잘한 일로 여겼다.[17] 이러한 정서는 브렉시트의 산물이 아니었다. 엘에나니는 2011년 당시 보수당 소속 총리였던 데이비드 캐머런David Cameron이 "브리타니아는 완장을 찬 채 해양을 제패하지 않았다"+라고 한 발언을 인용했다.[18] 또 캐머런 이전에도 1997년 노동당 출신 토니 블레어Tony Blair 총리가 자신은 영국의 역사에 대단히 경의를 표하며, 영제국은 "사과도 지나친 죄책감의 표현도" 끌어낼 필요 없이 영국의 국제적 영향력을 강화하는 데 쓰여야 한다고 강조했던 일도 언급했다.[19] 이 정치인들은 제국의 "폭력과 수치", 즉 그것의 "잔인함과 예속, 패권의 환상"에 관해서는 한마디도 하지 않았다.[20] 역사학자이자 문화이론가인 폴 길로이Paul Gilroy는 영국이 식민주의와 제국주의를 비

✢ 영국의 시인이자 극작가 제임스 톰슨James Thomson이 작사한 노래 〈지배하라, 브리타니아여!〉에 나오는 "브리타니아는 해양을 제패한다Britannia rules the waves"라는 구절에 빗댄 표현이다.

판적으로 다루는 데 실패한 것을 두고 "경신된 위대함에 대한 불건전하고 파괴적인 탈제국적 갈망"이라고 표현했다.[21]

19세기 이후로 줄곧 노스탤지어는 일종의 향수병이었던 이전 형태에서도 애국심과 연계되어 있었는데, 단순히 영국만의 사례가 아니었다. 2021년 노스탤지어라는 감정의 새로운 '분류 체계'를 도출해내는 과정에서 심리학자 아나 마리아 C. 벨러Anna Maria C. Behler와 동료들은 특정한 유형 한 가지를 규명했다. 바로 "국가 노스탤지어national nostalgia"였다. 벨러를 비롯한 연구진은 자신들이 수집한 미국 유권자 표본에서 높은 수준의 국가 노스탤지어가 도널드 트럼프 대통령에 대한 보다 긍정적인 태도를 짐작케 하는 예측 변수일 뿐만 아니라, 인종적 편견과도 밀접한 상관관계가 있음을 발견했다.[22] 2016년 대선 운동을 시작할 때부터, 그리고 실패로 끝난 2020년 재선 운동 과정 내내 트럼프는 "두드러진 노스탤지어적 몽상"인 "미국을 다시 위대하게"에서부터 백인 노동자 계층에게 지금보다 잘나가던 예전으로 돌아가게 해주겠다는 정책과 정치적 수사에 이르기까지 미국의 과거를 거듭해서 들먹였다.[23]

한 기자가 표현한 대로, 첫 번째 대선 운동 기간에 트럼프가 가장 애용한 단어는 "다시again"였다. 세속화한 미국인의 삶을 폄하하면서 "제가 당선된다면 …… 우리 모두 다시 '메리 크리스마스'라고 인사하게 될 겁니다"라고 약속했다.[†] "다시"에 대한 편애 못지않게 "되찾다bring back"에 대한 애정도 대단했다. 또 반복적으로

2017년 9월 워싱턴 DC에서 찍힌 도널드 트럼프를 지지하는 표지판. 차량에는 "바로 여기, 바로 지금, 미국을 다시 위대하게"라는 표어가 쓰여 있다.

제조업 일자리, 철강과 석탄 생산, 대도시의 '법과 질서', 테러범들에 대한 물고문을 부활시키는 데 전념했다. 이러한 '복원 임무'가 트럼프의 2016년 대선 운동을 뒷받침했고, 그는 자신이 수십 년까지는 아니더라도 수년간 이어진 미국의 쇠퇴라고 표현한 상태를 뒤바꾸겠다는 약속을 이어나갔다.²⁴ 이러한 호소들은 효과를 발휘했다. 몇몇 언론인이 트럼프를 지지하는 대다수 유권자들 사이에서 "만연한 상실감"이라고 진단한 것을 건드렸기 때문

* 최근 시구권에서는 Merry Christmas가 종교 차별을 부추길 수 있다는 이유로, 또 다양성을 존중한다는 측면에서 성탄절 인사말로 Happy Holiday라는 표현을 사용하는 추세다.

이다. 바꿔 말하면 "현대 미국을 주조한 변화들이 경제적으로, 인구통계학적으로, 문화적으로 그들을 주변화했다"는 믿음을 건드렸다. 트럼프는 미국의 역사 가운데 장밋빛으로 물든 시절을 일깨웠다. 그를 지지하던 백인 블루칼라 노동자들의 삶이 더 수월하고 더 풍족했던 때를. 그는 노스탤지어로 강력한 정서적 관계를 구축했다. 그게 없었더라면 선거 결과에 치명타를 가했을 수많은 스캔들을 뚫고 그가 건재할 수 있도록 해준 지지층과의 탄탄한 연결고리를.[25]

그렇게 2016년 이후로 국가 노스탤지어는 집단적 상상력을 장악해왔다. 그러니까 지금 이 책을 쓰고 있는 시점까지 7년이라는 세월 동안 말이다. 현재의 포퓰리즘 정치를 흠뻑 적시고 있는 국가 노스탤지어는 공직뿐 아니라 여타 사회적, 전통적 매체로까지 서서히 침투한 듯 보인다. 21세기가 유난스러운 노스탤지어의 시대라는 견해에는 얼마간의 논리가 존재한다. 그것은 극우 세력의 득세, 현재 진행중인 조각상 및 박물관 전시, 그 밖의 공공역사를 둘러싼 격한 문화 전쟁을 설명하는 데 도움이 된다. 하지만 노스탤지어는 21세기의 고유한 현상이 아니다. EU나 도널드 트럼프가 나타나기 전에도 노스탤지어는 수백 년 동안 감정으로서, 진단과 우려의 대상으로서 존재했을 뿐만 아니라, 포퓰리스트 정치인과 그 추종자들이 사실을 부인하며 살아가는 어리석은 자들이라는 비판도 수십 년간 이어져왔다. 만성적인 노스탤지어 환자들을 향해 발육 정지 상태로 살아간다고 무시했던 전후의 심리학자들을 떠올려보라. 게다가 앞서 논의했듯, 적어도 19세기 이후로는 10년 단위로 펼쳐지는 새로운 시대마다 고유한 노스탤지어 물결 또는 노스탤지어 패닉이 존재했고 그중 많은 경우는 본질적으로 정치적이었다.

1959년 〈뉴욕타임스〉는 영국 보수당이 19세기에 대한 노스탤지어에 젖어 있다고 비판하면서, 묘하게 익숙한 선거 포스터를 기사에 첨부했다. 보수당은 10월 선거—결국 보수당이 승리했다—를 앞두고 유세 활동을 펼치면서 지금은 악명을 떨치게 된 자신들의 슬로건을 내세웠다. 브리티시 불도그의 삽화를 가로질러 그 문장이 선명하게 새겨져 있었다. "영국을 다시 위대하게 Make Britain Great Again."[26] 이와 유사하게 1964년 미국 내 보수의 부흥은 "세계정세에 대한 답답한 심정과 더 수월했던 시절에 대한 동경"으로 설명되었다.[27] 실제로 1970년 창당한 지 얼마 안 된 미국 보수당의 뉴욕주 의장 J. 대니얼 머호니 J. Daniel Mahoney는 "우리는 미국의 모든 오래된 진리와 가치에 노스탤지어를 느끼면서 그것들을 진심으로 믿는다. 우리는 항상 국기에 대한 맹세로 회의를 시작했다. 우리는 너무 고상한 나머지 국기를 자랑삼지 못하는 사람들이 아니다. 또 우리는 자율과 독립, 개인의 노력, 근면 성실을 지지한다. 그 모든 올바른 미덕들을"이라고 말했다.[28]

그런데 어쩌면 이보다 훨씬 더 중요한 것은 노스탤지어가 정치적 우파의 양태만은 아니라는 점이다. 좌파 또한 고유한 정서적 응어리가 있고, 과거—파리코뮌, 소비에트연방, 미국의 뉴딜,

1980년 로널드 레이건Ronald Reagan 공화당 대통령 후보의 선거 포스터. 이때에도 "미국을 다시 위대하게"가 슬로건으로 활용되었다.

영국의 복지국가 및 사회민주주의의 '황금기' 같은 사건들—에 대한 특유의 노스탤지어적 헌신이 존재한다. 2020년 도널드 트럼프와 조 바이든Joe Biden 간의 선거전에서 트럼프도 대단한 결과를 낳았던 자신만의 노스탤지어 전략을 효율적으로 활용했지만, 바이든 또한 지난날 산업화 시기의 미국과 관련한 비유를 이용했다. 다시 말해, 사람들이 열심히 일하면서 분열이라는 때가 묻지 않은 조국과 공동체에 기여했던 시절의 미국을 소환했다. 역사학자들은 노스탤지어가 "영웅적 남성 산업 노동자 계층이 분투하는 시대"에 아직도 전념하는 영국 노동당의 정체성을 규정했다고 주장한다. 리처드 좁슨Richard Jobson에 따르면, 그것은 "사회적, 경제적 측면에서 더 이상 존재하지 않는" 세계에 대한 노스탤지어의 감정이다.[29]

영국에서도 제국 노스탤지어가 브렉시트를 뒷받침했다는 것이 일종의 통념으로 자리 잡았다. 즉, 브렉시트 국민투표에 관한 좌파 및 잔류파의 거의 모든 분석에 등장했다. 그런데 그러한 분석에서 문제가 되는 것 중의 하나가 바로 이 부분이다. 즉, 역사학자 로버트 손더스Robert Saunders가 표현한 대로 "영제국이라는 유령에 홀린" 이들은 EU 탈퇴에 표를 던진 사람들뿐이라는 암시를 풍기는 것이다.[30] 그렇게 제국 노스탤지어는 남의 일이라고 가정한다. 하지만 실제로 영국의 패권 상실을 개탄하는 것은 잔류파의 담론에서도 핵심적인 부분이었다. 2018년 유럽형사경찰기구Europol의 수장은 자리에서 물러나면서 브렉시트 이후 영국의 "영향력 상실"을 다음과 같이 애석해했다. "회의석상에서 영국의 자리는 완전히 없어지거나 반쯤 없어지거나 둘 중 하나일 것이다. …… 이는 앞으로 영국의 영향력이 대폭 줄어들 것이라는 뜻이다. 영국에는 안타까운 일이라고 생각한다." 그는 특히 영국이 국제 치안 유지 활동 및 안보와 관련하여 장악력을 잃어버릴 것을 우려했다.[31] 잔류파인 보수당 소속 전 하원의원 애나 수브리Anna Soubry는 무역 협상이 발표된 뒤 크리스마스이브에 "우리는 더 이상 '위대한' 영국이 아니다"라는 글을 트위터에 올렸다. 그는 EU 탈퇴로 "우리 나라는 약해질 것이며, 앞으로 우리 모두 좀 더 가난해지고 시야가 좁아질 것"이라고 덧붙였다. 손더스가 설명하듯, "제국의 과거가 남긴 유산 가운데 하나는 영국이 세계에서 본래 지닌 역량 이상을 발휘해야 하고, 세계적인 플레이어이자 인플루언서이자 리더가 되어야 한다는 기본 가정이다." 하지만 "그러한 관념은 반유럽주의 입장만큼이나 친유럽주의 입장에서도 존재해왔다."³²

현재도 그렇지만, 1970년대에 영국이 투표를 통해 EU에 **가입**하기로 했을 때도 상황은 다르지 않았다. 1960년대 노동당 정부 시절 재무장관이었던 로이 젠킨스Roy Jenkins가 볼멘소리를 했듯, 정치인들은 유럽 통합 프로젝트에 열정적인 동시에 "제국의 책무에 헌신한 주요 인물들인 …… 조지프 체임벌린Joseph Chamberlain, 허버트 키치너Herbert Kitchener(하르툼의 키치너), 조지 너새니얼 커즌George Nathanial Curzon에 애착"을 품고 있기도 했다.³³ 노동당 소속 외무장관 조지 브라운George Brown이 보기에 유럽은 세계를 이끌 새로운 기회를 제공했다. 〈데일리 메일〉은 1971년 영국의 EU 가입을 "이제 우리는 유럽을 이끌 수 있다!"라는 표제 기사로 축하했다. 한편, 〈선The Sun〉은 회원국 자격이 "제국을 잃어버린 나라가 유럽 대륙을 얻을 다시없는 기회"를 제공한다고 독자들에게 전했다.³⁴

좌파 정치 및 이데올로기에는 노스탤지어의 안티테제인 듯한 요소들이 존재한다. 좌파의 참된 정체성은 진보와 미래를 기반으로 구축되며, 얼마간 노스탤지어의 경향성이라고 하는 것에 대항하여 형성되어왔다. 2008년 버락 오바마Barack Obama가 내건 슬로건은 바이든과도 트럼프와도 완전히 결을 달리했다. "우리가 믿을 수 있는 변화Change we can believe in", "우리는 할 수 있다Yes, we can"라는 선거 구호가 효과를 발휘한 이유는 미래의 가능성을 믿는 분위기를 반영했기 때문이다. 좌파 운동권뿐만 아니라 사회 전반에서 노스탤지어를 보수주의와 동일시하는 경향이 있었다. 어찌됐든 좌파가 진보와 변화, 앞으로 다가올 유토피아적 비전에 관한 것이라고 한다면, 노스탤지어는 좌파의 구상, 정치, 수사에서 할 만한 역할이 거의 없어야 마땅하다. 오히려 좌파 정치는 미래 지향적이고 진취적이며, 그 정의상 당연히 노스탤지어에 반대하거나 노스탤지어에 빠지지 않는 것, 나아가 노스탤지어를 무서워하는 것으로 특징지어진다.

1988년 페이비언협회Fabian Society는 잉글랜드 사우샘프턴대학교의 정치학 교수 레이먼드 플랜트Raymond Plant가 쓴 짧은 분량의 소책자를 발행했다. 페이비언협회는 1884년에 설립된 영국의 사회주의 단체로, 작가이자 회의적 유심론자인 프랭크 포드모어Frank Podmore, 어린이책 작가 이디스 네즈빗Edith Nesbit 등 아홉 명이 함께 창립했다. 그 밖에 걸출한 회원들로는 조지 버나드 쇼George Bernard Shaw, H. G. 웰스H. G. Wells, 램지 맥도널드Ramsay MacDonald, 에멀라인 팽크허스트Emmeline Pankhurst, 시드니 웨브Sidney Webb와 비어

트리스 웨브Beatrice Webb 부부가 있었다. 이 협회는 1895년 런던경제대학을 설립하기도 했다. 페이비언협회는 창립 이래 줄곧 회원들의 입장을 피력하고, 좌파 정치 및 정책을 고찰하는 소책자를 정기적으로 발간해왔다.

플랜트는 자신이 쓴 소책자에서 "노스텔지어는 정치적 사고, 특히 급진적 정당에는 좋은 토대가 아니다"라고 강조했다.[35] 문제의 그 급진적 정당은 영국의 주류 좌파 정당인 노동당을 일컬었다. 당시 노동당 당수 닐 키넉Neil Kinnock은 정치적 지지층을 향해 "그 옛날 다닥다닥 붙은 연립주택이 지어지고, 최소한의 보건 서비스, 제한적인 교육 기회가 주어졌던 시절에 대한 노스텔지어에 빠져 지내는" 것을 멈추라고 촉구했다. 키넉이 보기에, 오로지 과거를 제대로 알지 못하는 사람들만이 그런 과거를 갈망할 수 있었다. 다시 말해, "사회주의는 진보에 전념한다."[36] 하지만 키넉은 진보 문화와 관련하여 뭔가 근본적인 것을 이해하지는 못했다. 레이먼드 플랜트조차, 노스텔지어를 거부했던 바로 그 소책자에서 전후 성장기를 보낸 잉글랜드 북동부의 작은 항구도시인 그림즈비에 대한 동경을 드러냈다. 그는 "공동체"의 쇠퇴를 한탄했다. 또 그가 동경하는 공동체가 자신의 눈에 씌워진 장밋빛 안경이 보여주는 목가적인 풍경과는 거리가 멀 수도 있음을 시인하면서도, 노동자 계층의 삶이 쇠락하고 균열된 것에 대한 회한을 표현했다. 진보주의자란 어떠해야 하는지 키넉이 강조했음에도, 실제로 사람들은 아늑한 보수주의의 시절을 동경하듯 좌파의 과거에 대해서도 노스텔지어를 느꼈다. 혁명가들과 사회주의자들조차도.

파리코뮌과 코뮤니스트 시크

파리코뮌은 급진적이고 평등주의적이며 반동적인 정부 실험이었다. 1871년 3월 프로이센-프랑스 전쟁이 끝나갈 무렵 프로이센군이 철수하자 파리 시민들은 코뮌(인민의회) 수립을 위한 민주적 선거를 실시했다. 코뮌은 72일 동안 파리를 통치하면서 야근 폐지, 무상 보통교육, 정교 분리, 연체 집세 지급 연기 같은 조치들을 통과시켰다. 하지만 파리코뮌은 5월에 발생한 정부군과의 시가전으로 "피의 일주일La Semaine Sanglante"을 보내며 참참하게 패배하고 말았고, 1만여 명의 코뮌파가 목숨을 잃었다. 카를 마르크스Karl Marx는 저서 《프랑스 내전Civil War in France》에서 파리코뮌을 두고 "노동자 계급이 사회 혁신을 이뤄낼 수 있는 유일한 주체로 공인받은 최초의 혁명으로, 파리의 중산층—가게 주인, 장사꾼, 상인—조차도 대부분 동참하였으나 부유한 자본가들만이 열외였다"라고 했다. 그로부터 정확히 10년이 지났을 때인 1881년, 독일의 사회주의 일간지〈프라이하이트Freiheit〉는 3월 18일을 파리코뮌 기념일로 삼자고 제안하면서, 이날을 앞으로 "전 세계 노동자들"의 휴일로 정해야 한다고 말했다.[37] 블라디미르 레닌은 평소에 파리코뮌과 1905년 러시아혁명 사이의 연결 고리를 찾는 걸 좋아했다. 그는 1917년 러시아혁명이 파리코뮌의 수명을 넘어선 다음부터는 해마다 "코뮌+1" 식으로 연도를 셈했다고 한다. 레닌이 세상을 떠났을 때 그의 시신을 감싼 것 또한 파리코뮌 깃발이었다.[38] 1930년대에 역사학자 에드워드 S. 메이슨Edward S. Mason이 서술했듯, 파리코뮌이라는 좌파 역사는 "순전히 신화에 가까운" 것이었으나, 그 때문에 노스탤지어의 불길이 조금이라도 사그라지는 일은 없었다. 1931년 미국의 언론인 루이스 스타크Louis Stark는 파리코뮌에 관한 "마르크스주의자들의 해석"은 "그들에게 내재한 혁명의 열정을 속속들이 철저하게 자극하는 …… 논쟁술"이라고 말했다.[39]

 제2차 세계대전이 끝난 뒤에도, 즉 인민의 마음속에서 다른 혁명들이 그 자리를 대체했을 법한 때에도 파리코뮌은 계속 살아 있었다. 1955년 6월, 유고슬라비아 의회는 자치 정부인 코뮌을 통해 "순수한 사회주의"로 가는 길을 계획하고자 재소집되었다. 각각 1만 명가량으로 구성된 코뮌은 국가가 아니라 인민의 정치적 요구 및 권리에 따라 통치될 터였다. 유고슬라비아 정부는 단명한 1871년 파리코뮌으로부터 영감을 얻은 발상이라고 밝혔다.[40] 1960년대에 한 역사학자가 표현한 대로, 파리코뮌은 "혁명가들을 먹여 살리는, 여전히 푸르른 생명력을 간직한 순교자들과 신화를 남겼다". 1964년, 3인으로 구성된 소련의 우주 비행팀은 인류 최초로 대기권으로 올라갈 때 마르크스와 레닌의 사진 말고도 파리코뮌 기의 리본을 가지고 갔다.[41] 1966년 여름과 1967년 1월, 중국의 마오쩌둥毛澤東 주석은 문화혁명을 통해 파리코뮌을 본뜬 형태의 정부가 탄생하게 될 것이라고 말했다.[42]

하지만 정작 프랑스에서는 파리코뮌의 신화나 기억이 격심한 검열을 통해 거의 곧바로 잠재워졌다. 그 뒤로도 파리코뮌을 기념하는 것을 두고 지난한 갈등이 이어졌다. 1880년대 이후로, 1920년대와 1960년대 사이에 가장 뜨겁기는 했지만, 파리코뮌 전사들의 벽(그 최후의 날들에 코뮌파 수천 명이 총살당한 페르 라셰즈 공동묘지에 있는 벽)은 프랑스공산당PCF이 기념 의식을 치른 장소였다. 매년 5월 말 '피의 일주일' 기념일에 사람들은 '파리코뮌의 벽'까지 행진하고 연설하며 노래하고 붉은 깃발을 날린다. 양차 대전 사이, 인민전선Popular Front⁺이 활동하던 수년 동안 이 의식은 수만 명의 마음을 거듭 끌어당겼다.[43]

일부 모순점이 있음에도, 공산주의자들과 사회주의자들이 힘을 얻고 연결되고 신화에 활력을 불어넣기 위해 오래전에 죽은 정치적 동맹을 되돌아보는 것이 이해는 간다. 좌파 정치는 흔히 진보적—핵심은 미래—이라고 여겨지지만, 역사는 새로운 운동을 위한 심오한 영감을 제공할 수 있다. 그런데 이러한 정치적 신념과 정치체제를 뒤로하게 된 사람들은 어떨까? 소련이 붕괴

⁺ 1930년대 후반 전쟁 위기에 맞서 노동자, 농민, 중산계급, 자유주의자, 사회주의자, 공산주의자가 제휴하여 형성한 반파시즘 통일전선.

한 지 한참이 지나고 나서도 러시아와 여러 동유럽 국가에 사는 사람들은 예나 지금이나 과거 사회주의 체제에 대한 자신들만의 노스탤지어를 표출한다. 사회주의 국가에서 자유민주주의 국가로의 이행은 길고 험난한 여정이었다. 심각한 실업, 고용 불안, 경제적 불안정, 지지부진한 경제성장은 앞선 20세기의 수십 년과 마찬가지로 1990년대와 2000년대 초의 전형적인 특징이었다. 약속을 무색하게 만든 자본주의의 실패와 불확실성이 사람들의 관심을 실재하면서도 상상된 과거로 돌리게 한 듯 보였다.

1990년대에 나온 조사 자료에 따르면, 동유럽 전역의 성인 인구 절반 이상이 사회주의 경제체제를 긍정적으로 평가했다. 가장 높은 지지율은 우크라이나와 벨라루스에서 나왔는데, 각각 90%와 78%였다. 이는 1991년 공산주의 정권 당시의 지지율(36%)보다 상당히 증가한 수치였다. 1989년으로부터 점점 멀어질수록, 과거 공산주의 시절의 경제적 안정성과 평등에 대한 노스탤지어가 더욱더 커져갔다. 2018년 한 여론조사에 따르면, 러시아인의 66%가 소련 해체를 후회했다. 단 15년 만에 여론이 뒤바뀐 것이다. 현재 루마니아인의 66%도 1989년 혁명 당시 축출된 공산주의 독재자 니콜라에 차우셰스쿠Nicolae Ceaușescu에게 투표할 것이라고 주장하며, 세르비아인의 81%는 독재자 요시프 브로즈 티토Josip Broz Tito 치하에서 가장 잘 살았다고 믿고 있다. 2020년, 소련 시절이 러시아 역사상 "최고의 시절"이었다고 주장하는 러시아인의 비율은 75%로 상승했다.

동구권을 연구하는 역사학자 크리스틴 고드시Kristen Ghodsee에 따르면, 이러한 노스텔지어는 구소비에트사회주의공화국연방USSR에 살던 사람들이 경험한 일상생활의 극적인 변화의 산물이다. 20세기의 전체주의가 부활하기를 원하지는 않을 테지만, 집단적으로 상상된 보다 평등주의적인 과거에 대한 갈망은 존재한다. 고드시는 공산주의에 대한 노스텔지어가 "공통 언어common language", 즉 성별을 불문하고 보통 사람들이 오늘날 의회 민주주의와 신자유주의적 자본주의의 여러 결점에 대한 실망을 표현하기 위해 사용하는 언어라고 주장한다. 다양한 여론조사의 결과에 따르면, 사람들이 소련을 그리워하는 이유는 주로 보편적인 소속감과 공동체 의식, 다른 USSR 소속국과의 공유된 정체성, 현재 패권국에 살고 있다는 것과 연관된 위신의 감각을 잃어버렸기 때문이다. "익숙함"이라는 감정의 쇠퇴, 더 정확하게는 집산주의적 정서 및 연대의 붕괴라고 표현하는 러시아의 저술가들도 있다. 하지만 노스텔지어의 확산을 촉발하는 가장 유의미한 동기는 동유럽 빈곤층의 궁핍한 경제 상황이다. 대다수 러시아인은 "예전에는 사회정의가 더 많이 이루어졌고, 정부는 인민을 위해 일했다"라고 여긴다. 2019년 러시아의 여론조사 기관 레바다 센터Levada Centre에서 실시한 조사에 따르면, 러시아인의 59%가 지금과 달리 20세기의 소련 정부는 "일반 사람들을 책임지고 돌보았다"고 느꼈다.[44]

2009년은 폴란드인민공화국 종식 20주년이 되는 해였다. 여러 박물관과 비상설 전시에서는 1980년대의 광범위한 반권위주의 사회운동인 연대Solidarność 운동을 기념하면서 소련 체제하에서의 비참했던 삶을 보여주었다. 그러나 분명한 것은 현재 모든 폴란드인이 20세기 중반을 그런 식으로 기억하지는 않는다는 사실이다. 나이 지긋한 폴란드인들은 공산주의 역사를 깡그리 거부하기보다 당시 자신들의 삶과 연결된 것으로 여기며 그에 대한 추억을 그리워한다. 공산주의에서 자본주의로의 전환은 대체로 폴란드의 노년층에 유리하게 작용하지 않았다. "억압과 공포로 점철된 '나빴던 그 시절'이 그들에게는 안정적인 일자리와 무상 의료를 보장받았던 '좋았던 그 시절'이 되었다."[45]

바르샤바 노년층의 삶을 개선하고자 힘쓰는 단체인 에메리트 재단Emeryt's Foundation의 설립자이자 이사장인 조피아 니치케Zofia Niczke는 자신이 공산주의 체제하에서 재정적으로 훨씬 안정적인 위치에 있었다는 점을 지적했다. 1993년 개혁 이전에는 연금도 7%나 더 높았던 데다, 보건 의료 서비스도 지금보다는 비용이 저렴하고 접근하기도 쉬웠다. 니치케는 "사회주의 체제하에서도 사정이 대단히 좋지는 않았다"라고 인정하면서 기본적인 생필품을 구하려고 길게 줄을 서던 광경을 떠올린다. 그는 자본주의 덕분에 살 수 있는 물건이 다양해지고 풍족해졌다는 사실을 인지하고는 있지만, 자신의 재정 형편이 쪼들리는 탓에 "가게 진열창을 통해 그런 제품들을 쳐다보기만 할 뿐"이라고 말했다. 그런데 공산주의와 사회주의에 대한 노스탤지어는 그저 돈이나 정치체

제에만 국한되지 않았다. 음식, 문화, 미학도 마찬가지였다.[46]

2004년 러시아에서는 '노스탈기야Nostalgiya'라는 텔레비전 채널이 개국했다. 이 방송사의 로고에는 양식화된 망치와 낫 형상이 들어가 있다. 이 채널은 구소련에 속했던 거의 모든 국가와 유고슬라비아, 그리고 미국, 독일, 이스라엘 등 동유럽 이민자가 많이 사는 국가에도 방송된다. 노스탈기야는 소련 시절의 일일 방송 일정을 재현하기 위해 그 시절의 뉴스 프로그램과 일기예보를 내보낸다. 토크쇼, 다큐멘터리, 고전이 된 텔레비전 프로그램과 영화도 송출한다.[47] 이와 유사한 사례로, 1960년대에 나온 폴란드 드라마 시리즈 〈네 명의 전차병과 개Czterej pancerni i pies〉는 2001년 이후로 여섯 차례나 재방영되었다. 재방송될 때마다 100만 명의 시청자가 적색군과 함께 싸우는 폴란드 보병들의 모습을 지켜본다. 폴란드의 구세대는 루드비크Ludwik 주방용 및 세탁용 세제, 잉카Inca 커피 대용 음료, SDM 버터 같은 유서 깊은 제품들에 대한 브랜드 충성도도 높다. 2005년에는 식료품점들이 주로 50대 여성들의 요청에 따라 1970년대 당시의 조리법에 충실한 가공육 제품을 다시 들여놓았다. 슈퍼마켓 체인 스투 폴스키Stół Polski에서 유통시킨 이 제품들은 '기에레크 정권 때 나온 것과 같은 소시지Wędliny jak za Gierka'라는 라벨을 붙인 채로 불티나게 팔렸다. 이 라벨 문구의 기에레크는 1970년대에 폴란드공산당 제1서기를 지낸 에드바르트 기에레크Edward Gierek를 가리킨다. 스투 폴스키의 마케팅 및 광고 담당 전문가 나탈리아 레비츠카Natalia Lewicka는 러시아 방송 채널 노스탈기야의 로고. 로고에는 구소련을 상징하는 망치와 낫 문양이 그려져 있다.

"옛날 맛, 즉 우리 부모님들에게 매우 소중한 '더 나았던 시절'에 만들어진 제품과 비슷한 맛을 되찾는" 것이 회사의 목표라고 설명했다.[48]

 폴란드의 예술비평가 카타지나 파비야네크Katarzyna Pabijanek는 〈노스텔지어의 기술Art of Nostalgia〉이라는 자신의 논문에서 공산주의 시절의 장난감, 작은 장식품, 예술품, 영화, 음식, 음악을 수집하는 것은 "그저 이상화된 과거의 공산주의 또는 복지국가에 대한 멜랑콜리에 빠지는 것이 아니다"라고 설명한다. 그보다는 오히려 "현재에 뭔가가 빠져 있음을 한층 각성하게 만든다."[49] 공산주의 체제하에서의 44년 폴란드 역사는 최근 공공 역사와 정치적 해석에 의해 단순화되면서 한 장의 음울한 캐리커처로 축소되고 말았다. 이는 마치 개개인의 사적 서사가 어두운 집단 기억으로 지워지고 대체된 것과 같다. 어느 폴란드 작가의 말처럼, "폴란드 인민공화국에서 성장한 사람들도 친구들과 함께 놀고 사랑에 빠지고 학교에 가고 일을 하고 매일 밤마다 저녁을 지었다."[50] 이들의 개인적 일대기는 계속 이어진다. 설령 그들의 삶을 지배했던 정치체제는 금이 가고 붕괴되고 대체되었을지라도. 이러한 맥락에서 볼 때 노스탤지어는 어떻게든 1989년까지 이어진 사람들의 삶이 자본주의의 도래에 의해 완전히 무의미해지지 않도록, 그저 정치라는 거대한 돌기둥에 깔려 압도되지 않도록 하려는 노력이다.[51] 바꿔 말하면, 노스탤지어는 저항 행위다. 설사 공유된 과거에 관한 대중 서사가 개인적 고통, 경제적 정체, 정치적 탄압 가운데 하나라고 해도, 역사에서 뭔가 긍정적인 것을 찾아내는 사람들의 능력을 강조하는 행위인 것이다.

유명한 반체제 작가인 크리스타 볼프Christa Wolf는 독일민주공화국(동독)에서의 삶을 그린 자전적 이야기에서 이 기이한 감정을 묘사했다. 베를린장벽이 무너진 뒤 그는 "정신적 노숙자", 즉 더 이상 실재하지 않는 나라에서 추방된 망명자가 되었다. 공산주의의 공식적인 '기념비적 역사' 외에도 대안적 이야기가 존재했다. 공산주의하에서 사람들은 좌파 생활의 일상 경험에 관해 글을 썼다. 그리고 파리코뮌, 스페인 내전, 쿠바혁명, 1968년 5월 혁명 등 '성공적이고 급진적이며 빛나는' 일련의 혁명과 관련한 경험을 이야기했다. 그런데 1989년 11월의 충격 이후 이 같은 이야기들은 '베를린장벽의 잔해에 묻혀' 자취를 감추고 말았다. 국가사회주의의 몰락은 사회주의의 역사 자체를 납작하게 만들어버렸다. 가까운 과거의 경험은 전체주의적 측면들로 축소되었다.

기쁨, 우정, 권태로운 일상이 들어설 자리를 남겨두지 않은 채.⁵²

독일 문화에서 오스탈기Ostalgie는 공산주의 동독에서의 여러 삶의 측면에 대한 노스탤지어다. 이 단어는 독일어 단어 오스트Ost(동쪽)와 노스탈기Nostalgie(노스탤지어)가 결합되어 만들어진 혼성어다. 1992년 스탠드업 코미디언 우베 슈타이믈레Uwe Steimle가 만든 말로, 현재 여러 형태로 나타나고 있다. 동독의 식품 브랜드들이 부활했고, 옛 국영방송 프로그램이 VHS 비디오테이프와 DVD로 다시 판매되고 있으며, 한때 널리 퍼졌던 바르트부르크Wartburg 와 트라반트Trabant 자동차가 재등장하기 시작했다. 한 가지 특별한 오스탈기의 가시적 사례는 "동독의 신호등 남자Ost-Ampelmännchen" 를 살리려는 노력이었다. 그것은 (여름에 밀짚모자를 쓴 독일민주공화국 지도자 에리히 호네커Erich Honecker의 사진에서 영감을 얻어 만든) 횡단보도 신호등 불빛 속 모자 쓴 남자의 형상이다. 베를린, 뤼베크, 에르푸르트 등 예전에 동독 국경 안쪽이나 인근에 자리했던 여러 독일 도시에서는 아직도 거의 모든 횡단보도에 이 '신호등 남자'를 사용하고 있으며, 이 상징적인 이미지가 들어간 기념품도 팔고 있다. 이 모든 것은 일각에서 말하는 '코뮤니스트 시크communist chic' 에 속한다. 패션이나 상품 등 대중문화 요소가 공산주의의 상징이나 여타 정치적 과거와 연관된 것들을 활용하는 것이다. 알베르토 코르다Alberto Korda가 촬영하여 아이콘이 된 쿠바 혁명가 체 게바라Che Guevara의 사진이 들어간 티셔츠와 포스터가 전형적인 사례다.

1998년 《공산당 선언The Communist Manifesto》 150주년 기념일에는 급진적 성향의 영국 출판사 버소Verso에서 이 혁명 고전의 '고급판'을 내놓았다. '사람들의 눈을 의식하여 사치와 향락을 일삼는 무리의 기호에 맞춰 출시한' 것이었다. 런던과 뉴욕의 고급 부티크와의 협업을 통해 이 문헌을 정치적 신념뿐 아니라 패션 아이템으로도 성공시키는 것이 이 계획의 목표였다. 당시 바니스 백화점의 크리에이티브 디렉터였던 사이먼 두넌Simon Doonan은 흥분을 감추지 못하면서 이렇게 말했다. "사람들은 이제 굴라크Gulag⁺나 스탈린이나 부정적인 이미지 같은 건 잊고 있어요. 그러니 순수한 스타일로 돌아올 때도 됐죠." 그는 말을 이어갔다. "굉장한 아이디어예요. 핸드백 대신 책을 들고 다닌다는 발상. 음…… 끈이나 손목 고리가 달려 있나요? 없어요? 괜찮아요. 큰 맘 먹고 사야 하는 액세서리, 저는 마음에 들어요."⁵³ 카를 마르크스가 쓴 책으로 사치품을 만드는 아이러니는 이 재발간 소식을 다룬 언론인들에게도 통하지 않은 것은 아니었다. 그런데 강성 좌파 중에도 열렬한 반응을 보인 이들이 있었다. 미국 공산당 대변인 테리 알바노Terrie Albano는 "쿨하다"라고 감탄했는가 하면, 뉴욕에서 활동하는 노동사회학자 스탠리 애러노위츠Stanley Aronowitz는 "이것이야말로 지식과 분배의 본질이다. 나는 그런 것을 한탄하지 않는다"라고 말했다.⁵⁴

⁺ 소련의 강제수용소.

그 시절 병동에는 백의의 천사가 살았다

그런데 공산주의 말고도 노스탤지어를 자극하는 화려한 행사나 대중문화가 숱하게 덧대어진 좌파의 정치적 전통이 존재한다. 사회민주주의, 구체적으로는 영국의 공공 의료 체계인 NHS 역시 사람들에게 고유한 정서적 장악력을 발휘하고 있다. 2012년 런던 올림픽 개막식에서는 NHS의 창설을 신화적으로 해석하면서 영국과 영국의 역사적 성취에 대한 상징으로 활용했다. 개막식의 총책임자 대니 보일Danny Boyle은 국가적 자부심이 담긴 거창한 이야기를 전달하기 위해 보편적 의료가 이루어진 지나간, 그러면서도 낭만화한 시대의 이미지를 끌어냈다. 1950년대 복장을 한 간호사들이 병원 침대의 철제 프레임 주변을 돌면서 춤을 추다가 해리 포터의 적수인 볼드모트Voldemort, 영화 〈치티 치티 뱅 뱅Chitty Chitty Bang Bang〉에 나오는 아이잡이Child Catcher 등 어린 시절의 악당들과 싸움을 벌였다. NHS의 한 직원은 이렇게 말했다. "괴물들이 등장하는 부분을 딱 보자마자 웃음이 절로 나오더라고요. 관리자나 정치인을 염두에 둔 걸까요?"[55]

NHS는 영국의 중요한 제도다. 단순한 의료 서비스 이상이다. 말하자면, 영국의 정체성에서 중심을 이루는 존재로, 국민과 국가 간에 상호작용이 이루어지는 핵심 지대이자 영국 최대의 단일 고용주다. 1992년 보수당 소속 전 하원의원 나이절 로슨Nigel Lawson이 말한 대로, "NHS는 영국인들이 종교로 삼는 것과 같다."⁵⁶ 보일은 영국 국민 정서에 자리한 NHS와 그 역할을 명백히 긍정적인 것, 즉 "놀라운 것"으로 표현했고, 개막식은 대체로 호평을 받았다. 그는 역사적 소품과 의상을 유년기의 캐릭터들과 결합하여 많은 영국인이 깊이 공감하는 NHS에 관한 노스탤지어적 시각을 내보였다.

하지만 보일은 나라의 보물과도 같은 이 제도를 그런 식으로 묘사한 탓에 비판을 받기도 했다. 그리고 그 비판은 그의 노스탤지어에 집중되었다. 올림픽 개막식 직후 우파 성향의 일간지 〈메일 온 선데이The Mail on Sunday〉에 게재된 기사에서 보수당 출신인 데이비드 캐머런 총리의 연설문 작성자이기도 했던 이언 비렐Ian Birrell 기자는 의사들을 "신격화"하고 자국의 보건 서비스를 "신성불가침"으로 여기는 사람들을 규탄했다. 그러면서 "금방이라도 눈물을 흘릴 듯한 촉촉한 근시안"으로 NHS를 바라보는 이들이 "진정한 개혁"을 가로막는다고 강하게 주장했다.⁵⁷ 비렐은 "춤추는 의사들, 예전 유니폼을 입은 간호사들, 그 이름도 신성한 세 글자 NHS가 적힌 빛나는 300개의 침대에서 폴짝폴짝 뛰노는 귀여운 아이들"을 맹공격했다. 그는 자국의 보건 체계에 대한 영국의 "감상주의"가 해롭다고, "궁극적으로는 자멸을 초래할 국가적 비극"이라고 보았다.⁵⁸ 런던에서 올림픽 경기가 열린 때와 거의 같은 시기에 BBC에서 방영한 드라마 〈콜 더 미드와이프Call the Midwife〉의 인기가 날로 높아졌다. 1950년대 런던을 배경으로 하는 이 시리즈는 출산하는 여성들의 가슴 아픈 사연과 이들을 돌보는 사람들

2012년 런던 올림픽 개막식에 NHS의 창설 과정을 그린 공연이 올랐다. 1950년대 간호사 유니폼을 입은 배우들이 춤을 추고 있다.

의 영웅적인 행위를 극화한 것이다. 〈콜 더 미드와이프〉도, 보일의 개막식도 2012년 당시 연립정부가 실시한 내핍 정책과 복지국가의 쪼들리는 재정 상황을 비판하는 사람들로부터 기인한 노스텔지어였다.[59]

러시아나 동유럽과 거의 마찬가지로, 이런 볼거리들은 NHS로 구현된 전후 영국의 인지된 안정성과 '공정성'에 대한 노스텔지어적 갈망과 공명한다. 노스텔지어는 NHS에 대한 논의에서 너무나도 지배적인 탓에 그 서비스를 지탱하는 기본 구조의 일부가 되었을 정도다. 한마디로, NHS 지지자들의 언어에 스며들어 거의 매번 소환된다. 2018년 잉글랜드 중부 워크소프의 바셋로 병원에 입원한 한 환자는 1950년대에 바로 그 병원에서 요리사로 일하던 시절의 일화를 들려주었다. 어떻게 환자들이 먹을 케이크를 하루에 300개씩 구워냈는지, 주말이면 각 병동의 직원들을 위해 얼마나 많은 케이크를 만들곤 했는지 등 "좋았던 그 시절"의 이야기로 의사들과 간호사들을 즐겁게 했다. 그는 지나간 시절의 병원 생활을 회상했다. 의사들과 간호사들은 각자 식사실이 따로 있고, 메이트런matron⁺이 직속 하녀와 함께 개인 사무실에서 차 시중을 받던 시절을.⁶⁰ 2018년 7월 5일에 NHS는 70주년을 맞았다. 영국 전역의 병원에서 축하 행사가 열렸다. 스코틀랜드의 NHS 테이사이드Tayside는 웹사이트에 다음과 같이 기념행사에 관한 정보를 공유했다. "7월 5일, 많은 사랑을 받은 이 제도가 70번째 생일을 맞이하오니 이 특별하고 역사적인 날을 기념하기 위해 NHS 테이사이드에서 마련한 축하 행사에 모두 함께해주시면 좋겠습니다."⁶¹ 스코틀랜드 동부의 항구도시 던디에 있는 나인웰스 병원의 직원들과 방문객들은 이곳에서 준비한 '추억 여행' 전시에 초대받았다. "옛 병원의 모습을 다시 보고 싶거나 '좋았던 그 시절'을 추억하고 싶은 분은 노스탤지어 가득한 이 사진전을 절대 놓치지 마세요."⁶²

노스탤지어는 이처럼 행복한 반추와 더불어, 잊을 만하면 등

⁺ 기숙학교나 병원 등의 공공시설에서 세탁, 청소 같은 위생 업무를 비롯해 실질적인 관리 감독을 도맡은 직책.

장하는 재원 부족과 정부의 변덕으로부터 "NHS를 구해달라"는 소셜미디어 청원의 일환으로도 쓰이고 있다. 2022년 트위터 사용자 수Sue는 "사람들이 얼른 깨어나 정신을 차리지 않으면, NHS는 지나간 역사가 될 것이다. 노동자들의 권리는 좋았던 옛일이 될 것이다. 가진 자와 못 가진 자의 격차는 측정 불가 상태가 될 것이다. 사회복지사업도 사회적 돌봄도 없던 일이 될 것이다"라는 글을 ("#NHSLove"라는 해시태그를 붙여서) 트위터에 올렸다.[63] 이처럼 노스탤지어는 대체로 NHS의 현재 상태를 비판하는 데 쓰인다. 청소부인 로나 맥팔레인Rona McFarlane은 휩스 크로스 병원에서 32년간 근무했다. 그는 NHS의 "좋았던 시절"은 과거의 일이라고 강조한다. "NHS에 소속되어 있으면서 사람들을 돕는다는 자부심을 느꼈죠. 그 시절에는 환자들과 대화할 시간도 있었고요"라고 그는 말했다. "그때는 간호사가 바쁠 때 환자가 오렌지 주스를 마시고 싶다고 하면 대신 가져다줄 수 있었어요. 물론 간호사한테 먼저 물어보기만 하면요." 그런데 "그사이 상황이 달라졌어요. …… 너무 바쁘다 보니 이제는 얘기를 들어줄 시간이 없죠." 60세인 로나는 1961년에 자메이카에서 영국으로 왔다. 이스트 런던에 거의 정착하자마자 공공 부문에서 일하기 시작했다. 그런데 병원의 청소 업무가 외주화되고부터는 민간 용역 회사와의 계약에 따라 일을 맡게 되었다. 로나는 이른바 NHS "가족"의 일원이었던 공무원에서, 이윤 창출이 가장 중요한 기업의 피고용인으로 자신의 역할이 변화해가는 과정을 죽 지켜보았다.[64]

하지만 이러한 노스탤지어적 성찰의 정치적 정체성이 반드시 직설적으로, 즉 표면적으로 확연하게 드러나는 것은 아니다. 현재의 보건 정책과 관행에 대한 노스탤지어적 비판의 대다수는 명백한 좌파 성향의 인사들에 의해 제기되었고 사실상 영국 좌파가 NHS를 진보 정치의 부적처럼 끌어다 쓴 경향이 있으나, 그럼에도 NHS는 당파를 초월하여 광범위하게 지지를 받은 제도였다. 우파가 다짐한 말이 언제나 행동과 일치하는지에 대해서는 의견이 분분할 수 있겠으나, 정치적 스펙트럼의 양편에 있는 사람들 모두 이 보건 서비스의 보호에 찬성하는 운동을 벌이고 있다. 그러다 보니 우파 언론에도 NHS 노스탤지어가 숱하게 존재한다. 메그 헨더슨Meg Henderson은 2007년 〈선데이 타임스The Sunday Times〉에 기고한 글에서 1960년대 말부터 "의료계"에서 일했는데 "다들 자신의 젊은 시절을 황금기로 여기지만, 나의 젊은 시절은 확실히 그러했음을 잘 알고 있다"라고 했다.[65] NHS의 전현직 직원들이 여러 신문사에 보낸 편지를 보면 지나간 시절, 즉 병원 내의 확실한 위계질서, 임상 실습, 잘 다려진 유니폼으로 특징지어지는 시절을 동경한다. 2005년 질 파킨Jill Parkin이라는 사람이 〈데일리 메일〉에 써 보낸 다음의 글처럼 말이다. "바스락거리는 풀 먹인 모자를 쓴 채 자신을 뒤쫓아 오는 것을 향해 못마땅한 표정을 짓던 메이트런은 1970년대 즈음 우리네 병원에서 자취를 감추었다. 그는 자신이 관리하던 티끌 하나 없는 병동들, 예의 바른 간호사들, 희미하게 풍기는 소독약 냄새를 뒤로하고 어디론가

떠났다."⁶⁶

전직 간호사 클레어 레이너Claire Rayner 역시 〈데일리 메일〉에 보낸 글에서 자신이 한때는 "자비의 천사"로 여겨졌다면서 이렇게 한탄했다. "우리는 돈은 넉넉하게 받지 못해도 지위는 더할 나위 없이 높았다."⁶⁷ 그 이름도 화려한 맥스 개먼Max Gammon 박사는 은퇴한 의사로 1999년 〈타임스〉에 편지를 써 보냈다. 그는 "예전에 병동에서 이루어졌던 도제식 체제"로 돌아가기를 권하면서 "병자들을 돌보고자 하는 소망과 능력"이 간호 전문직의 주된 자격 요건이 되어야 한다는 뜻을 피력했다. 그러면서 개업의로 은퇴한 사람답게 "병원 생활로 돌아가기를 간절히 원할, 충분한 자격을 갖춘 간호사들이 전혀 부족하지 않으리라고 자신"했다.⁶⁸

그런데 NHS 노스탤지어는 여타 정치적 노스탤지어처럼 생래적으로 우파도 좌파도 아닐뿐더러 21세기에 국한되지도 않는다. 오히려 75년의 NHS 역사 가운데 어느 때를 보건 노스탤지어는 NHS의 구조적 상태 같은 것이었다. 어쨌거나 NHS는 지속적으로 필요한 제도다. 1948년에 출범한 이후로 NHS는 주기적으로 예산 제한, 관리 및 운영 개혁, 행정적 구조 개편의 대상이 되어 왔다. 항상 위기 상태에 놓여 있었고, 그 시작부터 정치인들이 무기로 쓸 만한 탄약으로 사용되었다.

이렇듯 NHS의 잦은 부침은 NHS에서 일하는 사람들을 항상 되돌아보게 만들 수밖에 없었다. 1974년에 처음으로 이루어진 대대적인 개편의 여파에서 이 점이 특히 두드러졌다. 그로부터 5년이 지난 뒤인 1979년 왕립국민보건서비스위원회Royal Commission on the National Health Service의 보고서가 나왔다. 왕립위원회는 1976년부터 증언을 수집했다. 2460건의 서면 진술서를 받았고, 구두 회의를 58회 열었으며, 약 2800명을 대상으로 약식 면담을 진행했다.[69] 위원장인 앨릭 메리슨 경Sir Alec Merrison에 따르면, 이 위원회는 "완벽한 성공"으로 받아들이는 사람이 거의 없는 1974년 "그 서비스의 완전한 개편"에 따라 "NHS에 대한 우려가 확산되던 시기에 구성된" 것이었다.[70] 발표된 보고서는 이 보건 서비스의 현황에 대해 극심하게 양분된 일련의 견해를 반영했는데, "전 세계가 부러워하는 선망의 대상"에서 "붕괴 일보 직전"인 상태까지 극과 극이었다.[71]

증언을 제출한 사람들 중 대다수는 개편 이전의 시절을 칭송하며 열변을 토했고, 1950년대와 1960년대의 NHS에 강한 노스탤지어를 느꼈다. 노라 브라운Nora Brown 여사는 왕립위원회에 "NHS와 병든 이 나라를 모두 …… 예전처럼 다시 위대한 영국으로 돌아가게 하는" 방법에 대한 자신의 의견을 써 보냈다. 키스 A. 맬린슨Keith A. Mallinson은 세월의 흐름과 큰 정책 변화가 불러온 충격을 개탄하면서 "나는 주변에서 의사와 간호사를 비롯한 병원의 여러 직원들의 헌신적인 봉사를 자주 마주한다. 그런데 그 못지않게 유독 눈에 띄는 것이 과도한 관료주의다. 개편으로 인해 병원들은 과잉 행정에 시달리게 되었고, 이것이 직원들 사이에 퍼진 불안의 원인인 듯 보인다"라고 말했다.[72]

오늘날과 마찬가지로 NHS에 관해 견해를 밝힌 사람들은 관료주의의 손길이 거의 닿지 않았던 신화적인 시절에 노스탤지어를 느꼈다. 1976년 외과 의사 A. J. N. 페어A. J. N. Phair는 "예전에는 관료주의가 가장 효율적인 사무 절차를 뜻하는 용어였다"라고 운을 뗐다. 그런데 이제는 오로지 "부분적으로 자신의 책임을 피하고 누에고치 같은 지배 구조의 보호막 안으로 숨어버리는 관리자들이 야기하는 불필요한 요식 행위, 책임 전가, 용납 불가능한 수준의 상당한 업무 적체를 뜻하는 경멸적인 의미로" 쓰이게 되었다.[73] 저명한 보수당원이자 1960년부터 1973년까지 보건사회복지부의 총책임자였던 조지 고드버 경Sir George Godber도 과잉 행정에 대해 유사한 불만을 품고 있었다. 1974년에 발표한 논문의 주석에서 그는 NHS가 (영국인들이 내세우기 좋아하듯) "전 세계가 부러워하는 선망의 대상"이 되지 못하게 막는 두 가지 주된 장애물을 밝혔다. 바로 "장관들(정치인들)과 공무원들(관료들)"이었다.[74] 지난 10년에 걸쳐 이들이 쌍으로 저지른 일들, 아니 그가 그렇다고 강력하게 주장하는 것들이 "아픈 사람들을 위한 그 서비스에 결국 큰 해를 끼치고" 말았다. 그는 격앙된 어조로 병원 노동자들의 어깨에 지워진 행정적, 관료적 부담을 다음과 같이 개탄했다. "최고의 간호사들은 더 이상 병자들을 돌보지 않는다. 서류 뭉치를 움켜쥔 채 과로에 시달리는 동료 병동 간호사에게 커피를 부탁하면서 병원 복도를 돌아다닌다." 그리고는 의료진이 현재 감당해야 하는 "사무 업무"량을 맹공격했다.[75]

1975년 1월, 그는 이 육필 논문의 부록에 "의료직과 간호직에서 최고로 꼽히는 그 모든 이상적인 것이 이제 곧 사라지려는 듯하다. 아마도 영원히. 나로서는 이런 의견을 전해야 하고, 세계에서 가장 우수한 보건 서비스가 무너지는 것을 봐야 하니 슬플 따름이다"라는 글을 남겼다.[76] 그의 문장은 노스탤지어로 흠뻑 젖어 있었다. 그가 아는 NHS는 "평온한 옛 시절로부터 얻은 추진력으로 계속 살아가고" 있었다. 그는 이 보건 서비스의 "과거의 모습과 그 시절에 약속했던 미래의 모습을" 현재의 NHS를 비교하면서 그 변화를 "비극"이라고 표현했다.[77] NHS의 창설에 중요한 역할을 한 고드버가 보건사회복지부를 떠난 지 얼마 되지 않은 때였다. 그의 노스탤지어는 아마도 개인적인 동시에 직업적이었을 것이다. 그는 그 보건 서비스의 변화를 개탄하면서도 1960년대에 그 서비스를 점검하던 자신만의 추억에 푹 빠져 그리움에 젖기도 했다.

NHS의 "좋았던 시절"을 언급하는 직원들은 1970년대와 1980년대에 어디에나 있었다. 그러니까 노동당이 집권하든 보수당이 집권하든 못마땅했던 것이다. 1976년 한 외과 의사는 노동당 출신 총리인 제임스 캘러헌 James Callaghan 정부에 불만이 담긴 편지를 써 보냈다. 그는 직업적 기회와 업무의 다양성이 결여된 이 보건 서비스의 "얼굴 없는 획일성"을 저어했다. 그는 비통한 어조로 이렇게 편지를 끝맺었다. "낙심하고 실망하고 원통합니다. NHS는 '진흙발 feet of clay'[+]의 우상입니다."[78] 같은 해에 간호사

패멀라 M. 제프리스Pamela M. Jefferies가 쓴 논문이 〈영국의학저널〉에 게재되었다. 그는 브라이언 새먼Brian Salmon이 주도한 간호 수련 및 실습에 대한 개혁에 분노했다. 이 개혁 조치들은 원래 간호 업무의 전문화와 간호사들의 지위 향상, 승진 기회의 확대를 위해 시행되었다. 문제는 그로 인해 더욱더 많은 간호사가 조지 고드버가 말한 "사무 업무", 즉 병원에서 행정 또는 관리자 역할을 떠맡았으며, (비판하는 쪽에서 인지했듯) 환자 돌봄이라는 중요한 업무로부터 멀어졌다는 것이다. 제프리스 간호사는 새먼 개혁 이전 시대에 노스탤지어를 느꼈다. "지난 10년간 이 직업군에서 일어난 변화를 돌이켜보면 뭔가 당황스럽고 어리둥절해진다."[79] 의도는 좋았으나 새먼 개혁은 인기가 바닥이었다. 한 병원의 행정 직원은 그 개혁을 두고 "재앙"이자 "위험"이라고 표현했다. 어떤 면에서 이러한 노스탤지어적 불만은 현재 어디서나 익히 볼 수 있는 온건한 보수적 성찰과 매우 흡사하다. 특별히 급진적이지도 않을뿐더러 모호한 측면도 있다. 포퓰리즘적일 수는 있으나 우파의 전유물은 아니다.

2018년 데모스와 유피니언스가 실시한 조사에 따르면, 노스탤지어에 빠지는 사람들은 이민에 반대하고 애국적이며 정치적으로도 우파인 경향을 보이는 것으로 나타났다. 이 연구 조사는 노

✢ 불완전하고 부실한 토대, 드러나지 않은 결정적 약점이나 결함을 뜻하는 관용적 표현.

스탤지어라는 감정이 특히 2010년대 말에 만연했고, 2016년 또는 그 무렵의 판단력을 흩트리는 자극적인 정치풍토를 낳은 조건이 되었다는 전제하에서 이루어졌다. 하지만 그러한 노스탤지어는 수많은 형태 중 하나에 불과하다. 노스탤지어는 기나긴 역사 가운데 상당 기간 동안 우파 및 좌파 활동가들, 정치인들, 작가들, 노동자들의 전유물이었다. 노스탤지어의 미적, 정서적 호소력은 정치적 스펙트럼과 상관없이 사람들을 끌어당겼으며, 단적으로 보수적인 것, 진보적인 것이 그렇듯이 정치적으로 모호한 경우도 많았다. 정치적 노스탤지어는 한동안 흔하게 보이기도 했다. 그런데 포퓰리즘적 움직임뿐 아니라 새로운 개혁 활동에도 노스탤지어가 활용된 것은 대격변을 일으킨 2016년 미국 대선보다 시간적으로 한참 앞섰다. 도널드 트럼프가 사용한 것과 섬뜩할 정도로 유사한 언어가 1960년대 영국 보수당의 수사에 등장했다. 노스탤지어에 기댄 호소는 20세기의 여러 혁명과 사회주의 국가 정치에도 깊이 내재했다. 만약 "노스탤지어의 정치학"이 닉 코언이 말한 "퇴락"의 징후라면, 그 쇠락은 지금껏 꽤 오랫동안 진행되고 있다.

3부

우리들의 행복 은행

노스탤지어, 질병에서 해독제로

NOSTALGIA

9장

노스탤지어에 빠진 뇌

영국국철의 임원진은 직원들의 애사심을 강화하기 위해 영국 철도 산업의 전성기를 회고하는 자리를 마련했다. 이론상으로는 일터에서의 만족도가 그 어느 때보다 떨어질 법한 상당한 변화가 일어나는 와중에 말이다.

1970년 즈음 뉴욕 브롱크스의 베스 에이브러햄 병원에서 24년 동안 살았던 63세 여성이 있었다. 18세부터 진행성뇌염후파킨슨증progressive postencephalitic parkinsonism이라는 병을 앓은 사람이었다. 파킨슨증은 뇌의 신경세포인 뉴런의 변성으로 인해 점진적 운동 기능을 상실하는 만성 신경 장애를 총칭하는 병이다. 때때로 바이러스 감염에 의한 뇌염을 앓고 난 후 파킨슨증에 걸리는 사람들도 있다. 1차 세계대전 직후 수면 질환인 기면성뇌염encephalitis lethargica이 대유행했는데, 일부 환자들의 경우 회복되지 않고 뇌염후파킨슨증으로 발전했다. 그 여성은 이 질환으로 인해 거의 지속적인 '트랜스trance' 상태+로 서서히 빠져들었기에 20여 년 동안 시설 생활을 할 수밖에 없었다.

+ 쉽사리 깨지 못하는 깊고 비정상적인 수면 상태 또는 최면에 걸린 것과 같은 가수假睡 상태.

그런데 1970년에 그는 놀랄 만큼 회복되었다. 신경학자 두 사람이 엘도파L-dopa라는 약물로 치료를 진행하자 그는 파킨슨증 증상과 트랜스 상태에서 급속도로 해방되었고 다시금 말하고 움직일 수 있게 되었다. 게다가 강렬하고 기분 좋은 노스탤지어에 온몸이 휩싸이는 듯한 경험을 하기도 했다. 한번은 녹음기를 가져다 달라고 하더니 며칠에 걸쳐 헤아릴 수 없이 많은 "음란한 노래, '지저분한' 농담, 5행 희시戱詩"를 녹음했다. "하나같이 파티의 소문, 외설적인 코미디언들, 나이트클럽, 뮤직홀에서 들은" 것들이었다. 누구보다 가장 놀란 사람은 환자 본인이었다. "굉장해요. 영문을 모르겠어요. 40년 넘게 저런 얘기들은 들어본 적도 생각해본 적도 없는걸요. 아직도 내가 알았던 내용인지 전혀 모르겠어요. 그런데 이제는 머릿속에서 줄줄 흘러나와요"라고 그는 말했다. 노스탤지어의 폭발은 이내 지나갔다. 그런데 그게 도움이 된 모양이었다. 그 여성은 정신이 여전히 멀쩡했지만, 옛 기억은 금세 깡그리 잊어버렸다. 자신이 녹음한 노래들의 가사를 단 한 줄이라도 떠올리는 일은 두 번 다시 없었다.[1] 이 기묘한 사례는 영국의 의학 전문 학술지 〈랜싯The Lancet〉에 편지 형식으로 상세히 기술되었다. 이 편지를 쓴 저자 중 한 사람이자 이 환자를 치료한 신경학자 중 한 사람이 바로 올리버 색스Oliver Sacks였다. 장차 저명한 작가가 되는 색스는 《아내를 모자로 착각한 남자The Man who Mistook His Wife for a Hat》라는 저서에서 이 사연을 다시 소개했다.[2] 우리의 목적에서 보면, 이 이야기는 노스탤지어의 전기에 새로운 장을 열어준다. 노스탤지어가 병의 회복에 관여할 수도 있음을 시사하는 최초의 사례에 속하기 때문이다. 노스탤지어는 더 이상 질병이 아니었다. 이제는 골치 아픈 증상을 완화하고, 나아가 사람들을 낫게 하는 데 도움이 될 수도 있었다.

1970년대의 사회학자들, 20세기 초의 정신분석학자들, 빅토리아 시대의 의료 전문가들은 모두 노스탤지어를 약간씩 다르게 보았고, 그 개념적 해석도 시간이 흐르면서 변화했다. 그럼에도 이 감정은 역사의 상당 기간 동안 일관되게 기능 장애로 간주되었는데, 1990년대에 이르러 과학자들—그리고 숙적인 심리학자들도 포함하여—이 노스탤지어의 명예 회복에 돌입했다. 이들은 그 감정이 물건, 사건, 사람, 음악, 노래, 사진, 냄새와 맛 등 다양한 요인에 의해 촉발된다는 사실을 이해했다. 과학자들은 노스탤지어가 일반적이고(즉, 일주일에 여러 번 경험한다), 보편적이며(전 대륙을 아우르는 수많은 문화권에서 발생한다), 모든 **연령대**(아동, 10대, 성인 등)의 사람들에게서 관찰된다고 판단했다.

이러한 명예 회복 덕분에 적어도 과학계에서만큼은 이제 노스탤지어가 한 사람의 과거와 관련하여 개인적으로 가장 두드러지고 애틋하며 아쉽고 그리운 기억으로부터 생겨나는 달콤 씁쓸하지만 대체로 긍정적인 감정으로 간주된다. 그런데 노스탤지어는 단순히 무해한 데 그치지 않는다. 이제는 적극적으로 치료에 도움이 되고 있다. 최근 이 감정은 사람들에게 다양한 혜택을 제공하는 효과적이고 광범위한 심리적 자원으로 재설정되었다. 노스탤지어는 자존감을 북돋고, 삶에 의미를 더하며, 사회적 유대감을 키우고, 문제가 있을 경우 도움과 지지를 구하도록 사람들을 독려하며, 심리적 건강 및 안녕을 증진하고, 외로움이나 권태, 스트레스, 불안을 줄일 수 있다. 나아가 현재는 노인들의 기억력을 유지하고 향상시키며, 심리적 안녕을 강화하고 우울증을 개선하는 중재술로도 쓰일 정도다.

배초의 노스탤지어 검사

감정에 관한 연구는 19세기에 본격적으로 시작되었다. 심리학이 어엿한 과학에 속하는 학문 분야가 된 시기였다. 심리학자들은 생리학(인체의 정상 기능에 관한 연구)과 신경학(뇌를 비롯한 신경계에 관한 해부학적 연구)에서 사용하는 수단들을 조합하여 공포, 분노, 슬픔의 물리적 근거를 탐구했다. 과학자들은 감정의 분류 체계, 유형, 범주를 만들어내고자 했고, 이를 통해 특정 감정의 뚜렷한 실체를 찾아보려고 애썼다. 1848년 피니어스 P. 게이지가 다짐 막대 때문에 두개골에서 찻잔 반 컵 분량의 뇌를 쏟아냈을 때부터 과학자들은 줄곧 감정과 뇌의 관계에 관심을 가져왔다. 이들은 뇌 또는 신경회로의 어느 부위가 어떤 감정과 연계되어 있을지 질문을 던졌다. 빅토리아 시대가 저물어갈 무렵, 심리학자들은 감정이 뇌의 가장 오래된 부위인 대뇌변연계limbic system, 즉 인체를 통제하는 "내면의 야수inner beast"에 자리한다고 결론 내렸다. 그에 반해 사고나 인지는 피질cortex―"더 진화한" 뇌 부위―에 배치되었다. 이런 식의 이분법은 이제 널리 알려져 있다. 감정은 기저에 있고 동물적이며 전통적으로 여성적이다. 반면에 사고, 이성, 합리성은 인간적이고 고등하며 관습적으로 남성적이다. 그러나 20세기 전반기에 과학자들이 행동생태학biology of behaviour에 주목하면서 뇌는 시야에서 벗어나게 되었다. 감정은 더 이상 순수하게 정신적인 현상으로 간주되지 않았다. 특정 행동이나 신체 반응을 유발하는 신경계의 상태로 재구성되었다. 가령 공포는 뇌의 한 부분에 자리한다기보다 얼어붙거나 도망치거나 싸우는 행위였다. 분노는 격렬한 화를 표출하는 것―고함치고 미친 듯이 악쓰고 얼굴이 시뻘게지는 것―이 되었다.

1950년대와 1960년대에는 다시 흐름이 바뀌어 뇌가 과학 탐구의 주제로 복귀했다. 하지만 심리학자들에게는 작동 중인 마음을 관찰할 수 있는 수단이 아직 없었던 탓에 당시 새로이 유행하면서 점점 확산되었던 컴퓨터를 효과적인 은유로 활용했다. 감정은 또다시 재구성되었다. 이번에는 계산computation으로. 그럼에도 여전히 행동과 동일시되었다. 과학자들은 감정의 경험을 살피기보다 감정을 일으키는 과정, 감정이 생명체를 어떻게 행동하게 만드는지에 초점을 맞추었다. (인간이 아닌 존재인) 동물도 분녕 감성이 있기는 하지만, 그렇다고 해서 반드시 (언어와 문화 등 인간에게만 있는 것들이 꼭 필요한) 정서적 **경험**을 하지는 않는다는 것이 부분적인 근거였다. 과학자들에게는 쥐를 비롯해 미어캣, 개, 원숭이, 인간까지 아우르면서 자신들의 연구 결과를 일반화할 수 있는 종을 초월한 감정에 대한 설명이 필요했다.

그런데 1970년대 말, 마침내 새로운 기술 덕분에 과학자들은 살아 있는 두뇌가 작동하는 모습을 실시간으로 목격할 수 있었다. 자기공명영상법 magnetic resonance imaging, MRI은 1980년대에 학자들과 임상의들에 의해 널리 활용되기 시작했고, 1990년대 즈음에는 인지신경과학 cognitive neuroscience 이, 이어서 (정서에 관한 신경과학인) 정동신경과학 affective neuroscience 이 새로운 학문 분야로 등장했다. 인지신경과학은 신경과학과 심리학을 아우르는 분과 학문으로, 사고 또는 인지의 기저를 이루는 생물학적 과정에 대한 연구를 한다. 인지신경과학자들은 다양한 정신적 과정에 관여하는 뇌의 신경적 연결이나 회로에 주목했다. 19세기의 전임자들과 거의 마찬가지로, 다만 자유자재로 쓸 수 있는 최신 기술을 통해 이 새로운 과학자들은 여러 가지 감정의 기저를 이루는 정신적 연원을 찾으려고 했다. 각각의 감정은 저마다 고유한 신경 회로에 의해 발생한다는 것이 핵심 개념이었다. 처음에는 감정에 관한 신경과학적 연구가 축적됨에 따라, 과학자들이 분노, 슬픔, 공포를 관장하는 뇌의 특정 영역의 정확한 위치를 알아낼 수도 있을 것처럼 보였다. 이는 감정이 선천적이고 생물학적으로 결정되어 있으며, 모든 문화와 공동체, 종을 아우른다는 기존의 기본감정이론을 뒷받침했다.

감정에 관한 과학이 발전하는 가운데 신기술이 더 탄탄해지고 편리해지면서 일부 연구자들은 콕 집어서 노스탤지어로 관심을 돌렸다. 이 연구들은 대부분 노스탤지어가 비교적 안정적인 범주라는 가정을 토대로 삼았다. 설령 그 감정을 전담하는 뇌의 부위는 아직 발견하지 못했을지라도, 과학자들은 노스탤지어가 무엇인지, 어떤 느낌인지, 어떤 말로 표현해야 하는지와 관련하여 사람들이 일반적으로 공유하는 해석을 연구 대상으로 삼았다. 1995년 미국의 심리학자 크리스틴 I. 배초Krystine I. Batcho는 사람들이 노스탤지어를 느끼는 빈도와 강도를 측정하기 위해 설계된 노스탤지어 검사Nostalgia Inventory라는 설문지를 만들어냈다. 설문을 통해 참가자들은 어린 시절에 대한 그리움을 일깨우는 것들을 추려낸 다음, 그리움의 정도에 따라 1(전혀 아니다)에서 9(매우 그렇다)까지 점수를 매겨 평가했다. 검사 결과는 다양한 항목에 주어진 평가 점수의 평균값으로 산정했는데, 점수가 높을수록 노스탤지어를 느끼는 성향이 컸다. 검사 항목에는 '가족', '걱정이 없는 상태', '사랑했던 사람', '장난감', '학교', '예전 사회의 모습', '슬프거나 악한 것을 모르는 상태' 등이 포함되었다.[3]

당초 이 검사는 5~79세 참가자 210명—남성 88명과 여성 122명—의 응답을 바탕으로 완성했다. 거의 20세기 내내 심리학자들과 정신분석학자들, 사회학자들은 세상사와 자신의 운명을 비관하는 사람들 사이에서 노스탤지어 성향이 더 흔하게 나타난다고 보았다. 그런데 노스탤지어 검사 결과, 점수가 높은 응답자들이 점수가 낮은 응답자들보다 과거를 더 우호적으로 평가하기는 했으나, 현재와 미래에 대한 평가는 별반 다르지 않았다. 노스탤지어를 더 많이 느끼는 사람이라고 해서 노스탤지어를 덜 느낀다고 답한 사람보다 반드시 덜 행복하거나 덜 낙관적이지는 않았다. 점수가 높은 사람들은 자기 자신을 더 감정적이고, 기억력이 좋으며, 성취 욕구가 강하고, 타인과 함께하는 활동을 선호하는 사람으로 여기는 경향이 있었다. 반면, 위험이나 스릴을 추구하고, 종교적이고, 논리적이고, 쉽게 지루해하고, 성공을 자신하고, 덜 유쾌한 사람은 아니라고 평가하는 경향이 있었다. 또 다른 연구에서는 대학생 113명─여학생 32명과 남학생 81명─을 상대로 노스탤지어와 기억력, 성격을 측정하는 설문을 진행했다. 점수가 높은 응답자들은 대체로 지난 일을 잘 기억하는 편이 아니었음에도 인물 중심의 자전적 추억들은 더 빨리 기억해낼 수 있었다. 이번 노스탤지어 검사에서 높은 점수를 받은 사람들 또한 더 낙관적이거나 비관적이거나 부정적이라기보다는 감정을 느끼는 정도가 더 강렬한 쪽에 가까웠다.[4]

 1970년대 당시 프레드 데이비스는 본인이 "사적 노스탤지어 private nostalgia"와 "집단적 노스탤지어 collective nostalgia"라고 표현한 것을 구별 지었다.[5] 전자는 개인이 자신만의 사적 과거─가령 유년기의 기억들─와 관련하여 느끼는 것인 반면, 후자는 사회적 차원의 노스탤지어, 즉 잠재적으로 많은 사람이 공유하는 감정을 포착한다. "집단적 노스탤지어"는 종교 행사나 정치적 의례 또는 시위에서 표출될 수 있다. 배초도 매우 유사한 주장을 내놓았다. 게다가 배초의 주요한 연구 결과 가운데 하나는 다종다양한 노스텔지어가 존재한다는 사실이었다. 1990년대에 그는 특히 두 가지 노스텔지어, 바로 개인적 노스텔지어personal nostalgia와 역사적 노스텔지어historical nostalgia에 천착했다. 우리가 각자 이미 살아냈고 기억할 수 있는 삶의 여러 측면에 대한 그리움 또는 기분 좋은 감정은 개인적 노스텔지어에 속한다. 그와 반대로 역사적 노스텔지어를 경험하는 사람들은 자신이 태어나기 이전의 특정 시기에 정서적 애착이나 동경을 품을 수 있다. 5장에서 소개한 1970년대 아이오와주 출신의 남자를 예로 들어보자. 그는 자신이 태어나기 100년도 훨씬 전인 1752~1768년의 시기에 대해서만 절절하게 노스텔지어를 느꼈다. 결정적으로 배초의 연구는 인간이 이 중 한 가지 유형의 노스텔지어를 많이 경험하고, 다른 유형은 그렇게까지 경험하지는 않을 가능성이 있음을 보여준다. 그는 개인적 노스텔지어와 역사적 노스텔지어가 "비교적 상관성이 없거나 독립적인 현상들"이라고 주장했다. 이 두 유형은 실제로 전혀 별개였다.[6]

하지만 둘 다 상상력, 그리고 일종의 발명에 의존했다. 우리가 태어나기 수십 년 전의 시기에 대한 노스텔지어는 제아무리 철저한 고증에 근거한다고 해도 어느 정도의 재현이 반드시 필요하다는 것은 낭연한 상식이다. 그런데 개인적 노스텔지어 또한 상대적으로 불안정한 기반에 기초하고 있다. 개인적 노스텔지어는 기억에 의존하는데, 우리에게는 인간의 기억이 부정확하다는 사실을 보여주는 수십 년에 걸친 인지 연구 결과가 존재한다. 지난 주말에 뭘 했는지 기억해내는 것이든, 유년 시절이 어땠는지 떠올리는 것이든, 그 정보 검색 과정은 선별적이고 불완전하다. 1950년대를 경험한 사람에게 그 시절을 물었을 때에도 부분적인 인상 정도만 들을 가능성이 높다. 누군가는 회상을 하다가 그 시절에 대한 노스탤지어에 빠질지도 모르는데, 그것은 오로지 그가 사랑하고 즐겼던 일들을 선별적으로 기억하기 때문이다. 사람들은 자신의 우정과 낭만적 관계, 자신이 느낀 자유, 자신이 경험한 기쁨, 요통과 수면 장애를 모르고 살았던 삶을 소환할 것이다. 하지만 정치적 불안이나 경제적 고난, 사회적 불평등과 같은 어떤 시절의 덜 긍정적인 측면은 잊어버리거나 떠올리지 못할 수 있다. 이를테면, 베이비붐 세대는 1960년대에 노스탤지어를 느낄 것이다. 베트남전쟁이나 인종 폭동이 아니라 우드스톡과 대마초에 대해.

 배초의 노스탤지어 검사는 현재 여러 국가의 언어로 번역되었고 앱으로도 이용 가능해졌으며 숱한 연구에서 활용되었다. 21세기에 인지 및 정동 신경과학자들은 노스탤지어의 생리적 기제를 연구하기 시작했는데, 대개는 뇌 스캐닝 기술을 활용했다. 2022년 한 연구진이 합의의 윤곽을 밝혀냈다.[7] 노스탤지어에는 네 가지 주요 뇌 영역이 관여한다. 첫째, 자기 성찰과 관련된 영역(내측전전두피질medial prefrontal cortex, 후대상피질posterior cingulate cortex,

설전부praecuneus). 둘째, 자전적 기억과 장기 기억, 과거 사실의 세부 내용을 소환하는 것과 관련된 영역(해마hippocampus). 셋째, 감정 조절과 관련된 영역(전대상피질anterior cingulate cortex, 복외측전전두피질ventrolateral prefrontal cortex). 넷째, 보상 과정과 관련된 영역(선조체striatum, 흑질substance nigra, 복측피개영역ventral tegmental area, 복내측전전두피질ventromedial prefrontal cortex). 이렇게 다양한 영역이 이른바 "노스탤지어 뇌"를 구성한다. 이 연구 결과에 따르면, 노스탤지어 신호나 자극에 맞닥뜨릴 때 노스탤지어를 만들어내게끔 작동하는 것이 바로 이 "노스탤지어 뇌"다.

따라서 노스탤지어가 경험될 때마다 뇌의 일부가 활성화되는데, 자극을 통해 뇌의 보상 체계와 기억 체계의 성능 및 활동이 달라진다. 뇌의 보상 체계가 자극을 받으면, (1970년 올리버 색스가 '트랜스' 환자에게 투여한 엘도파와 유사한) 도파민dopamine이라는 화학물질이 분비된다. MRI 스캐너를 활용한 여러 실험 결과에 따르면, 노스탤지어를 느낄 때 도파민이 해마에 차곡차곡 쌓이면서 특정 기억과 사건을 소환하는 능력이 두드러지게 향상되는 것으로 나타났다. 이는 사람들이 보상과 관련된 일을 더 자세하게 잘 떠올릴 수 있는 이유를 설명하는 데 도움이 된다. 가령, 시험에서 높은 점수를 받아 부모에게 축하 선물을 받은 경우 여러 해가 지난 뒤에도 그 일을 기억할 가능성이 크다. 반면, 보상을 받지 않은 경우에는 그러한 성취를 이뤄낸 적이 있다는 사실을 잊어버리기 쉽다.

이러한 합의에 이르게 만든 실험들은 절충적이고 약간 특이한 구석도 있었다. 일례로, 한 연구진은 노스탤지어의 신경 기저를 탐구하기 위해 뇌파검사electroencephalography, EEG 연구를 진행했다. 마이너리그 더블A 야구 경기를 보고 있는 참가자들의 뇌 활동을 EEG로 측정하면서 참가자들에게 20분 간격으로 노스탤지어를 느끼는 정도를 물었다. 이 연구 결과에 따르면, 참가자들이 노스탤지어를 더 많이 느낀다고 할 때 자기 성찰 지표인 뇌파 주파수가 높아졌다. 다시 말해, 내적 성찰은 노스탤지어라는 감정과 양의 상관관계를 보였다. MRI 스캐너를 활용한 또 다른 연구에서는 노스탤지어를 끌어내기 위해 스포츠 대신 이미지를 사용했다. 연구진은 참가자들에게 두 가지 이미지를 보여주었다. 하나는 그들의 어린 시절 이미지, 하나는 통제된 중립적 이미지였다. 노스탤지어를 자극하는 사진들은 자전적 기억과 관련된 뇌의 영역(해마)과 보상 체계와 관련된 뇌의 영역(선조체, 흑질, 복측피개영역)이 스캔상에서 밝게 빛나도록 만들었다. 정서적이고 개인적으로 더 중요하다고 평가한 사진일수록 관련 뇌 영역들이 더욱 강하게 활성화되었다.

이 시기에 이루어진 노스탤지어 과학의 주요한 연구 결과 가운데 하나는 기억을 촉발하는 데 냄새가 옛날 사진보다도 더 강력하다는 사실이었다. 그저 특정한 냄새가 확 풍기기만 해도 성인이 유아기 때로 돌아갈 수 있었다. 리버풀대학교의 사이먼 추 Simon Chu 박사에 따르면 "냄새는 대단히 훌륭한 기억 알람이다.

냄새는 더 구체적이고 더 정서적이며 다른 어떤 감각이 불러내는 것보다도 더 멀리 거슬러 올라가는 기억들을 소환한다."[8] 냄새와 기억의 연결성을 검증하기 위해 리버풀대학교 연구진은 실험 지원자들에게 정향, 휘발유, 치즈, 커피, 위스키, 머스터드, 와인, 코코넛, 체리, 페인트, 잉크 등의 냄새를 맡게 했다. 한 참가자는 과일 향을 맡자마자 어린 시절 나무에서 떨어졌던 때로 순간 이동했다. 또 다른 참가자는 구두약 냄새를 맡은 뒤 오랫동안 보지 못한 친척이 자기네 집의 문을 두드렸던 날을 기억해냈다. 어떤 참가자는 식초 냄새를 맡고는 바닷가에서 난생처음 피시 앤드 칩스를 먹었던 일을 떠올렸다. 추 박사는 "이제 우리는 사람들에게 지난 경험을 아주 생생히 상기시키는 특정한 냄새가 있다는 사실을 안다"라고 단언한다. 무엇보다 흥미로운 것은, 감각으로서 냄새가 차별화되는 지점이 뭔가를 기억하려고 애쓰는 것이 아니라 오히려 "원치 않아도 기억할 수밖에 없도록 만드는 것"이라는 데 있는지 모른다.[9] 냄새와 관련된 뇌의 영역인 후각망울 olfactory bulb은 기억을 관장하는 영역에 인접해 있다.

결과적으로 노스탤지어를 이끌어내기 위해 냄새를 활용하는 실험은 감정과학자들 사이에서 매우 인기가 있다. 동일한 선상의 한 연구에서는 실험 참가자들이 특정한 냄새를 맡고 나서 긍정적이고 행복한 감정이 흘러넘친다고 전했을 뿐 아니라, 과거의 사건을 더 잘, 더 정확하게 떠올릴 수 있었다. 이들의 뇌를 양전자 방출 단층촬영 positron emission tomography, PET으로 스캔한 결과,

역시나 노스탤지어를 자극하는 냄새가 뇌의 보상 체계와 (해마 등의) 자전적 기억을 관장하는 영역을 활성화하는 것으로 나타났다. 일련의 유사한 MRI 연구들은 노스탤지어를 불러일으키기 위해 냄새 대신 음악을 사용했는데, 그 감정이 뇌의 보상 체계, 그리고 뇌에서 자전적 기억과 자기 성찰, 감정 조절, 긍정적 기분을 책임지는 부위들을 활성화한다는 사실을 발견했다.

노스탤지어 뇌에 관한 다양한 실험에서 도출된 결론은 이른바 기본 감정이라고 하는 것들(예를 들면 공포, 분노, 슬픔, 행복, 혐오, 놀람)에 관한 여타 신경 촬영법 neuroimaging 연구와 일맥상통한다. 이 연구에서도 각각의 감정은 단일한 특정 뇌 영역과 연관되기보다 저마다 뇌의 다양한 네트워크가 관여하는 것으로 나온다.[10] 실제로 감정에 관한 초기 신경과학 연구들은 어느 하나의 감정과 특정한 신경 기초—즉, 개별적으로 기저에 깔린 물리적 구조—를 분리하고, 시종일관 다른 감정들과도 구별하고자 힘썼다. 희귀 유전 질환인 우르바흐비테 Urbach-Wiethe 병으로 좌반구와 우반구의 편도체 amygdala 두 개를 잃어버린 S. M.이라는 환자의 사례를 보자. 편도체는 뇌의 안쪽 깊숙한 곳에 자리한 한 쌍의 작은 아몬드 모양의 영역으로, 우리가 감정을 조절하고 기억을 암호화하도록 돕는다. 편도체는 특히 공포와 관련되어 있다고 알려져 있다. 따라서 이론상 S. M.은 편도체가 없으니 공포를 전혀 경험할 수 없어야 마땅했다. 여러 가지 상황—무서운 영화를 본다든지 흉가에 간다든지—에서 그것은 사실로 판명되었다. 환자는 이전의 실수로부터 배운다거나, 느닷없이 큰 소리가 날 때 땀을 흘리는 반응 같은 신체적 신호를 해석하는 데에도 어려움을 겪었다. 그런데 일상생활에서는 과학자들이 말하는 "혐오 학습" 또는 "공포 학습"이 이루어졌다. 예를 들면, 곤란해질까 봐 무서워서 법을 어기지 않으려고 했고, 걱정스러운 감정을 느낀다고 응답했다. 그는 현실 세계에서 공포를 학습할 수 있었고, 예전에 경험한 통증 때문에 진찰을 받거나 치과에 가는 일을 피했다. 따라서 온전한 편도체―공포를 관장한다고 추정되는 뇌의 부위―가 있어야만 인지된 위협에 반응할 수 있는 것은 아닌 듯 보인다.

대체로 최근의 신경과학 연구는 개별 감정이 일관되게 뇌 조직의 특정 부위에 국한되어 있으리라는 가설을 신뢰할 만한 수준으로 입증하지 못하고 있다. 그 결과, 대다수 신경과학자들은 감정이 상호작용하는 뇌의 다양한 부위, 즉 네트워크와 연관되어 있다고 주장한다. 리사 펠드먼 배럿 같은 일부 신경과학자들은 그보다 훨씬 더 나아가기도 했다. 배럿은 감정에 관한 연구와 해석에서만큼은 그가 말하는 본질주의에서 벗어나야 한다는 입장을 견지한다. 기본감정이론을 썩 좋아하지 않는 그는 심리 세계에 대한 보다 "역동적이고 맥락적인" 접근법을 촉구한다.[11] 배럿의 주장에 따르면, 연구 대상자와 무관한 일련의 보편적 표식이 감정에 있는 것 같지는 않다. 인간의 뇌는 자로 잰 듯 똑같은 방식으로 작동하지 않는다. 인간의 행동, 나아가 인간의 안면 움직임은 천차만별이다. 따라서 감정에 대한 과학적 연구는 각양

각색의 인간과 맥락 안에서 감정을 탐구함으로써 이러한 다양성을 포착하려고 해야 한다.

실제로 감정에 관한 한 다양성이 보편적 규범임을 시사하는 증거들도 여럿 있다. 어떤 사람들은 슬플 때 미소 짓고, 화가 날 때 울고, 행복할 때 소리를 지른다. 인간은 공포를 마주했을 때 "몸을 떨고 펄쩍 뛰고 얼어붙고 소리를 지르고 숨을 헐떡이고 숨고 공격하고 심지어 웃기까지" 모두 가능하다. 그러다 보니 감정 과학의 세계에서는 논쟁이 현재 진행형이다. 이 책의 서두에서 기본감정이론의 몇 가지 결함을 기술하면서 "언어가 다르면 인식하는 감정도 달라진다. 언어는 감정의 영역을 다른 방식으로 분할한다"라는 입장을 견지하는 심리학자 제임스 A. 러셀의 말을 인용했다.[12] 자명하게도 역사학자들과 심리학자들은 감정을 구성하는 것이 무엇인지, 보다 구체적으로는 노스탤지어를 구성하는 것이 무엇인지에 관해 대체로 상당한 의견 차이를 보인다. 노스탤지어에 관해서는 과학적 설명 또는 정의, 그리고 보다 일반적이거나 일상적인 설명 또는 정의가 존재한다. 1980년대 이후로 노스탤지어가 무엇인지, 노스탤지어가 어떻게 규정되어야 하는지와 관련해서는 심리학자들 간에 더욱더 의견 일치가 이루어지고 있다. 하지만 리사 펠드먼 배럿과 제임스 A. 러셀 등의 연구 활동이 보여주듯, 감정의 실체—전적으로 생물학적인 것인지, 부분적으로나마 문화적인 것인지—는 여전히 논쟁의 대상이다. 공포만 그런 것이 아니다. 노스탤지어도 마찬가지다.

긍정의 묘약

　노스탤지어의 과학 및 심리학을 둘러싼 논쟁은 현재 진행 중이지만, 이 감정의 긍정적인 잠재력에 대해서는 합의가 도출되고 있는 듯 보인다. 심리학자들이 연구 결과에서 주목한 핵심 사안 가운데 하나는 사람들의 마음속에서 노스탤지어를 유발하는 방아쇠였다. 심리학자들은 연구를 진행하면서 참가자들에게 어떤 감정 상태에서 노스탤지어를 느끼는지 표현해달라고 했는데, 대개는 기분이 저하된 상태였다고 진술했다. "슬플 때, 노스탤지어를 불러일으키는 경험을 떠올려요. 기분이 나아지는 경우가 자주 있거든요"라든지 "외롭거나 슬픈 기분이 들 때마다 오랫동안 보지 못한 친구들이나 가족들을 떠올려요"라는 식이었다.[13]
　이보다 심층적인 한 연구에서는 영국의 대학생들에게 실제 사건에 기초하되 그들의 기분에 영향을 미치게끔 설계된 세 가지 보도 기사 중 하나를 선택해 읽게 했다. 학생들에게 주어진 기사는 2004년 인도양 지진과 쓰나미 기사, 2005년 1월 우주 탐사선이 목성의 위성에 착륙했다는 기사, 2004년 한 동물원에서 새끼 북극곰이 태어났다는 기사였다. 첫 번째 기사는 슬픔을 유도하도록 고안되었고, 두 번째 기사는 감정적으로 중립적이었으며, 세 번째 기사는 행복감을 주도록 설계되었다. 이어서 연구진은 학생들에게 자신의 과거와 관련된 18가지 항목('예전에 갔던 휴가'라든지 '내가 사랑했던 사람' 등)에서 그리움을 느끼는 정도를 평가하여 노스탤지어 측정표를 작성해달라고 했다. 결과적으로 쓰나미 기사를 읽은 참가자들―슬픈 집단―은 그보다 기분이 좋은 참가자들보다 노스탤지어를 더 느끼는 것으로 나타났다.[14] 또 다른 연구에서는 연구자들이 '외로움' 테스트에 관한 가짜 피드백을 통해 참가자들의 외로움을 유발했다. 이번에도 역시 참가자들에게 자신의 과거와 관련된 18가지 항목에 대해 얼마만큼 그리움을 느끼는지 평가해달라고 했다. 외로운 사람일수록 노스탤지어를 더 많이 느꼈다. 이 연구는 중국의 9~15세 유소년, 대학생, 공장노동자를 대상으로도 진행되었는데 결과는 하나같이 큰 차이가 없었다.[15]

　이러한 다양한 실험의 결론은 부정적인 감정이 노스탤지어를 촉발할 수 있다는 것이다. 어쩌면 이보다 더 중요한 것은, 연구자들이 노스탤지어가 사람들을 더 행복하고 더 만족스럽게 만들 수 있다는 사실 또한 발견했다는 점인지도 모른다. 노스탤지어라는 감정이 촉발되면 외로움이 개선되고 죽음에 대한 공포가 줄어들 수 있다. 감정적으로 소외감과 불만을 느끼는 사람들에게는 노스탤지어가 의미감과 목적의식을 창출하는 도구로 쓰일 수 있다. 따라서 노스탤지어는 일종의 정서적 갑옷이다. 우리의 뇌가 감정을 더 잘 조절하고 보상을 더 효과적이고 효율적으로 처리하게 만듦으로써, 심리적이고 신체적인 온갖 위협으로부터 우리를 보호할 수 있다. 중국의 연구자들은 외로움이 그저 혼자 있을 때 생기는 것이 아니라 일반적으로 사회적 연결이나 지지의 결여를 인지하는 경우에 발생한다는 사실을 발견했다. 아주 사랑받는 사람이라면, 잠깐 동안 혼자 있어도 외롭지 않다. 다른 한편으로 노스탤지어는 사회적 감정이다. 한 심리학자는 노스탤지어적 성찰을 하는 동안 "마음은 '사람들로 채워진'다"라고 말했다.[16] 이 감정은 친구, 연인, 가족과의 상징적 유대를 확인한다. 그리하여 가까운 타인들은 "잠시나마 일시적으로 한 사람의 현재에 속하는 일부"가 된다. 노스탤지어에 빠지는 성향이 더 큰 사람들은 사랑받고 보호받는다는 느낌을 더 많이 받고, 애착 불안attachment anxiety과 애착 회피attachment avoidance가 더 적으며, 사회성이 더 좋다고 전한다. 노스탤지어는 치료에 쓰일 수 있고, 대처 기능으로서의 역할을 하며, 외로움의 부정적인 효과에 대응할 수 있다.

노스탤지어는 삶을 의미로 가득 채울 것으로도 기대된다. 사람들이 실존적 위협에 대처하도록 돕고, 피할 수 없는 죽음을 둘러싼 불안을 완화한다. 미국의 대학생들을 상대로 한 어느 연구에서는 참가자들이 자신의 유한성을 떠올리게 만들었다(연구자들이 섬뜩한 치과 시술 과정을 묘사했다). 그런데 (조사를 통해 알아낸 결과) 노스탤지어에 빠지기 쉬운 성향이거나 (연구의 일환으로) 노스탤지어를 불러일으키는 자극을 받은 학생들일수록 죽음과 관련된 생각을 더 적게 떠올렸다. 약 10년 뒤에 진행된 또 다른 일련의 연구에 따르면, 좋지 않은 기상 상태가 노스탤지어를 유발할 수는 있으나 "날씨로 촉발된" 이 감정은 심리적 이점을 선사하여 폭풍우가

몰아치는 거친 하늘 아래서 위안의 원천이 되었다.[17]

20세기 초 이래로 노스탤지어는 과거에 대한 감정이었다. 그런데 역설적이게도 인간의 미래에 대해서도 놀랄 만한 함의를 품고 있다는 사실이 발견되었다. 심리학자들은 노스탤지어가 낙관적인 태도를 키우고, 사람들의 감정을 고무하며, 창의성을 북돋는다고 주장한다. 일종의 현실도피 상태이기는커녕 사람들에게 달성 가능한 미래를 제공한다는 것이다. 그런데 노스탤지어가 아주 묘하게도 미래에 대한 밝은 전망을 촉진할 수도 있음을 최초로 시사했다고 여겨진 사람은 다름 아닌 사회학자 프레드 데이비스였다. 그는 다음과 같이 생각했다. "만약 [노스탤지어가] 과거의 행복과 성취로 우리를 안심시킨다면, 무엇보다 그 경험들은 우리의 기억 은행에 고스란히 예치된 상태이기에 우리에게 특정한 가치를 현재에도 똑같이 선사한다. 지금 상황이 아무리 그것을 의심스럽고 모호해 보이게 할지라도 그와 상관없이. 그러니 친절한 은행 대출 담당 직원이 호언장담하듯, 현재의 가치는 미래에 대해서도 최소한 어느 정도는 주장할 권리가 있다."[18]

40년쯤 뒤에 심리학자들은 데이비스의 가설을 검증하기 시작했다. 사우샘프턴대학교의 대학생 102명(여학생 92명, 남학생 10명)이 학점이 인정되는 한 연구에 참여하기로 했다. 이들은 무작위로 '노스탤지어 상태' 집단과 통제 집단으로 나뉘었다. 연구진은 통제 집단에 속한 참가자들에게 경치가 좋은 장소를 묘사한 글을 읽고 그 풍경과 자신의 감정에 관해 짤막하게 반추하는 글을 써달라고 했다. 노스탤지어 집단에게는 "인생에서 노스탤지어를 불러일으키는 사건을 떠올려보시오. 구체적으로는 노스탤지어를 아주 강하게 느끼도록 하는 과거의 사건을 떠올려보시오"라는 지시를 내린 뒤 5분 동안 그 사건에 대해 쓰면서 그로 인해 어떤 감정을 느꼈는지 표현하게 했다. 그러고는 학생들이 쓴 글을 옮겨 적은 다음, 다양한 선결 범주의 단어들이 나오는 상대도수를 계산하는 소프트웨어를 사용하여 분석했다. 그 결과 '노스탤지어 상태' 집단의 서술에는 '낙관적 표현'('낙관적' 범주에 속한 단어들)이 현저히 높은 비율로 들어간 것으로 나타났다. 노스탤지어를 경험하면 사람들이 더 낙관적인 태도를 취한다는 점을 시사하는 셈이었다.[19]

또 다른 실험에서는 노스탤지어와 의욕, 창의성의 관계를 연구했다. 연구자들은 실험 참가자들의 노스탤지어를 자극한 다음, 목표를 추구하고자 하는 의지와 투지를 평가했다. 참가자들은 "의욕에 가득 찬" 기분이라고 진술했고, "나의 목표에 더 많은 시간과 노력을 들이고" 싶다는 바람을 표현했다. 연구진은 또 실험 참가자들에게 30분간 "공주, 고양이, 경주용 자동차" 또는 "어느 추운 겨울날 저녁에 들려온 정체 모를 소리" 둘 중 하나를 선택하여 짤막한 이야기를 짓게 했다. 그런 다음 창의성을 측정하기 위해 이야기들을 독립적으로 암호화했는데(이 학술 논문에서는 어떤 방식으로 실행했는지 정확히 설명하지는 않는다), 노스탤지어를 더 많이 느끼는 참가자일수록 통제집단보다 더 창의적인 이야기를 써냈다.

따라서 노스탤지어는 '단순히 과거 지향적인 감정'이 아니다. 오히려 그 범위는 미래로까지 이어진다. 특히 '긍정적인 미래'로.

감정과학자들은 자신들의 연구 결과가 노스탤지어에 대한 우리의 이해를 완전히 뒤바꿔놓을 수 있을 뿐 아니라, 잠재적으로 임상 진료에서도 함의를 지닌다고 한목소리로 주장한다. 현재 이들이 노스탤지어를 관장하는 뇌의 영역에 대해 알고 있는 것을 파악한다면, 신경과학자들이 다양한 심리적 질환과 고통의 치료법을 개발하는 데 도움이 될 수 있다. 게다가 노스탤지어를 긍정적이고 미래 지향적인 감정으로 재설정한다는 것은 그것이 정서적 보호 장치로 기능할 가능성이 있다는 뜻이다. 어쩌면 정신 질환 치료에 쓰일 수도 있을 만한 보호 장치를 말이다. 역사적 관점과는 현저히 다르게, 노스탤지어 자체는 더 이상 질병이 아니다. 오히려 기능장애의 치료 수단으로 각광받고 있다.[20]

노스탤지어는 현재 치매를 앓는 노인들에 대한 중재술의 일환으로 자주 쓰인다. 일본의 한 요양원에서 활동 회상 치료activity reminiscence therapy라는 요법을 활용한 실험을 진행했다. 회상 요법은 과거의 사건이나 경험을 이야기하면서 기억을 일깨우고, 정신 활동을 자극하고, 한 인간의 안녕을 개선하는 치료 방식이다. **활동** 회상 치료는 그와 목적이 유사하나, 그냥 이야기만 하는 것이 아니라 여러 가지 과업 수행을 유도한다. 연구진은 치매에 걸린 노인들에게 익숙하면서도 재미있는 일련의 일을 하는 데 필요한 도구를 제공했다. 일주일에 한 시간씩 12주 동안 노인들은 밥솥, 화로, 계량 도구, 숯을 받아 밥을 지었고, 항아리, 소금, 물을 가지고 채소절임을 만들었으며, 대야, 빨래판, 가루비누로 옷가지를 빨았고, 냄비와 밀대, 널판으로 국수를 뽑았다. 연구진은 중재술 사용 이전과 중간, 이후에 각각 인지검사를 시행했고 그 사이 환자들이 어떤 변화를 보이는지 평가하기 위해 요양원 직원들, 노인들의 가족과 면담을 진행했다. 연구 결과에 따르면 "이러한 익숙한 도구들을 사용하면서 일어난 노스탤지어"가 사람들의 기억력, 소통, 사회적 상호작용, 정서적 기능, 행동을 개선하는 것으로 나타났다.[21]

노스탤지어는 치매 증상을 완화하고 사람들의 기억력을 개선할 뿐 아니라, 심리적 안녕을 강화하고 우울증을 호전시키는 데도 도움이 될 수 있다.[22] 2009년 몇몇 학자들이 요양원에 거주 중인 65세 이상 노인 92명을 모집해 무작위 대조 실험(연구 조사의 '최적 표준')을 진행했다. 실험 참가자들은 임의로 두 집단에 배정되었다. 그중 한 집단에 속한 노인들은 두 달에 걸쳐 여덟 차례 회상 치료를 받았다. 3개월 뒤 연구자들은 아무런 치료를 받지 않은 참가자들에 비해 회상 치료를 받은 참가자들의 우울감, 심리적 안녕, 외로움이 두드러지게 개선되었음을 발견했다.[23] 이러한 연구들은 1990년대 초부터 계속 이어져오고 있다. 1994년에 실시한 한 실험에 따르면, "노스탤지어를 자극하는 회상"은 "인생사의 끊어진 실들"을 다시 엮을 수 있게 도와줌으로써, 자기감을 회복시키고 사람들의 정체성을 북돋고 인간성을 증진시키는 것으

로 나타났다.²⁴

 물론 심리학자들이 노스탤지어의 명예를 회복하고 병리적 연관성을 벗겨내려고 공을 들였다고 해서 노스탤지어가 질병과 기능장애였던 과거사의 잔재가 아예 사라진 것은 아니다. 그 흔적들은 지금도 노스탤지어의 치료적 가치, 적어도 일부 형태는 여전히 유해하거나 병리적일 수 있다는 가능성을 둘러싼 의견 충돌에서 뚜렷이 보인다. 앞서 봤듯 여러 연구 결과에 따르면, 최근 난민들은 장소에 기반한 악성 노스탤지어, 즉 극심한 향수병으로 인한 몸과 마음의 증상을 호소하고 있다. "부적응 노스탤지어maladaptive nostalgia"라고도 하는 이 증상은 과거의 경험을 창의적으로 회상하는 대신 달콤 씁쓸한 기억들을 반복적으로 재구성한다.²⁵ 이러한 불수의적 기억은 새로운 것을 배우거나 현재 상황에 적응하는 것을 가로막아 사람들을 우울하고 불안하고 불행하게 만든다.

 그럼에도 노스탤지어는 많은 사람에게 동시에 많은 것을 의미할 수 있다. 지난 몇 년 사이 명예가 회복된 치료적 형태의 노스탤지어가 주로 활용된 분야 가운데 하나는 비즈니스 영역이다. 다양한 규모의 조직체에서 행복감과 만족감을 주는 노스탤지어의 낙관적 요소를 접목해왔다. 기업들은 노동자의 안녕을 개선하려는 노력의 일환으로 이 감정을 효율적으로 사용했다. 이 분야를 조사한 최근의 심리학 문헌은 대부분 개인적 노스탤지어에 초점을 맞춘 것이기는 하나, 조직 생활과 관련성이 있는 연구 결과도 일부 존재한다. 연구자들은 노스탤지어가 피고용인들이 여러 해 몸담은 일터, 특히 탄광이나 대학교처럼 고용주가 공동체의 중심인 직장의 부산물—대개는 무해한 부산물—이라는 사실을 간파했다. 사회학자 야니스 가브리엘은 "조직 노스탤지어organizational nostalgia"라는 용어를 최초로 만들어낸 장본인이다.[26] 그는 다양한 조직의 노동자들과 면담을 진행했다. 그들은 노스탤지어를 불러일으키는 고인이 된 상사나 동료들에 대한 사연을 자발적으로 들려주었고, 옛 사옥을 회상했다. 달라진 사무실 내부의 모습을 개탄했고, 몰개성적이라거나 너무 시끄럽다거나 창문을 마음대로 열 수 없다면서 신사옥에 대한 불만을 토로했다. 그 후에 진행한 연구에서 대학교와 병원을 특정해 살펴본 결과, 조직 노스탤지어가 교수, 의사, 간호사들의 직업적 정체성을 강화하는 것으로 나타났다.

조직 노스탤지어에 관한 몇몇 연구에 따르면, 이 감정은 보다 광범위하게는 사회에서와 마찬가지로 개인 차원의 심리적 자원으로 활용될 수 있었다. 일례로, 일터에서 직원들이 말하는 "부당한 상호작용", 달리 말하면 기본적으로 상사의 푸대접에 대처하는 데 노스탤지어가 도움이 된다는 사실을 발견한 심리학자들도 있었다. 직원들끼리 쓰는 표현대로라면 "조직의 윗선이 무례하게 굴거나 자신을 무시하고 불성실하게 대우하는 상황"에서 말이다. 노스탤지어는 정서적 완충재 역할을 함으로써 직원들이 의욕을 잃지 않도록 해준다. 나쁜 상사 때문에 기분이 별로 일 수는 있으나, 노스탤지어 덕분에 인간의 고유한 특성이기도 한 일에 대한 전념이나 조직에 대한 헌신을 차마 저버릴 수 없게 된다.[27] 연구자들은 조직의 중요한 결정에서 목소리를 내지 못하고 배제되어 좌절하는 상황에서 개인적 노스탤지어가 "사회적 소속감으로 통하는 우회경로"를 제공한다는 사실을 발견했다. 즉, 직원들은 계속해서 협조적이고 순응적인 태도를 유지했다.[28] 대학의 경우, 조직 노스탤지어가 급진적 구조 변화에 따른 직원들의 상심을 막아주는 것으로 나타났다.[29] 또 의료 전문가들은 새로운 업무 방식으로 인해 자율성이 위협받는 상황에 직면했을 때, 노스탤지어에 기대어 스스로 기분을 달래고 자신의 일과 자신이 돌보는 환자들에게 전념하겠다고 다시금 마음을 다잡을 수 있었다.[30]

고용주와 관리자에게는 이 모든 것이 엄청난 희소식이다. 현재 대규모 조직 및 산업이 직면한 최대 도전 과제 중 하나는 구성원들이 자신의 이익 대신 집단의 이익에 기여하도록 하는 것이다.[31] 개인적 노스탤지어는 사회적 관계를 상기시켜 소속감을 키울 수 있으므로, 구성원들이 동료들과 자신이 속한 조직 전체에 이로운 행동에 기꺼이 참여하도록 만들 것으로 기대된다.[32] 얼마간 개인적 희생을 감수해야 할지도 모르는 상황에서도 말이다.[33] 연구 결과에 따르면, 노스탤지어는 노동자의 기분을 나아지게 할 뿐 아니라, 번아웃 증상을 개선하고 직원들의 이직률을 낮추는 데에도 효과가 있는 것으로 나타났다.[34]

이러한 연구들의 함의는 누가 봐도 분명하다. 조직 노스탤지어는 어딘가에서 일하는 것에 뒤따르는 행복한 부산물에 그치지 않고 관리 도구로도 활용될 수 있다. 만약 관리자들이 전략적으로 조직의 과거를 노스탤지어적으로 보이게 할 수 있다면, 기업 차원에서 그 감정이 선사하는 혜택을 향유할 수 있을 것이다. 마케터들은 오랫동안 노스탤지어를 활용해 소비자의 의사 결정에 영향을 미치고 기업의 제품을 광고해왔다. 그런데 동일한 접근법으로 직원들의 만족감 또한 개선할 수 있는 것이다. 한 사회학자는 영국국철British Rail의 운영자들이 직원들의 애사심을 강화하기 위해 일부러 영국 철도 산업의 전성기를 회고했다는 사실을 발견했다. 이론상으로는 일터를 덜 유쾌한 곳으로 만들 법한 상당한 변화가 일어나는 와중에 말이다.[35]

NHS도 마찬가지인 상황이다. 노스탤지어는 NHS 내에서 유행병 수준에 이른 만성질환이다. 거의 전 직원이 수적으로나 능력적으로 지금보다 월등했던 동료들, 관료주의가 덜하고 통제도 제한적이었던 상황뿐 아니라, 자원이 더 풍부했던 근무 환경과 다양한 정서적 공동체에 대해서도 노스탤지어를 느끼고 있다. 때로는 정신적 외상을 초래할 정도로 압박감을 주는 일터에서 꼭 필요한 지지와 배려, 동지애를 제공했던 공동체를 말이다. 내가 면담을 진행한 거의 모든 의사는, 돌봄의 연속성이 보장될 때 환자들과 맺을 수 있는 연민 어린 유대감과 동료들의 정서적 지원 덕분에 장시간 근무도 견딜 만했던 시절을 곱씹는다. 이 보건

종사자들은 직업적 동지애라는 감각에 노스탤지어를 느꼈다. 한 외과 의사가 NHS에서 보낸 자신의 젊은 시절을 특징지으며 "강한 소속감과 헌신하는 책임감"이라고 표현한 감각 말이다.

1999년 〈영국의학저널〉에 논문을 게재한 한 의사는 병원 응급실에서 24시간 교대 근무를 하던 어느 날의 일화를 술회했다. 그 해 들어 가장 바쁜 날이었지만 그는 묘하게도 즐기면서 일을 했다. 그야말로 "좋았던 시절"이었다.[36] 그는 이 "좋았던 시절"의 특징으로 자원은 더 풍부했고, 직원들의 이직률을 더 낮았으며, 일도 더 즐길 만했다는 점을 꼽았다. 의사들은 일반적으로 지금과는 다른 관리 문화 및 실태에 대해서도 노스탤지어를 느낀다. 의료 전문가들을 지원하는 관리자들이 과거에는 의사들이 보유한 전문지식과 기술―의료 서비스가 순조롭게 효과적으로 제공될 수 있게 해주는―을 인정해주었다고 그들은 말한다. 한 외과 의사는 "초창기에 내가 일을 배우면서 성장한 과정을 떠올리면, 의사라는 직업은 …… 병원 운영에서 훨씬 더 많은 임무를 맡고 있었다"라고 되짚었다.[37] 한 외과 의사는 감정적인 어조로 "80년대와 90년대에도 압박감에 시달리기는 했지만, 운명을 스스로 통제하고 있다는 감각이 스트레스를 상당 부분 덜어주었다. 나는 자율성이 침해되고, 거버넌스의 영향력이 급증한 35년의 세월을 오롯이 겪어냈다. 바로 이 두 가지가 결국 위기감과 위험성을 불러일으키는 데 일조하고 있다"라고 말했다.[38]

이런 식의 노스탤지어가 NHS 소속 보건 전문가들의 행복을 좀 먹고 있을 수도 있다. 그런데 우리가 조직 노스탤지어의 교의를 진지하게 받아들인다면, 의사들이 자율성과 시간과 자원을 침해받는 상황에도 매일같이 업무에 복귀하도록 노스탤지어를 활용할 수 있다. 이는 많은 사람이 공유하는 NHS 노스탤지어 장치를 달리 보이게 한다. 2012년 런던 올림픽의 개막식은 NHS를 기리는 것이었을 뿐 아니라, 하나의 관리 도구였다. 물론 대니 보일은 NHS 관리자들의 통제를 받거나 그들에게 고용된 사람은 아니었다. 하지만 노스탤지어가 우리를 기분 좋게 할 수 있고, 일종의 심리적 보호 장치로 기능할 수 있다고 한다면, 지역 병원에 대한 지역 언론의 훈훈한 기사도, 1950년대의 조산사들을 그린 시대극도, 춤추는 소아과 간호사들도 모두 NHS가 계속해서 살아남는 데 도움이 될 것이다.

10장

인간답고 인간적인 감정에 관하여

20세기 말 감정과학이 내놓은 핵심 가운데 하나는
노스탤지어가 어디에나 있다는 것,
노스탤지어를 거의 모든 인간이 항상 느낀다는 것이었다.

노스탤지어는 분명 예전 같지 않다. 지난 300년에 걸쳐 시간이 흐르는 동안 아주 많이 변했다. 노스탤지어라는 용어가 처음으로 만들어진 17세기 말에는 아직 '감정'이라는 단어조차 존재하지 않았다. 그렇다고 해서 크게 문제될 것은 없었다. 노스탤지어라는 말을 창안한 요하네스 호퍼는 새로운 감정을 발명한 것이 아니었기 때문이다. 그는 의사로서 새로운 진단, 새로운 질병을 만들어낸 것이었다. 그런데 그것조차 사람들이 어떤 합의에 이르거나 합의를 유지하는 데는 도움이 되지 못했다. 노스탤지어라는 병은 언제라도 변할 듯 불안정했다. 의사들은 저마다 자신의 진료소에서 마주한 그 질환의 다양한 양태에 따라 대체 가능한 원인과 특성, 증상, 예후, 가능한 치료법을 공들여 완성했다. 이러한 초기 형태의 노스탤지어에 관한 설명들은 오늘날 우리가 이미 아는 것과는 매우 달랐다. 그러니 17세기의 환자들이 **실제로** 어떠했을지 찾아내는 것은 솔깃할 만한 일이다. 하지만 질병―정말이지 감정과 마찬가지로―은 불안정한 존재다. 의학은 그 자체가 보편적이고 역사와 무관한 진실처럼 보이기를 좋아한다. 그렇기는 하지만 노스탤지어는 질병이 변덕스러운 사회에 다른 어떤 것만큼이나 민감하다는 사실을 우리에게 보여준다.

질병, 그리고 질병이 존재하는 세상은 상호 의존의 관계를 이룬다. 노스탤지어의 다양한 변신을 통해 우리는 이 세계가 1688년 이후로 얼마나 많이 바뀌었는지 깨닫게 된다. 여느 다양한 질병과 마찬가지로 노스탤지어도 서로 다른 사회적, 정치적 환경에 의해 끊임없이 변화했다. 18세기에는 유럽의 전쟁들, 19세기에는 의사들의 전문화, 빅토리아 시대에는 제국주의의 발전과 이주민에 대한 강대국들의 의존성 증대에 반응하면서 뒤섞였다. 질병인 것은 여전했으나 엄격한 인종적, 제국주의적 위계를 상징하고 강제하는 데 도움이 되었고, 이러한 체제의 중심에 자리한 위선을 반영하기도 했다. 노스탤지어는 백인 상류층의 우월성을 나타내는 표지―고상한 애국심과 여성적 섬세함을 보여주는 지표―인 동시에, 선천적으로 불안정하다고 여겨진 유색인 특유의 질병이기도 했다. 유색인들은 생래적으로 이른바 앵글로색슨 남성들이 펼치는 남자답고 정력적인 모험 활동이나 여행에 부적합하다고 간주되었다.

그런데 노스탤지어는 사회와 문화의 보다 미묘한 변화에 따라 바뀌기도 했다. 유모라는 직업의 부침이 그 예다. 계몽주의 시대 이후로 프랑스에서 유모에게 아기를 맡기던 관행이 시들해지자

아기들은 노스탤지어라는 병에 덜 취약해졌다. 비교적 신뢰할 만한 국제 우편 제도의 발달은 향수병을 달랠 수 있는 잠재적 치료법―망명자들이 사랑하는 이들과 어느 정도 정기적으로 연락할 수 있게 해준―이 되었을 뿐 아니라, 이제 사람들에게 자신의 향수병을 **기록**할 수 있는 매체가 생겼다는 것을 뜻했다. 그 덕분에 장거리 이동의 감정적 결과를 미래의 역사학자들이 텍스트를 통해 접할 수 있었고, 그러한 감정들은 공유된 사회현상―기대가 덧대어지고 체면과 에티켓이라는 과시적 요소가 딸린―으로 전환되었다.

노스탤지어는 다양한 전문가들과 지식인들의 전유물이기도 했다. 이들은 저마다 다른 시기에 이 고질병의 소유권을 가져가 인간의 정상적이고 병리적인 상태에 대한 자신만의 가정을 덧씌웠다. 19세기 말 심리학자들과 정신분석학자들―명성을 떨치고 싶어서 안달인 새로운 전문가들―은 노스탤지어를 단단히 틀어쥔 채 영역 침탈을 단행했고, 그 과정에서 노스탤지어는 신체 질환(정서적 특질을 지닌 신체 질환)에서 감정 또는 심리적 상태로 탈바꿈했다. 이러한 상황이 이란성쌍둥이 같은 노스탤지어와 향수병이 탐욕스러운 제국주의 및 자본주의 풍토에서 폄하된 현상과 결부되면서, 노스탤지어는 서서히 치명적인 질병에서 비교적 무해한, 나아가 긍정적인 감정으로 바뀌어갔다.

이윽고 20세기 초 노스탤지어는 현재 우리가 알고 있는 형태로 자리 잡았다. 하지만 여전히 쉽게 영향을 받는 가변적인 상태였는데, 특히 노스탤지어를 연구 대상으로 삼은 다양한 학자와 임상의 전문가적 관심에 취약했다. 낸더 포더 같은 초창기 정신분석학자들이 보기에 노스탤지어는 더 이상 목숨을 앗아갈 수 있는 질병이 아니었으나 여전히 해로운 측면이 남아 있었다. 위해를 가할 만한 것이라기보다, 갈망과 후회라는 익숙한 감정을 느끼는 사람들의 결함을 나타내는 존재가 되었다. 당연한 이유로 포더를 비롯한 망명자 동료들은 퇴행적인 사람들에게 회의적이었고, 애국심과 내셔널리즘을 의심했다. 노스탤지어는 이들이 모두 몸담은 학문적 코스모폴리터니즘이라는 세계에 맞지 않은 첨가물이었다.

1970년대에는 언론인들과 문화이론가들이 노스탤지어를 장악했다. 그리고 그러한 정서적 성향을 지닌 환자들을 실제로 진단하는 일은 없었으나, 앞선 정신분석학자들과 매우 유사한 방식으로 노스탤지어를 이해했다. 또 노스탤지어를 특정 유형의 사람들이 걸리기 쉬운 감정으로 보기도 했다. 노스탤지어는 역행적이고 보수적이며 감상적인 사람들의 전유물이었다. 〈뉴욕타임스〉나 〈뉴 스테이츠먼〉에 기고하는 상식 있고 요령 있고 진보적 자유주의를 표방하는 기자들이나 지식인들과는 다른 부류의 사람들 말이다. 노스탤지어에 관한 이런 식의 개념화는 지금까지도 이어져오는데, 주로 좌파 성향의 간행물에서 아직도 쓰이고 있다. 이러한 저자들은 도널드 트럼프와 브렉시트를 지지하는 쪽에 투표한 사람들을 그들의 노스탤지어 성향을 이유로 들어 맹공격하면서, 양차 대전 사이에 활동한 정신분석학자들처럼 그런 사람들의 특징을 싸잡아 무시하며 일소해버렸다. 묘하게도 노스탤지어는 여전히 진단의 성격을 갖고 있다. 즉, 그것을 비판하는 쪽에서 다스리기 힘들거나 비이성적이라고 간주하는 행태에 대한 설명으로 말이다. 역사학자 로버트 손더스가 2016년 브렉시트 투표에 관해 한 말처럼 "'제국 노스탤지어'에 호소하는 것은 탈퇴파의 투표를 심리적 장애로 규정한다. 다시 말해, 논쟁의 대상이라기보다 진단이 필요한 병리 현상으로."[1] 이러한 종류의 우월 의식은 역사 애호가, 중세 재연가, 외견상 자기 좋을 대로 과거를 흉내 내며 주변 세계를 재창조한 사람들로도 향한다.

하지만 의외로 노스탤지어의 옹호자들도 존재했다. 아니, 적어도 노스탤지어의 도덕적, 문화적 의미를 재고하여, 그것을 정신적 병리를 나타내는 표지에서 중립적인 것, 나아가 무해한 보편적 경험으로 탈바꿈시킨 사람들이 있었다. 1990년대에 다시 차오른 열정으로 노스탤지어라는 감정에 대한 연구를 이어받은 심리학자들이 노스탤지어에 관한 과학적 합의를 바꿔놓았다. 이들은 정치적, 심미적 성향과 무관하게 누구나 노스탤지어를 느낀다고 주장했다. 심리학자들이 설명하는 노스탤지어는 잠재적으로 해를 초래하기보다는 다양한 심리적 이점을 선사한다.

이처럼 다양한 변신과 불안정한 성질 탓에 노스탤지어에 관한 글을 쓰는 것은 어려운 일이다. 하지만 그 때문에 노스탤지어가 훨씬 더 흥미롭기도 하다. 노스탤지어는 시간의 흐름에 따라 감정의 의미와 경험이 어떻게 달라지는지와 관련하여 우리에게 중대한 사례연구를 제공한다. 또 경보 시스템의 역할도 한다. 공적, 과학적, 정치적 논의의 장에서 노스탤지어가 보이면 주의를 기울여야 한다. 우리가 노스탤지어를 제대로 살펴본다면 무엇을 발견할까? 어떤 경험들이 동경과 한탄에 쓰이고 있을까? 그것의 주문呪文을 받드는 자는 누구일까? 그리고 어느 시기든 간에 사회와 개인이 가치 있게 여기는 것과 관련하여 노스탤지어의 활용 및 표현이 우리에게 시사하는 것은 무엇일까?

이러한 연유로 적어도 부분적으로나마 나는 노스탤지어를 좋아하게 되었다. 근래 심리학자들의 노력이 무색하게 노스탤지어는 21세기에도 여전히 포퓰리즘, 무지성과의 연관성에 시달리고 있다. 그런데 어쩌면 뭔가 더 광범위한, 주류에 보다 가까워지는 명예 회복이 필요한지도 모른다. 심리학자들과 나 같은 역사학자들은 일반적인 감정, 특히 노스탤지어에 관해 아주 다른 시각을 갖고 있다. 전부는 아니더라도 감정과학자들은 대부분 감정이 생물학적이고, 뇌의 특정한 위치나 신경망과 긴밀히 엮여 있다고 본다. 모든 인간은 과거나 현재, 어느 때 혹은 어느 곳에 사는지와 상관없이 동일한 것을 느낀다고 말이다. 그에 반해 역사학자들은 감정이 우리가 서로 어울리며 함께 시간을 보내는 사람들에게 훨씬 더 좌우된다고 보는 경향이 있다. 실제로 노스탤지어의 역사는 감정에 관한 심리학자들의 해석 가운데 일부 측면을 뒷받침한다. 20세기 말 감정과학이 중재안으로 내놓은 핵심 내용 가운데 하나는 노스탤지어가 어디에나 있다는 것, 거의 모든 인간이 항상 느낀다는 것이었다.

노스탤지어의 힘

2016년과 당시의 언론은 노스탤지어에 사로잡혀 있었다. "브렉시트, 노스탤지어, 그리고 영제국 환상", "브렉시트의 유독한 노스탤지어", "상상된 과거에 대한 영국의 노스탤지어가 브렉시트를 추동하다", "노스탤지어와 브렉시트의 약속" 등이 당시 표제들이었다.[2] 미국의 언론도 상황은 비슷했다. "트럼프는 결코 존재한 적 없는 과거에 대해 미국이 다시금 노스탤지어를 느끼도록 만들었다"[3]라고 단언한 간행물이 있었는가 하면, "트럼프의 백인 노스탤지어 수사"[4]라는 제목을 단 기사도 있었다. 2017년 복스Vox의 한 필자는 "공허한 노스탤지어가 2016년을 지배했다. 우리의 대중문화와 정치 문화는 과거가 어쩐지 더 나았다는 관념으로 자꾸만 회귀하고 있다"라고 서술했다.[5]

그런데 이 같은 주장들의 문제는 그전에도 이미 몇 번이고 되풀이해서 나왔다는 점이다. 노스탤지어는 그사이 변화를 거듭했어도 이런 표제들은 놀라울 만큼 한결같다. 특정 시기를 두고 유난히 노스탤지어에 빠져 있다고 진단하는 현상은 좀처럼 뜸해지지 않는다. 특히 지난 50년 동안은 더더욱, 노스탤지어 물결이 이른바 "중고 70년대"라는 시기에 처음으로 확인된(처음으로 경험된 것까지는 아니더라도) 이후로 줄곧. 그럼에도 이 모든 저술가와 문화 평론가가 이런저런 시대가 특히나 더 노스탤지어에 빠진 시기라고 강력히 주장하는 데에는 틀림없이 이유가 있다. 되풀이되는 언론의 흐름을 해석하는 방식에는 여러 가지가 있다. 첫 번째는 아마도 심리학자들에게 호소력을 발휘할 만한 설명일 텐데, 사람들이 감정을 느끼는 방식—더 정확히는, 노스탤지어의 실제 비율 및 확산 정도—이 지난 100여 년에 걸쳐 거의 변함없는 상태를 유지해왔다는 것이다. 언론인들이 계속해서 노스탤지어에 주목하는 것은 노스탤지어가 항상 거기 있기 때문이다. 어찌됐든 최근 뇌과학자들과 심리학자들이 주장하듯, 노스탤지어는 일반적이고 보편적인 경험으로서 때와 장소를 가리지 않고 일관되게 존재한다. 19세기 사람들은 노스탤지어를 상당히 다르게 바라봤을지라도, 그것이 지금껏 늘 주변에 있었던 것만큼은 틀림없다. 인간의 마음은 1000년 동안 거의 똑같은 상태를 유지해왔기 때문이다. 그러니 언론인들의 착오가 **지금은** 우리에게 노스탤지어가 만연한 현실에 대한 경각심을 불러일으키지 못하지만, 그들의 그런 행태 또한 **이전에도** 어디서나 있는 일이었다.

다양한 노스탤지어 물결이라고 하는 것들—점점 더 빈번하게 우리의 세상을 덮치는 듯 보이는 물결들—의 이유를 설명해 주는 것이 바로 이러한 보편성이다. 노스탤지어는 작가와 정치인에게 모두 매력적인 타깃이다. 영속적인 불안, 다름 아닌 노화를 건드리기 때문이다. 유년 시절이 갈수록 멀어진다는 감각, 그리고 우리가 간직한 유아기 때의 애틋한 기억이 서서히 침식될 위험에 처했다는 감각은 매우 인간다우면서도 인간적인 상태다. 그런 점에서 노스탤지어는 원한다면 언제든지 취할 수 있을 정도로 우리와 가까이에 있다. 언론과 정치의 경향성은 노스탤지어의 정도가 실제로 달라졌는지보다 오히려 다른 것들과 더 관련이 있다. 종이 신문이건 온라인 신문이건 자신들이 만든 제품을 팔려면, 어디서나 볼 수 있는 경험이나 감정에 호소하려는 것이 합리적이다. 이는 잠재적으로 문제가 될 만한 정치적 궤적들, 즉 미디어의 합의, 진보적 이데올로기, 역사에 대한 목적론적 이해 중 어느 것과도 쉽게 일치하지 못하는 것들을 설명해주기도 한다. 브렉시트나 도널드 트럼프의 정치적 성공 같은 사례는 서방 사회가 최소한 내셔널리즘에서만큼은 멀어져 국제 협력과 정치적 자유주의를 향해 나아가야 한다는 지배적인 관념을 거스른다. 노스탤지어는 그러한 가정들의 일부 타당성이나 잠재적 위해에 관해 심층적으로 조사할 필요가 없는 비교적 간단한 설명을 제공한다.

    노스탤지어가 지속적으로 언론과 정치의 화두에 오르는 현상을 해석하는 또 다른 방식은 세상이 실제로 점점 더 **나빠지고 있다**고 받아들이는 것이다. 20세기 말 이래로 사회구조는 갈가리 해체되었다고, 이제 사람들은 홀로 더욱 외로이 살고 있다고, 기술과 소셜미디어가 우리 공동체를 산산조각 내고 있다고, 전통적 가치들이 사람들을 더 행복하게 만들었으며 가치들의 소멸이 돌이킬 수 없는 숱한 피해의 원인이라고 말이다. 노스탤지어는 현대 생활의 양태인데, 현대 생활은 속속들이 썩어 있다.

두 가지 해석 모두 각각 장점이 있기는 하지만, 나의 입장은 그 사이의 어디쯤에 자리한다. 내가 보기에 노스탤지어는 꽤 오랫동안 우리가 영위하는 집단적 삶의 거의 불변하는 특징이었다. 많은 사람들은 이런저런 방식으로 상당히 자주 노스탤지어를 느낀다. 물론 스펙트럼이 존재한다. 단일한 형태의 노스탤지어보다는 여러 가지 노스탤지어에 관해 이야기하는 것이 훨씬 정확하다. 어떤 사람들은 그 감정을 찰나에 드물게 간헐적으로 경험한다. 노스탤지어에 심하게 빠져든 나머지, 그 감정이 한 사람의 주변 환경, 가치관과 취미, 정치적 선호를 근본적으로 형성한 경우도 있다. 어찌됐든 노스탤지어는 보편적인 것까지는 아니더라도 어디에나 있다. 다만, 신경과학자들이나 심리학자들과 달리 역사학자들은 노스탤지어가 변함없이 안정적이고 보편적이고 우리의 뇌에 생래적으로 고정되어 있다고는 보지 않는다. 오히려 지극히 사회적인 현상이라고 본다. 우리가 말하는 언어, 우리가 사용하는 기술, 우리가 영위하는 사회생활, 우리가 소비하는 문화에 따라 구부러지고 휘어지는 것이다.

나는 세상이 더 나빠졌다고도 생각하지 않는다. 극심한 노스탤지어에 빠진 포퓰리즘적 우파 세력이 한탄하는 변화들은 내가―그리고 다른 많은 사람이―유형의 사회 진보로 보는 것들이다. 가부장제, 기성 종교, 백인 우월주의, 식민지 시대의 질서, 이성애 규범, 전통적 가족 관념이 우리의 삶에 행사했던 장악력을 서서히 비균질적으로 느슨하게 만든 긍정적인 변화들 말이다. 그럼에도 노스탤지어는 의심할 여지없이 현대 생활의 양태다. 노스탤지어의 역사를 보면 19세기 말에 공고화된 자본주의, 이주, 식민주의, 산업화, 세계대전, 과학의 전문화와 그에 대한 믿음의 확산 등 현대성을 구성하는 광범위한 사회적이고 정치적인 힘에 대응하여 이 감정이 출현했다는 사실을 알 수 있다. 노스탤지어는 현대 생활의 양태지만, 그 현대 생활이라는 것은 오늘날을 살아가는 누구나 떠올릴 법한 시기보다 한참 전에 나타났다. 노스탤지어를 만들어낸 현대 생활이 시작된 것은 19세기로, 노스탤지어가 질병에서 감정으로 변모했던 때와 거의 같은 시기였다. 현대 생활의 문제점은 해묵은 것들이다. 1970년대나 1990년대, 2000년대 초, 심지어 2016년에 시작된 문제들이 아니었다. 훨씬 오래된 유산이다.

하지만 노스탤지어가 처음 출현한 시기와 상관없이 우리는 노스탤지어 성향을 지닌 사람들을 아프거나 감상적이거나 어리석다고 보는 태도에서 벗어나야 한다. 부분적으로는 노스탤지어의 만연함 때문에라도 그러하다. 손가락질하던 주체조차 자신이 떠나온 세계에 노스탤지어를 느낄 때 비방의 힘은 떨어진다. 이때 노스탤지어에 대한 비난은 그 감정의 경험보다는 그 감정에 따른 행동에 대한 것이 더 가까워진다. 노스탤지어는 세상에 정말로 좋은 일을 할 수 있다. 아마도 개인적으로 유익한 것—우리의 기분을 좋게 해주거나, 부정적 또는 해로운 다른 감정으로부터 우리를 보호해주거나, 사회적 유대를 향상시켜주는—을 선사할 수도 있을 테지만, 문화적으로 또 정치적으로도 긍정적인 결과를 가져다줄 수 있다.

노스탤지어는 우리가 과거를 재마법화하는 데에도 도움이 될 수 있다. 역사학자들은 대체로 노스탤지어에 빠진 사람들, 재연가들, 감상주의자들을 지적으로 공백이 있는 아마추어로 간주한다. 즉, 분명히 숱한 사례가 존재하는 역사의 잔혹함을 감안하는 능력이나 의지가 없는 사람들로 본다. 우리는 1980년대 유산 붐에 대해 학자들과 사회참여 지식인들이 보여준 경멸, 고증을 빌미 삼아 걸핏하면 인기 시대극의 핵심을 싹 빼버리는 태도, 역사학자들의 학술 회의에 재연가들이 검과 소총을 들고 와 참석을 거부한 모습에서 그런 식의 조롱을 볼 수 있다.[6] 하지만 역사는 좁은 교리적 입장을 지양하는 열린 교회와 같으므로, 지금이라도 역사를 해석하는 여러 방식이 들어갈 만한 공간을 마련해야 한다.

단도직입적으로 말해 현재 '정통' 역사학자들도 노스탤지어에 자극받은 이른바 아마추어들이 주도하는 "정서적 역사affective history"라는 유형의 중요성을 인정하기 시작했다. 가령 에밀리 로빈슨Emily Robinson은 우리가 역사 연구 활동의 매력, 즉 "그것의 즐거움"을 이해하는 데 더 능숙해져야 한다고 주장한다.[7] 누가 뭐래도 역사 연구는 단순한 지식 추구 활동이 아니라 정서적 경험이다. 따라서 우리가 '전문가들'의 활동과 '애호가들'의 활동 사이에 세워둔 칸막이는 보이는 것처럼 그렇게 절대적이지 않다. 어떤 자격증을 갖고 있든 어디서 어떻게 연구를 하든 모든 역사학자는 "미치고 팔짝 뛰게 만드는 역설"을 다뤄야 한다.[8] 일례로, 기록 보관소는 역사학자들이 문자 그대로 과거를 만져볼 수 있는 장소다. 하지만 "동시에 과거가 도달 불가능한 것임을 자각하게" 되는 곳이다.[9] 노스탤지어가 융성하는 곳이 바로 이러한 기만적인 공간이다. 우리에게 과거란 흥미와 호기심을 느낄 수 있을 정도의, 하지만 결코 돌아갈 수는 없다는 사실을 아는 딱 그만큼의 시간이다.

재연가들과 아마추어들은 자신이 전념하는 활동과 감정을 부끄러워하지 않는다. 그런데 전문적인 역사학자들은 대개 과거와 사사롭게 맺은 정서적 관계를 인정하는 것을 창피하게 여긴다. 실제로 역사학자들이 과거에 흥분하고 들뜰 수 있다는 사실을 시인하는 것은 "감상주의라는 비난을 들을 위험의 소지를 남기는 듯하다." 로빈슨은 "견고한 장벽이 '기억'(또는 노스탤지어)과 '역사' 사이에 세워졌다"라고 주장한다.[10] 첫 번째 것은 정서적이고, 두 번째 것은 "비판적이고 냉철"하다.[11] 물론 학술적 역사와 아마추어 역사 간에는 차이가 존재한다. 역사는 특정한 제약 조건, 가정, 방법, 기술을 겸비한 학문 분야다. 반느시 훈련이 필요하다. 하지만 역사학자들도 속으로는 그렇게 세워진 정서적 장벽이 대개는 허구라는 사실을 알고 있다. 과거에 대해서 뭔가 느끼는 바가 없는 사람이 어떻게 역사학자가 되겠는가? 그것은 섭리에 어긋난다.

하지만 이는 단순히 전문가의 역사와 아마추어의 역사를 나누는 경계가 보기보다 허술하다는 얘기가 아니다. 일각에서 말하는 "정서적 역사"가 좋고 생산적이고 유용하다는 말이다. 재연가와 생활사 애호가들은 과거에 생기를 불어넣고, 주류 역사서에서 누락되는 경향이 있는 사람들의 과거를 되살리는 데 도움을 준다. 인기 있는 역사책들이 주로 왕과 왕비, 나치에 관해 주목할 때, 블리스츠 힐 빅토리아 시대 마을 같은 장소들은 학교 교과 과정의 주제로는 좀처럼 다뤄지지 않는 사람들이 살았던 세상을 가르쳐주고 그 세계를 재현한다. 게다가 이른바 아마추어 역사학자들은 전문적인 학자들을 대신하여, 또는 그들과 더불어 아주 중요한 일을 하기도 한다. 이들은 신문과 자료를 수집하고, 기록 보관소에서 시간을 보내며(예컨대 계보학자들), 새로운 아이디어들을 시험해본다. 학계에는 극도로 부족한 시간과 열정이 이들에게는 모두 있다.

이러한 주장들은 대개 학계에 속한 역사학자들, 즉 대체로 제멋에 사는 소규모 공동체에 해당하는 이야기다. 그런데 훨씬 광범위한 사회에서도 정말로 중요하다. 역사는 중요하다. 게다가 갈수록 정치적으로 통용되고 있다. 이를 확인하고 싶다면, 식민주의자들과 남부연합 장군들의 동상을 철거해야 하는지, 19세기 말에 약탈한 베닌 브론즈Benin Bronzes 같은 물건을 서아프리카에 반환해야 하는지, 내셔널트러스트가 대저택의 자금줄인 식민지 시대의 부원富源을 내놓아야 하는지, 미국의 역사가 시작된 연대를 1619년(아프리카 노예들이 영국령 버지니아 식민지에 처음 도착했을 때)과 1776년(미국이 영국으로부터 독립을 선언한 해) 중에서 언제로 보아야 하는지를 둘러싼 공방을 살피면 된다.[12] 역사가 어떻게 진행되었는지, 누구의 사연이 전해지는지, 그 사연들을 누가 전달하는지, 과거가 어떤 감정을 끌어내는지가 모두 주류 언론 및 정치권에서 현재 점증적으로 진행되고 있는 논의의 주제들이다.

이러한 논쟁에서 노스탤지어는 과거의 보다 진보적인 활용과 서사를 주창하는 이들 사이에서 특히나 평판이 나쁘다. 사실 노스탤지어가 질병이라는 관념은 여전히 잠재해 있다. 아직도 내가 아닌 다른 사람들에게서 확인할 수 있는 병리적 증상이다. 현재, 특히 앞서 상술한 '역사 전쟁' 유의 일이 벌어질 때 노스탤지어는 주변화된다.[13] 근본적이면서 악의적인 적응 실패로 취급된다. 이러한 현대의 고정관념에 따라 노스탤지어는 한낱 "역사적 성찰이라는 구조를 마비시키는" 역할을 맡는다.[14] 하지만 노스탤지어는 그저 우파의 전유물이 아니다. 꼭 사람을 아둔하게, 정체된 것처럼 만드는 감정인 것도 아니다. 노스탤지어가 사회적으로나 정치적으로 보수적인 의제들과 줄곧 관련되어온 것은 사실이다. 그렇다고 해서 인종주의, 성차별주의, 내셔널리즘이 노스탤지어의 산물은 아니다. 편견과 증오는 어떤 하나의 감정이 자아내는 것이 아니다. 어디서든 볼 수 있는 보편적인 감정에 의해서 생성되는 것은 더욱 아니다. 만약 노스탤지어가 우파 정치가 단단히 뿌리내리는 데 필요한 씨앗에 불과하다면, 노스탤지어에 빠진 세상의 모든 좌파는 어떻게 설명할 텐가? 인종주의자나 동성애 혐오자, 성차별주의자가 **아닌** 1980년대 영화, 중세 전투, 시대극의 그 모든 팬은 어떡할 텐가? 노스탤지어라는 감정을 경험하는 것 자체보다 사람들이 자신이 느끼는 노스탤지어를 가지고 **무엇을 하느냐**가 훨씬 더 중요하다. 그리고 그 선택은 과거에 대한 감정을 훌쩍 뛰어넘는 그 이상의 뭔가와 관련이 있다. 노스탤지어는 해로운 시각들을 설명하는 근거가 아니다. 그보다는 사람들이 자신의 증오를 흘려보내기 위해 선택하는 하나의 방식에 가깝다. 반동적 정치의 원인이라기보다 반동적 정치의 산물 또는 징후다. 게다가 사람들이 경험하고 도구로 삼는 노스탤지어의 종류에 따라 그 형태가 크게 달라지기도 한다. 최소한 노스탤지어의 생애만 보더라도, 그것의 변화무쌍함과 다종다양한 형태가 드러나기 때문이다.

노스탤지어는 그저 역행하는 것이 아니라, 급진적이고 개혁적일 수 있다. 반드시 반동적이기만 한 것이 아니라 매우 '진보적'—변화를 간절히 바라는 공동체의 필요에 부응하는—일 수 있으며, 사람들이 현재와 미래를 지향하는 긍정적인 행위를 하게끔 활력을 불어넣을 수 있다. 보다 반동적인 형태인 경우에도 현재 살아가는 세상의 현실을 무시하거나 부인하려는 고정된 과거에 대한 장밋빛 시각에 그치지 않는다. 개혁을 위한 광범위한 무기의 일환으로 활용되는 창의적 수단이(거나 그렇게 될 수 있)다. 선견지명이 탁월한 작가이자 예술가이며 사회이론가인 스베틀라나 보임Svetlana Boym이 제시한 의견에 따르면, 노스탤지어에는 심지어 유토피아적 측면도 있다. 또 노스탤지어와 진보는 정서적 대체 자아—지킬과 하이드처럼—이기는 하나, 그럼에도 이 둘은 동전의 양면이다. 보임이 시사하는 바이자 내가 동의하는 바이기도 한 사실은 노스탤지어가 "언제나 과거에 관한 것은 아니며 회고적일 수도, 전망적일 수도 있다"는 것이다.[15] 그는 노스탤지어를 각각 다른 부위로 해부한다. 세상에는 "복원적" 노스탤지어와 "성찰적" 노스탤지어가 존재하는데, 두 번째 것이 첫 번째 것보다 더 비판적이고 개방적이다.[16] 노스탤지어는 과거를 재정립하고 변화에 대한 지지를 얻는 데 쓰이는 도구가 될 수 있다.[17]

좌파 노스탤지어에 대해 쓴 좌파 저술가들은 혁명과 개혁을 이뤄내는 능력을 지닌 노스탤지어 유형—**자기네** 스타일의 노스탤지어—은 상대편인 우파 진영에서 이용하는 노스탤지어와는 다르다고 주장하는 경향이 있다. 좌파의 노스탤지어도 뒤를 돌아볼 수는 있으나 이전 시대에 잃어버린 정치적 명분만 응시하지는 않는다는 것이다. 좌파의 노스탤지어는 현재의 필요에 복무할 만한 혁명적 과거를 되살린다. 바로 이 점이 "좌파 멜랑콜리"—훨씬 더 고정적인 성향—와 차별화되는 부분이다.[18] 달리 말하면, 좌파의 전통을 그저 돌아보기만 하는 게 아니라 그러한 과거의 순간들을 재생 가능한 것으로 본다. 즉, 세상을 바꾸기 위해 현재 들이는 노력에 쓰이는 것들로. 당연히 노스탤지어에 빠진 우파 또한 매우 유사한 주장을 펼칠 여지가 있고 가끔은 실제로 그러기도 하는데도, 흔히 좌파의 노스탤지어는 '좋은' 것인 반면 우파의 노스탤지어는 전부 나쁘다는 추론에 빠지곤 한다.

하지만 내가 하는 말, 내가 건네는 경고는 별로 중요하지 않다. 사람들은 아랑곳없이 앞으로도 계속해서 자신의 사회적, 정치적, 문화적 적들을 노스탤지어로 진단할 테니 말이다. 기자들은 최근의 노스탤지어 물결을 다룬 기사에 계속해서 충격적이고 선정적인 제목을 달 테고, 정치인들은 정적들을 향해 계속해서 노스탤지어라는 비난의 화살을 돌릴 테고, 역사학자들은 전과 다름없이 자신들의 지적 영토를 침범할 법한 사람들에게 감상주의라는 혐의를 씌워 권위를 떨어뜨리고자 할 것이다. 노스탤지어가 지닌 움직이고 주조하는 능력, 여러 사람에게 여러 의미가 되는 능력이 곧 노스탤지어의 힘인 까닭이다.

감사의 말

한 권의 책을 쓰는 일은 언제나 협업의 노고가 필요한 작업이다. 어떠한 실수나 잘못도 오롯이 나의 것인 만큼, 고마운 마음을 전하고 싶다. 특별한 순서는 없다. 나의 에이전트 올리 먼슨, 내 글이 한 권의 책이 될 수 있도록 힘써준 조지 몰리, 로지 섀클스, 마르타 카탈라노를 비롯한 피카도르 출판사의 모든 직원분, 눈 밝은 편집자 크리스틴 허시, 내게 사랑과 초고에 대한 의견을 준 나의 가족 리베카 주얼, 제이크 아널드포스터, 시오 아널드포스터, 도라 아널드포스터, 학교 안팎에서 두루 내 연구 활동의 열혈 지지자가 되어준 케이티언 게인티와 린지 피츠해리스, 나에게 보조금을 지원해준 영국작가협회 Society of Authors, 웰컴도서관과 영국국립도서관과 상원의사당 직원 여러분, 나에게 좋은 음식을 대접해주고 초반에도 그 후로도 계속해서 이 책 작업에 열의를 보여준 내 친구들 브로냐 아르치셰프스카, 피비 아널드, 이저벨 애스키스, 리타 콘리, 이자벨 프레이저, 프란체스카 웨이드,

그리고 하나부터 열까지 다 고마운 나의 반려자 벤 웨스트헤드에게 감사를 전한다. 이 책은 나의 아들 나이에게 바친다. 나이는 2023년 5월에 태어났고, 나머지 사람들과 달리 조력자보다는 방해꾼이었다.

주

들어가며

1 'Nostalgia', Merriam-Webster Dictionary, 2023년 1월 30일 접속, https://www.merriam-webster.com/dictionary/nostalgia
2 Erica G. Hepper et al., 'Odyssey's End: Lay Conceptions of Nostalgia Reflect its Original Homeric Meaning', *Emotion*, 12(1), 2012, pp. 102-19. p. 114.
3 Kristen A. Lindquist et al., 'The Brain Basis of Emotion: A Meta-Analytic Review', *Behavioural Brain Science*, 35(3), 2012, pp. 121-43.
4 Paul Ekman, 'Universals and Cultural Differences in Facial Expressions of Emotion', in J. Cole (ed.), *Nebraska Symposium on Emotion and Motivation* (Lincoln, NE: University of Nebraska Press, 1971), pp. 207-83; Paul Ekman, 'An Argument for Basic Emotions', *Cognition and Emotion*, 6, 1992, pp. 169-200.
5 Paul Ekman, 'Basic Emotions', in T. Dalgleish and M. Power (eds.), *Handbook of Cognition and Emotion* (London: John Wiley & Sons, 1999), pp. 45-60.
6 Thomas Dixon, *The History of emotions: A Very Short Introduction* (Oxford: Oxford University Press, 2023).
7 Richard Firth-Godbehere, *A Human History of Emotion* (London: HarperCollins, 2022).
8 Leonard Mlodinow, *Emotional: The New Thinking About Feeling* (London: Penguin, 2022).
9 Jean L. Briggs, *Never in Anger: Portrait of an Eskimo Family* (Cambridge, MA: Harvard University Press, 1970), p. 74, p. 329. 토머스 딕슨의 글 'What is the History of Anger a History of?', *Emotions: History, Culture, Society*, 4(1), 2020, pp. 1-34에서 인용.
10 Agnes Moors, 'Integration of Two Skeptical Emotion Theories: Dimensional Appraisal Theory and Russell's Psychological Construction Theory', *Psychological Inquiry*, 28(1), 2017, pp. 1-19; James A. Russell, 'Core Affect and the Psychological Construction of Emotion', *Psychological Review*, 110(1), 2003, pp. 145-72.

11 Lisa Feldman Barrett, 'The Varieties of Anger', *The New York Times*, 12 November 2016, https://www.nytimes.com/2016/11/13/opinion/sunday/the-varieties-of-anger.html
12 Mlodinow, *Emotional*.
13 Dixon, 'What is the History of Anger a History of?'.
14 Laura Miler, '"Sehnsucht" as Spiritual Exercise: C. S. Lewis and the Achievement of the Real in the Chronicles of Narnia', *The Lamp-Post of the Southern California C. S. Lewis Society*, 22(3), 1998, pp. 16-27, p. 16에서 인용.
15 Anna Wierzbicka, '"Sadness" and "Anger" in Russian: The Non-Universality of the So-Called "Basic Human Emotions"', in Angeliki Athanasiadou and Elżbieta Tabakowska (eds.), *Speaking of Emotions: Conceptualisation and Expression* (Berlin: Mouton de Gruyter, 1998), pp. 3-28.
16 Jonathan L. Zecher, 'Acedia: The Lost Name for the Emotion we're all Feeling Right Now', *The Conversation*, 27 August 2020, https://theconversation.com/acedia-the-lost-name-for-the-emotion-were-all-feeling-right-now-144058
17 Dixon, 'What is the History of Anger a History of?', p. 17.
18 Martha C. Nussbaum, *Anger and Forgiveness: Resentment, Generosity, and Justice* (New York, NY: Oxford University Press, 2016), pp. 14-56.
19 Dixon, 'What is the History of Anger a History of?', p. 3.
20 'Last word', *The Times Higher Education Supplement*, 12, 1 February 1974, p. 4.
21 Johannes Hofer, 'Medical Dissertation on Nostalgia', trans. Carolyn Kiser Anspach, *Bulletin of the Institute of the History of Medicine*, 1934, pp. 376-91, p. 376.
22 Michael S. Roth, 'Dying of the Past: Medical Studies of Nostalgia in Nineteenth-Century France', *History and Memory*, 3(1), 1991, pp. 5-29, p. 6.
23 Thomas Dodman, *What Nostalgia Was: War, Empire, and the Time of a Deadly Emotion* (Chicago, IL: University of Chicago Press, 2018).
24 Susan J. Matt, *Homesickness: An American history* (Oxford: Oxford University Press, 2011).
25 Jennifer Craig-Norton, 'The Untold Stories of the Jewish Women who became Domestic Servants in Britain to Escape the Nazis', British Academy (website), 19 July 2019, https://www.thebritishacademy.ac.uk/blog/untold-stories-jewish-women-domestic-servants-britain-escape-nazis/
26 Linus W. Kline, 'The Migratory Impulse vs. Love of Home', *American Journal of Psychology*, 1898, pp. 1-81.
27 Edward Alsworth Ross, 'Social Control. XV. Custom', *American Journal of Sociology*, 5(5), 1900, pp. 604-16, p. 606.

28 Tobias Becker, 'The Meanings of Nostalgia: Genealogy and Critique', *History and Theory*, 57(2), 2018, pp. 234-50, p. 239에서 인용.
29 Alvin Toffler, *Future Shock* (New York, NY: Random House, 1970), p. 407.
30 Sara Peterson, 'Victorian Era-Inspired Momfluencers Are Taking Over Instagram', *InStyle*, 25 March 2021, https://www.instyle.com/lifestyle/momfluencers-nostalgia-instagram
31 Jennifer Rankin, 'EU Chief Negotiator Blames Brexit on "Nostalgia for the past"', *The Guardian*, 30 May 2019, https://www.theguardian.com/politics/2019/may/30/eu-chief-negotiator-blames-brexit-on-nostalgia-for-the-past-michel-barnier
32 Yiannis Gabriel, 'Organisational Nostalgia: Reflectons on the Golden Age', in S. Fineman (ed.), *Emotions in Organisations* (London: Sage Publications Ltd, 1993), pp. 118-41.

1장 우유 짜는 아낙과 용병들

1 Johann Georg Zimmermann, *A Treatise on Experience in Physic* (London: G. Wilkie, 1778), p. 286.
2 John Georg Keyssler, *Travels through Germany, Bohemia, Hungary, Switzerland, Italy, and Lorrain*, vol. 1 (London: A. Linde and T. Field, 1756), p. 141.
3 Ibid., p. 141.
4 Ibid.
5 Johannes Hofer, 'Medical Dissertation on Nostalgia', trans. Carolyn Kiser Anspach, *Bulletin of the Institute of the History of Medicine*, 1934, pp. 376-91, p. 376.
6 Ibid., p. 380.
7 *Literary Memoirs of Germany and the North* (London: J. Warcus and J. Ross, 1759), p. 51.
8 Hofer, 'Medical Dissertation on Nostalgia', p. 386.
9 Ibid., p. 382.
10 Ibid., pp. 382-3.
11 L. D. Kubzansky and I. Kawachi, 'Going to the Heart of the Matter: Do Negative Emotions Cause Coronary Heart Disease?', *Journal of Psychosomatic Research*, 2000, pp. 4-5.
12 Elena Carrera, 'Anger and the Mind-Body Connection in Medieval and Early Modern Medicine', in Elena Carrera (ed.), *Emotions and Health, 1200-1700* (Leiden: Brill, 2013), pp. 95-146.

13 Ibid.
14 L. Hill Curth, 'Lessons from the Past: Preventive Medicine in Early Modern England', *Medical Humanities*, 2003, p. 19에서 인용.
15 Ibid.
16 Richard Saunders, *Apollo Anglicanus* (London: M. Clark, 1681).
17 Ibid., p. A7.
18 James Johnson, *Practical Researches on the Nature, Cure, and Prevention of Gout* (London: Highley & Son, 1819), p. iv.
19 Hofer, 'Medical Dissertation on Nostalgia', p. 388.
20 Ibid., p. 390.
21 Nandini Das, 'Early Modern Travel Writing: English Travel Writing', in Nandini Das and Tim Youngs (eds.), *The Cambridge History of Travel Writing* (Cambridge: Cambridge University Press, 2019), p. 83.
22 Keyssler, *Travels through Germany etc.*, vol. 1, p. 141.
23 'Gantlope, n.', Oxford English dictionary Online, Oxford University Press, https://doi.org/10.1093/OED/3642162449, 2020년 12월 접속.
24 J. J. Rousseau, *A Complete Dictionary of Music*, trans. William Waring (London: J. Murray, 1779), p. 267.
25 Lisa O'Sullivan, 'The Time and Place of Nostalgia: Re-situating a French Disease', *Journal of the History of Medicine and Allied Sciences*, 2012, p. 640.
26 Susan Youens, *Schubert's Late Lieder: Beyond the Song-Cycles* (Cambridge: Cambridge University Press, 2002), p. 156.
27 Jonathan Harle, *An Historical Essay on the State of Physick in the Old and New Testament* (London: Richard Ford, 1729), p. 70.
28 Keyssler, *Travels through Germany etc.*, vol. 1, pp. 140-1.
29 Thomas Arnold, *Observations on the Nature, Kinds, Causes, and Prevention of Insanity, Lunacy, or Madness*, vol. 1 (London: G. Robinson and T. Cadell, 1782), p. 271.
30 Jonathan D. S. Schroeder, 'What was Black Nostalgia?', *American Literary History*, 2018, p. 658에서 인용.
31 Zimmermann, *A Treatise on Experience in Physic*, p. 286.
32 John Trusler, *The Habitable World Described*, vol. 1 (London: Literary Press, 1787), p. 231.
33 Andrew Duncan, *Medical Commentaries: Exhibiting a Concise View of the Latest and Most Important Discoveries in Medicine and Medical Philosophy*, vol. 1 (Edinburgh: C. Elliot & Co., 1787), pp. 343-8.

34 Stephen Pender, 'To Lose the Physician', The History of Emotions Blog, 21 November 2019, https://emotionsblog.history.qmul.ac.uk/2019/11/to-lose-the-physician/
35 Susan J. Matt, *Homesickness: An American History* (Oxford: Oxford University Press, 2014), p.5.
36 Tiffany Watt Smith, *The Book of Human Emotions: An Encyclopedia of Feeling from Anger to Wanderlust* (London: Profile Books, 2016).

2장 제국의 느린 자살

1 'Howgate a Free Man', *Evening Star*, 28 December 1900, p. 5.
2 H. W. Howgate, 'The Polar Colonization Plan', *The American Naturalist*, 11(4), 1877, pp. 193-256, p. 277.
3 Ibid., p. 227.
4 노스탤지어는 북극 탐험가들이 직면한 유일한 정서적 또는 심리적 위협은 아니었다. 19세기에 북쪽의 동토는 흔히 이 세상이 아닌 듯한 기이한 곳, 초자연적인 혼령의 힘이 지배하는 꿈과 유령의 땅으로 상상되었다. Shane McCorristine, *A History of Dreams and Ghosts in Polar Exploration* (London: UCL Press, 2018).
5 Howgate, 'The Polar Colonization Plan', p. 231.
6 'Capt. Howgate is Guilty', *The New York Times*, 22 June 1895.
7 Kathryn Schulz, 'Literature's Arctic Obsession', *The New Yorker*, 17 April 2017.
8 '북극 병(polar pathology)'에는 노스탤지어만 있는 것이 아니었다. '북극 불면증(polar insomnia)'과 '카약 열병(kayak fever)'도 그에 속했다.
9 Michael F. Robinson, *The Coldest Crucible: Arctic Exploration and American Culture* (Chicago, IL: University of Chicago Press, 2006).
10 19세기 사상가들은 노스탤지어의 위험을 우려한 반면, 오늘날 역사학자들은 어쩌면 노스탤지어나 향수병, 또는 적어도 고향에 대한 긍정적인 기억들이 겨울을 나는 원정 기간 동안, 특히 크리스마스 시즌에 탐험가들에게 정서적 지지를 제공했을 수도 있다고 본다. Shane McCorristine and Jane S. P. Mocellin, 'Christmas at the Poles: Emotions, Food, and Festivities on Polar Expeditions, 1818-1912', *Polar Record*, 52(5), 2016, pp. 562-77.
11 'Dying of the Past: Medical Studies of Nostalgia in Nineteenth-Century France', *History and Memory*, 3(1), 1991, pp. 5-29에서 역사학자 마이클 S. 로스(Michael S. Roth)가 분석한 바와 같다.
12 Ibid., pp. 5-6.

13 Marilyn Yalom, *A History of the Breast* (Lewes: Rivers Oram Press, 1998), p. 111.
14 Roth, 'Dying of the Past: Medical Studies of Nostalgia in Nineteenth-Century France', p. 10.
15 'Homesickness as a Disease', *Scientific American*, 38(17), 27 April 1878, p. 266.
16 'Grief from a Medical Standpoint', *Scientific American*, 72(18), 4 May 1895, p. 283.
17 Thomas Dodman, *What Nostalgia Was: War, Empire, and the Time of a Deadly Emotion* (Chicago, IL: Chicago University Press, 2018), p. 4.
18 Ramesh Mallipeddi, '"A Fixed Melancholy": Migration, Memory, and the Middle Passage', *The Eighteenth Century*, 2014, p. 236.
19 'Slave Trade: Dreadful Narrative', *The Observer*, 7 January 1822, p. 1.
20 'British and Foreign History for the Year 1821: Chapter IV', *The New Annual Register, or General Repository of History, Politics, Arts, Sciences, and Literature, for the Year 1821* (London: Longman, Hurst, Rees, Orme, and Brown, 1822), p. 221.
21 Thomas Trotter, *Observation on the Scurvy* (London: T. Longman, 1792), p. 62.
22 Ibid., p. 62.
23 Jonathan D. S. Schroeder, 'What was Black Nostalgia?', *American Literary history*, 2018, p. 660에서 인용.
24 Jose Maria Aquilera-Manzano, 'Slavery and Medicine in the Caribbean at the End of the "Ancien Regime"', *Social History*, 2008, p. 387에서 인용.
25 Schroeder, 'What was Black Nostalgia?', p. 662에서 인용.
26 Katia M. de Queiros Mattoso, *To be a Slave in Brazil, 1550-1888* (1979), trans. Arthur Goldhammer (New Brunswick, NJ: Rutgers University Press, 1986), p. 140.
27 'Buxton on the Slave Trade', *The Times*, 12 August 1839, p. 6.
28 William Wordsworth, 'The Brothers', in William Angus Knight (ed.), *The Poetical Works of William Wordsworth*, vol. 2 (London: Macmillan and Co., Ltd, 1896), pp. 184-203, p. 197. 그렇기는 하지만 학자인 조너선 D. S. 슈로더(Jonathan D. S. Schroeder)가 지적하듯, 윈터바텀(Winterbottom) 이후로는 영어권 저자들이 노예들의 "극적인 죽음(spectacular death)"을 노스탤지어로 표현하는 일은 결코 없었다. Schroeder, 'What was Black Nostalgia?', p. 660.
29 Edward Long, *The History of Jamaica or, General Survey of the Antient and Modern State of that Island: with Reflections on its Situation, Settlements, Inhabitants, Climate, Products, Commerce, Laws, and Government*, vol. 2 (London: T. Lowndes, 1774).
30 Dodman, *What Nostalgia Was*, p. 4.
31 Jeremy Valentine MacClancy, *To Kill a Bird with Two Stones: A Short History of Vanuatu* (Vanuatu Cultural Centre, 2002), p. 48.

32 Frederic W. Farrar, 'Aptitudes of Races', *Transactions of the Ethnological Society of London*, 5, 1867, pp. 115-26, p. 122.
33 Boyle T. Somerville, 'Echnological Notes on New Hebrides (continued)', *Journal of the Anthropological Institute of Great Britain and Ireland*, 23, 1894, pp. 363-93, p. 364.
34 J. M. Vermont, *Immigration from India to the Straits Settlements* (London, 1888), p. 7.
35 Farrar, 'Aptitudes of Races', p. 122.
36 현재 '앵글로색슨(Anglo-Saxon)'이라는 용어는 초기 잉글랜드 주민을 설명하는 표현으로 사용되는 경우가 가끔 있으나, 이는 역사적으로 부정확하다. 역사학자인 메리 람바란올름(Mary Rambaran-Olm)과 에릭 웨이드(Erik Wade)에 따르면, 앵글로색슨 '신화'는 영국 "원주민"의 의미와 관련하여 그릇된 관념을 영속화한다. 오늘날 이 용어는 "우월주의자를 불러들이는 호각 소리로 존재하고", "백인성(whiteness)을 뜻하는 완곡한 표현"으로 사용되며, "극우 이데올로기를 고취하기 위해 무기화되는" 경우가 비일비재하다. Mary Rambaran-Olm and Erik Wade, 'The Many Myths of the Term "Anglo-Saxon"', *Smithsonian Magazine*, 14 July 2021, https://www.smithsonianmag.com/history/many-myths-term-anglo-saxon-180978169/
37 Frederick Manson Bailey, 'Botany of British New Guinea', *Proceedings of the Royal Society of Queensland*, 13(1), 1898.
38 Arthur T. Holroyd, *The Quarantine Laws, Their Abuses and Inconsistencies. A Letter Addressed to the Rt. Hon. Sir John Cam Hobhouse* (London: Simpkin, Marshall & Co. Stationers' Hall Court, 1839), p. 3.
39 Ibid., pp. 28-9.
40 Dodman, *What Nostalgia Was*, p. 4.
41 Lisa Gabrielle O'Sullivan, 'Dying For Home: The Medicine and Politics of Nostalgia in Nineteenth-Century France' (Ph. D. dissertation, Queen Mary, University of London, 2006).
42 'Results of Emancipation: The Immigration Scheme', *The Eclectic Review*, 23, 1848, pp. 208-09.
43 Richard F. Burton, *Zanzibar: City, Island, and Coast* (London: Tinsley Brothers, 1872), p. 183.
44 Alison Blunt, 'Imperial Geographies of Home: British Domesticity in India, 1886-1925', *Transactions of the Institute of British Geographers*, 24(4), 1999, pp. 421-40, p. 421.
45 *Calcutta Review*, 1886, p. 359. Ibid., p. 422에서 인용.
46 Ibid.
47 *British Parliamentary Papers*, 1887, p. xx. Blunt, 'Imperial Geographies of Home', p.

421에서 인용.
48 Roberts Bartholow, 'Sanitary Memoirs of the War', in Austin Flint (ed.), *Contributions Relating to the Causation and Prevention of Disease, and to Camp Diseases; Together with A report of the Diseases etc. Among the Prisoners at Andersonville GA*. (New York: US Sanitary Commission by Hurd and Houghton, 1867), p. 22.
49 Bartholow, 'Sanitary Memoirs of the War', p. 21.
50 J. M. Guinn, 'The Pony Express', *Annual Publication of the Historical Society of Southern California and Pioneer Register*, 5(2), 1901, pp. 168-75.
51 William Cullen, *Nosology* (Edinburgh: C. Stewart and Company, 1800), p. 164.
52 Bartholow, 'Sanitary Memoirs of the War', p. 22.
53 'Home-Sickness as a Malady', *Scientific American*, 2 April 1864, p. 215.
54 Dodman, *What Nostalgia Was*.

3장 향수병

1 'Calderdale History Timeline 1810-1850 ad', Calderdale Council (website), https://www.calderdale.gov.uk/wtw/time-line/1810-1850/1810-1850-1.html
2 David Ward, 'Immigration: Settlement Patterns and Spatial Distribution', in Stephan Thernstrom, Ann Orlov and Oscar Handlin (eds.), *Harvard Encyclopaedia of American Ethnic Groups* (Cambridge, MA: Harvard University Press, 1980), pp. 496-508.
3 Ibid.
4 Ibid.
5 Ellis Island Oral History Project, Series KECK, no. 0044: Interview of Arnold Ambler by Edward Applebome, 10 October 1985.
6 Susan J. Matt, *Homesickness: An American History* (Oxford: Oxford University Press, 2014).
7 Ibid.
8 이는 이주의 정서적 지형을 아주 상세하게 아우른, 이민에 관한 엄밀한 학술적 해석에는 해당하지 않는다. 수전 J. 맷의 책 *Homesickness: An American History*가 특히 그러한 경우다.
9 *Counsel for Emigrants, and Interesting Information from Numerous Sources Concerning British America, the United States, and New South Wales*, third edition (Aberdeen: John Mathison, Union Street, 1837).

10 Ibid., p. iii.
11 Ibid., p. ix.
12 Ibid., p. 21.
13 Ibid., p. 58.
14 Frederick Julius Gustorf, 'Diary of Frederick Julius Gustorf, October, 1839', in *The Uncorrupted Heart: Journals and Letters of Frederick Julius Gustorf 1800-1845* (Columbia, MO: University of Missouri Press, 1969), pp. 78-92.
15 Adolf E. Schroeder and Carla Schulz-Geisberg (eds.), *Hold Dear, As Always: Jette, a German Immigrant Life in Letters*, trans. Adolf E. Shroeder (Columbia, MO: University of Missouri Press, 1988), p. 5.
16 Ibid., p. 10.
17 Ibid.
18 Ibid., p. 245.
19 Susan J. Matt, 'You Can't Go Home Again: Homesickness and Nostalgia in U.S. History', *Journal of American History*, 94(2), 2007, pp. 469-97, p. 470.
20 Roxana Galusca, 'From Fictive Ability to National Identity: Disability, Medical Inspection, and Public Health Regulations on Ellis Island', *Cultural Critique*, 72, 2009, p. 144.
21 Emma Lazarus, 'The New Colossus', in Emma Lazarus, *Selected Poems and Other Writings* (Peterborough, ON: Broadview Press, 2002).
22 Ellis Island Oral History Project, Series KECK, no. 0113: Interview of Ememrich Gorozdos by Nancy Dallett, 19 December 1985.
23 Ibid.
24 Ellis Island Oral History Project, Series KECK, no. 0043: Interview of Mertha Devlin by Dana Gumb, 19 September 1985.
25 Hannah Arendt, *The Jew as Pariah: Jewish Identity and Politics in the Modern Age* (New York, NY: Grove Press, 1978), p. 60.
26 Gail Tolley, 'When you Can't Return Home', Wellcome Collection (website), 22 October 2020, https://wellcomecollection.org/articles/X3sHRxAAACcAWFfA
27 Ellis Island Oral History Project, Interview of Julia Israel Schueler by Paul E. Sigrist, Jr., 18 June 1992.
28 Anne C. Schenderlein, *Germany on Their Minds: German Jewish Refugees in the United States and their Relationship with Germany, 1938-1988* (New York, NY: Berghahn Books, 2020), p. 212.
29 Jennifer Craig-Norton, 'The Untold Stories of the Jewish Women sho became Domestic Servants in Britain to Escape the Nazis', British Academy (website),

19 July 2019, https://www.thebritishacademy.ac.uk/blog/untold-stories-jewish-women-domestic-servants-britain-escape-nazis/
30 Ibid.
31 'Homesick', *The Youth's Companion*, 63(42), 16 October 1890, p. 536.
32 'Our Prize Stories for Children: When Nancy Was Homesick', *Congregationalist and Christian World*, Boston, 87(23), 7 June 1902, p. 825.
33 'Children in Happy Exile: Homes Across the Atlantic', *Times Educational Supplement*, 1(357), 3 May 1941, p. 205.
34 'Boy, 15, Refugee From Germany Hangs Himself', *New York Herald Tribune*, 17 July 1938, p. 12.
35 Theodore O. Reyhner, 'Camp for Junior?', *The Phi Delta Kappan*, 27(9), 1946, pp. 267-9, p. 267.
36 'Any Questions?', *British Medical Journal*, 2(4941), 1955, p. 747.
37 Jennifer Hassan, 'Books by one of Britain's most Famous children's Authors Branded Racist', *The Washington Post*, 17 June 2021, https://www.washingtonpost.com/world/2021/06/17/enid-blyton-books-racist/
38 Matt, 'You Can't Go Home Again', p. 493.
39 Edmund S. Conklin, *Principles of Adolescent Psychology* (New York, NY: Henry Holt & Co., 1935), pp. 209-16, p. 216, Matt, 'You Can't Go Home Again', p. 493에서 인용.
40 Willis H. McCann, 'Nostalgia: A Descriptive and Comparative Study', *Journal of Genetic Psychology*, 62, 1943, pp. 97-104.
41 Ibid., p. 98.
42 Reyhner, 'Camp for Junior?', p. 268.
43 Maria M. Tewater, 'Some Sociological Aspects of Parent-Child Relationships as they appear in Behavior Problems of Children' (MA dissertation, University of Southern California, 1927), p. 37.
44 Ibid., p. 53.
45 Margaret Stroebe et al., 'Homesickness Among Students in Two Cultures: Antecedents and Consequences', *British Journal of Psychology*, 93(2), 2010, pp. 147-68.
46 McCann, 'Nostalgia', p. 104.
47 Gail Tolley, 'The Complex Longing for Home', Wellcome Collection (website), 1 October 2020, https://wellcomecollection.org/articles/X2yCNBEAAOQpPZUV
48 Susan J. Matt, 'The New Globalist Is Homesick', *The New York Times*, 21 March 2012, https://www.nytimes.com/2012/03/22/opinion/many-still-live-with-homesickness.html

49 Stuart Hall, 'Cultural Identity and Diaspora', in Linda Mcdowell (ed.), *Undoing Place? A Geographical Reader* (Abingdon: Routledge, 1999), p. 236.

50 Meredith B. Linn, 'Elixir of Emigration: Soda Water and the Making of Irish Americans in Nineteenth Century New York City', *Historical Archaeology*, 44(4), 2010, pp. 69-109. p. 101.

51 Dieu Hack-Polay, 'When Home Isn't Home: A Study of Homesickness and Coping Strategies Among Migrant Workers and Expatriates', *International Journal of Psychological Studies*, 4(3), 2012, pp. 62-72.

52 Ibid., p. 63.

53 Ibid.

54 M. A. Van Tilburg, A. J. Vingerhoets and G. L. Van Heck, 'Homesickness: A Review of the Literature', *Psychological Medicine*, 26, 1996, pp. 899-912, p. 903.

55 'Refugees and asylum seekers: statistics', Mental Health Foundation (website), 2023, https://www.mentalhealth.org.uk/explore-mental-health/statistics/refugees-asylum-seekers-statistics

56 Alison McCook, 'Immigrants more depressed than those who stay', Reuters (website), 4 April 2011, https://www.reuters.com/article/us-immigrants-more-depressed-than-those-idUSTRE7335VJ20110404; Matt, 'The New Globalist Is Homesick'.

57 Tolley, 'When you Can't Return Home', Wellcome Collection (website), 22 October 2020.

58 Colin Freeman, 'Should we expect Syrian asylum seekers to be grateful?', The Telegraph, 13 November 2014, https://www.telegraph.co.uk/news/worldnews/middleeast/syria/11226965/Should-we-expect-Syrian-asylum-seekers-to-be-grateful.html

59 Dina Nayeri, 'The ungrateful refugee: "We have no debt to repay"', *The Guardian*, 4 April 2017, https://www.theguardian.com/world/2017/apr/04/dina-nayeri-ungrateful-refugee

60 Tolley, 'When you Can't Return Home'에서 인용.

4장 태초의 집

1 Sara Rimer, 'Cavendish Journal; Shielding Solzhenitsyn, Respectfully', *The New York Times*, 3 March 1993.

2 John Martyn Harlow, 'Recovery from the Passage of an Iron Bar through the Head',

Publications of the Massachusetts Medical Society, 1868, pp. 327-47.
3   John Martyn Harlow, 'Passage of an Iron Rod Through the Head', Boston Medical and Surgical Journal, 1848, pp. 389-93.
4   Malcolm B. Macmillan, 'Inhibition and Phineas Gage: Repression and Sigmund Freud', Neuropsychoanalysis, 2004, pp. 181-92.
5   P. Ratiu et al., 'The Tale of Phineas Gage, Digitally Remastered', Journal of Neurotrauma, 2004, pp. 637-43.
6   Harlow, 'Recovery from the Passage of an Iron Bar through the Head', Publications of the Massachusetts Medical Society, 1868, pp. 327-47.
7   Katherine Pandora, 'The Permissive Precincts of Barnum's and Goodrich's Museums of Miscellaneity: Lessons in Knowing Nature for New Learners', in Carin Berkowitz and Bernard Lightman (eds.), Science Museums in Transition: Cultures of Display in Nineteenth-Century Britain and America (Pittsburgh, PA: University of Pittsburgh Press, 2017), p. 36.
8   Harlow, 'Recovery from the Passage of an Iron Bar through the Head', Publications of the Massachusetts Medical Society, 1868, pp. 327-47.
9   'Scientist, n.', Oxford English Dictionary Online, Oxford University Press, 2021년 12월 2일 접속, https://www.oed.com/view/Entry/172698?redirectedFrom=scientist
10 Matthew Cobb, The Idea of the Brain: The Past and Future of Neuroscience (New York, NY: Basic Books, 2020).
11 Ibid.
12 Thomas Dixon, From Passions to Emotions: The Creation of a Secular Psychological Category (Cambridge: Cambridge University Press, 2003), pp. 109-27.
13 Thomas Dixon, '"Emotion": The History of a Keyword in Crisis', Emotion Review, 2012, pp. 338-44, p. 339.
14 Ibid., p. 338.
15 Ibid., p. 340.
16 Charles Bell, The Anatomy and Philosophy of Expression as Connected with the Fine Arts (London: John Murray, 1847).
17 Charles Darwin, The Expression of the Emotions in Man and Animals (London: John Murray, 1872).
18 William James, 'What is an Emotion?', Mind, 1884, pp. 188-205.
19 Linus W. Kline, 'The Migratory Impulse vs. Love of Home', American Journal of Psychology, 1898, pp. 1-81.
20 Ibid., pp. 73-4.
21 Paul Carus, 'The Nature of Pleasure and Pain', The Monist, 1896, pp. 432-42, p. 434.

22 Joanna Timms, 'Phantasm of Freud: Nandor Fodor and the Psychoanalytic Approach to the Supernatural in Interwar Britain', *Psychoanalysis and History*, 2012, pp. 5-27, p. 5.
23 'Sigmund Freud's Famous Psychoanalytic Couch', Freud Museum London (website), 2021년 12월 3일 접속, https://www.freud.org.uk/about-us/the-house/sigmund-freuds-famous-psychoanalytic-couch/
24 Raymond Buckland, *The Spirit Book: The Encyclopaedia of Clairvoyance, Channelling, and Spirit Communication* (Canton Charter Township, MI: Visible Ink Press, 2005), p. 144.
25 'Nandor Fodor, 69, A Psychoanalyst; Author of Theory to Explain Poltergeists Is Dead', *The New York Times*, 19 May 1964.
26 Julian Holloway, 'On the Spaces and Movement of Monsters', *Cultural Geographies*, 2017, pp. 21-41, p. 31.
27 'The Ghost of a Weasel', *The Observer*, 11 October 1936, p. 13.
28 Christopher Josiffe, 'Gef the Talking Mongoose', *Fortean Times*, December 2010.
29 Judith Robinson, 'Manx Mystery Mongoose', *The Globe and Mail*, 19 December 1936, pp. 1-2; 'The Mystery of the "Man-Weasel": Strange to Relate', *South China Sunday Post*, 4 October 1970, p. 37.
30 Harry Price, *Confessions of the Ghost-Hunter* (New York, NY: Putnam, 1963); Harry Price and Richard Lambert, *The Haunting of Cashen's Gap: A Modern 'Miracle' Investigated* (London: Methuen & Co. Ltd, 1936).
31 Alison Light, 'Astral Projection', *London Review of Books*, 17 December 2020.
32 'Medium Sentenced For Fraud', *The Times*, 4 April 1944, p. 2.
33 A. Conan Doyle, 'Fairies Photographed', *Strand Magazine*, December 1920, pp. 462-8.
34 Hereward Carrington and Nandor Fodor, *Haunted People: The Story of the Poltergeist Down the Centuries* (New York, NY: Dutton, 1951).
35 Nandor Fodor, 'I Psychoanalyze Ghosts', *Mechanix Illustrated*, September 1949, p. 150; Carrington and Fodor, *Haunted People*.
36 Fodor, 'I Psychoanalyze Ghosts', p. 150.
37 Nandor Fodor, 'Varieties of Nostalgia', *Psychoanalytic Review*, 1950, pp. 25-38.
38 Anna Neima, *The Utopians* (London: Picador, 2020).
39 Nandor Fodor, *The Search for the Beloved: A Clinical Investigation of the Trauma of Birth and Pre-Natal Conditioning* (New York, NY: Hermitage Press, 1949).
40 Fodor, 'Varieties of Nostalgia', p. 26.
41 Ibid., p. 27.

42 Ibid., p. 30.
43 Ibid., p. 31.
44 Ibid., p. 36.
45 Alexander R. Martin, 'Nostalgia', *American Journal of Psychoanalysis*, 1954. pp. 93-104, p. 103.
46 Ibid., p. 103.
47 Ibid., p. 98.
48 Dominique Geahchan, 'Deuil et Nostalgic', *Revue Francaise de Psychanalyse*, 1968, pp. 39-65.
49 odor, 'Varieties of Nostalgia', p. 25.
50 M. Nawas and J. Platt, 'A Future-Oriented Theory of Nostalgia', *Journal of Individual Psychology*, 1965, pp. 51-7.
51 'Nandor Fodor, 69, A Psychoanalyst; Author of Theory to Explain Poltergeists Is Dead', *The New York Times*, 19 May 1964.
52 David S. Werman, 'Normal and Pathological Nostalgia', *Journal of the American Psychoanalytic Association*, 1977, pp. 387-98.
53 Alvin Toffler, *Future Shock* (New York, NY: Random House, 1970), p. 407.
54 Horst-Dieter Ebert, 'Jene Sehnsucht nach den alten Tagen...', *Der Spiegel*, 29 January 1973, pp. 86-99, p. 86.
55 Michael Wood, 'Nostalgia or Never: You Can't go Home Again', *New Society*, 7 November 1974, pp. 343-6, p. 343.

5장 거대한 물결의 시작

1 Alvin Toffler, *Future Shock* (New York, NY: Random House, 1970), p. 407.
2 Harry Sosnik, 'Nostalgia! Nostalgia! But Where's Originality?', *Variety*, 8 January 1975, p. 133.
3 Ian Jack, 'How a 1960s actor shopping in a junk shop foretold the future', *The Guardian*, 31 May 2008, https://www.theguardian.com/commentisfree/2008/may/31/1968theyearofrevolt.past
4 Tara H. Saunders, 'Basking in Second-hand Glory: Resale Consumerism in the Twentieth-Century United States' (Ph. D. dissertation, Indiana University, 2006), p. 232.
5 Diane K. Shah et al., 'The New Junk Trade', *Newsweek*, 94(4), 23 July 1979, pp. 90-1, p. 90.

6   Ibid.
7   Ibid., pp. 90-1, p. 92.
8   'Nostalgia: Treasures from the Past', *Newsweek*, 76(26), 28 December 1970, p. 34.
9   Ibid.
10 Display Ad 446, *The New York Times*, 17 November 1974, p. 253.
11 Charles Michener, 'Cooling the Jazz Age', *Newsweek*, 83(13), 1 April 1974, p. 72.
12 'Surviving Black October', *The New York Times*, 30 September 1979, p. 120.
13 Ibid.
14 Sol Weinstein, 'Nostalgia Quiz', *Variety*, 265(8), 5 January 1972, p. 84.
15 'Nostalgia I.Q. Test', *Billboard*, 86(18), 4 May 1974, N17.
16 John Rockwell, 'Beach Boys Riding Crest of New Popularity', *The New York Times*, 27 August 1976, p. 54.
17 Bernadine Morris, 'Nostalgia for Old Days at the Rome Shows', *The New York Times*, 26 January 1974, p. 20.
18 Russell Baker, 'The Nostalgia Affair', *The New York Times*, 14 August 1973, p. 33.
19 Fred Davis, *Yearning for Yesterday: A Sociology of Nostalgia* (New York, NY: The Free Press, 1979), p. x.
20 Baker, 'The Nostalgia Affair', p. 33.
21 Display Ad 446, *The New York Times*, 17 November 1974, p. 253.
22 Otto L. Bettmann, *The Good Old Days: They Were Terrible!* (New York, NY: Random House, 1974).
23 Martin Hillman, 'The New Nostalgia and other escapism', *Tribune*, 38(18), 3 May 1974, pp. 6-7.
24 Alan Brien, 'Nostalgia, the Ostrich', *New Statesman*, 1 January 1971, p. 304.
25 Colin McArthur, 'Dangers of Nostalgia', *Tribune*, 6 January 1978, p. 7.
26 Hilman, 'The New Nostalgia and other escapism', p. 6.
27 McArthur, 'Dangers of Nostalgia', p. 7.
28 Margaret Richards, 'Forties Art: Nostalgia, Foreshadowings', *Tribune*, 10 November 1972, p. 7.
29 'Dream of Victorian Childhood', *The Observer*, 1 April 1962, p. 30.
30 James Collins, 'Rags to Riches', *The Guardian*, 20 February 1976, p. 8.
31 'Nostalgia Wave Hits in France', *Billboard*, 25 January 1975, p. 46.
32 Geoffrey Weston, 'Historic Spa Bubbles Along Merrily on Wave of Nostalgia', *The Times*, 22 June 1977, p. xii.
33 Craig R. Whitney, 'In West Germany, Real Bread by Real Bakers', *The New York Times*, 17 July 1975, p. 34.

34 'Last word', *The Times Higher Education Supplement*, 12, 1 February 1974, p. 4.
35 David Beresford, 'Tills Ring as Nazi Nostalgia Grows in Britain', *The Guardian*, 17 July 1978, p. 5.
36 John Frazer, 'War Nostalgia, German Style', *New Statesman*, 8 July 1977, p. 43.
37 Beresford, 'Tills Ring as Nazi Nostalgia Grows in Britain', p. 5.
38 Frazer, 'War Nostalgia, German Style', p. 43.
39 Ibid.
40 Ibid.
41 Beresford, 'Tills Ring as Nazi Nostalgia Grows in Britain', p. 5.
42 Ibid.
43 'Jews' Org in Germany Warns of Possible "Hitler Nostalgia Wave"', *Variety*, 31 August 1977, p. 37.
44 Beresford, 'Tills Ring as Nazi Nostalgia Grows in Britain', p. 5.
45 Dan Glaun, 'Germany's Laws on Hate Speech, Nazi Propaganda & Holocaust Denial: An Explainer', Frontline, PBS (website), 1 July 2021, https://www.pbs.org/wgbh/frontline/article/germanys-laws-antisemitic-hate-speech-nazi-propaganda-halocaust-denial/
46 Frazer, 'War Nostalgia, German Style', p. 43.
47 John Vinocur, 'Bonn Says Neo-Nazis are Growing More Militant', *The New York Times*, 1 May 1978, p. 7.
48 Glaun, 'Germany's Laws on Hate Speech, Nazi Propaganda & Holocaust Denial: An Explainer'.
49 Hillman, 'The New Nostalgia and other escapism', p. 6.
50 Ibid.
51 'Appeasement 1977 Style', *British Medical Journal*, 2, 1977, p. 1619.
52 Guy Ortolano, *Thatcher's Progress: From Social Democracy to Market Liberalism Through an English New Town* (Cambridge: Cambridge University Press, 2019), p. 20.
53 Hillman, 'The New Nostalgia and other escapism', *Tribune*, p. 6.
54 McArthur, 'Dangers of Nostalgia', p. 7.
55 Ibid.
56 Davis, *Yearning for Yesterday*, pp. 107-8.
57 Ibid., p. ix.
58 Ibid., p. 104.
59 Ibid., p. x.
60 Ibid., p. 110.
61 Ibid., p. 104.

6장 감정을 돈으로 바꾸는 법

1. Hovis Commercial, 'Our Dad', dir. Ridley Scott, 1974, https://www.hatads.org.uk/catalogue/record/e3eoafc4-54ea-4655-a316-d9b66dab86eo
2. 'The Two Ronnies—their classic 1978 "Hovis" Advert', YouTube, https://www.youtube.com/watch?v=DJi_5TojSnA
3. Hovis Commercial, 'Bike', dir. Ridley Scott, 1973, 'Hovis "Bike" advert 1973 (Britain's favourite TV ad)', YouTube, https://www.youtube.com/watch?v=6Mq59ykPnAE
4. Paul Harris, 'Star of the Hovis ad returns to the cobbled hill 40 YEARS on from climbing it with his loaves and bicycle', *Daily Mail*, 4 December 2013, https://www.dailymail.co.uk/news/article-2517410/Hovis-advert-bakers-boy-Carl-Barlow-returns-cobbled-hill-40-YEARS.html
5. 'Hovis "Bike" advert 1973 (Britain's favourite TV ad)', YouTube, https://www.youtube.com/watch?v=6Mq59ykPnAE
6. Harris, 'Star of the Hovis ad returns to the cobbled hill'.
7. Ashley Rodriguez, 'Watch: The First TV Commercial, which Aired 75 Years Ago Today', Quartz (website), 1 July 2016, https://qz.com/721431/watch-the-first-tv-commercial-which-aired-75-years-ago-today/
8. Alison Alexander et al., '"We'll Be Back in a Moment": A Content Analysis of Advertisements in Children's Television in the 1950s', *Journal of Advertising*, 27(3), 1998, pp. 1-9. p. 2에서 인용.
9. Kori Wallace, 'The History and Future of Television Advertising', Oracle Advertising Blog, 11 July 2019, https://blogs.oracle.com/advertising/post/the-history-and-future-of-television-advertising
10. Alexander et al., '"We'll Be Back in a Moment": A Content Analysis of Advertisements in Children's Television in the 1950s', p. 2.
11. 'A Short History of British TV Advertising', Science+Media Museum (website), 5 November 2020, https://www.scienceandmediamuseum.org.uk/objects-and-stories/short-history-british-tv-advertising
12. 'What Caused the Advertising Industry Boom in the 1950s?', Chron. (website), *Houston Chronicle*, 4 September 2020, https://smallbusiness.chron.com/caused-advertising-industry-boom-1950s-69115.html
13. 'The Wheel', *Mad Men* (season 1, episode 13), written by Matthew Weiner and Robin Veith, dir. Matthew Weiner, AMC, 2007.
14. Cadbury's Cake Range Commercial, 'The Years to Remember', 1966, https://www.hatads.org.uk/catalogue/record/03a9431e-07fo-4f49-ad26-481cad8c7a16

15 Heinz Cream of Tomato Soup Commercial, 'Nostalgia', 1981, https://www.hatads. org.uk/catalogue/record/4425795c-43cc-4f5d-a934-fo9d-28of1efd
16 Ribena Commercial, 'Memories', 1970, https://www.hatads.org.uk/catalogue/ record/fbof9cd2-7dc4-4efa-ac97-9bf2e7c2f66f
17 Anchor Butter Commercial, 'Car Rides', 1983, https://www.hatads.org.uk/catalogue/ record/516ad295-3666-4727-974a-12ffadof533f
18 Weetabix Commercial, 'Picnic', 1970, https://www.hatads.org.uk/catalogue/record/ do542odc-0745-476e-9097-595d96722c4f
19 Darrel D. Muehling and David E. Sprott, 'The Power of Reflection: An Empirical Examination of Nostalgia Advertising Effects', *Journal of Advertising*, 33(3), 2004, pp. 25-35, p. 25.
20 Ibid., p. 25.
21 Barbara B. Stern, 'Historical and Personal Nostalgia in Advertising Text: The *Fin de siècle Effect*', *Journal of Advertising*, 21(4), 1992, p. 13.
22 Ibid.
23 Ibid., p. 16.
24 Ibid., p. 17.
25 Raphaëlle Lambert-Pandraud and Gilles Laurent, 'Why Do Older Consumers Buy Older Brands? The Role of Attachment and Declining Innovativeness', *Journal of Marketing*, 74(5), 2010, pp. 104-21, p. 105.
26 Ibid., p. 104.
27 Ibid.
28 Stern, 'Historical and Personal Nostalgia in Advertising Text', *Journal of Advertising*, 21(4), p. 15.
29 Olof Brunninge and Benjamin Julien Hartmann, 'Inventing a Past: Corporate Heritage as Dialectical Relationships of Past and Present', *Marketing Theory*, 19(2), 2018, pp. 229-34.
30 Benjamin J. Hartmann and Katja H. Brunk, 'Nostalgia Marketing and (Re-) enchantment', *International Journal of Research in Marketing*, 36(4), 2019, pp. 669-86, p. 670.
31 Lambert-Pandraud and Laurent, 'Why Do Older Consumers Buy Older Brands?', p. 105.
32 Muehling and Sprott, 'The Power of Reflection', pp. 25-35, p. 25.
33 Owen Hatherley, *The Ministry of Nostalgia* (London: Verso Book, 2016).
34 Ibid., p. 15.
35 Thomas Dixon, *Weeping Britannia: Portrait of a Nation in Tears* (Oxford: Oxford

University Prss, 2015).
36 Hatherley, *The Ministry of Nostalgia*, p. 31.
37 Ibid., p. 21.
38 Ibid., p. 16.
39 Alexander Fury, 'The Case for Déjà Vu', *Financial Times*, 16 September 2022.
40 Ibid.
41 Jack Neff, 'America's Hottest Brands 2022: 20 Brands that are Having a Marketing Moment', *Advertising Age*, 93(11), 2022, p. 8.
42 'Mint Explainer: Campa Cola and the power of nostalgia', *Mint*, 1 September 2022.
43 Erich Schwartzel, 'The 1990s Are Back, Putting Nostalgic Viewers to Sleep', *The Wall Street Journal*, 29 April 2022.
44 Ally Burnie, 'How tapping into nostalgia solidified Booking.com in the local community', *The Australian*, 17 July 2022.
45 'I Believe in Yesterday: Why Nostalgia Keeps Coming Back', Spotify Advertising (website), June 2019, https://ads.spotify.com/en-GB/news-and-insights/i-believe-in-yesterday-why-nostalgia-keeps-coming-back/
46 Eloise Hendy, 'Were the Nineties Really so Good?', *The Independent*, 21 January 2023, https://www.independent.co.uk/life-style/90s-nostalgia-best-decade-b2265400.html
47 Alex Hawgood, 'Why Does '90s Nostalgia Feel So Good Right Now?', *W* magazine, 31 January 2022, https://www.wmagazine.com/culture/90s-fashion-revival-trend-music-tv
48 Hawgood, 'Why Does '90s Nostalgia Feel So Good Right Now?'에서 인용.
49 Hendy, 'Were the Nineties Really so Good?'.
50 Hawgood, 'Why Does '90s Nostalgia Feel So Good Right Now?'.
51 Ibid.

7장 과거로 떠나는 여행

1 Mark Girouard, *The Return to Camelot* (London: Yale University Press, 1981), p. 88.
2 Florence S. Boos, 'Introduction', in florence S. Boos (ed.), *History and Community: Essays in Victorian Medievalism* (New York, NY & London: Garland Publishing Inc., 1992), pp. xi-xii.
3 Charles Dellheim, 'Interpreting Victorian Medievalism', in Boos (ed.), *History and Community*, pp. 47-8.

4 Ibid., p. 48.
5 Angela Bartie et al., *Restaging the Past: Historical Pageants, Culture and Society in Modern Britain* (London: UCL Press, 2020).
6 Ibid., p. 9.
7 Ibid., p. 161.
8 Tison Pugh and Angela Jane Weisl, *Medievalisms* (Abingdon: Routledge, 2012), p. 1.
9 Ibid.
10 Lev Grossman, 'Feeding on Fantasy. Forward into the Past! At a Time of Uncertainty, American Culture Looks Backward for Comfort', *Time*, 2 December 2002, pp. 90-6.
11 Ibid., p. 90.
12 Ibid., p. 94.
13 Pugh and Weisl, *Medievalisms*, p. 1.
14 Society for Creative Anachronism (website), https://www.sca.org/; Michael A. Cramer, *Medieval Fantasy as Performance: The Society for Creative Anachronism and the Current Middle Ages* (Lanham, MD: Scarecrow Press, 2009).
15 Pugh and Weisl, *Medievalisms*, p. 9.
16 Ibid.
17 Ibid., p. 113.
18 Grossman, 'Feeding on Fantasy', p. 96.
19 Ibid.
20 Cramer, *Medieval Fantasy as Performance*, p. 23.
21 Ibid.
22 Ibid., p. xi.
23 Dellheim, 'Interpreting Victorian Medievalism', p. 48.
24 Carolyn Dinshaw, *How Soon is Now? Medieval Texts, Amateur Readers, and the Queerness of Time* (Durham, NC, Duke University Press, 2012), p. 34.
25 Raphael Samuel, *Theatres of Memory*, (London: Verso, 1994), p. 139.
26 Charter on the Built Vernacular Heritage, ICOMOS, Octover 1999, https://www.icomos.org/en/participer/179-articles-en-francais/ressources/charters-and-standards/164-charter-of-the-built-vernacular-heritage
27 'Case Study: The Canterbury Tales', Continuum Attractions (website), https://www.continuumattractions.com/case_studies/the-canterbury-tales/
28 Jorvik Viking Centre (website), https://www.jorvikvikingcentre.co.uk/
29 Medieval Times (website), https://www.medievaltimes.com/
30 Pugh and Weisl, *Medievalisms*, p. 128.

31 Ibid., pp. 128-9.
32 Ibid., p. 128.
33 Medieval Times careers (website), apply.jobappnetwork.com/medieval-times/
34 Pugh and Weisl, *Medievalisms*, p. 130.
35 Ibid.
36 Ibid.
37 Melody Ward Leslie, 'Medieval Studies and the Viking Feast', Around the O, University of Oregon (website), 2 October 2019, https://around.uoregon.edu/content/medieval-studies-and-viking-feast
38 Erin McCann, 'Civil War Veterans at Gettysburg Anniversary in 1913, In Pictures', *The Guardian*, 1 July 2013, https://www.theguardian.com/world/gallery/2013/jul/01/civil-war-gettysburg-anniversary-pictures
39 Daniel Arnold, 'The Decline of the Civil War Re-enactor', *The New York Times*, 28 July 2018.
40 John Skow, Beth Austin and Joseph J. Kane, 'Bang, Bang! You're History, Buddy', *Time*, 8 November 1986.
41 Ibid.
42 'Blists Hill Victorian Town', Ironbridge (website), https://www.ironbridge.org.uk/visit/blists-hill-victorian-town/
43 'Blists Hill Victorian Town', TripAdvisor (website), https://www.tripadvisor.co.uk/Attraction_Review-g186366-d261211-Reviews-or20-Blists_Hill_Victorian_Town-Ironbridge_Ironbridge_Gorge_Telford_Shropshire_Eng.html
44 Lara Rutherford-Morrison, 'Playing Victorian: Heritage, Authenticity, and Make-Believe in Blists Hill Victorian Town, the Ironbridge Gorge', *The Public History*, 37(3), 2015, pp. 76-101.
45 Tom Paulin, 'Question of Real Value', *The Independent*, 5 October 1993, Samuel, *Theatres of Memory*, p. 260에서 인용; Robert Hewison, *The Heritage Industry: Britain in a Climate of Decline* (London: Methuen, 1987), p. 141.
46 Patrick Wright, *On Living in an Old Country* (London: Verso, 1985), p. 70.
47 Samuel, *Theatres of Memory*, p. 260.
48 Ibid.
49 Bob West, 'The Making of the English Working Past: a Critical View of the Ironbridge Gorge Museum', in Robert Lumley (ed.), *The Museum Time-Machine* (Abingdon: Routledge, 1988), p. 57
50 Harry Cheadle, 'Why Would You Ever Want to Live in 2019?', Vice, 7 October 2019, https://www.vice.com/en/article/qvgw3x/gabriel-sarah-chrisman-victorian-couple-

profile
51 Ibid.
52 Eloise Hendy, 'Were the Nineties Really so Good?', *The Independent*, 21 January 2023, https://www.independent.co.uk/life-style/90s-nostalgia-best-decade-b2265400.html
53 Johann Hari, *Stolen Focus: Why You Can't Pay Attention, And How to Think Deeply Again* (London: Bloomsbury, 2023).
54 Sean Illing, 'Why you (probably) won't finish reading this story', Vox, 8 February 2022, https://www.vox.com/vox-conversations-podcast/2022/2/8/22910773/vox-conversations-johann-hari-stolen-focus
55 Stephanie Vozza, 'Three Reasons you Can't Focus Right Now (and why it's not your fault)', *Fast Company*, 27 January 2022, https://www.fast-company.com/90715607/3-reasons-you-cant-focus-right-now-and-why-its-not-your-fault
56 Post by @DrMatthewSweet, Twitter (website), 6 January 2022, https://twitter.com/drmatthewsweet/status/1479125910896975877
57 Grossman, 'Feeding on Fantasy', p. 96.
58 Kevin McSpadden, 'You Now Have a Shorter Attention Span Than a Goldfish', *Time*, 14 May 2015.
59 Post by @DrMatthewSweet, Twitter (website), 6 January 2022, https://twitter.com/DrMatthewSweet/status/1479125923119214597?s=20&t=QeXKWsinqYEaP9GgoWbQZQ
60 Evita March, 'When Too Much News is Bad News: Is the Way We Consume News Detrimental to Our Health?', *The Conversation*, 20 October 2020.
61 Yehuda Wacks and Aviv M. Weinstein, 'Excessive Smartphone Use Is Associated With Health Problems in Adolescents and Young Adults', *Frontiers in Psychiatry*, 12, 2021.
62 Diseases of Modern Life, University of Oxford (website), 2017년 8월 25일 접속, https://diseasesofmodernlife.org/
63 John Marshall, 'Overwork of the Brain', *The Spectator*, 1 July 1854, p. 701.
64 'Hurried to Death', *The Medical Times and Gazette*, 22 February 1868, pp. 204-6, p. 204.
65 Ibid., pp. 204-6, p. 205.
66 Ibid., pp. 204-6.
67 'A Medical Lecture on the Railway Mania', *Punch*, 22 November 1845, p. 228.
68 'Hurried to Death', *The Medical Times and Gazette*, 22 February 1868, pp. 204-6.
69 W. M. Ewart, 'Abstract Of The Harveian Lecture. On Disease And Its Treatment,

And The Profession Of Medicine In The Year 1899', *British Medical Journal*, 2(1981), 1898, pp. 1801-5, p. 1805.
70 'Letters, Notes, And Answers To Correspondents', *British Medical Journal*, 2(1765), 1894, pp. 963-4.
71 Ewart, 'Abstract Of The Harveian Lecture. On Disease And Its Treatment, And The Profession Of Medicine In The Year 1899', p. 1805.
72 Daniel Pick, *Faces of Degeneration: A European Disorder, c.1848-c.1918* (Cambridge: Cambridge University Press, 1989).
73 J. E. Chamberlin and S. Gilman (eds), *Degeneration: The Dark Side of Progress* (New York, NY: Columbia University Press, 1985), George Stocking, *Victorian Anthropology* (London: Simon and Schuster, 1991) 참조.
74 Post by @DrMatthewSweet, Twitter (website), 6 January 2022, https://twitter.com/DrMatthewSweet/status/1479125949480382469?s=20&t=odbhaVQzqQLqHrQI6kogtw
75 *The Diary of Samuel Pepys*, 13 May 1665, https://www.pepysdiary.com/diary/1665/05/13/
76 Sarah A. Chrisman, 'What Millennial Women Can Learn From Victorian Ladies', Refinery29 (website), 1 October 2015, https://www.refinery29.com/en-us/victorian-living-millennial-women
77 headle, 'Why Would You Ever Want to Live in 2019?'.

8장 트럼프와 브렉시트의 정치학

1 Grafton Tanner, *The Hours Have Lost Their Clock: The Politics of Nostalgia* (London: Watkins Media Limited, 2021).
2 Jennifer Rankin, 'EU chief negotiator blames Brexit on "nostalgia for the past"', *The Guardian*, 30 May 2019, https://www.theguardian.com/politics/2019/may/30/eu-chief-negotiator-blames-brexit-on-nostalgia-for-the-past-michel-barnier
3 Yiannis Gabriel, 'Organisationa Nostalgia: Reflections on the Golden Age', in S. Fineman (ed.), *Emotions in Organisations* (London: Sage Publications Ltd, 1993), pp. 118-41.
4 George K. Behlmer, 'Introduction', in George K. Behlmer and F. M. Leventhal (eds), *Singular Continuities: Tradition, Nostalgia, and Identity in Modern British Culture* (Stanford, CA: Stanford University Press, 2000), p. 7.
5 Ibid.

6   Nick Cohen, 'Our Politics of nostalgia is a sure sign of present-day decay', *The Observer*, 26 June 2021.
7   Sophie Gaston and Sacha Hilhorst, *Nostalgia as a Cultural and Political Force in Britain, France and Germany* (London: Demos, 2018), p. 11.
8   Catherine E. de Vries and Isabell Hoffmann, 'The Power of the Past: How Nostalgia Shapes European Public Opinion', Eupinions (website), 5 November 2018, https://eupinions.eu/de/text/the-power-of-the-past/
9   Ibid.
10 David Olusoga, 'Empire 2.0 is dangerous nostalgia for something that never existed', *The Observer*, 19 March 2017, https://www.theguardian.com/commentisfree/2017/mar/19/empire-20-is-dangerous-nostalgia-for-something-that-never-existed
11 Ben Judah, 'England's Last Gasp of Empire', *The New York Times*, 12 July 2016, https://www.nytimes.com/2016/07/13/opinion/englands-last-gasp-of-empire.html
12 Nadine El-Enany, 'Europe's colonial embrace and the Brexit nostalgia for empire are two sides of the same coin', LSE Blog, 29 April 2020, https://blogs.lse.ac.uk/brexit/2020/04/29/europes-colonial-embrace-and-brexit-as-nostalgia-for-empire-are-part-of-the-same-story/
13 Ibid.
14 Sathnam Sanghera, *Empireland: How Imperialism Has Shaped Modern Britain* (London: Penguin, 2021), p. 113에서 인용.
15 Kojo Koram, 'Britain's Blindness', *Dissent magazine*, 6 February 2019, https://www.dissentmagazine.org/online_articles/bratains-brexit-blindness
16 El-Enany, 'Europe's colonial embrace and the Brexit nostalgia for empire are two sides of the same coin', LSE Blog, 29 April 2020.
17 Jon Stone, 'British people are proud of colonialism and the British Empire, poll finds', *The Independent*, 19 January 2016, https://www.independent.co.uk/news/uk/politics/british-people-are-proud-of-colonialism-and-the-british-empire-poll-finds-a6821206.html#commentsDiv
18 El-Enany, 'Europe's colonial embrace and the Brexit nostalgia for empire are two sides of the same coin', LSE Blog, 29 April 2020.
19 Ibid.
20 Peter Mitchell, *Imperial Nostalgia: How the British Conquered Themselves* (Manchester: Manchester University Press, 2021), p. 6.
21 Paul Gilroy, *Postcolonial Melancholia* (New York, NY: Columbia University Press, 2006).
22 Anna Maria C. Behler et al., 'Making America Great Again? National Nostalgia's

Effect on Outgroup Perceptions', *Frontiers in Psychology*, 12, 2021, https://www.frontiersin.org/articles/10.3389/fpsyg.2021.555667/full

23 Ibid.
24 Ronald Brownstein, 'Trump's Rhetoric of White Nostalgia', *The Atlantic*, 2 June 2016, https://www.theatlantic.com/politics/archive/2016/06/trumps-rhetoric-of-white-nostalgia/485192/
25 Ibid.
26 Joseph C. Harsch London, 'Britain's Conservatives—And Ours', *The New York Times*, 14 June 1959.
27 Anthony Lewis, 'Convention Moods Reflects a Historic Change', *The New York Times*, 19 July 1964.
28 Josh Greenfeld, 'The Conservatives Are Out to Beat—"Rockeberg, Goldfeller, Ottindell and Goodinger"', *The New York Times*, 19 October 1970.
29 Richard Jobson, '"The ghost of Keir Hardie": Nostalgia and the modern Labour Party', LSE Blog, 23 September 2015, https://blogs.lse.ac.uk/politicsandpolicy/the-ghost-of-keir-hardie-nostalgia-and-the-modern-labour-party/
30 Robert Saunders, 'The Myth of Brexit as Imperial Nostalgia', *Prospect*, 7 January 2019, https://www.prospectmagazine.co.uk/world/the-myth-of-brexit-as-imperial-nostalgia
31 Ibid.
32 Ibid.
33 로이 젠킨스는 1977년부터 1981년까지 EU 집행위원회(European Commission) 위원장을 역임하기도 했다.
34 Saunders, 'The Myth of Brexit as Imperial Nostalgia'.
35 Raymond Plant, *Citizenship, Rights and Socialism* (Fabian Society, no. 531, 1988), p. 2.
36 Bridget Phillipson, 'Labour Loves Nostalgia. But we Succeed when our Politics is about the Future', *New Statesman*, 23 October 2019에서 인용.
37 'Socialism in London', *The New York Times*, 4 April 1881, p. 2.
38 Barbara Tuchman, 'Myth and Revolution', *The New York Times*, 30 January 1966, p. 24.
39 Louis Stark, 'The Paris Commune in Socialist History', *The New York Times*, 31 May 1931, p. 2.
40 Jack Raymond, 'Yugoslavia Plans Commune System: Her Experiment in Socialism Calls for Self-Governing Local Political Unites', *The New York Times*, 16 June 1955, p. 6.

41 Tuchman, 'Myth and Revolution', p. 24.
42 Charles Mohr, 'Lefties in China Score Mao Policy: Demand Return to Initial Paris Commune Aims', *The New York Times*, 14 June 1968, p. 3.
43 Laura C. Forster, 'Radical Commemoration, the Politics of the Street, and the 150th Anniversary of the Paris Commune of 1871', *History Workshop Journal*, 92, 2021, pp. 83-105, p. 84.
44 'Most Russians Say Soviet Union "Took Care of Ordinary People"—Poll', *The Moscow Times*, 24 June 2019.
45 Christine Esche, Rosa Katharine Mossiah and Sandra Topalska, 'Lost and Found: Communism Nostalgia and Communist Chic among Poland's Old and Young Generations', Humanities in Action (website), September 2010, https://www.humanityinaction.org/knowledge_detail/lost-and-found-communism-nostalgia-and-communist-chic-among-polands-old-and-young-generations/
46 Ibid.
47 Ekaterina Kalinina, 'Multiple Faces of the Nostalgia Channel in Russia', *Journal of European Television History & Culture*, 3(5), 2014, pp. 108-18, p. 108.
48 Anna Kutor, 'Milking the Communist Cow', *Discover Poland Magazine*, 1 April 2008. Esche, Mossiah and Topalska, 'Lost and Found: Communism Nostalgia and Communist Chic among Poland's Old and Young Generations', Humanities in Action (website), September 2010에서 인용.
49 Katarzyna Pabijanek, 'Art of Nostalgia', *The Nosztalgia Encyclopedia*, 2007. Esche, Mossiah and Topalska, 'Lost and Found: Communism Nostalgia and Communist Chic among Poland's Old and Young Generations', Humanities in Action (website), September 2010에서 인용.
50 Esche, Mossiah and Topalska, 'Lost and Found: Communism Nostalgia and Communist Chic among Poland's Old and Young Generations', Humanities in Action (website), September 2010에서 인용.
51 Ibid.
52 Enzo Traverso, *Left-Wing Melancholia: Marxism, History, and Memory* (New York, NY: Columbia University Press, 2021), p. 2.
53 Virginia Heffernan, 'Commie Chic', *New York Magazine*, 23 February 1998.
54 Ibid.
55 Jennifer Crane, '"Save our NHS": Activism, Information-based Expertise and the "New Times" of the 1980s', *Contemporary British History*, 33, 2019, pp. 52-74.
56 Steven Kettell and Peter Kerr, 'The Brexit Religion and the Holy Grail of the NHS', *Social Policy and Society*, 20(2), 2021, pp. 282-95, p. 291.

57 Ian Birrell, 'The London 2012 Opening Ceremony, and a Night that Set NHS Reform Back Years', *Mail on Sunday*, 3 August 2012.
58 Ibid.
59 Catherine Baker, 'Beyond the Island Story?: The Opening Ceremony of the London 2012 Olympic Games as Public History', *Rethinking History: The Journal of Theory and Practice*, 19(3), 2015, pp. 409-28.
60 'Bassetlaw Hospital Patient Recounts his Experiences as the Hospital's Chef in the 1950s', *Doncaster and Bassetlaw Teaching Hospitals*, 18 July 2019.
61 'Come and join in the celebration', NHS Tayside (website), https://www.nhstayside.scot.nhs.uk/OurServicesA-Z/NHSScotland70thAnniversary/PROD_302830/index.htm
62 *Soectra*, 73, NHS Tayside, September-October, https://www.nhstaysidecdn.scot.nhs.uk/NHSTaysideWeb/idcplg?IdcService=GET_SECURE_FILE&dDocName=PROD_210894&Rendition=web&RevisionSelectionMethod=LatestReleased&noSaveAs=1
63 Post by @SueSuezep, Twitter (website), 17 September 2022, https://twitter.com/SueSuezep/status/1571146757865869312?s=20&t=GZryC-2q1mSCgd_YMyTnXNQ
64 Graeme Culliford, 'Back in the Good Old Days of the NHS', News Shopper (website), 17 October 2002, https://www.newsshopper.co.uk/news/6291359.back-in-the-good-old-days-of-the-nhs/
65 Meg Henderson, Letters, *Sunday Times*, 17 June 2007.
66 Jill Parkin, 'Carry on Matron', *Daily Mail*, 12 November 2005.
67 Claire Rayner, 'Stop your Gossiping Nurse', *Daily Mail*, 22 April 2008.
68 Dr Max Gammon, Letters, *The Times*, 19 January 1999.
69 Agnes Arnold-Forster, 'Ordinary People and the 1979 Royal Commission on the NHS', *Twentieth Century British History*, 34(2), June 2023, https://doi.org/10.1093/tcbh/hwac043
70 Alec Merrison, *Royal Commission on the Nationsl Health Service: Report* (London: HMSO, 1979), p. 1.
71 Ibid., p. 13.
72 The National Archives (TNA) BS6/12, Letter from Keith A. Mallinson to A. Merrison, 7 May 1976.
73 Ibid., p. 31.
74 Wellcome Library, History and Origins of the NHS, GC/201/A/1/63
75 Ibid.

주

76 Ibid.
77 Ibid.
78 TNA BS6/26, Letter from Dr Librach to A. Merrison, 12 May 1976.
79 Pamela M. Jefferies, 'Personal View', *British Medical Journal*, 3(5770), 1971, p. 367.

9장 노스탤지어에 빠진 뇌

1 Oliver W. Sacks and M. Kohl, 'Incontinent Nostalgia Induced by L-Dopa', *The Lancet*, 1970, p. 1394.
2 Oliver Sacks, *The Man who Mistook His Wife for a Hat* (London: Picador, 2014).
3 Nostalgia Inventory, CBS News (website), https://www.cbsnews.com/htdocs/pdf/Batcho_Nostalgia_Inventory.pdf
4 Krystine I. Batcho, 'Personal Nostalgia, World View, Memory, and Emotionality', *Perceptual and Motor Skills*, 87(2), 1998, pp. 411-32.
5 Fred Davis, *Yearning for Yesterday: A Sociology of Nostalgia* (New York, NY: The Free Press, 1979), p. ix.
6 'Speaking of Psychology: Does Nostalgia have a Psychological Purpose?', American Psychological Association (podcast), episode 93, https://www.apa.org/news/podcasts/speaking-of-psychology/nostalgia
7 Ziyan Yang et al, 'Patterns of brain activity associated with nostalgia: a social-cognitive neuroscience perspective', *Social Cognitive and Affective Neuroscience*, 17:12 (2022): pp. 1131-44.
8 Cherry Norton, 'Odours Best to Evoke Memories', *The Independent*, 17 April 2000.
9 Ibid.
10 Heini Saarimäki et al., 'Distributed Affective Space Represents Multiple Emotion Categories across the Human Brain', *Social Cognitive and Affective Neuroscience*, 13(5), 2018, pp. 471-82; Hedy Kober et al., 'Functional grouping and cortical-subcortical interactions in emotion: a meta-analysis of neuroimaging studies', *NeuroImage*, 42(2), 2008, pp. 998-1031.
11 Lisa Feldman Barrett and Ajay B. Satpute, 'Historical Pitfalls and New Directions in the Neuroscience of Emotion', *Neuroscience Letters*, 693, 2019, pp. 9-18, p. 18.
12 Leonard Mlodinow, *Emotional: The New Thinking About Feeling* (London: Penguin, 2022).
13 Constantine Sedikides, 'Nostalgia: Past, Present, and Future', *Current Directions in Psychological Science*, 17:5 (2008): pp. 304-7.

14 Tim Wildschut, Constantine Sedikides and Clay Routledge, 'Nostalgia: From Cowbells to the Meaning of Life', *The British Psychological Society*, (3 January 2008) https://www.bps.org.uk/psychologist/nostalgia-cowbells-meaning-life
15 Ibid.
16 D. G. Hertz, 'Trauma and nostalgia: New aspects of the coping of aging holocaust survivors', *Israeli Journal of Psychiatry and Related Sciences*, 27 (1990): pp. 189-98.
17 Wijnand A. P. Van Tilburg, Constantine Sedikides and Tim Wildschut, 'Adverse Weather Evokes Nostalgia', *Personality and Social Psychology Bulletin*, 44(7), 2018, pp. 984-95.
18 Davis, *Yearniing for Yesterday*, p. 420.
19 Bin Li et al., 'Can Good Memories of the Past Instil Happiness? Nostalgia Improves Subjective Well-Being by Increasing Gratitude', *Journal of Happiness Studies*, 24, 2023, pp. 699-715.
20 Krystine I. Batcho, 'Nostalgia: The bittersweet history of a psychological concept', *History of Psychology*, 16(3), 2013, pp. 165-76.
21 Tetsuya Yamagami et al., 'Effect of Activity Reminiscence Therapy as Brain-Activating Rehabilitation for Elderly People with and without Dementia', *Psychogeriatrics*, 7(2), 2007, pp. 69-75.
22 Ernst Bohlmeijer et al., 'The effects of reminiscence on psychological well-being in older adults: A meta-analysis', *Aging & Mental Health*, 11(2), 2007, pp. 291-300.
23 Kai-Jo Chiang et al., 'The effects of reminiscence therapy on psychological well-being, depression, and loneliness among the institutionalized aged', *Geriatric Psychiatry*, 25(4), 2010, pp. 380-8.
24 Marie A. Mills and Peter G. Coleman, 'Nostalgic Memories in Dementia: A Case Study', *The International Journal of Aging & Human Development*, 38(3), 1994, pp. 203-19.
25 Krystine I. Batcho, 'When Nostalgia Tilts to Sad: Anticipatory and Personal Nostalgia', *Frontiers in Psychology*, 11(1186), 2020.
26 Yiannis Gabriel, 'Organizational Nostalgia: Reflections on "The Golden Age"', in S. Fineman (ed.), *Emotion in Organizations* (London: Sage, 1993), pp. 118-41.
27 M. Van Dijke et al., 'Nostalgia Buffers the Negative Impact of Low Procedural Justice on Cooperation', *Organizational Behavior and Human Decision Processes*, 127, 2015, pp. 15-29.
28 Marius Van Dijke and Joost M. Leunissen, 'Review: Nostalgia in Organizations', *Current Opinion in Psychology*, 49, 2023.
29 O. H. Ylijoki, 'Academic Nostalgia: A Narrative Approach to Academic Work',

30 Ruth McDonald et al., 'At the Cutting Edge? Modernization and Nostalgia in a Hospital Operating Theatre Department', Sociology, 40, 2006, pp. 1097-115.
31 Van Dijke and Leunissen, 'Review: Nostalgia in Organizations'.
32 E. Stephan et al., 'The Mnemonic Mover: Nostalgia Regulates Avoidance and Approach Motivation', Emotion, 14(3), 2014, pp. 545-61.
33 T. Wildschut et al., 'Collective Nostalgia: A group-level emotion that confers unique benefits on the group', Journal of Personal and Social Psychology, 107, 2014, pp. 844-63.
34 J. M. Leunissen et al., 'Organizational Nostalgia Lowers Turnover Intentions by Increasing Work Meaning: The Moderating Role of Burnout', Journal of Occupational Health Psychology, 23, 2018, pp. 44-57.
35 Tim Strangleman, 'The Nostalgia of Organizations and the Organisation of Nostalgia: Past and Present in the Contemporary Railway Industry', Sociology, 33, 1999, pp. 725-46.
36 Anthony Toft, 'Has Humanity disappeared from the NHS?', British Medical Journal, 320(7247), 2000, p. 1483.
37 McDonald et al., 'At the Cutting Edge?', p. 1103에서 인용.
38 저자와 서신 교환.

10장 인간답고 인간적인 감정에 관하여

1 Robert Saunders, 'Brexit and Empire: "Global Britain" and the Myth of Imperial Nostalgia', The Journal of Imperial and Commonwealth History, 48(6), 2020, pp. 1140-74, p. 1141.
2 Eleanor Newbigin, 'Brexit, nostalgia and the Great British fantasy', Open Democracy (website), 15 February 2017, https://eprints.soas.ac.uk/25232/1/newbigin-opendemocracy.net-brixit-nostalgia-and-the-great-british-fantasy.pdf; Samuel Earle, 'The Toxic Nostalgia of Brexit', The Atlantic, 5 October 2017, https://www.theatlantic.com/international/archive/2017/10/brexit-britain-may-johnson-eu/542079/; Michael Goldfarb, 'Brexit has been driven by England's nostalgia for an imagined past', The National, 26 February 2019, https://www.thenationalnews.com/world/brexit/brexit-has-been-driven-by-england-s-nostalgia-for-an-imagined-past-1.821625; Tony Barber, 'Nostalgia and the promise of Brexit', Financial Times, 19 July 2018, https://www.ft.com/content/bf70b8oe-8b39-11e8-bf9e-8771d5404543

3 Cheryl Thompson, 'Trump has made America nostalgic again for a past that never existed', *The conversation*, 4 November 2020, https://theconversation.com/trump-has-made-america-nostalgic-again-for-a-past-that-never-existed-149449

4 Ronald Brownstein, 'Trump's Rhetoric of White Nostalgia', *The Atlantic*, 2 June 2016, https://www.theatlantic.com/politics/archive/2016/06/trumps-rhetoric-of-white-nostalgia/485192/

5 Emily St James, 'Stranger Things, La La Land, and Donald Trump: Empty Nostalgia Dominated 2016', Vox, 4 June 2017, https://www.vox.com/culture/2017/1/4/14048076/nostalgia-2016-trump

6 Vanessa Thorpe, 'Rewriting History: How Imperfect Costume Dramas make the Past Relevant', *The Observer*, 27 June 2021, https://www.theguardian.com/tv-and-radio/2021/jun/27/rewriting-history-how-imperfect-costume-dramas-make-the-past-relevant

7 Emily Robinson, 'Touching the Void: Affective History and the Impossible', *Rethinking History: The Journal of Theory and Practice*, 14(4), 2010, pp. 503-20, p. 506.

8 Ibid., p. 520.

9 Ibid.

10 Ibid., p. 507.

11 Ibid.

12 Alex Von Tunzelmann, *Fallen Idols* (London: Headline, 2021); Dan Hicks, *The Brutish Museums: The Benin Bronzes, Colonial Violence and Cultural Restitution* (London: Pluto Press, 2020); Colonial Countryside Project, National Trust (website), https://www.nationaltrust.org.uk/who-we-are/research/colonial-countryside-project; Corinne Fowler, *Green Unpleasant Land: Creative Responses to Rural England's Colonial Connections* (Leeds: Peepal Tree Press Limited, 2020); Jamie Doward, 'I've been Unfairly Targeted, says Academic at Heart of National Trust "Woke" Row', *The Observer*, 20 December 2020, https://www.theguardian.com/uk-news/2020/dec/20/ive-been-unfairly-targeted-says-academic-at-heart-of-national-trust-woke-row; 'The 1619 Project', *The New York Times*, https://www.nytimes.com/interactive/2019/08/14/magazine/1619-america-slavery.html

13 Hannah Rose Woods, *Rule, Nostalgia: A Backwards History of Britain* (London: Random House, 2022).

14 Emily Keightley and Michael Pickering, *The Mnemonic Imagination: Remembering as Creative Practice* (London: Palgrave Macmillan, 2012), p. 127.

15 Svetlana Boym, *The Future of Nostalgia* (New York, NY: Basic Books, 2001), p. xvi.

16 Ibid.
17 Tim Strangleman, 'The Nostalgia of Organisations and the Organisation of Nostalgia: Past and Present in the Contemporary Railway Industry', *Sociology*, 33, 1999, pp. 725-46.
18 Enzo Traverso, *Left-Wing Melancholia: Marxism, History, and Memory* (New York, NY: Columbia University Press, 2021).

도판 출처

1장 48쪽 Wellcome Collection.

2장 105쪽 Lakeview Images / Alamy Stock Photo.
  112쪽 Michele and Donald D'Amour Museum of Fine Arts, Springfield, Massachusetts Gift of Lenore B. and Sidney A. Alpert, supplemented with Museum Acquisition Funds.

3장 123쪽 The Print Collector / Alamy Stock Photo.

4장 167쪽 History collection 2016 / Alamy Stock photo.
  174쪽 History collection 2016 / Alamy Stock photo.

5장 219쪽 Penguin Random House Publishing, 1974.
  229쪽 Everett Collection, Inc. / Alamy Stock Photo.

6장 246쪽 Getty Images Korea.
  262쪽 Wikipedia.

7장 294쪽 parkerphotography / Alamy Stock Photo.

8장 329쪽 Ann Little / Alamy Stock Photo.
  332쪽 Todd Strand / Alamy Stock Photo.
  344쪽 Wikipedia.
  350쪽 PA Images / Alamy Stock Photo.

찾아보기

ㄱ

가브리엘, 야니스 35, 389
게이지, 피니어스 P. 163~170, 368
고드버, 조지 356~357
고드시, 크리스틴 341
고로츠도스, 에메리히 134
구스토르프, 프레데리크 130
국가 노스탤지어 328, 330
〈굿 바이브레이션스〉(노래) 214
그로스먼, 레브 284~285, 287
〈기묘한 이야기〉(드라마) 267, 285
기본감정이론 17~18, 370, 379~380
길로이, 폴 327

ㄴ

나와스, 마이크 M. 196
나흐만, 베르너 228
남북전쟁(미국) 25, 71, 110~112, 297
내셔널리즘 103~105, 195, 400, 405, 411
내셔널트러스트 291~292, 411
네오나치 228, 230~231
〈네이버스〉(드라마) 269
〈노, 노, 나네트〉(뮤지컬) 214
노스탈기야 343~344
노스토포비아 193, 218

누스바움, 마사 23
뉴헤브리디스(바누아투) 94, 96
니루이, 아바 273
니치케, 조피아 342
닌텐도 272

ㄷ

〈다운튼 애비〉(드라마) 292
다윈, 찰스 98, 172~175, 177
다팅턴 홀 188
〈닥터 엘리엇〉(드라마) 221
대서양 횡단 노예무역 85, 88, 90~92
〈더 리페어 숍〉(텔레비전 쇼) 264
〈더 크라운〉(드라마) 292
덩컨, 헬렌 184~185
데스퀴레, 장바티스트펠릭스 80~81, 84
데이비스, 프레드 234~241, 372, 384
데자뷔 192, 263
델하임, 찰스 289
도드먼, 토머스 84
도슨, J. E. 109
두넌, 사이먼 347
뒤센, 기욤벵자맹아망 173
딕슨, 토머스 23

ㄹ

라몬 이 카할, 산티아고 170
라스웰, 해럴드 239
라이트, 패트릭 301
라자루스, 에마 133
러셀, 제임스 A. 18, 380
런던 올림픽 개막식(2012년) 348~350, 393
레닌, 블라디미르 137, 337~338
레이레 랜드 오브 레전드(덴마크) 288
레트로시크 302~303
로빈슨, 에밀리 408~409
로슨, 나이절 348
롱, 에드워드 90
롱펠로, 헨리 워즈워스 89
루베르튀르, 투생 92
루소, 장자크 61
루이스, C. S. 20
린드, R. S. 233

ㅁ

마르크스, 카를 337, 347
마오쩌둥 339
마크 제이콥스 273
마틴, 알렉산더 R. 193~194
만, 토마스 191
〈매드 멘〉(드라마) 251
매캔, 윌리스 H. 151~153
매크리어, 마틸다 92
맥거헤건, 브리짓 135~136
맷, 수전 J. 126
머호니, J. 대니얼 331
메리슨, 앨릭 355

메이, 테리사 326
메이슨, 에드워드 S. 338
몽고메리, 아치볼드 윌리엄 280
몽고메리, 제임스 89
무어, 애니 133
무함마드 알리(이집트) 100~101
믈로디노프, 레너드 18~19
미국을 다시 위대하게(Make America Great Again) 35, 321, 328~329, 332
미디벌 타임스 디너 앤드 토너먼트(미국) 286, 294~295, 300

ㅂ

바넘, P. T. 167
바레라 이 도밍고, 프란시스코 88
바르니에, 미셸 35
바살러프, 로버츠 111~113
바이든, 조 332~333
배럿, 리사 펠드먼 19, 379~380
배초, 크리스틴 I. 371~374
버로스, 에드거 라이스 191
버몬트, J. M. 96~97
버턴, 리처드 프랜시스 108
버트서 고대 농장(영국) 290
베일리, 프레더릭 맨슨 99
베트만, 오토 L. 218~220
벨, 찰스 172~173
벨러, 아나 마리아 C. 328
벨머, 조지 K. 322
보일, 대니 348~350, 393
부인, 스베틀라나 413
볼프, 크리스타 345
북극 식민지 건설 계획 75~78

찾아보기

브라운, 조지 334
브라운, 토머스 171~172
브란트, 빌리 231
브렉시트 35, 322, 325~327, 333, 400, 403, 405
브로카, 폴 170
브룬스, 헨리에타 132
브리그스, 진 L. 18
브리티시뉴기니아(파푸아뉴기니) 99
브림필드 벼룩시장(미국) 209~210
블레어, 토니 327
블리스츠 힐 빅토리아 시대 마을(영국) 298~300, 303, 410
비렐, 이언 349

ㅅ

새뮤얼, 래피얼 291, 302~303
색스, 올리버 366, 375
샹그리라 189
서머빌, 보일 T. 96
손더스, 로버트 333~334, 401
손더스, 태라 H. 209
솔제니친, 알렉산드르 164
쇼이흐처, 요한 야코프 62
수브리, 애나 333
슐러, 율리야 이즈라일 138~143, 145
슐츠, 캐스린 79
스위트, 매슈 308, 315
스윙잉 식스티즈 26, 239
스콧, 리들리 245, 247
스콧, 월터 279
스타크, 루이스 338
스투폴스키 343

스포티파이 269~270
실드 노트 298
실험고고학 290

ㅇ

아널드, 토머스 64~65
아렌트, 한나 136
아리스토텔레스 23
아문센, 로알 76
《아이반호: 로맨스》 279~280
아타라시키무라 188
안토니오니, 미켈란젤로 208
〈알프스산〉(시) 62
〈앤드 저스트 라이크 댓〉(드라마) 271
앤티크(골동품) 208~211
앰블러, 아널드와 도리스 121~125, 133
야외극 열풍 282
에글린턴 마상 시합 280
에레혼 189
에이브러햄, 제임스 272~274
에크만, 폴 16~18
엘리스섬(뉴욕) 132~136
엘에나니, 네이딘 323~324
영국국철 391
영국을 다시 위대하게(Make Britain Great Again) 331
오바마, 버락 335
오스틴, 제인 22
〈왕좌의 게임〉(드라마) 283
〈욕망〉(영화) 208
우드, 마이클 200
워먼, 데이비드 S. 198~199
워즈워스, 윌리엄 89

⟨월튼네 사람들⟩(드라마) 221
위타빅스 TV 광고(1974년) 254
윌버포스, 윌리엄 86

ㅈ
잭, 이언 208
제아샹, 도미니크 194
제임스, 윌리엄 173~175
제프리스, 패멀라 M. 358
젠킨스, 로이 334
조빅 바이킹 센터(영국) 293~294
조직 노스탤지어 389~393
존슨, 보리스 326
주의 집중 시간 307~308
중고 70년대 211~212, 404
중세주의 281~283, 289, 291~292
⟨즐거운 나의 집⟩(노래) 109

ㅊ
철도 광증 312~313
추, 사이먼 376~377
출생전 심리학 190~192
츠빙거, 토마스 60
치메르만, 요한 게오르크 65~66

ㅋ
카루스, 폴 178, 187
카이슬러, 요한 게오르크 64
캄파 콜라 265~266
캐드버리 TV 광고(1966년) 252~253
캐머런, 데이비드 327
캐시언, 존 22
컬렉터블 209, 211

코리어트, 토머스 60
코뮤니스트 시크 346
코언, 닉 323, 359
코카콜라 156, 256, 265
코팅리 요정 사건 185
코프, 윌리엄 52
콘클린, 에드먼드 S. 151
⟨콜 더 미드와이프⟩(드라마) 349~350
쿠페르베르크, 카테 29, 144~145
⟨퀴헤라이엔⟩(노래) 26, 60~61
크라이턴 브라운, 제임스 310
크로스로즈 중세 마을 협동조합(오스트레일리아) 291
크리니크 264~265
크리스먼, 게이브리얼과 세라 304~306, 317
클라인, 라이너스 워드 30, 175~178, 190, 198
키넉, 닐 336

ㅌ
《타잔》 191
태너, 그래프턴 321~323
템플스미스, 세라 155
토플러, 앨빈 31, 199, 207, 236
톨킨, J. R. R. 284~285
튜어터, 마리아 M. 152
트러슬러, 존 66
트럼프, 도널드 26, 35, 321~322, 328~330, 332, 359, 400, 403, 405
트로터, 토미스 86~87
트윈 시티(스웨덴) 258
틱톡 265

찾아보기
453

ㅍ

파리코뮌 35, 331, 337~339, 345
파비야네크, 카타지나 344
파킨슨증 365~366
패러, 프레더릭 W. 97~98
패러마운트 268~269
퍼스고드비히어, 리처드 17~18
페스트, 요아힘 228~229
포더, 낸더 180~182, 184~192, 194~200, 240, 400
폭스, 리엄 326
폴린, 톰 301
프라이, 게르하르트 230
프레거, 에트바르트 148~149
프로이트, 지그문트 180~182, 187~188, 200
플랜트, 레이먼드 335~336
플랫, 제러미 J. 196
피츠제럴드, F. 스콧 212
피프스, 새뮤얼 317

ㅎ

하리, 요한 306~309, 315
하우게이트, 헨리 윌리엄슨 75~80, 116, 127
할, 조너선 64
할러, 알브레히트 폰 62~63
할로, 존 마틴 166
해덜리, 오언 260~261, 263
해밀턴, 로버트 66~69
해협식민지 96~97
핵폴레이, 듀 138, 158
헤세, 니콜라우스 130~132

헨디, 엘로이즈 272
〈형제들〉(시) 89
호비스 TV 광고(1973년) 245~248
호퍼, 요하네스 26, 47~52, 57~60, 397
홀, 스튜어트 155
홀, 찰스 프랜시스 77~78
홀로이드, 아서 T. 101~104
활동 회상 치료 386~387
휴스, 스텔라 184
휴얼, 윌리엄 169, 171~173
휴이슨, 로버트 301
히포크라테스 53~55, 68

기타

〈90년대 쇼〉(시트콤) 271
FOMO 22, 309
Keep Calm and Carry On(침착하게 하던 일을 계속하라) 31, 260~263
NHS 35~36, 232, 348~357, 391~393
SCA 286~290

NOSTALGIA

옮긴이 손성화

서강대학교에서 역사와 정치를, 연세대학교 행정대학원에서 국제관계 및 안보를 공부했다. 2015년까지 신문사에 몸담았고 2016년부터 번역을 업으로 삼아 다양한 영어권 도서를 한국어로 옮겼다. 현재 바른번역에서 전문 번역가로 활동하고 있다. 옮긴 책으로 《미래의 교육》《유머란 무엇인가》《원숭이 신의 잃어버린 도시》《숲속의 은둔자》《용서의 정원》 등이 있다.

노스탤지어, 어느 위험한 감정의 연대기

초판 1쇄 발행 2024년 9월 26일

지은이 애그니스 아널드포스터
옮긴이 손성화
발행인 김형보
편집 최윤경, 강태영, 임재희, 홍민기, 강민영, 송현주, 박지연
마케팅 이연실, 이다영, 송신아 **디자인** 송은비 **경영지원** 최윤영

발행처 어크로스출판그룹(주)
출판신고 2018년 12월 20일 제 2018-000339호
주소 서울시 마포구 동교로 109-6
전화 070-4808-0660(편집) 070-7564-0279(영업) **팩스** 02-6085-7676
이메일 across@acrossbook.com **홈페이지** www.acrossbook.com

한국어판 출판권 ⓒ 어크로스출판그룹(주) 2024

ISBN 979-11-6774-168-4 03900

- 잘못된 책은 구입처에서 교환해드립니다.
- 이 책은 저작권법에 따라 보호를 받는 저작물이므로 무단 전재와 무단 복제를 금지하며, 이 책의 전부 또는 일부를 이용하려면 반드시 저작권자와 어크로스출판그룹(주)의 서면 동의를 받아야 합니다.

만든 사람들
편집 송현주 **교정** 김정현 **표지디자인** [★]규 **본문디자인** 송은비 **조판** 박은진